Der Sprachverlust ist einer der größten immateriellen Verluste, die der betroffene Mensch zu ertragen hat.

Der Sprachverlust durch z.B. Schlaganfall (Hirnnerven-Verlust) ist medizinisch nicht heilbar.

Den Sprachverlust durch Schlaganfall aber kann der Mensch durch nichtmedizinische Maßnahmen ausgleichen.

Diese nichtmedizinischen Maßnahmen sind *Lernen* und *Üben neuer Sprachfunktionen*.

Den Weg dorthin zeigt dieses Buch.

Das menschliche Gehirn hält unzählig viele ungenutzte Hirnzellen bereit, die uns zum Wiedererwerb von Sprache zur Verfügung stehen und die wir nutzen können.

Dr. Volker Middeldorf u.a.

Wege aus dem Schweigen

nach Schlaganfall / Hirnschaden / SHT

Persönliche Erfahrungen von 33 aphasisch Betroffenen
und Erkenntnisse aus 30 jähriger Intensiv-Aphasie-Therapie

Perspektivische Überlegungen zum Neu-Erwerb von Sprache bei Aphasie

tredition

Umschlag, Illustration: Chantal Schmidt, geb. Middeldorf

Lektorat, Korrektorat: Francis Heck

Die Co-Autor*innen:
Jörg Bin., Beate Blöchl-Traxler, Beate Deyk, Noemi Katharina Fink, Prof. Dr. Ronald Hitzler, Thomas Jera, Marc Jöh., Ute Krow., Horst Lan., Karin Lauz., Malgorzata Mich., Anna Orthofer-Tihanyi, Karin Ot., Werner Pfeif., Stefan Raab, Gerhard Rein., Andrea R., Prof. Dr. Wilhelm Schä., Hans Scheutz., Anke S., Adelbert Schlü., Christina Schümann, Thomas Schul., Eric Sellier, Ralph Simon, N.S., Selina S., Walter Stahl, Thomas Stützle, Joachim Thoß und Anne Thoß, Sven Walther, Karl-Heinz W., Dr. Horst W.

Druck und Distribution im Auftrag des Autors: tredition GmbH, Halenreie 40-44, 22359 Hamburg, Deutschland

ISBN

Hardcover 978-3-384-03199-0
e-Book 978-3-384-03200-3

Die Publikation und Verbreitung erfolgen im Auftrag des Autors, zu erreichen unter: tredition GmbH, Abteilung "Impressumservice", Halenreie 40-44, 22359 Hamburg, Deutschland.

Inhalt

0 Prolog

Nach Angaben der Stiftung Deutsche Schlaganfall Hilfe (2022) „erleiden fast 270 000 Menschen in Deutschland einen Schlaganfall. Jeder vierte bis fünfte Schlaganfall führt innerhalb eines Monats zum Tod, der überwiegende Teil der Schlaganfälle wird oft viele Jahre überlebt. Einen Schlaganfall zu überleben, bedeutet für die Betroffenen, aber auch für deren Angehörige und Freunde, mit weitreichenden Folgen leben zu müssen.

Ein Schlaganfall verändert von einer Minute zur nächsten das gesamte Leben – nichts ist plötzlich mehr wie vorher. Menschen mit einer solchen erlittenen Hirnschädigung erleben einen beängstigenden Verlust eigener Fähigkeiten und Kompetenzen, sie verlieren dadurch an Autonomie, an Integrität und an Selbstbewusstsein. Der Verlust der Fähigkeit zu sprechen und zu schlucken bedeutet eine immense Umstellung für die Betroffenen und deren Umfeld." (2022, S.4)

Was würde uns passieren, wenn uns die Sprache durch Schlaganfall genommen würde? Das furchtbare Bild vom Sprachverlust (Aphasie) wird bei ca. 80.000 Menschen mit Sprachverlust in Deutschland jedes Jahr zur brutalen Realität.

Wir verlören schlagartig unsere sprachliche Kommunikationsfähigkeit, in unserer eigenen Familie und Verwandtschaft, im Freund*innen- und Kolleg*innen-Kreis, in der großen „öffentlichen Gesellschaft da draußen", in unserem existenzsichernden Beruf wie auch in unserer Freizeit- und Hobby-Gesellschaft.

Wir stehen vor aphasisch Betroffenen fassungslos da und wissen nicht was zu tun ist. Wir können dem aphasisch betroffenen Menschen wahrlich kaum helfen, weil Unwissenheit und Unkenntnis über Aphasie uns die Hände binden, ihnen sinnvoll und sachgerecht unter die Arme zu greifen.

Wegen der existentiellen Bedeutung des Sprachverlustes bedürfen alle aphasisch Betroffenen der fachlichen und menschlichen Unterstützung.

96 % von interviewten aphasisch betroffenen Menschen träumen davon, „wieder sprechen zu können" (Zielbefragungen im Logo-Zentrum Lindlar, 2006 - 2014).

Die Ursache des Sprachverlustes ist in den meisten Fällen eine Schädigung im Gehirn. Das Krankheitsbild ‚Aphasie' (Sprachverlust) ist medizinisch weder operativ noch mit Medikamenten heilbar.

Der Sprachverlust ist nur durch Neu-Lernen verlorener sprachlicher Funktionen ‚kompensierbar'. Und das dauert.

Die vom Arzt verordneten ein oder zwei Aphasie-Therapiesitzungen pro Woche reichen hinten und vorne nicht aus.

Weil die aphasisch betroffenen Menschen ihre Sprache so schnell wie möglich ‚wiederbekommen wollen', wünschen sich die meisten parallel zu ihrer logopädischen Therapie zusätzlich sprachtherapeutisch wirksame Aktionen in der ‚freien Zeit' zu Hause.

Sie fragen: Was kann man zusätzlich zur logopädischen Therapie tun !? Und wie ?

Dieses Buch zeigt Wege auf, die von dreiunddreißig aphasisch betroffenen Co-Autor*innen beschritten wurden, um aus dem aphasischen Schweigen herauszukommen.

Den interessierten Leserinnen und Lesern stellen die 33 Co-Autor*innen ihre eigenen Erfahrungen mit der Aphasie und die persönlichen Wege aus dem (aphasischen) Schweigen, die sie bisher gegangen sind, vor. Ihre individuellen Beschreibungen ergänzt der Autor Dr. Volker Middeldorf mit therapeutisch relevanten Erkenntnissen aus der Intensiv-Aphasie-Therapie. Dieses Intensiv-Therapieformat hat er im Jahr 1991 in Lindlar erstmalig in Deutschlands Aphasietherapie eingeführt (inauguriert) und kontinuierlich weiterentwickelt. Middeldorf lässt wesentliche Erkenntnisse aus der Intensiv-Aphasie-Therapie in dieses Buch einfließen.

01 Die Autor*innen dieses Buches stellen sich vor

Middeldorf: „Jeder/jedem Co- Auror*in habe ich die Frage gestellt, ob sie / er das Gefühl habe, dass sie / er bisher sehr gut / gut / ein wenig / noch nicht aus dem Schweigen herausgekommen sei. Mit der jeweiligen Antwort wählen wir für Sie, liebe Leserin und lieber Leser, einen anderen Zugang als üblich zu der Thematik ‚Aphasie und ihre Problematik'.

Nicht vom Anfang eines Aphasie-Therapieprozesses, sondern von einem Zwischen- oder Endstatus des sprachlichen Therapieprozesses her möchten wir Ihnen erfolgversprechende Wege aus dem aphasischen Schweigen skizzieren. Das Ziel jeder Aphasie-Therapie ist die ‚Befreiung aus der aphasischen Sprachlosigkeit' mittels therapeutisch wirksamen Handelns.

Meine Co-Autor*innen und ich versuchen, Sie in die persönliche Dimension der Aphasie-Problematik und in die vielseitigen Überlegungen erfolgreicher Wiederherstellung (Restitution) der Sprache einzuführen.

Die Angaben biografischer Daten der Co-Autor*innen zum Alter, zur Aphasie-Dauer, zum Familienstand, zur ehemaligen Berufstätigkeit und zur persönlichen Wertung des „Erfolgs" beim eigenen Herauskommen aus der Sprachlosigkeit vermitteln einen umfassenden Eindruck von dem, welche interindividuell-lebensbestimmende Konsequenzen für jede/n Betroffene/n die persönlich erlittene Aphasie nach sich zieht. Die diversen sozial-psychologischen Auswirkungen beschreiben die dreiunddreißig betroffenen Co-Autor*innen in authentischer Weise.

Aus Authentizitätsgründen geben wir ihre Erzählungen im originalen Sprachausdruck (z.T. aphasisch) wieder.

Die Vorstellung der Autor*innen dieses Buches erfolgt je nach Wunsch in Namens-Kürzeln oder mit dem kompletten Vor- und Zunamen, ohne ihre oder mit ihrer E-Mail-Adresse.

Jörg Bin.: 63 Jahre alt, Aphasie seit 9 Jahren, verheiratet, ein erwachsenes Kind; Geschäftsführer; „Bin bisher gut aus dem Schweigen herausgekommen – zumindest was meine Einstellung zum Sprechen anbelangt."

Beate Blöchl-Traxler: 32 Jahre alt, Aphasie seit 12 Jahren; verpartnert, kein Kind; Frisörin; „Bin sehr gut aus dem Schweigen herausgekommen"

Beate Deyk: 57 Jahre alt, Aphasie seit 4 Jahren; verpartnert, ein erwachsenes Kind, selbstständige Innenarchitektin; „Bin im Polnischen gut, im Deutschen ein wenig aus dem Schweigen herausgekommen"

Noemi Katharina Fink, noemifink@yahoo.de., 26 Jahre alt, Aphasie seit 3 Jahren; Single, Studentin (FH Sozialarbeit); „Bin gut bis ein wenig aus dem Schweigen herausgekommen, je nach Tagesverfassung"

Prof. Dr. Ronald Hitzler, ronald@hitzler-soziologie.de, 71 Jahre alt, Aphasie seit 3 Jahren; zweites Mal verheiratet, emeritierter Univ.-Professor; „Vor Corona hatte ich das Gefühl, dass ich aus dem Schweigen ziemlich gut herausgekommen bin, seit Beginn der Corona-Pandemie habe ich viel an sprachlichen Fähigkeiten verloren".

Thomas Jera, t.jera@yahoo.de: 55 Jahre alt, Aphasie seit 10 Jahren; Single, ein Hund; früher Geschäftsleiter / selbstständiger Projektmanager; heute Gruppenleiter in einem Behinderten-Werk; „Bin langsam aus dem Schweigen herausgekommen", „Hauptsache ich kann mich ausdrücken, dass Sie mich verstehen".

Marc Jöh.: 50 Jahre alt, Aphasie seit 2 Jahren; verheiratet, zwei schulpflichtige Kinder; Architekt; „Bin noch nicht aus dem Schweigen herausgekommen".

Ute Krow.: 57 Jahre alt, Aphasie seit 6 Jahren; Single, kein Kind; Steuerberaterin; „Bin sehr gut aus dem Schweigen herausgekommen".

Horst Lan.: 81 Jahre alt, Aphasie seit 11 Jahren; verheiratet, ein erwachsenes Kind; Techniker (Rentner); „Bin noch nicht aus dem Schweigen herausgekommen“.

Karin Lauz.: 77 Jahre alt, Aphasie seit 11 Jahren; verpartnert, ein erwachsenes Kind und zwei Enkelkinder; Zoll-Bearbeitung; „Bin gut aus dem Schweigen herausgekommen“.

Malgorzata Mich.: 42 Jahre alt, Aphasie seit 10 Jahren; verpartnert, ein erwachsenes Kind; „Bin noch nicht aus dem Schweigen herausgekommen“.

Anna Orthofer-Tihanyi: 71 Jahre alt, Aphasie seit 10 Jahren; verheiratet, fünf erwachsene Kinder, Physiotherapeutin, „Bin noch nicht gut genug aus dem Schweigen herausgekommen. Beim Schreiben und Lesen wie ein Kind in der ersten Klasse Grundschule“.

Karin Ot., oskarin1952@web.de: 69 Jahre alt, Aphasie seit 9 Jahren; verwitwet, verpartnert, zwei erwachsene Kinder, Altenpflegerin verrentet, „Meiner Ansicht nach bin ich ein wenig, andere sagen gut aus dem Schweigen gekommen“.

Werner Pfeif.: 89 Jahre alt, Aphasie seit 8 Jahren; verwitwet, eine erwachsene Tochter; Bankkaufmann (Rentner); „Bin gut aus dem Schweigen herausgekommen“.

Stefan Raab, raab.s@icloud.com: 56 Jahre alt, Aphasie seit 7 Jahren; verwitwet, kein Kind, „Bin bisher gut aus dem Schweigen herausgekommen“.

Gerhard Rein.: 85 Jahre alt, Aphasie seit 27 Jahren; verpartnert, zwei erwachsene Kinder; Kaufmann, „Bin bisher ein wenig aus dem Schweigen herausgekommen“.

Andrea R.: 59 Jahre alt, Aphasie seit 11 Jahren; verheiratet, zwei erwachsene Kinder, vier Enkelkinder; Bürokauffrau; „Bin mäßig bis gut aus dem Schweigen herausgekommen“.

Prof. Dr. Wilhelm Schä.: 67 Jahre alt, Aphasie seit 5 Jahren; verheiratet, Informatiker und Hochschullehrer, emeritierter Professor

Uni Paderborn; „Ich habe das Gefühl, sehr gut aus dem Schweigen herausgekommen zu sein. Ich kann wieder lesen, sprechen und schreiben".

Hans Scheutz.: 78 Jahre alt, Aphasie seit 14 Jahren; verheiratet, drei erwachsene Kinder; Rentner; „Bin sehr gut aus dem Schweigen herausgekommen".

Anke S.: 60 Jahre alt, Aphasie seit 16 Jahren; verheiratet, zwei erwachsene Söhne; Verwaltungsfachangestellte; „Ich stecke immer noch drin fest (im Schweigen, d. Red.), bin nur in bestimmten Situationen ein wenig rausgekommen. Hierbei halfen und helfen mir meine Enkeltochter, die wöchentliche Sprachtherapie, Urlaube mit meinem Mann sowie unseren Freunden und zu Beginn auch die Aufenthalte in Lindlar – diese aber später weniger."

Adelbert Schlü., doradel@gmx.de : 72 Jahre alt, Aphasie seit 14 Jahren; verheiratet, zwei erwachsene Kinder; Schlosser und Heizungsmonteur (Rentner); „Bin ein wenig aus dem Schweigen herausgekommen".

Christina Schümann: 46 Jahre alt, Aphasie seit 6 Jahren; verpartnert, keine Kinder; Verwaltungsfachangestellte; „Bin ein wenig aus dem Schweigen herausgekommen".

Thomas Schul.: Aphasie seit 16 Jahren; Informationen später.

Eric Sellier, aktive-aphasiker-rhein-main@mail.de: 53 Jahre alt, Aphasie seit 14 Jahren; verheiratet, eine erwachsene Tochter; stellv. Abteilungsleiter; „Bin noch nicht aus dem Schweigen herausgekommen".

Ralph Simon, email@sabinesimon.net: 64 Jahre alt, Aphasie seit 7,5 Jahren; verheiratet, fünf erwachsene Kinder; Sonderschullehrer; „Bin ein wenig aus dem Schweigen herausgekommen".

N.S., norbert.s.upo@t-online.de: 64 Jahre alt, Aphasie seit 3 Jahren; verheiratet, keine Kinder; Dipl.-Ingenieur; „Bin gut aus dem Schweigen herausgekommen".

Selina S., selina81292@web.de: 30 Jahre alt, Aphasie seit 11 Jahren; Single, Schülerin bis zum Ereignis; heute nach der Rehabilitationszeit Einzelhandelskauffrau; „Bin ein wenig aus dem Schweigen herausgekommen; viele sagen sehr gut, ich sage nein. Es gibt auf jeden Fall noch viel zu tun."

Walter Stahl, waltermuckys@gmail.com: 69 Jahre alt, Aphasie seit 27 Jahren; geschieden, zwei erwachsene Kinder; Großhandelskaufmann; „Bin sehr gut aus dem Schweigen herausgekommen"

Thomas Stützle, stuetzle@ulb.ac.be: 52 Jahre alt, Aphasie seit 3,5 Jahren; verheiratet, zwei erwachsene Kinder; Hochschullehrer; „Bin noch nicht ganz aus dem Schweigen herausgekommen".

Joachim Thoß, annethoss@aol.com : 61 Jahre alt, Aphasie seit 8 Jahren; verheiratet, eine erwachsene Tochter; Unternehmensberater; „Bin ein wenig aus dem Schweigen herausgekommen" und

Anne Thoß, annethoss@aol.com

Sven Walther, ruediger.walther@gmx.de: 30 Jahre alt, Aphasie seit 11 Jahren; Single, lebt bei seinen Eltern ?; Lehrling Elektrotechnik; „Bin sehr gut aus dem Schweigen herausgekommen".

Karl-Heinz Würte.: 84 Jahre alt, Aphasie seit 4 Jahren; verheiratet, vier erwachsene Kinder; Beamter, seit 1999 Pensionär, „Bin sehr gut aus dem Schweigen herausgekommen".

Dr. Horst W.: 66 Jahre alt, Aphasie seit 5 Jahren; verheiratet, drei erwachsene Kinder; Dipl.-Ing. Elektrotechnik, „Bin sehr gut aus dem Schweigen herausgekommen".

1.0 Warum dieses Buch und wozu ?

Die Partnerin eines aphasisch betroffenen Mannes drückt ihr Bedürfnis nach Information so aus: „Ich wünsche mir eine Art Erfahrungssammlung zu lesen, die beschreibt, wie andere in ähnlicher Lage ihre dramatische Situation erleben und verarbeiten, was sie bei der Therapie machen, wie sie es schaffen, zur Sprache zurückzukommen und was ich am besten tun soll, um meinen Mann bei seiner Therapie zu unterstützen. Ach, und überhaupt, wie das alles weitergehen soll."

Eine Familienangehörige schreibt nach Hirnschädigung (Schlaganfall) und Sprachverlust bei ihrem Vater: „Mein Vater, diese redegewandte Persönlichkeit, bekommt keinen kompletten Satz heraus. Außerdem versteht er nicht mehr richtig. Er spricht manchmal Kauderwelsch. Mein Gott, was ist geschehen? In unserer Familie wächst die Verzweiflung, weil die Schwierigkeit in der Verständigung eher wächst. So etwas haben wir noch nie erlebt! Was sollen wir tun ?"

Die Bestürzung ist unermesslich groß! Der Bedarf an sachdienlichen Antworten auf viele Fragen gerade nach dem plötzlichen Hereinbrechen der ‚Katastrophe' ist riesig. Doch wo finden die Angehörigen die Antworten auf ihre persönlichen Fragen ?

Die ersten Anlaufstellen sind die Logopäd*innen und Sprachtherapeut*innen im Krankenhaus und in der Rehaklinik und selbstverständlich in ihren logpädisch-sprachtherapeutischen Praxen vor Ort. Dann kann man andere aphasisch Betroffene in den Aphasiker-Selbsthilfegruppen treffen. Der Aphasikerverband berät und hält zahlreiche Broschüren zum Thema bereit (www.aphasikerverband.de).

Sicherlich geben Aphasiker-Fachzeitschriften wichtige Informationen wie auch autobiografische Aphasiker-Literatur.

Alle Betroffenen und ihre Angehörigen hoffen am Anfang immer, dass die sogenannte Spontanremission einsetzt, bei der in den ersten Tagen nach dem Ereignis die verloren geglaubten sprachlichen Fähigkeiten wiederkommen können.

Bei einigen Patient*innen tritt das ein. Bei anderen nicht. Bei denen geht es nun darum, mit und in gezielten therapeutischen Maßnahmen die sogenannten Restitutionsprozesse (Restitutio = lat. Wiederherstellung) anzukurbeln.

Überraschend und enttäuschend ist, dass es kaum nennenswerte Studien und Beschreibungen von Langzeitbeobachtungen von Heilungs- bzw. Restitutionsprozessen gibt. Ja, es scheint so, als läge auch kaum deutschsprachige Literatur über länger dauernde Aphasie-Therapie- und Heilungsverläufe vor.

Aber was uns bekannt ist, das ist die Tatsache, dass das Gehirn plastisch ist, d.h. dass es auch als geschädigtes Gehirn lernen kann, und dass aphasisch betroffene Menschen prinzipiell Sprach- und Sprechhandlungen wiedererlernen können.

Dazu sind bestimmte Handlungsempfehlungen zu berücksichtigen. Heute wissen wir, dass mehr Aphasie-Therapie mit der aphasisch betroffenen Person bei dieser mehr bewirkt.

Diese Erkenntnis wurde im deutschsprachigen Raum erst vor 15 Jahren in die deutsche Diskussion gebracht (Grötzbach, 2008).

17 Jahre vorher, im Jahr 1991 hatten wir bereits in Lindlar die Intensiv-Therapie eingeführt und intensive Aphasie-Therapie - trotz heftiger Widerstände und intensiven ‚Gegenwinds' aus der Neurologie – gesellschaftsfähig gemacht.

Heute, nach tausenden durchgeführten intensivtherapeutischen Behandlungen und zahlreichen eigenen wissenschaftlich angelegten Therapiestudien (z.B. 2006 im LogoZentrum Lindlar) können wir sagen: **„Je mehr und intensiver ein aphasische Mensch gezielt sprachtherapeutisch lernt, desto stärker ist die sprach-rehabilitative Wirkung und desto mehr Sprache kann er „wieder zurückerobern".**

Ich freue mich, dass 33 aphasische Menschen, die ich im Laufe der vergangenen rund 5 Jahre kennengelernt habe, in diesem Buchprojekt „Wege aus dem (aphasischen) Schweigen" von ihren persönlichen Erlebnissen, Empfindungen, Gedanken und Wahrnehmungen berichten und auf diese Weise authentische und empirische Beiträge zum Thema Aphasie und zu ihrer Behandlung liefern.

Was die Co-Autor*innen erzählen stammt nicht aus Therapeuten-Mund, sondern aus einer tatsächlich selbst erlebten Realität. Das ist authentisch. Sie geben gleich-betroffenen Leserinnen und Lesern und allen anderen Interessierten dadurch trefflich Einblicke in ihren persönlichen Umgang mit der Aphasie und den Folgen - lebenspraktisch und alltagsrelevant.

Faszinierend ist, dass diese autobiografisch verfassten Berichte, die persönlichen Ideen und Erfahrungen im Umgang mit dem Phänomen Aphasie beschreiben, gleichzeitig auf diese Weise direkte oder indirekte Handlungs-Empfehlungen aussprechen.

Das sind Orientierungshilfen von Menschen, die sich in dramatischen Lagen befanden und noch befinden. Das sind Orientierungshilfen für ratsuchende Betroffene, die ständig nach Wegen suchen, über die sie effektiver und effizienter den Aphasie-Abbau bzw. den Sprach-Wiedererwerb betreiben können. Dieses Buch kann ihnen dabei helfen.

Meine Co-Autor*innen und ich, wir haben uns für dieses biografische Buch-Format entschieden, weil wir meinen, dass mit diesem Format eine verständlichere Form der Informationsvermittlung zu dem sehr komplexen und z.T. unübersichtlichen Thema Aphasie und ihre Bewältigung gefunden ist.

Es ist ein großes Bedürfnis aller Autor*innen, aus ihrer eigenen Sicht anderen aphasisch Betroffenen mit ihrer erfahrungsbasierten Darstellung der Auseinandersetzung mit der Aphasie persönliche Hilfen zu geben.

Darüber hinaus möchten sie aber auch eine lesenswerte, biografisch basierte Sammlung persönlicher und spannender Aussagen schaffen, bei deren Lektüre alle interessierten Leser*innen auf eigene Übungs-Gedanken und Handlungs- und Verhaltensideen gelenkt werden.

Bevor Sie sich mit dem Inhalt des Buches näher beschäftigen, möchte ich eine Empfehlung aussprechen:

Das Sprache-Lernen mit Aphasie ist ein anderes Lernen als früher. Jetzt bedarf es eines gezielten, geduldigen und wohldurchdachten sowie konsequenten Tuns.

Den Weg aus dem aphasischen Schweigen finden tatsächlich diejenigen aphasischen Personen, die sich überzeugt auf einen therapeutisch basierten Lern-Weg machen und so lange geduldig und ehrgeizig durchhalten, bis sie spüren, dass sie mit ihren neu gelernten, „neuen" sprachlichen Möglichkeiten dem eigenen Anspruch an die verbale Kommunikation gerecht werden können.

Zum Stil dieses Buches:

Die Aphasie (Sprachverlust) ist ein interindividuell sehr unterschiedlich ausgeprägtes Krankheitsbild, was bei allen, die mit der aphasischen Person zu tun haben, Rätsel aufgibt. Als größte Herausforderung in der Aphasie-Therapie erweist sich der logopädische Umgang mit der ursächlichen Sprachnerven-Zerstörung und mit der Entscheidung für bestimmte Therapie-Schritte.

Die gewählte Textstruktur des Buches und die gewählte Stilistik soll die Vielschichtigkeit der Aphasie und die Wechselhaftigkeit von Fragen und Antworten im therapeutischen Handeln widerspiegeln.

Die spontan wechselnden Situations- und Handlungsbeschreibungen symbolisieren die unermessliche Größe, Breite und Tiefe der Thematik Sprachverlust, der man nur sehr schwer beikommen kann.

Wenn ich Versuche unternehme, den Leser*innen bestimmte therapeutisch wirksame Übungsschritte zu empfehlen, dann können sie davon ausgehen, dass ich diese während meiner langjährigen Aphasie-Arbeit prinzipiell und praktisch erprobt und als wirksam empfunden habe. Meine Empfehlungen erwachsen den Erkenntnissen und Erfahrungen aus der Arbeit mit Hunderten von Intensiv-Patient*innen.

Ich kann aber keine Garantie für positive Ergebnisse bei Durchführung bestimmter Übungs-Handlungen geben, weil die Verantwortung für die erreichten Zielhandlungen bei den Übungspartner*innen und den aphasisch Betroffenen selbst liegt.

Meine vielen Überlegungen zum Wieder-Aufbau der Sprache und zum Erlernen neuer ‚Sprach- und Sprechfähigkeiten' basieren auf dem neuropädisch-neuropädagogischen Paradigma des Neuaufbaus von Sprachnerven-Netzwerken.

Neu aufzubauende neuronale Strukturen sind die besondere, physisch-physiologische Voraussetzung für ein Neu-Lernen von Sprach- und Sprechhandlungen bei Aphasie.

2.0 Aphasie – der Sprachverlust nach Schlaganfall – die hereingebrochene Katastrophe

2.1 Zur Individualität einer jeden Aphasie

Wenn das Großhirn arbeitet - was immer passiert, wenn wir etwas bewusst und kontrolliert tun - dann schießen durch das neuronale Netzwerk Millionen und Abermillionen von Nervenimpulsen gleichzeitig zueinander und miteinander, aber auch manchmal gegeneinander.

Dieses Zusammenspiel der Hirnnervenimpulse ist Voraussetzung dafür, dass wir über hochkomplexe Hirnleistungen verfügen, die ihren Ausdruck in allen Formen unseres Handelns und Verhaltens finden, beim Denken, beim Bewegen, Wahrnehmen, Fühlen, Sprechen, Kommunizieren, Verhandeln, Sprache verstehen, Lesen, Schreiben usw.

Hirnschädigungen, die zu einem Verlust von Hirnnervenzellen führen (z.B. durch Schlaganfall), hinterlassen bei den meisten Betroffenen bleibende sichtbare und/oder hörbare Funktionseinschränkungen. Und das weist dann darauf hin, dass in dem betroffenen Hirn-Areal diverse Hirnnervenzellen durch Sauerstoffmangel abgestorben sind.

Das dadurch enstandene ‚neuronale Loch‘ in dem engmaschigen Netzwerk kann insofern als neuronales ‚Brachland‘ abgeschrieben werden.
Nervenimpulse können das „Loch im Netzwerk“ nicht einfach überspringen, sie bleiben am „Loch-Rand“ stecken und erreichen weder das „abgerissene“ Ende des gegenüberliegenden Nervens noch die gewohnte Kooperation mit anderen Impulsen.

Das führt global betrachtet zum Ausfall einer Reihe von Hirn-Funktionen.

Das „Loch im Netzwerk“ blockiert den Durchfluss der elektrobiochemischen Impulse, was die sogenannten „Funktions-Abrufstörungen“ (Blocks) zur Folge hat. Das kann in Bezug auf das Sprechen die Sprechhandlung erheblich stören und stark behindern und im schlimmsten Fall verunmöglichen.

Im Zusammenhang mit dem Aufbau des Hirnnerven-Netzwerks sollten wir zur Kenntnis nehmen, dass kein Gehirn so denkt wie ein anders, dass keins so genau handelt wie die anderen. Jedes zeigt eine sich von anderen unterscheidende Sprachkompetenz. Jedes zeigt motorisch, emotional und physiologisch ein eigenes Handlungsmuster.

Was wir ebenfalls als bedeutendes Faktum bedenken müssen ist die Tatsache, dass jeder Mensch von frühester Kindheit an in seiner sozialen Umgebung unter den Bedingungen seiner familiär spezifischen Erziehung auf eine ganz eigene, individuelle Weise all das Lebensnotwendige lernt, geistig verarbeitet und insofern ein ganz individuelles Hirnnerven-Netzwerk aufbaut, was sich qualitativ von jedem anderen unterscheidet.

Bei der Schlaganfall-Dramatik bestimmt die „Verstopfung einer Arterie“ im Kopf als krankheitsverursachender Umstand alles Weitere an Folgen. Wobei zu bedenken ist, dass diese Folgen auch einzigartig sind, weil an der medizinisch bestimmbaren betroffenen

Stelle des Gehirns die Ausfälle derjenigen Funktionen zu beklagen sind, die gerade hier verortet waren und nicht woanders.

Aus dem Gesagten möchte ich zusammenfassen, dass jedes aphasisches Krankheitsbild ein individuelles, einzigartiges Phänomen des Sprachverlustes und dessen psychosozialen Folgen darstellt.

Dazu kommt die weitere Einzigartigkeit der psychischen Verarbeitung des aphasischen Sprachverlustes. Jeder aphasische Mensch durchlebt Phasen der Orientierungslosigkeit und Hilfe-Suche.

Alle aphasisch Betroffenen erleben einen individuell-psychischen Leidensdruck, den der Sprachverlust verursacht bzw. hinterlässt.

Zu beobachten ist, dass sich dieser kurz nach dem Apoplex mit Sprachverlust aufgekommene Leidensdruck im Laufe der Zeit bei vielen Betroffenen nur unwesentlich verändert und nur bei wenigen, die sich proaktiv mit dem Neuaufbau von Sprache auseinandersetzen, abbaut.

Dabei spielt eine entscheidende Rolle die Bereitschaft, sich auf einen „neuen Weg zur Sprache zu machen“.

In vielen Gesprächen mit Betroffenen und ihren Angehörigen fällt auf, dass bei allen Beteiligten die psychische Verfasstheit dringend verbessert gehört.

Wohl gibt es anatomisch-vergleichbare Ähnlichkeiten der menschlichen Gehirne, was uns die bildgebende Verfahren (z.B. MRT) eindrucksvoll belegen.

Aber die im Laufe des Lebens durch differenziertes Lernen gewachsenen neuronalen Feinstrukturen lassen sich in Bezug auf die qualitativen Funktionen in ihrer Unterschiedlichkeit (noch) nicht bildlich darstellen.

Bei jedem hirngeschädigten Patienten zeigen sich zwar die Folgen einer organischen Hirn-Schädigung in Form sichtbarer dunkler und heller Oberflächen bzw. Areale des Gehirns. Die eine MRT-Aufnahme zeigt das Gebiet der abgestorbenen Hirnnervenregion, die andere die verschont gebliebene.

Was aber unter diesen abgebildeten Flächen an z.B. sprachlichen Funktionen verortet war und jetzt nicht mehr verfügbar ist, dass kann die Medizin nicht mitteilen.

Das zu erkunden bleibt den aphasiologisch Tätigen beim näheren Explorieren der individuellen Aphasie vorbehalten. Dabei erkennen die Behandler*innen bei ***jeder untersuchten aphasischen Person deutliche Aphasie-Andersartigkeiten und -Unterschiede gegenüber jeder anderen aphasischen Person.***

Weil die genannten Individualitäten bei jeder aphasischen Person so sind, wie sie sind, empfehle ich allen aphasisch Betroffenen, sich mit ihren Familienmitgliedern und mit der Logopädin über ein individuelles Vorgehen in Therapie und familiärem Alltag zu verständigen und über eine gewisse Zeit an diesem eingeschlagenen Weg festzuhalten.

(Auszug aus dem Vortrag ‚Geordnetes Üben‘ von Middeldorf im LogoZentrum Lindlar vor Partner*innen und Patient*innen am 27.11.2015.)

2.2 Das „neuronale Loch“ im Sprach- Netzwerk - eine neuropädische Sicht auf die Ursachen der aphasischen Sprachverluste

Schlaganfall, Schädelhirntrauma oder Hirnblutung sind meist Ursache für eine plötzliche Unterbrechung der Sauerstoffversorgung in einem bestimmten Bereich des Gehirns.

Durch den Ausfall der Sauerstoffzufuhr kommt es zu einem Sauerstoffmangel in den Hirn-Zellen und Hirnnerven. Ein Sauerstoffmangel führt in vielen Fällen zu einem Absterben der Hirnnerven, wenn nicht schnell genug medizinische Hilfe in Anspruch genommen werden kann.

In einem Hirnnerv abgestorbene Zellen transportieren keine Nerven-Impulse mehr. Das bedeutet dann Ausfall und Ausbleiben des Zusammenspiels der elektrobiochemischen Impulsströme in den Nervenbahnen. Der Ausfall der Hirn-Nerventätigkeit in sprachrelevanten Arealen des Gehirns wirkt sich funktional in Abrufstörungen auf dem Gebiet der Sprache und des Sprechens und meist auch bei neuropsychischen Fähigkeiten aus. Bildlich beschrieben hat der Schlaganfall ein ‚Loch in das Sprach-Netzwerk' gerissen.

Bei vielen aphasisch Betroffenen klappt es jetzt mit dem Sprechen nicht mehr, sie finden passende Formulierungen nicht, gewünschte Worte werden verwechselt, es kann auch das laute und leise Lesen betroffen sein, dass sie die Buchstabengruppen nicht erkennen und deren Wortsinn nicht mehr erfassen, es können auch weitere Auffälligkeiten auftreten wie Sprachverständnisverlust, Schreibprobleme, Zahlenverlust uvm. Bei vielen Betroffenen kommt die *Sprechapraxie* hinzu. Das ist die Unfähigkeit, bestimmte Laute zu bilden, weil das Lautbildungs-Programm gelöscht ist. Lautierungs-Suchbewegungen dominieren.

In großer Furcht fragen sich die Betroffenen und ihre Angehörigen, ob das so bleiben wird.

Aus neuropathologischer Sicht fällt die Beantwortung eher negativ aus, weil „tote" Nervenzellen nicht wieder „gesund" werden können. Sie können auch in Zukunft nicht mehr funktionieren, weil an ihrer Stelle keine neuen Hirnzellen nachwachsen.

Dagegen führt die neuropädagogische Sicht zu einer positiveren Betrachtung des Szenarios: Man schätzt, dass wir allgemein nur rund 30 bis 40 % des Gesamt-Leistungs-Potenzials unseres Gehirns nutzen.

Das würde bedeuten, dass 60 bis 70 % der Gehirn-Kapazität als eine bisher ungenutzte „Reserve" zur Verfügung stünden.

Die Neurowissenschaften sprechen von ‚Plastizität des Gehirns', was so viel bedeutet wie Wachstums- und Lernfähigkeit des Gehirns.

Und das weist wiederum darauf hin, dass auch entsprechend viel Neulern-Potenzial zur Verfügung steht. Daraus lässt sich die Perspektive entwickeln, dass das Gehirn nahezu „unendlich" lernfähig ist.

Aphasisch Betroffene mit erfolgreichen Therapieergebnissen bestätigen die These der Plastizität des Gehirns und seiner Lernfähigkeit.

Unsere therapeutischen Alltagserfahrungen zeigen, dass aphasisch betroffene Menschen trotz ihrer Hirnschädigung Lern-Kapazität besitzen, um Sprach-Handlungen neu lernen zu können.

2.3 Formen der Aphasie (traditionelle Einteilung)

Aphasie ist eine Störung der Sprache infolge einer Hirnschädigung (Schlaganfall, Hirnblutung, Hypoxie, Schädel-Hirn-Trauma) nach bereits abgeschlossenem Spracherwerb.

Der Verlust von Sprach-Nerven kann zu Verlusten in allen Komponenten des Sprachsystems (Semantik (Bedeutung), Wortschatz, Satzbau, Aussprache) und allen Modalitäten unserer Sprache (Verstehen, Sprechen, Lesen, Schreiben) in unterschiedlicher Ausprägung hervorrufen. Je nach Erscheinungsbild der Sprachausfälle in den obengenannten Bereichen und deren Kombinationen wird die Aphasie traditionell in vier Störungsbilder unterteilt, von denen jede Form besondere Schwerpunkt-Auffälligkeiten zeigt.

2.3.1 Motorische Aphasie oder Broca-Aphasie

In der Motorischen Aphasie fällt besonders die Schwierigkeit des Sprechers auf, Wörter zu finden und zu äußern, die Grammatik richtig anzuwenden, den korrekten Satzbau zu konstruieren, den Bewegungsablauf der „Sprechwerkzeuge“ zu steuern. Das auszusprechen, was dem aphasisch betroffenen Menschen als Wort- und Satz-Vorstellung vorliegt, ist ihm so wie früher nicht mehr möglich.

Bei der motorischen Aphasie zeigen sich verlangsamte, stockende, telegrammstilartige Sprachproduktionen, Äußerungen in mehr oder weniger kurzen, unvollständigen Sätzen, fehlende kleinere Wörter wie Artikel, Konjunktionen und Präpositionen. Substantive werden grammatisch nicht angepasst, Verben oft im Infinitiv gebraucht. Es kommt auch zu Lautauslassungen oder Lautersetzungen.

Der Wortschatz wirkt eingeengt, da es häufig zur Verwendung nur von Wörtern mit hoher Gebrauchshäufigkeit kommt. Darüber hinaus bedeutet das Sprechen für den Betroffenen einen großen Kraftaufwand mit manchmal einhergehender schlechter Artikulation (Dysarthrie). Das Sprachverständnis kann mäßig beeinträchtigt sein, beim Lesen und Schreiben werden meist analog zum Sprechen die Funktionswörter und grammatisch bedeutsame Wortteile weggelassen.

2.3.2 Sensorische Aphasie

Die Sensorische Aphasie meint generell eine Störung in der akustischen Entschlüsselung oder im Verstehen dessen, was gehört wird. Die aphasisch betroffene Person mit primär sensorischen Problemen kann also mehr oder weniger nicht mehr verstehen, was sie hört. Dieses Problem hat nichts mit Schwerhörigkeit zu tun. Wir vermuten eine Störung im Bereich der Verbindung von der Klanggestalt des Wortes zum Begriff. Die Worte werden zwar als sprachliche Äußerung und als akustisches Phänomen wahrgenommen, doch die

Sinnerfassung ist mehr oder weniger stark beeinträchtigt, zu den Lautgruppen stellt sich kein Sinn mehr ein.

Auffallende Symptome sind flüssiges, übereiltes Sprechen mit vielen falsch benutzten Wörtern (semantischen Paraphrasien) und Wortneuschöpfungen (Neologismen). Es besteht auch die Tendenz zum Ineinander-Schachteln von Wörtern, Satzteilen und Sätzen (Paragrammatismus).

Das Sprachverständnis ist erheblich gestört, beim Lesen wird der Sinn des Gelesenen oft nicht erfasst (Dyslexie), und beim Schreiben besteht die Tendenz, Wörter zu vertauschen, zu verdrehen oder wegzulassen und Sätze und Satzteile ineinander zu verschieben.

2.3.3 Amnestische Aphasie

Amnestische Aphasie bezeichnet eine Störung im Erinnern sprachlicher Begriffe, also der Wortfindung. Es ist der aphasisch betroffenen Person mehr oder weniger unmöglich, dem, was sie äußern möchte, die Worte zuzuordnen. Wir nehmen an, dass eine Störung in der Verbindung von Bedeutung und Bezeichnung vorliegt. Die betroffene Person hat zwar eine Vorstellung von einem Begriff, kann diesem jedoch nicht das richtige Wort zuordnen.

Es kommt nicht selten auch zu sogenannten semantischen Paraphasien, d.h. zu begrifflichen Verwechslungen, z.B. „Gabel" statt „Löffel", aber auch zu begrifflich überhaupt nicht zueinander in Beziehung stehenden Worten wie „Werkzeug" statt „Bedienung". Weiter können sogenannte Ersatzstrategien als Symptome auffallen wie langatmige Umschreibungen, verhältnismäßig viele Redefloskeln, echolalisches Wiederholen der Worte des Gesprächspartners. Bei z.T. informationsarmer Rede ist der Satzbau meist intakt, das Sprachverständnis kaum gestört, das Lesen und Schreiben meist wenig beeinträchtigt und die Kommunikationsfähigkeit im Allgemeinen gut ausgeprägt.

2.3.4 Globale Aphasie

Die Globale Aphasie bezeichnet eine umfassende, sehr gravierende sprachliche Beeinträchtigung: Sprachverstehen und sprachliche Mitteilung sind erheblich gestört. Wir können annehmen, dass die Kombination der vorgenannten drei Störungsformen der Aphasie zur Erscheinung der Globalen Aphasie als der schwersten Form der Aphasie führt.

Die Globale Aphasie entsteht meist durch einen Verschluss der mittleren Hirnarterie (Arteria cerebri media) der linken Hirnhälfte. Neben erheblichen Problemen beim Sprachverständnis und der eigenen Mitteilungsfähigkeit kommt es außerdem oft auch zu Sprachautomatismen (z.B. „dadada“) und sinnlosen Lautfolgen, und die Schreib- und Lesefähigkeit sind stark beeinträchtigt.

2.4 Neu-Lernen bedeutet Hirn-Nerven-Wachstum (aus einer neuropädischen Sicht)

Ich werde immer wieder von aphasisch Betroffenen nach Schlaganfall gefragt, was da im Gehirn passiert und was jetzt da abläuft, wenn sie Sprachtherapie bekommen.

Ich beschreibe ihnen Folgendes thesenartig: „Hier hat der Schlaganfall ein Loch in das Sprach-Netzwerk geschlagen. Innerhalb dieses Lochs im Sprach-Nervennetzwerk gibt es keine Bewegungen der elektrobiochemischen Impulse mehr, weil sie von den abgestorbenen Nerven nicht mehr weitergeleitet werden. Und weil abgestorbene Sprachnerven dort auch nicht nachwachsen, bleiben sie für immer tot. Was im Gehirn neuronal abgestorben ist bleibt tot.

Mit den aphasischen Folgen müssen sich die aphasisch Betroffenen aber nicht tatenlos abfinden. Wir Menschen haben nämlich die Chance, gesund gebliebene Hirnareale zu nutzen, um dort neue Sprach- und Sprechhandlungen zu erlernen.

Das können wir uns bildhaft so vorstellen.

Weil das Gehirn ein sich selbst organisierendes Organ ist, hält es seine Hirn-Nerven und seine Funktionalität „auf dem Laufenden". Im Gehirn finden je nach festgestelltem Bedarf Nerven-Neuwachstumsprozesse statt und zwar dann, wenn sich das Gehirn Aufträgen ausgesetzt sieht, die es mit Blick auf ein bestimmtes zu erreichendes Ziel zu erledigen hat.

Wenn das Gehirn (mit anderen Worten: der Mensch) erkennt, dass die ihm zur Verfügung stehenden Instrumente zur Aufgabenlösung fehlen, dann sucht das „ehrgeizige" Gehirn nach Auswegen und nach neuen Instrumenten. Es beginnt, Neues zu lernen, um die Aufgabe lösen bzw. den Auftrag erledigen zu können. Neulernen ist gleichzusetzen mit Wachstum neuer Nervenverbindungen.

Will eine aphasisch betroffene Person z.B. die Aussage: „Guten Morgen, mein Schatz !" lerntechnisch so angehen, dass sie sie schließlich frei und initiativ korrekt sprechen kann, dann benötigt sie in der Sprachtherapie gezielte, aufeinander aufbauende Lernschritte.

Auf dem Weg zu diesem Ziel-Verhalten laufen im Gehirn Entwicklungsprozesse ab, die ihm bei jedem Erarbeitungs-Schritt ‚intensive' gedankliche und psychische ‚Kraft' abverlangen. Durch die therapeutische Entwicklungslenkung in Richtung Neues Sprach- und Sprechhandeln bekommt das Gehirn solch gezielte Reize, die es zum Neu-Wachstum von Nervenstrukturen anregen.

Je häufiger der Satz „Guten Morgen, mein Schatz !" fehlerfrei von der aphasisch betroffenen Person wiederholt wird und je konstanter sie das neue fehlerfreie Satz-Sprechhandeln praktiziert, desto intensiver vollzieht sich zeitgleich das Wachstum der neuen ‚Sprech'-Nervenzellen durch dieses Lernen.

Es formen sich „Nerven-Zell-Reihen" zu neuen Nervenleitung (Dendriten), die sich auch zu den Nachbarzellen und Nachbarnerven ausrichten, an denen sie andocken und neue Synapsen ausbilden. So entstehen Abzweigungen, es wachsen Nerven-Verbindungen, die sich zu Neuro-Netzwerken ausweiten.

Durch dieses neu entstehende neuronale Netzwerk schießen dann die Nervenimpulse. Je gezielter die aphasisch Betroffenen gleichförmige Handlungsmuster wiederholt abrufen, desto stärker werden die nun dazu zur Verfügung stehenden Nervenzell-Reihen ‚beschossen'. Das bringt das weitere Nervenzell-Wachstum voran. Je massierter z.B. in ‚geordneten Übungen' (Näheres dazu siehe in Kapitel 8.4.4) die neuronale Beschießung stattfindet, desto mehr tendieren die beteiligten Nervenleitung zu einem neuronalen ‚Dicken-Wachstum'. Stetes übungsmäßiges neuronales Beschießen führt zu einer Vergrößerung des Nerven-Querschnitts. Der größere Querschnitt führt zu größeren ‚Durchfluss'-Mengen an elektrobiochemischen Impulsen innerhalb einer gewissen Handlungs-Abfolge. Das können wir physisch spüren, wenn uns eine Handlung zunehmend schneller und „leichter" von der Hand geht.

Ein typisches Beispiel dafür ist das Erlernen des fehlerfreien Sprechens von kurzen Phrasen wie „hallo", „wie geht's", „tschüss". Je häufiger aphasisch Betroffene diese fehlerfrei anwenden, desto spontaner und flüssiger sprechen sie diese dann später aus.

Sprachliches Neu-Lernen bedeutet somit Hirn-Nerven-Wachstum in einem unbeschädigten Hirn-Areal, unbeeinflusst vom negativ wirkenden ‚neuronalen Loch'.

Sie werden sich fragen, wie das funktionieren kann. Beim Ausflug in meine Gruppentherapie (Kapitel 2.3.1) lernen Sie aus neuropädagogischer Sicht neue Perspektiven bei der Betrachtung des Katastrophen-Falls Aphasie und des Erlernens neuen Sprach- und Sprechhandelns kennen.

Dabei spielen ‚Neu-Impulse' für das Gehirn eine bedeutende Rolle. In unserer Gruppen-Aphasietherapie stellt das Zusammenspiel von Hören, Erinnern, Scannen von Schrift, Einprägen und Wiedergeben gehörter Sätze den Kern der geistigen Arbeit für die aphasischen Gruppenmitglieder dar.

2.4.1 Ausflug in eine meiner Aphasie-Gruppensitzungen – das Erarbeiten eines fehlerfreien Sprecherlebnisses

Ich möchte Ihnen meinen therapeutischen Ansatz mit einem Blick in meine Gruppentherapie verdeutlichen.

Dazu lade ich Sie ein mit mir in die Gruppe zu kommen und die aphasisch betroffenen Gruppenmitglieder zu begleiten.

Ich begrüße die sechs Aphasie-Gruppenteilnehmer*innen und erkläre Ihnen: „Unser gemeinsames Bemühen in der jetzigen Aphasie-Gruppensitzung ist, dass wir zu fehlerfreien Sprecherlebnissen kommen.

Wir wollen das gemeinsam erreichen und zwei Dinge als Fakten festhalten:

Ersten werden Sie dadurch beweisen, dass Sie die Sprechfähigkeit also nicht in Gänze verloren haben und dass in Ihrem Gehirn noch sprachliche Fähigkeiten vorhanden sind, mit denen Sie nach gezielten Vorbereitungen tatsächlich verständlich und fast fehlerfrei geübte Sätze sprechen können.

Und zweitens erkennen Sie, dass Sie mit Hilfe des polimodal-multisensorischen Lernens von Sätzen ein weitestgehend fehlerfreies Sprech-Erlebnis trotz Aphasie erreichen können.

Dazu ist aber erforderlich, dass Sie Ihrem Gehirn systematische, vorbereitende und stimulierende Handlungen abverlangen.

Sie haben in den vergangenen Gruppensitzungen schon erlebt, dass jeder von Ihnen bei mehr oder weniger Hilfestellung es tatsächlich schaffen kann, die drei Sätze - zunächst recht langsam sprechend- aber insgesamt weitgehend verständlich und fast fehlerfrei wiederzugeben.

An dieser Tatsache erkennen wir, dass Sie also noch Sprech-Funktionen in der Nähe des neuronalen Lochs oder irgendwo sonst im Gehirn verortet haben, die Sie beim gemeinsamen Übungs-Sprechen und dann später beim Einzel-Sprechen mit größter Konzentration auf das ‚neue Sprechen' aus dem ‚letzten Winkel Ihres Gehirns' abrufen.

Neuropädagogisch betrachtet leiten Sie nach unserer Vorbereitung auf neue Weise sprachklangbasiert unter meiner therapeutischen Leitung neue Sprech-Handlungen ein. Sie sprechen in diesem Moment weitgehend modellgetreu. Damit Sie wissen, wie Sie zu einem ‚neuen' Sprech-Handeln kommen können, erkläre ich das kurz und führe Sie ein in die notwendigen, vorbereitenden Schritte.

Wie sind wir vorhin zu dem nahezu fehlerfreien ‚neuen' Sprech-Handeln des Satzes gekommen ?

Sie alle haben Sprach- und Sprechhandlungs-Fähigkeiten, die wir mit dem Begriff ‚Fähigkeits-Inseln' benennen und die Sie noch näher kennenlernen werden.

In diesen ‚Fähigkeits-Inseln' sind die nach dem Schlaganfall übriggebliebenen, intakten Sprach- und Sprechfunktionen zu finden. Das, was Sie heute, ohne Sprachtherapie gehabt zu haben abrufen können, rufen Sie aus Ihrem ‚Sprach- und Sprechgedächtnis' auf. Das alles fassen wir unter ‚Fähigkeits-Inseln' zusammen.

Sie spüren, dass Sie sich in unserer Gruppensitzung hochkonzentriert fokussieren auf jeweils einen von mir oftmals vorgesprochenen handlungsbeschreibenden Satz."

Hier unterbreche ich den Gruppenbesuch und verweise auf Kapitel 7.5, wo ich das gemeinsame Erarbeiten des lauten, weitgehend fehlerfreien Aussprechens eines Satzes und das gemeinsame Sprechen mit den anderen Gruppenmitgliedern ausführlich beschreibe und näher auf das PmL-S-Lernen eingehe.

An dieser Stelle möchte ich hervorheben, dass das wiederholte Beschießen der ‚alten' und ‚neuen' Sprachnerven mit diesem fehlerfreien Sprech-Handlungsmuster in ungeschädigten Hirnregionen geschieht und nicht mehr im Bereich des neuronalen Lochs.

2.4.2 Was steckt hinter diesem „fehlerfreien Sprecherlebnis“ ?

Jetzt geht es weiter in der Gruppensitzung: „Wir richten unsere Lern-Anstrengungen in Richtung des ‚fehlerfreien Sprechens‘ aus.

Wir lassen uns einen Satz zu einer Video-Szene oft vorsprechen, während wir ihn auch mitlesen, ich nenne dieses Mitlesen ‚Scannen‘. Wir machen uns den Sinn des handlungsbeschreibenden Satzes an Hand des Video-Clips klar, hören uns den Satz so oft an, bis wir meinen, ihn nachsprechen zu können. Dann sprechen wir ihn gemeinsam, wobei ich sprechkorrigierende Hinweise gebe.

Das Entscheidende bei diesem Vorgehen ist, dass Sie sich – mit dem Sprachklang im Kopf – von mir beim Sprechen leiten lassen und dabei konzentriert darauf achten, dass Sie Ihr eigenes Sprech-Handeln an das von mir gegebene Sprech-Klang-Modell annähern.

Sie hören in häufigen Wiederholungen des Satzes immer wieder den Satz-Klang. Dabei prägen Sie sich alle Sprachklänge ein. Für einen kurzen Moment schaffen Sie es nun, die Sprachklangfolge dieses Satzes so zu speichern, dass sie sie ‚auf Kommando‘ reproduzieren können.

Neuropädisch ausgedrückt: Sie greifen nun auf die jüngst gespeicherte Sprachklang-Folge des Satzes zurück. Sie ‚rufen‘ den Satz aus Ihrem Arbeitsspeicher (Kurzzeitgedächtnis für Sprachklänge) und lassen sich von meinem Sprachklang beim Sprech-Handeln leiten.

Dass Sie in dieser Gruppensituation diesen Satz nahezu fehlerfrei und flüssig zu sprechen in der Lage sind, wundert und erfreut Sie wahrscheinlich.

Ja, Sie sehen, dass wir unser Sprech-Handeln verändern können - trotz des neuronalen Lochs. Und diese Fähigkeit nutzen wir, um das fehlerfreie Sprechen in größerem Stile zu erlernen.“

2.4.3 Polimodale, videobewegte Arbeitsmittel ziehen wir monomodalen Medien vor

Seit längerem ist bekannt,

- dass Bilder als Objektreferenzen in der Aphasietherapie als ‚unverzichtbare' Bestandteile der Therapiearbeit gelten (Lutz, Luise; 2010),

- dass farbige Bilder den Wortabruf bei Aphasiepatienten verbessern (Mohr E.. 2014)

- dass es dringend notwendig ist, heute vorhandene Medien mit bewegten Bildern (z.B. LogoMedien®) in die Übungen von aphasisch Betroffenen einzubauen, weil sich allseits vorhandenes Therapiematerial meist auf Bilder von Objekten und weniger auf bewegte Abbildungen für z.B. Verb-Abbildungen stützt (Schweiger, Lea, Sollereder S., ebda.)

- dass Sätze, die Tätigkeiten beschreiben und durch Video-Handlungen visualisiert werden, recht schnell verstanden werden. (Schweiger, Lea, Sollereder S., ebda): „Videosequenzen stellen nicht nur eine ansprechende und aufgeschlossene Gebrauchsform dar, sondern ermöglichen, die logopädische Therapie auch vertiefend auf kognitions- und neurowissenschaftlichen Grundlagen aufzubauen. Die Theorie des „embodiments" bzw. der „embodied cognition" (Verkörperung oder Verleiblichung) postuliert, dass unsere kognitiven Prozesse tief in den sensomotorischen Wahrnehmungs- und Interpretationsprozessen unseres Körpers begründet und verhaftet sind. Dies hat zur Folge, dass die Beobachtung oder eigene Ausführung von Bewegungen auch die jeweiligen verbalen Handlungen unterstützen (Varela et al. 1991, Marangolo et al. 2012)."

- dass seit Jahrzehnten intensiv-aphasie-therapeutische Beobachtungen (Lindlar, 1991 – 2017) zu der Erkenntnis führen, dass aphasisch Betroffene sich in lebendige Handlungen in Video-Aufzeichnungen gut hineinversetzen können und überwiegend sicher die dazu nichtpassenden von dazu passenden Versprachlichungen (Sätzen) zu trennen in der Lage zeigen,

- dass „Forschungen zeigen, dass allein das Beobachten von Handlungen ausreicht, um das motorische Areal im Cortex und somit weitergehend die Sprachnetzwerke zu aktivieren." (Schweiger, Lea, Sollereder S., ebda).

Die Video-Handlungs-Präsentationen wirken wie sprechmotorische, sprachliche und sprecherische Aktivitäts-Impulse.

Schweiger, Lea und Sollereder S., ebda, zitieren eine Studie von Bonifazi et al. (2013), in der eine Patientinnen-Gruppe während der Erhebungen mit Videosequenzen anstatt mit Bildmaterial therapiert wurde. Der Einsatz der Videos hat bei allen Teilnehmerinnen signifikante Verbesserungen in der Benennleistung von Verben gebracht. Die in der zitierten Studie eruierten positiven Ergebnisse können m.E. direkt auf Satz-Sprechleistungen übertragen werden.

Geschehnisse, die im Video zu beobachten sind und durch inhaltsbeschreibende Sätze verbalsprachlich und schriftlich unterlegt sind - werden von aphasisch Betroffenen besonders gründlich erfasst, verstanden und reproduziert.

Das Polimodale des Mediums führt neuropädisch zu mehrsensorischer Verarbeitung des Sprachinhalts. Das sprachklangliche und schriftliche Kennenlernen von Sätzen zu Geschehnissen (in Video-Clipsen) führt zu deutlich sichereren Entscheidungen bei der Wahl eines zu der Szene passenden Satzes; in Vergleichsaufgaben zeigen die Probanden, welcher Satz auf das Geschehnis passt. (Fall-Studien in der Intensiv-Sprachtherapie im LogoZentrum Lindlar, 2010 - 2014).

Die Versprachlichung inhaltsbezogener Sätze zu in Videos sichtbaren Geschehnissen triggert das lexikalische Gedächtnis ebenso wie es das sprachklangliche Inventar aktiviert.

Assoziierte Kenntnisse, gemachte Erfahrungen und der emotionale Kontext des Geschehnisses sind mit der eigenen Sprache verbunden und fördern die Aktivierung der „schlummernden" Potenziale für exekutive Funktionen (Äußerungen).

Deshalb sind bewegte Bilder aus der selbst erlebten Welt (Erinnerungen, Erfahrungen mit z.B. bestimmten Lebewesen, mit bestimmten Gegenständen usw.) für Initiierungen sprecherischer und sprachlicher Akte besonders wertvoll und sind monomodalen Lern-Mitteln vorzuziehen.

2.4.4 Für ein fehlerfreies Sprecherlebnis sind vorbereitende, neuropädagogische Einstimmungen erforderlich

Das ‚neue', modellgetreue und ‚fehlerfreie' Sprechhandeln bedarf zur Erreichung des fehlerfreien Sprech-Erlebnisses vorbereitender, neuropädischer Einstimmungen. Diese Vorbereitungen müssen sein.

Ich verweise auf das in Lindlar entwickelte PmL-S-Verfahren, das wir mit Hilfe eines polimodalen Mediums (vertonten Videos), das wir oftmals abspielen lassen und so den Übenden einen handlungsbeschreibenden gesprochenen und geschriebenen Satz mindestens 8 bis 10 mal zu Gehör bringen und zum synchronen Mitlesen präsentieren, in der praktischen Aphasie-Gruppentherapie zur Anwendung bringen.

Neuropädisch betrachtet assoziieren wir dabei die polimodal präsentierten Stimuli. D.h., wir nehmen gleichzeitig gesprochene und geschriebene Sprache über den Hörsinn und Sehsinn wahr, wodurch eine mehrsensorisch-kognitive Verarbeitung stattfindet.

In der Vorbereitung des fehlerfreien Sprecherlebnisses ist ein konzentriertes, wiederholtes Wahrnehmen und Verarbeiten des Satz-Sprachklanges und ein ebenso häufiges geistiges und emotionales Verarbeiten des Handlungsgeschehens sowie des Satz-Schriftbildes erforderlich.

Später richten wir unseren Fokus auf den Satz-Inhalt. Doch zunächst ist der Sprachklang der Sprechstimulator.

Da läuft ganz viel in unserem Kopf ab: Wir hören den Satz, sehen Video-Geschehnisse dazu, wir verstehen dadurch den Sinn des Satzes, wir sehen das Gesprochene geschrieben, wir erinnern uns an die Schrift, wir hören genau hin, wie die geschriebenen Wörter gesprochen klingen, wir verfolgen die Buchstaben und Wörter daraufhin, wie das Gehörte geschrieben ist.

Diese kognitiven Vorgänge lassen wir empfohlener maßen mit ein und derselben Video-Szene mindestens 10 bis 15 Mal im Kopf ablaufen.

Dabei verfolgen wir das Ziel, diesen Satz unbedingt im Gedächtnis zu behalten. Mit diesem festen Willen gelingt es nach Durchlaufen bestimmter Arbeitsschritte den meisten von uns, den so gespeicherten Satz dann mit mir zusammen und mittels meiner individuellen Hilfen beim Individual-Sprechen und schließlich auch beim Unisono-Sprechen weitestgehend modellgetreu und fehlerfrei mitzusprechen.

Das so gelernte, weitgehend fehlerfreie Sprech-Handeln eines Satzes ist in den meisten Fällen der Startpunkt für weitere Sprach-Lernprozesse bei Aphasie.

2.4.5 Wir ‚beackern' ein neues, neuronales Feld – abseits vom 'neuronalen Loch'

„Nun, der Schlaganfall hat Ihre spontane Sprechfähigkeit grundlegend verändert. Das ist dem neuronalen Loch im Sprachnetzwerk geschuldet.

Lassen Sie sich jetzt einmal vorurteilsfrei auf bestimmte Aktionen ein. Ich bitte Sie, dem zu folgen, was Sie nun erleben. Wahrscheinlich haben Sie so etwas bisher noch nie durchgeführt.

Sie machen gleich Kopfübungen, die für Sie und Ihr Sprachsystem vermutlich ‚neu' sind.

Ich zeige Ihnen einen Clip im Video. In diesem Clip sehen Sie eine Handlung bzw. ein Geschehnis mehrmals hintereinander.

Jetzt hören Sie so oft hin, schauen so oft auf die Handlung und erklären sich dadurch die Satzbedeutung. Dabei scannen Sie die Schrift des Satzes und verarbeiten dann noch diesen Mix an Wahrnehmungs-Inhalten im Kopf.

Nach einigen Durchführungen dieser mehrsensorischen Wahrnehmungen und Verarbeitungen des Satzes spüren Sie, dass das kognitive Höchstleistung abverlangt, die Sie da erbringen.

Das ist unsere neue Einleitung von Hirn-Aktivitäten, mit denen Sie ein ‚neues Feld' in Ihrem Gehirn beackern. Sie setzen auf diese Weise neue Nervenimpulse in gesunden Hirnarealen in Gang.

Für Sie ist das jetzt vermutlich eine ungewöhnliche Art, sich an das Sprech-Handeln heranzuarbeiten. Es ist aber dafür ein gangbarer und vor allem wirksamer Weg – das verspreche ich Ihnen."

2.5 Erste probate Schritte nach dem Sprachverlust

Die neuromedizinische Sofortmaßnahme im Akutkrankenhaus bzw. in einer Stroke Unit ist state of the art.

Bezüglich des Sprachverlustes sollte auch dort schon – wenn es der Zustand der Patient*innen zulässt – Sprachtherapie möglichst intensiv durchgeführt werden. Dies gilt auch für die weitere Verweildauer auf der Krankenhausstation.

Intensität in der Sprachtherapie ist besonders schon hier angeraten, weil sich die Patient*innen jetzt in der Phase der Spontanremission befinden, in der sie besonders empfänglich sind für Außenreize. Das Gehirn ist nach dem Schlaganfall aufgrund der veränderten Situation im „Stress", es muss sich beruhigen, neu orientieren, mit der Welt da draußen Verbindungen aufnehmen.

Sprachwahrnehmung, zentrale Verarbeitung der wahrgenommenen Sprache und exekutive sprachliche Funktionen sollten in dieser akuten Situation der aphasischen Person schon im Krankenhaus angeregt werden.

2.5.1 Nach dem Krankenhaus wieder zu Hause – erste sprachliche Aktionen daheim

Wenn die aphasisch betroffene Person nach Akutkrankenhaus und Reha-Klinik wieder nach Hause entlassen wird, ist zunächst ihre Vorstellung in einer ortsnahen logopädischen Praxis angezeigt.

Die Kontaktnahme mit der Praxis hat vor der Krankenhausentlassung entweder der Sozialdienst der Klinik aufgenommen, oder es war die / der Partner*in der aphasisch betroffenen Person.

Während die ambulante Therapie organisiert wird, was leider einige Wochen in Anspruch nehmen kann, sollte ohne Zeitverlust zu Hause die aphasisch betroffene Person neuronal stimuliert werden.

Da die Anfangszeit für die aphasisch betroffene Person eine hoch sensible Zeit ist, in der andere Kommunikationsweisen erwünscht sind als die, die wir ‚Gesunden' gewohnt sind, bitte ich Sie, ‚vorsichtig' im Umgang mit Ihrer/m aphasischen Partner*in vorzugehen.

Alles, was die aphasische Person jetzt in ihrem sprachlosen Zustand erlebt, wirkt sich auf ihre Psyche und auf den therapeutischen Prozess aus, positiv aber auch negativ.

Was wir anfangs auf keinen Fall tun dürfen ist ‚Sprach- oder Nachhilfeunterricht' zu erteilen. Denn damit begehen Sie u.U. grobe Fehler. Dieses Bemühen geht meist ungut aus.

Wir fangen am besten da an, wo wir als fachliche Laien so gut wie keinen Fehler machen können. Das ist das hörende Wahrnehmen und Verstehen von Sprache bei der aphasisch betroffenen Person.

Das beginnt damit, dass in der Frühphase der Aphasie wir die Akteure sind in allen Unterhaltungen und Unternehmungen mit den Betroffenen.

Wir verlangen von ihnen zunächst keine sprachliche Aktion, kein Nachsprechen oder kein Antworten auf Wie-heißt-das ?-Fragen.

Wir sind diejenigen, die der aphasisch betroffenen Person etwas erzählen sollten. Die Betroffenen wünschen sich in dieser Phase dem zuzuhören, was wir ihnen erzählen.

Sie wünschen sich auch sehnlich, dass wir, die sprechenden Gesprächspartner das, was sie u.U. nicht ausdrücken können, verstehen mögen. Luise Lutz hat dazu ein wegweisendes Buch „Das Schweigen verstehen" geschrieben.

Lassen wir die aphasisch betroffenen Personen in unserer Kommunikation mit ihnen zunächst als „sprachliche Empfänger" erscheinen und sehen wir uns als Sprechende zunächst als „sprachlichen Sender", der wohl dosiert sprachlich zugewandt kommuniziert und nicht übermäßig viel redet.

Dieses von mir empfohlene und etwas einseitig verlaufende Kommunikationsgeschehen dient neuropädisch (Nervenwachstumfördernd) dem Anliegen, sprachliche Hör-Reize der aphasisch betroffenen Person zu geben. Das sind kurze Sätze, nette Erzählungen aus dem Familienleben oder über Aktionen im Freundeskreis.

Wir wollen damit die aphasische Person nicht nur unterhalten und ihr wichtige Zuwendung geben, sondern ihr auch damit ermöglichen, sich bei uns in Sicherheit zu wähnen und vertraute Klänge zu hören.

Die hörende (auditive) Wahrnehmung und die zentrale Dekodierung (entschlüsselnde Verarbeitung) der gehörten Sprache ist mit Blick auf später einer der wichtigsten Verarbeitungsprozesse im Zusammenhang mit der Wiederherstellung des Sprachverständnisses bei Verstehensproblemen.

Ich möchte auch davor warnen, im jetzigen Anfangsstadium in der Zeit mit Aphasie, das, was die betroffene Person spontan sprachlich falsch oder unkenntlich äußert, zu korrigieren.

Bitte jetzt noch nicht korrigieren, auch wenn es uns danach drängt.

Wir müssen leider zur Kenntnis nehmen, dass wir als aphasiologische Laien nicht beurteilen können, was wir durch unsere Korrekturen bei der aphasisch betroffenen Person an Verunsicherung hervorrufen.

Überlassen wir die Erarbeitung von Sprache zunächst allein den Logopäd*innen, die haben Aphasietherapie studiert.

Aber was wir stattdessen tun können ist, auf das hinzuhören, was die aphasisch betroffene Person äußert und das zu registrieren und zu interpretieren. Notizen dazu können später für die Logopädin von großem Nutzen sein.

Aber weil wir Angehörigen jetzt schon irgendwie helfen und etwas Nützliches tun wollen, andererseits aber keine Experten sind, können Ihnen folgende Tipps von mir dienlich sein:

Versuchen wir vorsichtig Aktionen durchzuführen, die ein Lächeln auf das Gesicht der betroffenen Person zaubert. Konkret: Tun Sie das wiederholt, was die aphasische Person zu einem ‚Lächeln' bewegt, vielleicht ist das gemeinsame Singen eine aktivierende Handlung, bei der die betroffene Person ihr Lieder-Inventar triggert und spüren kann, dass sie noch Sprache in Form der Liedertexte zur Verfügung hat, vielleicht ein gemeinsamer Spaziergang (auch gut im Rollstuhl zu meistern) durch bekanntes Gebiet, bei dem die sprechende Begleitung beschreibt, was sie gemeinsam sehen. Die Maßnahmen sollen auch der psychischen Stabilisierung dienen wie das gemeinsame Spielen, Puzzle legen oder Vorlesen.

Später, wenn die ambulante Therapie begonnen hat, wird uns die Logopädin dienliche Hinweise geben können und uns anregende Stimulations-Handlungen beschreiben.

Ich habe in der Therapie mit manchen Patient*innen ‚sinnlose' Lautmalereien ‚gesungen': Ich habe mit ihnen lange Aaaaaa`s oder Oooooo`s mit wechselnd-verlaufenden Stimmhöhen produziert, oder Lautmalereien aus den Vokalen a, e, i, o und u zusammengestellt.

Aber bitte bieten Sie nicht die Lautmalereien in Kleinkindmanier an, sondern so humorvoll und erwachsenengemäß, dass die betroffene Person dieses Vorgehen für sich akzeptieren kann und dann selbst initiativ mitvollzieht. Der Hinweis auf das ‚vorbereitende Aufwärmen' im Chor-Gesang kann Verständnis hervorrufen.

Wenn Sie der betroffenen Person vorher signalisieren, dass das folgende, ‚ulkige' Tun letztlich dem Gehirn hilft, später besser das Gehörte zu verarbeiten und zu verstehen, wird die aphasisch betroffene Person dieses Geschehen nicht als entwürdigend empfinden. Trotzdem ist das verständlicherweise nichts für jede/n Patient*in etwas.

Eine wichtige Form der Beobachtung ist, zunächst ‚emotional distanziert' das Sprechverhalten der betroffenen Person zu beobachten und zu beschreiben.

Schauen wir dabei nicht auf das, was nicht mehr funktioniert, sondern fokussieren wir das, was ohne Probleme oder mit wenig großer Mühe sprachlich klappt.

Das gibt es auch. Denn dieses Element aus dem Bereich der ‚Fähigkeits-Inseln' kann sogar Ausgangspunkt der therapeutischen Arbeit werden. Deshalb kann die Mitteilung über Ihre Beobachtungen an die Logopädin für diese hilfreich und wichtig sein.

2.5.1.1 Maßnahmen vor dem Beginn der ambulanten Therapie - *‚Mobilisierung und Fitbleiben'* in gekonnten Sprach- und Sprechhandlungsfeldern

Um zwischen Klinik-Aufenthalt und Beginn der ambulanten Sprachtherapie zu Hause keine lange Sprach-Untätigkeit aufkommen zu lassen, sind Maßnahmen zur sprachlichen und kognitiven Aktivierung der unbeschädigt gebliebenen Funktionen ratsam, und das weitgehend ohne Risiko durchzuführen.

‚Mobilisierungs-Kurse' und ‚Kurse zum Fitbleiben in gekonnten Handlungsfeldern' dienen dem Erhalt der „neuronal-sprachlichen Vitalität" in den unzerstört gebliebenen Netzwerken.

‚Mobilisierung und Fit-Bleiben' sind besonders in der Anfangs-Phase der Aphasie förderlich und sinnvoll, weil die erhalten gebliebenen ‚Sprach- und Sprechhandlungs-Funktionen' durch unregelmäßig-regelmäßiges Aufgerufen-Werden immer wieder aktiviert werden und so ‚lebendig‘ bleiben.

Eine recht natürliche Art ist das Mobilisieren von Sprachhandlungen, die die aphasisch betroffene Person unbehindert abrufen kann. Sagen Sie z.B. der aphasisch betroffenen Person, sie möge mit Ihnen singen, „um die Stimmbänder nicht einrosten zu lassen“. Erklären Sie das der betroffenen Person, damit für sie solche Aktivitäten sinnvoll und von ihr als solche verstanden und akzeptiert werden können.

Nur wenn die betroffene Person versteht, warum sie etwas tun soll und das einsieht, können wir zusätzlich über Lautmalereien hinaus aktivierende Stimuli setzen in Form von Wort-Reihen, die wir gemeinsam sprechen, wie beispielsweise die Monatsnamen, Wochentags-Namen, Sprichwörter, usw.

Wenn die Person gern singt, dann soll sie bekannte Melodien (Schlager, Popsongs, Kinderlieder u.a.) täglich ruhig 6 Mal am Tag jeweils 5 Minuten lang singen.

Das kann sie u.U. allein oder mit jemand anderem durchführen, was ihr vielleicht mehr Spaß macht.

Das Anregungs-Programm, das wir Laien den aphasisch betroffenen Personen anbieten, sollten wir stets nur im Sinne des ‚sprachlichen Fitbleibens in den gekonnten Handlungsfeldern‘ begreifen.

Ich möchte noch einmal betonen: Wir dürfen uns in diesem Stadium (noch ohne ambulante Therapie) keinesfalls als therapeutisches Ersatzpersonal missverstehen, wie ich das an anderer Stelle schon erwähnte. Denn wir Partner*innen sind mit unseren laienhaften Lernvorstellungen und eigenen schulischen Lernerfahrungen in der Rolle als Therapeut*in überhaupt nicht geeignet. Entschuldigen Sie meine klaren Gedanken dazu.

Für den Fall, dass wir therapeutisch-relevantes Aktivieren und Üben durchführen wollen, sollten wir uns vorher gewisse Grundkenntnisse von der aphasiologisch ausgebildeten Logopädin näherbringen lassen.

Nur unter Beachtung gewisser Verhaltensregeln können wir es wagen, die Rolle der Übungshelferin/des Übungshelfers anzunehmen.

2.5.1.2 Finden Sie die ‚Fähigkeits-Inseln'

Nach dem Schlaganfall hat jede aphasisch-betroffene Person eine *ganz einzigartige Aphasie*, was die Symptomzusammensetzung, was die vermeintliche Schwere der Aphasie und was die psychische Betroffenheit der aphasischen Person und ihrer Angehörigen anbetrifft.

Trotz dieser Individualitäten konnten wir in tausenden von Intensiv-Therapien in der Vergangenheit beobachten, dass alle aphasischen Patient*innen etwas gemeinsam haben. Obwohl große Unterschiede bei den sprachlichen Symptomen unter allen Betroffenen auffallen, tritt eine versteckte Gemeinsamkeit bei allen als Faktum im Hintergrund auf. Und das sind die ‚Fähigkeits-Inseln', die es zu entdecken gilt.

Diese Fähigkeits-Inseln beherbergen nämlich Sprachhandlungen quasi wie ‚Schätze', die im Verborgenen liegen und gehoben werden müssen.

Sie können sich sachgerecht diesen Schätzen annähern, indem Sie das aphasische Verhalten der betroffenen Person beobachten und die aktuelle Ausdrucksform und Ausdrucksweise (Performanz) erfassen. Das sind die momentanen Fähigkeiten, sprecherisch und sprachlich zu handeln.

Wie sieht das spontane Sprechen aus ? Wenn Sie genau hinhören, was die aphasische Person beim spontanen Sprechen kann, wie sie das Sprechen beim Erzählen gestaltet, ob sie in ganzen Sätzen spricht oder nur die Hauptwörter oder nur Tätigkeitswörter?, dann erhalten Sie ein ‚sprachliches Fähigkeits-Bild'. Sie achten darauf und hören auch, ob die aphasisch betroffene Person Zahlen erkennen, lesen und sprechen kann.

Das, was bei ihr gut klappt, das sind die Schätze, die Sie ausfindig gemacht haben. Die schreiben Sie auf und teilen der Logopädin mit, wenn sie mit der Therapie beginnt.

ACHTUNG: Wenn Ihr aphasischer/Ihre aphasische Partner*in vor Beginn ihrer/seiner Sprachtherapie im Gespräch mit Ihnen Fehler macht, dann empfehle ich Ihnen, diese „Fehler" kommentarlos hinzunehmen und nicht zu korrigieren, dafür aber zu versuchen, den Kern der Aussage zu erfassen und zu verstehen (siehe Lutz, Luise, 2014).

So leisten Sie in diesem Moment einen wichtigen qualitativen Beitrag zu Ihrer gemeinsamen Kommunikation.

Die von Ihnen jetzt als belastet empfundene ‚aphasische Kommunikation' enthält viele Fallstricke, die bei Ihnen und bei Ihrer/m aphasischen Partner*in zu erheblichen psychischen Anspannungen führen können.

Deshalb meine Empfehlung: Nehmen Sie zunächst die neue sprachlose Situation bei Ihrer / Ihrem Partner*in an, so schwer das auch fallen mag.

Akzeptanz ist generell nach Hirnschädigung für alle Beteiligten die beste Grundhaltung in der schwierigen Lage. Es ist schwer die Tatsache zu akzeptieren, dass durch den Schlaganfall Sprachnerven-Verlust eingetreten ist, der nicht wieder heilbar ist.

Es ist leider so, wie es ist.

Wohlmeinende Ermahnungen oder gar erregte Vorhaltungen der aphasischen Person gegenüber oder sprachliche Korrekturversuche Ihrerseits – wie bereits geäußert - bringen die Sprachnerven und die Sprache nicht zurück.

Mit einem ruhigen Gespräch oder einer ruhigen Unterhaltung mit der aphasischen Person erreichen Sie mehr Verständnis bei der betroffenen Person.

Positive Stimmung bereitet eine positive Übungszusammenarbeit vor. Gemeinsames Lachen und Spielen helfen.

Als zukünftige bzw. potentielle/r Übungspartner*in werden Sie immer wieder die Situation erleben, dass die betroffene Person aufgrund ihrer eingeschränkten Hirnnervenaktivitäten nicht so handelt, wie sie es bis zum Schlaganfall gewohnt war. Auch kann Sie ihr Verhalten jetzt (noch) nicht eigenständig korrigieren.

Wenn dann die Therapie gestartet ist, befragen Sie etwa nach Ablauf der dritten Sitzung die Logopädin nach ihrer Meinung, wie Sie sich in der Kommunikation mit ihrer / Ihrem aphasischen Partner*in am besten verhalten sollen.

Erkundigen Sie sich auch darüber, was nach Meinung der Logopädin zum Zwecke der sprachlichen Aktivierung im alltäglich-kommunikativen Umgang mit Ihrem aphasisch betroffenen Partner*in zu bedenken sei, ob Sie korrigieren oder ob Sie etwas üben sollten, wenn ja, was, usw.

Wenn Ihre / Ihr aphasischer Partner*in den Einstieg in die Therapie akzeptiert hat und mitmacht, dann bitten Sie sie / ihn, mit Ihnen eine neuropsychisch wirkende und daher wichtige Aktivierungsübung durchzuführen. Nennen Sie sie einfach „Marathon-Lauf".

Der „Marathon-Lauf" enthält Sprachhandlungen, die die aphasisch betroffene Person prima kann.

Erklären Sie ihr bitte, dass der „Marathon-Lauf" wegen des Aufbaus eines neuen Sprachnetzwerkes und aus übungslern-technischen Gründen nun sprecherische Handlungen, die heute noch oder wieder gut klappen, trotzdem oftmals fehlerfrei immer wieder konzentriert modellgetreu wiederholt werden müssen (z.B. täglich 5mal oder wiederholt 2 Minuten lang).

Der „Marathon-Lauf" mag uns im ersten Moment ‚stupid' anmuten, in Wirklichkeit hat der durch diverse Ausstrahlungen positiven Einfluss auf die Restitution der Sprache insgesamt.

Auch wenn Sie persönlich die eine oder andere Fähigkeits-Insel bei ihrer / Ihrem aphasischen Partner*in ausgemacht haben - fragen Sie trotzdem die Logopädin danach. Sie hat einen fachlichen Blick, und der erbringt wahrscheinlich ein breiteres Beobachtungsergebnis. Die Logopädin wird Ihnen sagen, was Ihre / Ihr Partner*in gut und weitgehend fehlerfrei wiederholen kann.

Erklären Sie Ihrer / Ihrem Partner*in, dass die wiederholten Ausführungen `gekonnter Sprach-Handlungen` (z.B. Lautes Lesen) in der jetzigen aphasischen Situation ihre / seine Sprachkompetenz triggern (anregen) und für den zukünftigen Therapieprozess quasi unerlässlich sind.

Die Sprachkompetenz, der neuronale Ort allen Wissens und aller Erfahrungen in Bezug auf Sprache und Sprachverwendung, stellt aus neuropädagogischer Sicht eines der wichtigsten Arsenale sprachlicher Ressourcen für die weitere Therapie-Arbeit dar. Die Sprachkompetenz sitzt im Gehirn tief verankert und kann trotz Aphasie durch weitgehend fehlerfreie Sprach- und Sprechhandlungen getriggert werden.

2.5.1.3 Die momentan erkennbaren, sprachlichen Fähigkeiten stimulieren und stabil halten

Aphasisch Betroffene sollten in Zukunft grundsätzlich solche Mobilisierungs-Maßnahmen ergreifen, die das ‚Vergessen durch Nichts-Tun' verhindern.

Vor Rückschritten beim Lernen durch Nichts-Tun hat schon der legendäre, chinesische Philosoph Laotse im 6. Jahrhundert v. Chr. gewarnt und stete und gezielte Lernaktivität empfohlen.

Er sagt: ‚Lernen ist wie Rudern gegen den Strom - sobald man aufhört, treibt man zurück.'

Ich nehme an, dass jede bzw. jeder von uns weiß, welche möglichen Negativ-Folgen ein Nicht-Üben mit sich bringt.

Die jahrelangen Beobachtungen bei unseren aphasischen Patient*innen lassen mich zu der Erkenntnis kommen, dass ohne zusätzliche Übung zu der 1-2mal pro Woche stattfindenden Sprachtherapie sprachliche Verbesserungen kaum zu erwarten sind. Wohl sind die zu erwarten bei regelmäßiger Übung zusätzlich zur Sprachtherapie.

In diesem Sinne empfehle ich, wenn noch keine Therapie angelaufen ist, sich mit einer einfachen aber wichtigen Idee anzufreunden und damit Ihren Alltagsablauf zu ergänzen.

Organisieren Sie Ihre nächsten Monate so, dass Sie zu festgelegten Tageszeiten eine 5- bis 10-Minuten-Aktivierung mit ‚gekonnten' Sprachhandlungen durchführen.

Meine Empfehlung ist in diesem Zusammenhang, wählen Sie Fähigkeiten - also unbeschädigte Sprachfunktionen aus den Fähigkeits-Inseln aus und wenden Sie diese täglich an.

Das kann bestenfalls von den Lebenspartner*innen, von einem der Kinder oder von der Oberstufen-Enkelin bzw. von dem Oberstufen-Enkelsohn übernommen werden.

Diese genannten Personen können, wenn sie Freude an dieser Übungsw-Assistenz verspüren, später während der Therapie-Zeit als Übungs-Helfer*innen eine wichtige Funktion übernehmen.

Die Bedeutung der Übungspartner*innen beschreibe ich im Kapitel 8.3.4 näher.

2.6 Gerichtetes Lernen zum Aufbau neuer und fehlerfreier Sprach- bzw. Sprechhandlungen

2.6.1 Wir prägen uns nur das ein, was ohne Fehler klappt – täglich 1-2mal je 5 Minuten über eine Zeit von ca. zwei Wochen.

Der Neuaufbau des Sprechens:

Wenn Sie eine neue Sprach- und Sprechhandlung (Satz-Sprechhandlung) beherrschen können wollen, dann wiederholen Sie die mit der Logopädin erarbeitete Sprechhandlung so oft immer wieder fehlerfrei, bis Sie diese neue Sprechhandlung neuronal eingetragen und im Sprachnetzwerk gespeichert haben.

Diese Sprach- und Sprechhandlung sollten Sie nun so oft kontrolliert und fehlerfrei ausführen und sich einprägen, bis Sie sich beim fehlerfreien, auswendigen Sprechen dieses neuen Satzes sicher fühlen.

Die Perspektive ist dann, bald die Sprach- und Sprechhandlung ohne die/den ‚kontrollierende/n' Übungspartner*in zu schaffen.

Aber Achtung ! Bei Anzeichen von gefühlter Unsicherheit rufen Sie unbedingt Ihre/n Übungspartner*in hinzu.

Übungs-Regel 1: Jede neue Sprach- und Sprechhandlung, die Sie fehlerfrei schaffen, machen Sie bitte täglich 1 bis 2mal über 5 Minuten zunächst ca. 2 Wochen lang.

2.6.2 Wenn wir üben – dann sollten wir mit System üben. Beginnen wir mit dem Protokollieren der Übungs-Resultate

Im Laufe der aktiven Phasen empfehle ich, eine gewisse Systematik in der therapeutischen Ergebniserfassung und der Handlungs-Daten-Nutzung einzuführen.

Unbedingt zu empfehlen ist das Führen eines Übungs-Buches. Notieren Sie darin protokollartig die Anzahl der korrekten Wiederholungen innerhalb einer gewissen Zeitspanne (z.B. 3 mal korrekt, 2 Minuten gebraucht, heute 25.9.2023 um 10:30 Uhr). Die Notierungen sind wichtige Protokollnotizen. Deren Vergleich mit späteren Eintragungen führt die Logopädin zu wichtigen therapiebezogenen Erkenntnissen bei Ihnen.

Stellen Sie sich vor, Sie vergleichen diese Zahlen von jetzt mit denen in 2 Monaten, dann können Sie als Übungspartner*in bei der aphasisch betroffenen Person höchstwahrscheinlich mutmachende Entwicklungen erkennen.

Solche Vergleichs-Werte helfen nicht nur der aphasisch betroffenen Person bei der Selbstmotivierung.

Diese Vergleichs-Werte helfen selbstverständlich auch Ihnen als Übungshelfer*in und der Logopädin, weil aus den Ergebnis-Veränderungen professionelle Rückschlüsse für die weitere Therapiegestaltung gezogen werden können.

Beginnen Sie mit 5-Minuten-Übungen. Sollten bei der aphasisch betroffenen Person Ermüdungserscheinungen oder Anzeichen von Konzentrationsschwäche auftreten, dann brechen Sie die Übungs-Sitzung ab oder machen eine Pause und wiederholen die Übung danach.

Wiederholen Sie weiterhin die fehlerfrei ausgeführten Sprach- bzw. Sprechhandlungen so lang, wie die aphasische Person noch keine Logopädie bekommt.

Halten Sie sich ohne Logopädin im jetzigen Stadium der Aphasie strikt an die Devise: Nur das, was ohne Fehler klappt, das führen wir aus ! Was noch nicht gut klappt, das machen wir NICHT alleine. Das zu erarbeiten ist Aufgabe der Logopädin. Sie wird der betroffenen Person das Richtige und fehlerfreie Sprach- und Sprechhandeln beibringen, das hat sie studiert.

2.6.3 Der Wunsch nach verbalsprachlicher Kommunikationsfähigkeit ist übergroß

Der Wunsch der aphasisch Betroffenen, wieder sprechen zu können (Global-Ziel, Exspektanz), also wieder über verbalsprachliche Kommunikationsfähigkeit zu verfügen, ist übergroß und verständlich. Dass Sie als Partner*in Ihrer / Ihres aphasisch betroffenen Partner*in bei erkennbar schwierigen Situationen sprachliche Hilfestellungen geben wollen und geben, ist auch sehr gut nachvollziehbar. Doch lassen Sie sich bitte nicht verleiten, eigene „Therapie“ durchzuführen.

Sollten Sie sich doch dazu gedrängt fühlen, dann bedenken Sie aber bitte immer kritisch folgendes:

Ihre Vorstellung von Sprache-Lernen, mit gesundem Gehirn und Ihrer persönlichen Lernerfahrung, entspricht zurzeit überhaupt nicht dem, was bei aphasisch betroffenen Personen aktuell an Lern-Impulsen erforderlich, hilfreich und sinnvoll ist.

Aus Therapeutensicht muss ich Sie leider dahingehend belehren, dass die aphasischen Ausfall-Symptome keine nur vorübergehende Erscheinung sind, sondern dass sie auf unabsehbare Zeit ‚verlorene' Nerven-Funktionen darstellen, die Folge des Ausfalls abgestorbener Sprachnerven sind.

Die entstehen nicht durch ‚Vergessen-Haben', was durch bisher gewohnte verstandesbezogene Lernprozesse behoben werden kann. Diese abgestorbenen Sprachnerven stehen auch in Zukunft nicht mehr zur Verfügung.

Gott sei Dank sind durch den Schlaganfall nicht alle Hirn-Nerven beschädigt worden, so dass uns unbeschädigte, gesund gebliebene Hirnareale und dortige Nerven für die therapeutische Arbeit zur Verfügung stehen.

2.6.4 Das Gehirn ist plastisch, also lernfähig

Das Gehirn ist trotz der Schädigung durch Schlaganfall nach wie vor ‚plastisch', das heißt lernfähig.

Das Gehirn zählt nach einem Schlaganfall meist noch einige Zig-Milliarden Hirnzellen, die unbeschädigt sind.

Mit gezielten Sprach- und Sprechhandlungen ‚beschießen' wir diese Hirnzellen und bringen auf diese Weise ein Wachstum neuer Sprachnerven in Gang. Und die benötigen wir, um an gesunden Stellen das neue neuronale Netzwerk mit Sprach- und Sprechhandlungs-Funktionen zu verankern.

So kompensieren wir den Sprachverlust aufgrund des Nervenverlusts über das Neu-Lernen von Sprach- und Sprechhandlungen.

Und das ist die neuropädisch-therapeutische Intention der Aphasietherapie – das Lernen neuer Sprach- und Sprechhandlungen.

In populären Berichterstattungen heißt es von neurologischer Seite oft missverständlich, dass ‚verloren gegangene Sprachfunktionen von gesunden Hirnzellen übernommen werden'.

Prinzipiell stimmt das - aber diese Aussage klingt so, als vollzöge sich die Übernahme von selbst.

Wir wissen, dass das so nicht stimmt, denn die Wirklichkeit sieht anders aus.

Neue Sprach- und Sprechhandlungen, ob ‚kleine' oder ‚große', müssen zunächst in gesunden Hirnzell-Bereichen ‚neu programmiert' oder ‚eingetragen' werden, also neu gelernt und eingespeichert werden, bevor sie als neue Fähigkeit in Erscheinung treten können.

2.6.5 „Aufbau" und „Verlust" von Hirnnerven-Zellen

Nach dem Erlernen neuer, fehlerfreier Sprach- und Sprechhandlungen bei der Logopädin empfehle ich, diese neu erarbeiteten Sprach- und Sprechhandlungen oft zu wiederholen. Durch zigmaliges Wiederholen der fehlerfrei ausgeführten Handlungen spüren die aphasisch Betroffenen im Laufe der Übungszeit, wie sie diese sukzessive sicherer und fehlerfreier realisieren.

Das sollten Sie idealerweise so lange wiederholen, bis Sie diese korrekt und nahezu ‚automatisch' ausführen können.

Jede vertiefende Wiederholung macht dann Ihr Sprechhandeln stabiler und resilienter gegenüber Störmomenten wie Lärm, ablenkenden Gesprächen im Hintergrund oder Furcht vor Sprechfehlern.

Unter besonderen Bedingungen können wir aber beobachten, dass sich unsere Funktionsleistungen auch abbauen können.

Gerade Sprach- und Sprechhandlungen, die wir vor relativ kurzer Zeit neu erarbeitet haben, erfordern unsere besondere Aufmerksamkeit. Denn „Ruhephasen" bekommen ihnen eher gar nicht.

Selbst robustere Sprach-Handlungen, die bereits eine gewisse Stabilität erreicht haben, verlieren ihre ‚Geläufigkeit', wenn sie selten oder gar nicht mehr abgerufen werden.

Neuropädisch betrachtet lässt dadurch der Beschuss der Sprachnerven nach, es verlieren dann die elektrobiochemischen Durchschuss-Mengen ihre Intensität, und das Nerven-Zellwachstum stoppt.

Wenn Energieaufwand und Nerven-Leitungsnutzung nicht mehr in einem ausgewogenen Verhältnis stehen, dann reduziert das Gehirn die unnötige Bereitstellung von Nervenverbindungen und verringert zur Energieverbrauchseinsparung die entsprechenden Hirnnervenzellen.

Neuronen-Wachstum oder deren Abbau leitet das Gehirn selbst ein. Die Nerven-Nutzungsfrequenz bestimmt die Intensität und Richtung der neuronalen Aufbau- und Abbauprozesse.

Was Sie u.U. selbst schon einmal erlebt haben: Nach dem Ökonomie-Prinzip geschieht Ähnliches bei den Muskel-Zellen in stillgelegter Muskulatur, die bereits nach wenigen Tagen der Ruhe beginnt zu atrophieren.

2.6.6 „Schritt für Schritt" zur Synthese von ‚Neu' und ‚Alt'

Erwachsene, aphasisch betroffene Personen, die keine logopädische Hausaufgaben bekommen haben, sollten sich in ihrer Freizeit immer wieder bewusst sprachlich aktivieren.

Sprachlich aktivieren bedeutet, sprech-sprachlich initiativ zu werden und gewisse Zeit aktiv zu bleiben. Und das ist relativ einfach zu realisieren nämlich dadurch, dass sie genau das sprachlich tun, was sie sicher erinnern und in der Durchführung fehlerfrei beherrschen.

Das kann das laute Lesen von Wörtern, von Zeitungsüberschriften oder das Sprechen gekonnter Sätze sowie beispielsweise das laute Lesen der Kontoauszüge sein.

Begründung: Weil bei aphasischen Personen die bisher neu aufgebauten Sprachnervenleitungen in ihrer Substanz noch fragil sind, brauchen sie immerwährend neuronalen Beschuss, damit sie resilienter werden gegenüber Störungen.

Das schaffen wir durch stetiges Wiederholen der gekonnten Sprach- und Sprechhandlungen und stabilisieren sie so für den alltäglichen Sprach-Gebrauch.

Einen anderen Effekt erwirken wir durch intermittierende Wiederholungen: Wir tun etwas gegen das Vergessen. Dazu lesen Sie mehr unter Kapitel 7.11.

Zum Sprache-Neulernen braucht das Nervenzellwachstum gezielte Orientierung. Das Gehirn muss „wissen", in welche Richtung es das Nervenzell-Wachstum vorantreiben soll. Deshalb ermöglichen wir dem Gehirn das systematische Erkennen, Spüren und Ausführen der gleichen Handlung stets „Schritt für Schritt".

Behutsam, fehlerfrei, positiv unterstützend.

Interessant ist auch, dass jedes Neu-Lernen von fehlerfreien Sprach- und Sprechhandlungen die Sprachkompetenzen triggert. Das erfolgt dadurch, dass die Ausführung einer fehlerfreien ‚neuen' Sprechhandlung, z.B. das laute Lesen eines Satzes, einen Trigger in der Kompetenz des lauten Lesens darstellt.

Mein Appell lautet:

„Wiederholen Sie oft das neu fehlerfrei Gelernte, wiederholen Sie oft das nach dem Schlaganfall noch Mögliche, dann ‚verbinden' Sie beides miteinander assoziativ: das Neugelernte mit der Erinnerung an das frühere Sprechhandeln assoziativ verknüpfen." So entwickeln Sie neuropädisch eine Synthese von „neu" und „alt".

2.6.7 Fehlerfreie Sprechhandlungen machen Freude

Wir sollten nicht befürchten, dass die aphasisch betroffene Person das oftmalige Wiederholen derselben fehlerfreien Sprach-Handlung als langweilig (so wie wir vielleicht) empfindet.

Im Gegenteil: Beim Wiederholen fehlerfreien Sprechens erlebt sie bei jeder ‚neuen' Sprechhandlung ein ‚kleines' Wieder-Sprechen-Können der vorher gelernten Wörter /Sätze / Texte.

Das empfindet sie als einen weiteren wichtigen Schritt heraus aus dem aphasischen Schweigen, und der erfreut.

Bei fehlerfreiem Sprechhandeln verbinden sich zwei Prozesse: Die neuronale Verankerung der neuen Sprechhandlungsabläufe einerseits und die Triggerung der Sprach- und Sprechkompetenzen.

Die enge Verschränkung von neu gelernter Sprechhandlung und der über Jahrzehnte gesammelten Sprech-Erfahrung führt zu einem besonderen Erinnern.

Das Triggern der Sprech-Kompetenz ruft altes Wissen und Können aus dem Langzeitgedächtnis auf und verknüpft damit das neu Gelernte. Diese Verbindung von ‚Neu' mit ‚Alt' soll assoziiert neuronal neu verarbeitet und eingetragen werden.

Es wurde von aphasischen Patient*innen erzählt, dass es „schön ist, wenn ich mich erinnere und ich nicht alles vergessen habe." Jedes direkte oder assoziative Wiedererkennen von Sprach-Elementen erfreut.

Was neuropädisch dahintersteckt, erklärt sich folgendermaßen so:

Beim Neulernen wird neuronal eingetragen, beim Triggern der Kompetenz wird neuropädisch ‚in Erinnerung gerufen'.

Dabei entsteht ein neues Zusammenspiel der neuronalen elektrobiochemischen Impulse für beide Aktionen.

Je mehr und öfter die Synthese des fehlerfreien Ausführens der Sprechhandlung mit der Triggerung der Sprach- und Sprechkompetenzen geschieht, desto sicherer können wir davon ausgehen, dass Sie sich das neu erarbeitete Handlungsmuster in Verbindung mit den aufgerufenen Erinnerungs-Bildern fester assoziativ einprägen. Das lässt auch vermuten, dass der Eintragungs-Vorgang beider Handlungen deren Synthese über einen längeren Zeitraum „festigt" und den Vergessensvorgang verringert.

Deshalb mein Vorgehens-Vorschlag:

Lassen Sie sich von Ihrer Logopädin fehlerfreie Sprach-Handlungen beibringen und aufschreiben. Wenn Sie diese professionellen Vorgaben dann zu Hause allein oder mit Ihrer / Ihrem Übungshelfer*in fehlerfrei umzusetzen in der Lage sind, dann sollten Sie diese Sprach-Handlungen im Rahmen Ihrer ‚geordneten Übungen' trainingsmäßig einüben. (Siehe detaillierte Vorschläge dazu in Kapitel 8.4.4 ff).

2.6.8 Sprachkompetenz – eine höchst wichtige sprachtherapeutische Ressource

Im Laufe der intensiv-therapeutischen Begegnungen mit aphasisch Betroffenen offenbarten sich uns bei jedem / jeder von ihnen sprachliche Kompetenzen, auch wenn es im ersten Moment nicht so aussah.

Sprachkompetenz umschreibt das Konglomerat der tief verankerten Erfahrungen, die der Mensch bisher in seinem Leben im Zusammenhang mit dem sprachlich-kommunikativen und schriftlichen Umgang mit Sprache gemacht hat. Da gehört auch die Erinnerung an Sprache und das Wissen über Sprache dazu.

Therapiedidaktisch und -methodisch brauchen wir deshalb mit aphasisch betroffenen Menschen beim Aufbau der ‚neuen Sprache' nicht wie bei einem Kind bei Null anzusetzen.

Die aphasisch betroffene Person „kennt" die Dinge. Sie kann sie – wie beschrieben – sprachlich ‚nur nicht' abrufen.

Beschreiben wir also der aphasisch betroffenen Person die Übungsinhalte so, dass sie sich in den Handlungs- und Lernvorgang hineindenken oder - fühlen kann, um eigene Erfahrungsbilder aus Kommunikation und Sprachgebrauch aufzurufen bzw. zu erinnern.

Durch aphasisch-angepasste Handlungs-Erklärungen erreichen wir bei den Betroffenen Handlungs- und Sinnverständnis. Dadurch wächst erfahrungsgemäß die Wahrscheinlichkeit, dass die aphasisch betroffenen Menschen besser verstehen, wozu sie etwas tun, wozu etwas gebraucht oder benötigt wird. Das gilt im Besonderen für aphasisch Betroffene mit der Begleitsymptomatik Apraxie.

Übungs-Regel 2: Sprechen wir langsamer und mit kurzen Sätzen zu den aphasisch betroffenen Personen, um bei ihnen das Sprache-Verstehen zu erleichtern bzw. zu verbessern.

2.6.9 Assoziieren von Satz-Inhalt, Sprachklang und Rollenspiel

Triggern von Sprachkompetenz bewirkt das Aufrufen und Erinnern von Assoziationen zwischen Sprache und eingeprägten Bildern, eindrucksvollen Gerüchen, emotional tiefen Erlebnissen.

Therapeutisch kann die Assoziation beim sprachlichen Neulernen wichtige Dienste leisten, auf ganz besondere Weise, wenn wir bestimmte Sprach-Stimuli mit sichtbarem, konkretem Verhalten und motorischen Vorgängen verknüpfen. Betrachten wir einmal den zu lernenden Satz: „Ich freue mich Euch zu sehen".

Folgendes Beispiel aus der Übungs-Praxis verdeutlicht die enge Beziehung von Satz-Inhalt, Sprachklang und Bewegung.

Die Aussage „Ich freue mich Euch zu sehen" hilft uns, anlässlich unserer nächsten Party bei der Begrüßung der Gäste ihnen ‚auf Augenhöhe' zu begegnen.

Diesen Satz können wir gut über das sprachklangbasierte Satz-Lernen in Verbindung mit ‚erlebter' rollenspielähnlicher Begrüßungsszene assoziieren.

Die/der Übungs-Helfer*in spielt diesen Vorgang konkret durch, während sie/er den Satz „Ich freue mich Euch zu sehen" mindestens 5mal während der Handlungsausführung spricht.

Die übende Person hört diesen Satz bei jeder Wiederholung des Rollenspielhandelns und assoziiert ihn mit dem Situationsgeschehen.

Bevor die/der Übungs-Helfer*in nun den Satz von der aphasisch betroffenen Person gesprochen abruft („Ich freue mich Euch zu sehen"), ist es erfahrungsgemäß sinnvoll, der aphasischen Person diesen Satz vorher mindestens 10mal deutlich, in ruhigem, gleichbleibendem Tempo und Stimmklang vorzusprechen.

Dabei kann sich die aphasisch betroffene Person den Sprachklang durch inneres ‚Mitvollziehen der Sprach-Melodie' einprägen.

Danach ist zu erwarten, dass die aphasische Person den Satz „Ich freue mich Euch zu sehen“ dann weitgehend sprachklanggetreu wiedergeben wird (siehe auch Kapitel 8.4.1 ff).

2.6.10 Das oftmalige, zigmalige Vorsprechen eines einzigen Satzes ist aus drei Gründen wichtig

2.6.10.1 *Erstens:* Sauberes Einspeichern des Satz-Klanges ermöglicht eine sprachklanggemäß gute Wiedergabe

Viele aphasisch betroffene Menschen können einen vorgesprochenen Satz kaum ohne Auslassungen nachsprechen. Die Qualität des Sprachklang-Abrufs bedingt die Performanz der Sprech-Handlung.

Bevor wir einer aphasisch betroffenen Person den Auftrag erteilen sollten, auf einen mehrmals präsentierten Satz oftmalig und konzentriert hinzuhören und diesen Satz dann ohne Auslassungen klanggetreu und fehlerfrei wieder zu geben, ist es angeraten, ihr immer wieder in Erinnerung zu rufen:

„Hören Sie genau hin, merken Sie sich die Sprachklänge in diesem Satz und sprechen Sie den Satz so, wie Sie ihn gehört haben.“

Gelingt der aphasischen Person die Satz-Speicherung gut und kann sie den Satz klanggemäß wiedergeben, dann scheint sowohl Klang-Speicher als auch der Abrufprozess (das Erinnern des Klangs) aus dem Klang-Speicher ungestört, dann dürfte neuropädisch betrachtet die Qualität der daraus entstehenden sprachklanggeleiteten Sprech-Handlung modellgerecht gut sein.

Gelingt der aphasischen Person die Sprach-Klang-Speicherung schlecht, dann zeichnet sich ein ebenso schlechtes sprachklangliches, lückenhaftes Sprechhandeln ab.

Wir können verallgemeinern: Wenn Sie als aphasisch betroffener Mensch das fehlerfreie Satz-Sprechen auf 1-Satz-Ebene erreichen möchten, dann sollten Sie zunächst besonderen Wert auf die dazu erforderliche Verbesserung der Satzklang-Speicher-Fähigkeit legen. Bei der Satzklang-Speicherung hören Sie wiederholt und hochkonzentriert auf das Klangbild des Satzes, den Sie gleich sprechen wollen.

Wie intensiv Sie als übende Person den vorher gehörten Satz-Sprachklang internalisiert und abgespeichert haben, davon hängt direkt die Qualität Ihrer sprecherischen Wiedergabeleistung (Satz-Sprech-Handlung) ab. Haben Sie diesen Satz gut gespeichert, können Sie ihn auch erwartungsgemäß sprachklanggemäß gut wiedergeben.

2.6.10.2 *Zweitens*: Gute Sprachklang-Speicherung ist der wichtigste Grundprozess für das Sprachverständnis

Die funktionierende Sprachklang-Speicherung und der Abruf daraus (das Erinnern von Sprachklängen) ist eine der wichtigsten neuronalen Grundfunktionen für das Sprechen-Können und das auditive Sprachverständnis. Besuchen wir einen interessanten Vortrag, der auf eineinhalb Stunden angesetzt ist, wollen wir über diese Zeit aufmerksam zuhören können und in der Lage sein, über 90 Minuten auch zu verstehen.

Vortragstexte sind für aphasisch betroffene Menschen meist sehr anstrengend. Zum Vortrags-Verständnis gehört die Konzentrationsfähigkeit, nicht nur hörend wahrzunehmen und das Gehörte sprachklanglich zu entschlüsseln, sondern das Gehörte auch einige Bruchteile von Sekunden lang im Arbeits-Speicher (Kurzzeit-Gedächtnis) halten zu können und den neu gehörten Textabschnitt inhaltlich an den vorhergehenden anzuknüpfen. Wir wollen auch über die ganze Vortragszeit den Aussagen-Inhalt fortlaufend verstehen und ‚mitdenken' können.

Wir erahnen, wie kompliziert und komplex die sprachlichen Hirn-Aktivitäten in der beschriebenen Vortrags-Situation sein müssen.

Die Co-Autorin Frau Orthofer-Tihanyi berichtet in ihrer Schilderung von ihrem „Sprung“ vom ‚Nichts-Verstehen‘ hin zum ‚Vortrags-Verstehen‘ (Kapitel 6.3).

Das neuropädagogische Vorbereiten des aufmerksamen, verstehenden und ausdauernden auditiven Wahrnehmens und verstehenden Verarbeitens ist für die Logopädie und die Übungs-Szene eine sehr große Herausforderung.

Wir sollten in aphasietherapeutischen Übungen prinzipiell größten Wert auf die Wiederherstellung eines funktionierenden Zusammenspiels von Sprachklang-Speicherung und Abrufen des Satz-Sprachklangs legen.

Dazu steht gezieltes auditives Wahrnehmungstraining in variantenreichen Handlungsformen auf dem Plan.

Einige von uns werden sich vielleicht an den schulischen Musikunterricht erinnern: Mein Musiklehrer hat zu jedem Stundenbeginn mit uns Hör-Schulung betrieben: Er schlug auf dem Klavier mehrere Tonfolgen von ca. 5 Tönen an; wir mussten diese Tonfolgen dann aus dem Gedächtnis nachsingen. Wer das schaffte, bekam eine „mündliche 1“.

Aphasische Patient*innen haben in mehreren Therapie-Projektstudien (im LogoZentrum Lindlar 2010, 2012) und in den jüngeren Gruppen-Behandlungen unter meiner Leitung gezeigt, dass ein einfaches Prinzip zu einem weitgehend fehlerfreien Sprech-Erlebnis führen kann.

Bei unserem Besuch der Gruppen-Aphasietherapie können Sie beobachten, dass 10maliges Hören eines Satzes zu einer im Video visualisierten Handlung zum Sinnverständnis des Satzes und zum Einprägen des Satz-Klanges führt, der dann nahezu modellgetreu reproduziert werden kann.

Bei jeder fehlerfreien Wiederholung einer neuen Sprech-Handlung werden die Handlungs-Elemente neuropädisch tiefer eingetragen, und Bewegungs-Elemente im Sprech-Apparat werden während des Sprechens getriggert.

Artikulatorische Bewegungsabläufe in Zunge, in Lippen, mit und ohne Stimm-Produktion werden in Gang gesetzt und erstaunlich zielgerichtet in Position gebracht.

Die getriggerten und abgerufenen Artikulations-Bewegungen machen sich kinästhetisch bemerkbar und bringen auf diese Weise die Artikulations-Werkzeuge ins Bewusstsein.

2.6.10.3 *Drittens:* Gute Sprachklang-Verarbeitung ist für die Selbstkontrolle der eigenen Sprach handlung später sehr wichtig

In der Aphasie-Gruppentherapie beobachten wir, dass die aphasisch Betroffenen aufgrund der Hörstimulierungen während der Wahrnehmungsübungen eine bessere und kritischere Hörwahrnehmung in Bezug auf die eigene Sprech-Performanz entwickeln.

Sie nehmen nach eigenen Bekundungen ihr eigenes Sprechprodukt differenzierter wahr. Das zeigt sich in kritisch anmutenden Reaktionen auf das eigene Sprechen („Na ja, das war fast richtig")

Wir können den Eindruck gewinnen, dass die Gruppenteilnehmer*innen durch die intensive Sprach-Stimulation ihr Sprachgefühl triggern und anfangen zu spüren, was ‚falsch' und ‚richtig' ist.

Die Unterscheidungsfähigkeit zwischen ‚falsch' und ‚richtig' ist die elementare Voraussetzung für selbstkritisches Beurteilen der Qualität des eigenen Sprach- und Sprechhandelns und somit für alle zukünftigen Selbst-Korrekturen.

Immer wieder ist es interessant zu beobachten, dass übende Personen trotz ihres aphasischen Status durch wiederholtes Wahrnehmen eines sprachklanglichen Modell-Satzes diesen weitgehend fehlerfrei reproduzieren können.

Ich vermute, dass dadurch das Erwachen von Sprachgefühl und Sprach-Erfahrung eingeleitet werden.

Das Ziel von Hör- und Wiedergabe-Übungen ist, Sprach-Modell und Sprach-Eigenprodukt in Einklang zu bringen. Was ‚falsch' war, soll ‚richtig' werden.

Die übende Person lernt in hochfrequenten Wiederholungen immer sicherer, neuropädagogisch betrachtet zwischen dem ‚sprach-klanglichen Modell' und dem eigenen ‚sprachklanglichen Produkt' (Sprechhandlung) zu vermitteln.

Wenn man in die aphasische Therapielandschaft schaut, dann kann man den Eindruck gewinnen, dass einem häufigen Wiederholen von Sprachhandlungen z.B. nach dem Prinzip des ‚Drill and Practice' von der Mehrheit unserer Mitmenschen keine große Begeisterung entgegen gebracht wird.

Ich vermute auch, dass dem Repetieren von Sprechhandlungen von meinen Kolleg*innen eine geringere therapeutische Bedeutung attestiert wird gegenüber einer systematisch-linguistischen, kreativen Sprach-Erarbeitung.

In meinen Aphasie-Gruppensitzungen wurde mir immer wieder deutlich, dass bei geringen Wiederholungen sprach-klanglicher Präsentationen (In-Puts) die aphasisch Betroffenen deutlich mehr fehlerhafte Sprechhandlung-Versuche zeigten.

Die erkennbare Korrelation zwischen Intensität der In-Puts-Wiederholungen und sprecherisch Satz-Reproduktions- und Abrufsicherheit weist darauf hin, dass für ein aphasisches Lernen neuer Sprechhandlungen m.E. Satz-Sprachklang-Stimulationen nahezu unverzichtbar sind.

2.6.11 Zum Thema ‚Vermeidung des Vergessens'

Aphasisch Betroffene vergessen neu Gelerntes sehr schnell. Wenn aphasisch betroffene Personen ihre Vergessens-Rate gegen Null bringen wollen, dann sollten sie nicht nur unmittelbar im Anschluss an die Therapie in der Hausaufgabe das neu Gelernte wiederholen. Das reicht nicht aus.

Sie sollten das neu Gelernte, um es in das Mittelfrist- und Langzeitgedächtnis zu übertragen, in größer werdenden Abständen (zunächst jeden 2. Tag, dann stets jeweils nach 5 Tagen, dann nach 2 Wochen, nach 1 Monat) fehlerfrei aufrufen und einige Male fehlerfrei wiederholen. So wird dem Vergessen entgegengearbeitet.

In stichprobenartigen Kontrollen achten die Logopäd*innen und die Übungs-Partner*innen darauf, dass die aphasisch betroffenen Personen ihre Handlungen fehlerfrei durchführen. Das schaffen sie nur mit größter Konzentration und Anstrengung.

Ambitionierte aphasisch Betroffene wollen konsequent und fehlerfrei trainieren. Wenn die neu erlernte Sprach-Handlung (z.B. 10 Sätze für eine Alltags-Kommunikation) bis zur ‚Alltagstauglichkeit' erarbeitet werden soll, ist die Zusammenarbeit zwischen Logopädin, Übungspartner*in und Patient*in erfahrungsgemäß zwingend notwendig.

Fachliche Leitung und motivierende Anfeuerung, Mut-Machung und Kontrolle auf Fehlerfreiheit sind auf diesem längeren Weg unbedingt hilfreich und zielführend.

3.0 Aphasie – das Phänomen

Middeldorf beschreibt die Aphasie unter neuropädagogischem Blickwinkel wie folgt:

Aphasie ist nach der abgeschlossenen Sprachentwicklung der Verlust der Sprache, hervorgerufen durch abgestorbene Sprach-Hirnnerven und den dadurch hervorgerufenen Ausfall der dort verorteten Sprachfunktionen.

Abgestorbene Hirnnervenzellen bleiben tot, ihre Wiederbelebung ist nicht möglich. Die Sprachfunktionen, die dort verortet waren, sind nicht mehr abrufbar.

Den Therapeut*innen stehen für den Wiederaufbau von Sprache diverse methodische Vorgehensweisen zur Verfügung (siehe z.B. Tesak, J. (2005)

3.1 Aphasie und ihre Folgen

3.1.1 Schock-Situationen

Es zeigen zwischen 20% und 38% aller Schlaganfallpatienten aphasische Symptome. Je nach Autor finden wir unterschiedliche Angaben (Jaecks, P, Hielscher-Fastabend M., 2010).

Die aphasisch Betroffenen kommunizieren plötzlich ungewohnt anders gegenüber früher. Für diejenigen, die die aphasisch betroffene Person von früher her kennen, sehen, dass ihr Verhalten nun ein völlig anderes ist.

Im ersten kommunikativen Kontakt mit der aphasisch betroffenen Person sind die Sprachverlust-Symptome für die Außenstehenden schnell hörbar und spürbar.

In dieser Situation empfinden alle Angehörigen plötzlich eine bisher nicht gekannte Hilflosigkeit. Die konkrete Konfrontation mit diesem Krankheitsbild Schlaganfall und Aphasie macht die meisten der Angehörigen höchst unsicher, zumal den meisten unter ihnen zum ersten Mal unvorbereitet vor Augen geführt wird, welch dramatische Folgen der Schlaganfall mit Sprachverlust für alle Beteiligten mit sich bringt.

Das ungewohnte Ausbleiben bisher selbstverständlicher Sprachfähigkeiten lässt das frühere Erscheinungsbild der aphasisch betroffenen Persönlichkeit in einem völlig fremden Licht erscheinen.

Die Angehörigen sind fassungslos, weil sie mit diesem unbekannten, mysteriösen Krankheitsbild bei ihrem Liebsten nichts anfangen können. Auch die aphasisch erkrankte Person stellt sich Fragen ähnlich wie die Angehörigen: Was ist da in meinem Körper passiert ? Wieso reagieren die anderen nicht, wenn ich spreche ? Ich sehe und höre die anderen sprechen, aber ich verstehe sie nicht ! Ich habe meine Gedanken im Kopf, kann sie aber nicht äußern. Wird das so bleiben ? Was wird dann mit mir, wenn ich meine Gedanken auch später nicht mitteilen kann ? usw.

Zusätzlich treten bei den meisten Betroffenen durch die Hirnschädigung eingetretene motorisch-funktionelle Bewegungsdefizite augenfällig in Erscheinung.

Die Autor*innen dieses Buches sind selbst aphasisch Betroffene. Im Rahmen der Vorbereitung auf das Buch formulieren sie ihre persönlichen Antworten auf 30 schriftlich gestellte Interview-Fragen und beschreiben auf ihre Weise in bewundernswerter Offenheit die selbst erlebten Folgen ihrer Aphasie.

Mit dieser Erzählung aus ihrem Innern heraus ermöglichen sie den Leserinnen und Lesern, sich dem vielschichtigen Phänomen Aphasie gedanklich und emotional zu nähern.

Ihre persönlichen Aussagen lassen die Besonderheit der Krankheit Aphasie verstehen und als lebensentscheidende Herausforderung für jede einzelne aphasische Persönlichkeit erkennen.

Wir, die Autorinnen und Autoren dieses Buches, möchten einen speziellen Beitrag auch für die leisten, die entweder kürzlich in die Aphasie-Situation geraten sind oder schon eine längere Zeit mit dem Phänomen Aphasie leben müssen.

Ein gewisses Wissen über Aphasie, Aphasie-Erfahrungen anderer und das persönliche Informiert-Sein helfen, sich in dem „neuen aphasischen Dasein" mit ‚Aphasie' sachlich auseinanderzusetzen und sich konstruktiv mit ihr und ihren unausweichlichen Begleitumständen zu befassen.

Da unsägliches Leid über die Betroffenen hereingebrochen ist und sie sich in einem existenziell völlig neuen, noch nie da gewesenen „Krankenstatus" befinden, der andauert und von selbst nicht verschwindet und von der Medizin / Neurologie nicht behoben werden kann, wollen wir ein positives, konstruktives Bild dazu zeichnen. Das heißt aphasie-abbauendes, sprachlich-aufbauendes Neu-Lernen.

Und gerade die Tatsache, dass für die Medizin der Sprachverlust nach Hirnschädigung sich als ‚medizinisch unheilbar' darstellt, kommt der Aphasie-Therapie und der Aphasiologie als den einzigen therapeutisch-wirksamen Disziplinen größte Bedeutung zu.

3.1.2 Neurologie ist machtlos – nur Aphasietherapie und Aphasiologie können ‚neue Sprache' aufbauen

Die neuropathologische Beurteilung einer sprachlichen Heilungs-Chance ist eher negativ, weil „tote" Nervenzellen nicht wieder „gesund" werden können und nicht mehr funktionieren. Dagegen führt die neuropädagogische Sicht zu einer positiveren Betrachtung des Szenarios: Man schätzt, dass wir nur rund 30–40 % des gesamten Leistungs-Potenzials unseres Gehirns nutzen. Das würde bedeuten, dass 60–70 % der Gehirn-Kapazität als „Reserve" irgendwie zur Verfügung stünden.

Die Neurowissenschaften sprechen von Plastizität des Gehirns, was so viel bedeutet wie Wachstums- und Lernfähigkeit des Gehirns.

Sprachtherapie ist möglich und aussichtsreich. Dazu einige Aspekte:

Sprachtherapie bei Aphasie ist sinnvoll, weil jede aphasisch betroffene erwachsene Person sprachliches Bewusstsein und Erfahrung mit Sprach- und Sprechhandeln hat. Auf dieser Erfahrung bauen Didaktik und Methodik der Aphasietherapie auf. Das bestätigt die kognitive Psychologie, die von Konzepten spricht, die wir uns im Laufe des Lebens aneignen. Die speichern wir assoziativ verbunden in semantischen Netzwerken mental ab (sensu Storch / Weng, 2010).

Das Denken ist laut Aussage vieler aphasisch Betroffener trotz der Aphasie möglich.

Sprache existiert als Konglomerat von Erlebnissen im Umgang mit Sprache und sitzt neuronal tief verankert.

Wir können berechtigterweise auch davon ausgehen, dass trotz Verlustes von Sprachfunktionen der aphasische Mensch noch über einen Großteil seiner „hintergründigen" Sprachkompetenzen verfügt.

Daher versuchen Therapeut*innen in ihrer Aphasie-Therapie einerseits pragmatisch Sprachstimuli zu setzen und andererseits systematisch an Wortschatz, grammatikalischen Strukturen und fehlerfreiem Sprach-Handeln zu arbeiten.

3.1.3 Aspekte möglichen Therapie-Handelns

Wir ‚forschen' in jeder Therapiesitzung und Übung nach sprachlichen Funktionen, die die aphasisch betroffene Person im akuten Status zum Ausdruck bringen kann.

Sprache ist divers in vielen Hirnarealen verortet. Sie ist assoziiert mit erinnerbaren Bildern, Gefühlen, Erfahrungen, früheren Gewohnheiten z.B. im alltäglichen sprachlichen Umgang mit den Familienmitgliedern, mit Freund*innen, Nachbarn, Kolleg*innen usw.

Nicht selten ist zu beobachten, dass aphasisch betroffene Menschen trotz massiver Sprachproduktions-Problematik in manchen Situationen völlig unerwartet kurze, recht klar und verständlich klingende Aussagen machen.

Wir können uns das so erklären, dass drängende Emotionen das Sprech-Handeln auslösen. Wenn dann aber die aphasische Person aufgefordert wird, diese ‚tolle Aussage' zu wiederholen, versagt sie, weil die Sprechhandlung jetzt aus dem ‚neuronalen Loch' abgerufen wird.

Beispiel: Ihre Partnerin hat ihr Lieblingsparfum aufgetragen. Sie umarmen sie und riechen dabei den wunderbaren Duft. Es schießt der Gedanke durch Ihren Kopf: „Du riechst gut." Die assoziierten Handlungen der Umarmung und des Riechens triggern die Aussage „Du riechst gut". In dieser emotional aufgeladenen Situation ist es

durchaus wahrscheinlich, dass Sie jetzt diesen Satz ganz spontan und ohne darüber nachzudenken fehlerfrei in ihr Ohr flüstern. Der Duft initiiert Ihre haptische Wahrnehmung, assoziiert mit dem Rendezvous vor einigen Monaten, bei dem dasselbe Parfum aufgetragen war und es kommt der Satz „Du riechst gut" aus Ihnen heraus.
Dieses Phänomen des ‚assoziativen Sprechens' ist ein emotions-initiiertes Sprech-Handeln, was nicht aus dem geschädigten Sprachnetzwerk, sondern aus anderen, intakten Hirnregionen heraus innerviert wird.

Vorsicht ! Eine Bitte an die Übungspartner*innen: Wenn Sie eine solch spontane, zufällige Äußerung Ihres Trainees hören, dann fordern Sie sie / ihn nicht auf, diese zu wiederholen sondern reagieren etwa nach folgendem Muster: „Hör mal, jetzt hast Du (das und das) gesagt. Das klang ganz verständlich / gut / richtig." Ihre Aussage mag sie / ihn vielleicht verwundern oder hinterlässt bei ihr / ihm Fragen danach. Sagen Sie dann etwa folgendes: „Der tolle Satz kam aus dir so prima fehlerfrei heraus, weil du ihn aus deinem ‚gefühlten Empfinden', aus den Tiefen deines Gefühls quasi ohne nachzudenken spontan geäußert hast, sozusagen unterbewusst."

Sollte sie / er daraufhin diesen Satz noch einmal wiederholen wollen und bei diesem Versuch ‚scheitern', dann erklären Sie ihr / ihm das etwa so: „In dem Moment, in dem du diesen Satz nun zu wiederholen versuchst, springt dein Sprechhandeln auf die Bewusstseins-Ebene. Hier greifst du auf deine bisher gewohnten alten Handlungsmuster zurück, und damit landest du in dem neuronalen Loch. Du greifst quasi ins Leere und weißt nicht mehr, wie es geht."

Der Aspekt des ‚assoziativen Sprechens' wird aber als durchaus gangbarer Weg für die Therapie und die Übung interessant, wenn die aphasisch betroffene Person bereits einige Sprach-Handlungstechniken neu gelernt hat und damit die neuen Sprachfunktionen in gesunde Hirnbereiche verlagert hat. Dann ist es interessant, das neue Sprachhandlungsgeschehen mit ‚assoziierten Sprachelementen" zu vereinen.

Mittlerweile können wir den einen oder anderen therapeutisch-rehabilitativen Weg gehen.

Damit haben Sie sich schon eine kleine neue Perspektive zur Bewältigung des Sprachverlustes entwickelt. Daher appellieren wir an alle Betroffenen: „Gebt nicht auf ! Es gibt Potenzial, was in Euch steckt, um aus dem Schweigen herauszukommen. Deshalb macht Euch auf einen der Wege, die aphasisch Betroffene bereits erfolgreich gegangen sind." (Siehe die Berichte der Co-Autor*innen in Kapitel 6.0 ff)

3.2 Zum eigenen Aphasie-Erleben

Die Antworten der Co-Autor*innen auf die Frage: „Was war bisher Ihr schlimmstes Erlebnis in der Zeit mit Aphasie ?" geben Aufschluss darüber, welche Reaktionen der anderen Menschen die Co-Autor*innen als Betroffene zu verarbeiten haben. Die Schilderung der Negativ-Erlebnisse sagen einiges über das einfühllose Verhalten der anderen aus, über das empathielose Reden in Anwesenheit der betroffenen Person, ‚bei der doch keine Besserung zu erwarten ist' oder auch die naiv-unpassende Frage in Anwesenheit der betroffenen Person, ob „sie mich versteht ?".

Mein Appell an die aphasisch Betroffenen:

Auch wenn Euch diese Reaktionen innerlich sehr treffen. Ihr müsst lernen, dass die anderen sich einerseits aufgrund ihrer Unwissenheit und andererseits aufgrund ihrer kommunikativen Stillosigkeit so verhalten. Sie zeigen solches Verhalten, weil sie vermutlich im Umgang mit aphasischen Menschen nicht anders können. Deshalb sind spontane Vorwürfe fehl am Platze. Aber darin zeigt sich eine immense Informationslücke. Hier tut Aufklärung Not.

3.2.1 Mein bisher schlimmstes Erlebnis in der Zeit mit Aphasie

Interviewfrage „Was war bisher Ihr schlimmstes Erlebnis in der Zeit mit Aphasie ?"

Beate Blöchl-Traxler: *„Nach dem Koma ohne Sprache aufzuwachen."*

Noemi Katharina Fink: *„Nach Koma Bewusstsein über Lähmung, rechte Seite nicht spüren, riesen Anstrengung beim Umdrehen im Bett."*

Prof. Dr. Ronald Hitzler: *„Mein schlimmstes Erlebnis als Aphasiker hatte ich in einer Großstadt (Wien). Ich hatte ja mein Smartphone mit „Google Maps Routenplaner" dabei. Und da wusste ich ganz schnell, wo ich derzeit jeweils war. Die ganze Zeit hatte ich Fotos gemacht (z.B. in Museen). Und plötzlich hatte mein Smartphone keine Akkukapazität mehr. Dann wusste ich nicht, wo ich derzeit war. Ich war ziemlich aufgeregt, weil: versuch mal, irgendwo in Wien herauszufinden, wo du die nächsten Straßenbahnen oder gar Bushaltestellen findest. Ich hatte natürlich noch genügend Geld in meinem Portemonnaie. Aber wo finde ich ein Taxi (in Wien!!)? Dann habe ich angefangen, irgendwohin zu Fuß zu gehen. Und irgendwann hatte ich den Eindruck, dass ich in der richtigen Richtung unterwegs war. Am Ende (nach drei Stunden) war ich wieder in ‚meinem' Hotel. Aber das war für mich das unangenehmste Erlebnis als Aphasiker. Am Ende dachte ich, wie geht es weiter für mich? Offensichtlich brauche ich ein Energiespeicher für mein Smartphone, eine sogenannte Powerbank. Das habe ich auch gekauft."*

Marc Jöh.: *„Dass es zu langsam vorwärts geht."*

Ute Krow.: *„Stottern, Verben fallen einem nicht ein."*

Horst Lan.: *„Kann ich nicht beantworten."*

Karin Lauz.: *„Nach der Stroke Unit im Krankenhaus (4 Wochen) und in der Reha (4 Wochen) nicht sprechen können !"*

Malgorzata Mich.: *„Sprachlosigkeit"*

Karin Ot.: *„Das waren gleich mehrere verstörende Erlebnisse ganz zu Anfang im Krankenhaus. Ich wurde nicht beachtet, keiner sprach mit mir, auch zur Visite wurde ich ignoriert. Man hat mich des Diebstahls*

Gerhard Rein.: *„Beim Aufwachen stand ein Arzt an meinem Bett und sagte zu meiner Frau: „Das wird nichts mehr."*

Andrea R.: *„Ich habe alles verstanden was Personen zu mir gesagt haben. Im Kopf hatte ich die Antworten, konnte sie aber nicht aussprechen. Ich konnte mich nur mit Handbewegung und Zeichengeben verständlich machen, was natürlich für die anderen manchmal schwierig war zu verstehen. Aber irgendwie hat es immer geklappt."*

Hans Scheutz.: *„Unterschied der Tagesform."*

Anke S.: *„Mein bisher schlimmstes Erlebnis im Laufe meiner Erkrankung war im Krankenhaus direkt nach dem Schlaganfall gewesen: Zuerst war da der Schock und die Panik, als ich von zuhause mit der Trage im Krankenwagen abgeholt worden bin. Dann war im Krankenhaus selber alles so LAUT und dennoch konnte ich NICHTS VERSTEHEN und auch NICHTS SPRECHEN sowie NICHTS ZUORDNEN. Meine rechte Seite war komplett gelähmt – Gott sei Dank löste sich diese Lähmung nach ein bis* *zwei Tagen wieder auf. Mein erster Gedanke und gleichzeitig mein erstes Wort war einfach nur „SCHEISSE" und ich war total verunsichert, was meine Zukunft betraf. Was sollte ich nun tun? Was kann ich tun? Meine Eltern waren mir zu dieser Zeit auch eine sehr große Stütze. Sie haben mich z.B. immer zu den Therapien und Ärzten gefahren und für mich eingekauft, als ich noch nicht selber fahren konnte."*

Adelbert Schlü.: *„Die Feststellung, ich finde die Worte nicht oder meine Worte versteht keiner."*

Christina Schümann: *„Manchmal der Kampf mit der Krankenkasse."*

Ralph Simon: *„Wenn Menschen gefragt haben: "Versteht er mich ?"*

Norbert S.: *„Ich hatte einen Schlaganfall und konnte nicht begreifen, was mit mir geschah. Dachte immer, dass es wieder weg geht."*

Selina S.: *„Bei der ersten Reha so weit weg von daheim zu sein; Berufswahl: dass ich Bauzeichnerin werden sollte."*

Walter Sta.: *„Die Scheidung 2021."*

Joachim Thos.: *„Das waren die epileptischen Anfälle, die mich immer wieder zurückgeworfen haben. Heute ist das mit Medikamenten glücklicherweise im Griff." Das war auch mein Gerichtsverhandlung.*

Sven Walther: *„Keine schlimmen Erlebnisse."*

Karl-Heinz Würte.: *„Dass sich Bekannte zurückziehen („behandelt wie ein Aussätziger")."*

Dr. Horst W.: *„Ich kann mich an kein schlimmes Erlebnis erinnern."*

3.2.2 Mein bisher schönstes Erlebnis in der Zeit mit Aphasie

Die Antworten auf die Interviewfrage 10 geben Aufschluss darüber, dass sich trotz der längerzeitig negativ empfundenen sprachlich-kommunikativen Unsicherheit auch schöne Momente entwickeln können. Positive Gefühlslagen entstehen offensichtlich, wenn die aphasisch Betroffenen sprachliche Performanz-Verbesserungen und / oder größere Akzeptanz der Aphasie gegenüber empfinden. Wenn diese beiden Konstituenten der Zufriedenheit, eine verbesserte Sprach- Performanz und eine gewachsene Akzeptanz der Aphasie gegenüber von der aphasischen Person als positiv wahrgenommen werden kann, dann treten im Laufe der Zeit auch hellere Gefühls-Momente in den Vordergrund.

Der Erfahrungshorizont weitet sich. Positive Erlebnisse bei nichtsprachlichen Ereignissen gewinnen für die aphasisch betroffenen Co-Autor*innen zunehmend an Bedeutung. Nicht wenige von ihnen sind bei der Beantwortung der Frage nach dem schönsten Erlebnis in der Zeit mit Aphasie sehr zurückhaltend.

Vergleichen wir die Anzahl der eindeutigen Antworten in den Kapiteln 3.2.1 und 3.2.2 und leiten wir daraus ein Verhältnis der Anzahl von ‚schlimmsten' und ‚schönsten Erlebnissen' ab, dann wird ersichtlich, dass die negativen Gefühlslagen mehrheitlich gegenüber den positiven genannt werden. Dieses ‚Umfrageergebnis' überrascht nicht.

Daraus sollten die aphasisch betroffenen Leser*innen jedoch keinesfalls einen falschen Schluss ziehen. Lassen Sie sich dadurch nicht entmutigen.

Es gibt, wie wir sehen werden, einige Erkenntnisse und konkrete Maßnahmen, die Sie nach der Lektüre dieses Buches in Zukunft ergreifen und dadurch Ihre persönliche Situation allgemein verbessern können.

Appell an die aphasisch Betroffenen:

Wer schweigt, wird von anderen nicht wahrgenommen. Damit Sie wahrgenommen werden, schicken Sie ‚Signale' an die anderen.

Vermitteln Sie Ihr Interesse und Ihre ‚innere Beteiligung' am Gespräch mit ihnen, indem Sie ‚schweigend' mitkommunizieren.

Wie ? Indem Sie beispielsweise die anderen wechselweise anschauen, sich von Zeit zu Zeit räuspern oder (wenn es möglich ist) mit einem kommentierenden, stimmbewegten „mmmh" eine Meinungsäußerung zu dem Gehörten abgeben.

Geben Sie sich mutig ‚nonverbal' und aktiv in die Kommunikation ein. Sie werden spüren, dass Sie mit Ihrem Verhalten ‚im Gespräch' bleiben.

Und bringen Sie zum Ausdruck, dass die anderen nicht durcheinander sprechen sollen und Sie ansehen mögen, wenn man mit Ihnen spricht.

Mein schönstes Erlebnis …

Beate Blöchl-Traxler: *„Der erste Laut nach der Logopädie; „Ich kann es noch !"*

Beate Deyk: *„Schöne Fahrrad-Touren, Schlossbesichtigung, Jazz-Konzert."*

Noemi Katharina Fink: *Übersiedlung in eine eigene Wohnung und eigenständig sein."*

Prof. Dr. Ronald Hitzler: *Mein schönstes Erlebnis als Aphasiker war, dass ich in der Nähe von Lindlar meine zweite Frau kennen gelernt habe. Meine zweite Frau und ich wollten ganz schnell heiraten, und das ging nicht, weil wir eben diese erste Corona-Lockdown-Phase hatten. Meine* *zweite Frau hatte die Idee, dass wir auch in Dänemark heiraten können. Ich war sofort dafür. Und deshalb haben wir bis zu unserer Hochzeit nicht mehr als sieben Monate gebraucht zum Heiraten. Das war ein wunderbares Erlebnis für mich (und offensichtlich auch für meine Frau). Wir beide sind, nein: wir bleiben ein Liebespaar! Wir versuchen uns zu verstehen und uns kennen zu lernen, denn die ganze Lebenswelt ist in uns. Und das heißt, wir wandern von Anfang zu Anfang bis zum Ende, um unsere Wahrheit zu ergründen. Meine Gedanken „sind frei"! Und deshalb dachte ich: „Wenn ich noch einen Schlaganfall bekomme, will ich unbedingt sterben!" (Sozusagen als mein Testament.)"*

Marc Jöh.: *„Keins."*

Ute Krow.: *„Kontakt mit Menschen."*

Malgorzata Mich.: *„Scheidung, Trennung von der Tochter."*

Anna Orthofer-Tihanyi: *„Als ich noch in der Klinik einen Vortrag gehört habe, und alles verstanden habe. Ich konnte noch nicht sprechen, aber denken. Zwei Wochen vorher konnte ich das noch nicht, ich saß in dem Vortrag und habe damals kein Wort verstanden, das war sehr erschreckend."*

Karin Ot.: *„Viele schöne Ereignisse durfte ich erleben, z.B. wie sich meine Tochter und mein Mann um mich bemüht haben, mich mit Zeichnungen und den dazugehörigen Worten eindeckt haben, damit ich nicht nutzlos im Zimmer herum liege und schon etwas Üben konnte. Sie sind auch nicht müde geworden, mir die Uhr wieder beizubringen. Dies, obwohl die Ärzte der Ansicht waren, dass bei einer globalen Aphasie, wie bei mir, nichts mehr zu machen sei, ich auch nichts verstehen würde, und die Logopädie einfach absetzten. Ein einschneidendes Erlebnis während meiner Aphasie war, mir bewusst zu werden, dass ich alles wieder verstehen kann und, was ich neu lernte, in meinem Gedächtnis blieb. So dass ich nach längerem Üben wieder lesen und schreiben konnte, was auch nicht so selbstverständlich ist."*

Werner Pfeif.: *„Verstehe ich nicht"*

Stefan Raab: *„Mein bisher schönstes Erlebnis nach dem Schlaganfall ist die Zeit mit Gabi, meiner neuen Partnerin. Wir unternehmen viel, kochen gemeinsam, gehen mit dem Hund spazieren und verstehen uns gut, auch* *wenn es manchmal anstrengend ist, weil sie mich immer auffordert, mit ihr zu sprechen."*

Gerhard Rein.: *„Musik, Reisen, gute Freunde."*

Andrea R.: *„Die guten zwischenmenschlichen Beziehungen mit einigen Therapeuten in Lindlar. Das hat mir in der ersten schwierigen Zeit viel geholfen. Geburt der 4 Enkelkinder."*

Anke S..: *„Meine schönsten Erlebnisse hingegen waren unsere Silberhochzeit und in dem Jahr, als ich 50 wurde, der Erhalt meiner*

Erwerbsunfähigkeitsrente, die Geburt meiner Enkeltochter sowie der Umzug in unser neues Haus. Zudem genieße ich die Zeiten mit meinem Enkel."

Adelbert Schlü.: *„Trotz Behinderung noch in Begleitung reisen zu können, dort Fremde kennenzulernen, die Verständnis zeigen."*

Christina Schümann: *„Partner kennengelernt bei einer Tanzveranstaltung mit Hilfe meiner Schwester."*

Ralph Simon: *„Immer wieder plötzlich kleine Erfolgserlebnisse; „Ja" bilden, erste Schreibbewegungen".*

Norbert Sörg.: *„Mit das Schönste ist, dass meine Frau, meine Familie und meine Freunde zu mir gehalten haben. Niemand hat sich von mir zurückgezogen."*

Selina S.: *„Umgang mit neuen, guten Freunden (in der Reha); ein Jahr nach meinem Unfall mit ca. 10 Leuten in den Urlaub gefahren."*

Walter Stahl: *„Griechenland, Kreta, Lanzarote."*

Thomas Stützle: *„Das schönste Erlebnis mit der Zeit der Aphasie war eigentlich, dass sie nach ungefähr drei Jahren von mehreren Menschen nicht*

aus meiner Verwandtschaft) gar nicht mehr wahrgenommen wurde. Da hat man keine Aphasie mehr."

Joachim Thoß: *„Schönstes Erlebnis: Tanzen, Schwimmen, der erste Satz; die Urlaube auf Mallorca und auf Langeoog sind für mich wunderschön."*

Sven Walther: *(Vater: Eventuell Erfolgserlebnisse, als Sprache wiedererworben wurde, ist aber sehr lang her -→ keine konkrete Erinnerung)*

Karl-Heinz Würt.: *„Anfang Dezember 1917 (gemeint ist 2017): erste einfachen Satz, Mitte Dezember 1. Satz mit „dass", vor Weihnachten 1. Satz ohne Gehirn vorher einzuschalten."*

Dr. Horst W.: *„Ich hatte viele schöne Erlebnisse z. B. unser Urlaub an der Ostsee und in Hamburg, Auftritte mit dem Shanty-Chor. Das schönste Erlebnis war dieses Jahr am 6. Mai, als wir geheiratet haben."*

3.2.3 „Bauen sich die negativen Gefühle mit der Zeit ab?"

Die Antworten auf diese Interviewfrage 16 geben Aufschluss darüber, wie und ob sich im Laufe der Zeit die negativen Gefühle bei Aphasie verändern.

Der Eindruck, den man bei der Lektüre der Antworten gewinnen kann ist, dass die ‚negative Gefühlslage' zwar nicht verschwindet, dass aber neue Dinge, neue Erlebnisse, neue Erfahrungen positiv

stimmen können und dadurch in manchen Momenten die ‚schwierige Situation mit der Aphasie' vergessen machen.

Manche aphasisch betroffene Autor*innen haben sich mit ihrer aphasischen Situation arrangiert. Andere arbeiten noch daran.

Die Co-Autor*innen präsentieren in ihren Antworten die Bandbreite der Gefühle von ‚Alles in Ordnung' bis zu 'Negative Gefühle eigentlich immer.'

Zwei Autor*innen geben an, dass sie durch ‚Urlaube' ihre negativen Gefühle ‚verdrängen',

acht sagen, dass sie Reduktion der negativen Gefühle in der Nähe von Freunden, netten Menschen und Familie erleben,

zwei Autor*innen geben an, bei kleinen Erfolgsschritten wechselnd negative Gefühle zu haben,

drei haben weniger negative Gefühle, wenn sie „gut drauf sind" und gut geschlafen haben,

drei fühlen sich besser bei Unternehmungen bzw. Beschäftigungen,

zwei sagen, dass sie permanent negative Gefühle haben und diese nie verlieren,

einer sagt, seine negativen Gefühle verringern sich, wenn man auf ihn eingeht und einer empfindet ähnlich, wenn er mit anderen Aphasikern zusammen ist.

Frau **Anna Orthofer-Tihanyi** antwortet: ‚Ich kämpfe nicht gegen etwas, was ich nicht verändern kann – und das, was ich verändern kann, das packe ich an.'

Die Gesamtschau auf diese rückgemeldeten Antworten auf Frage 10 vermittelt den Eindruck, dass in Sachen ‚Gefühlslagen' eine marginale Veränderung in der Zeit vom Aphasie-Beginn bis zum Zeitpunkt der Befragung in 10/2021 zu erkennen ist.

Es herrscht der Tenor vor: ‚Ich kann mich nur schwer an die Aphasie und ihre Folgen gewöhnen.'

Auf die Frage (16), „Hatten oder haben Sie auch heute noch negative Gefühle wie Trauer, Wut, Verzweiflung, Zukunftsängste, Frust?"antworten

Beate Blöchl-Traxler: *„Ja, wenn ich bspw. selbst etwas bestellen muss, ich auf mich selbst gestellt bin".*

Beate Deyk: *„Ja, es geht, nur wenn es mal gar nicht vorangeht, in der deutschen Sprache stärker ausgeprägt."*

Noemi Katharina Fink: *Ja, wenn „ich mich alleine fühle, ca. 1xwöchentlich --→Ablenkung mit TV."*

Prof. Dr. Ronald Hitzler: *„Selbstverständlich habe ich Enttäuschungen (viele, viele Enttäuschungen) gehabt (z.B. Trauer, Krankheit und Tod). Ich*

habe natürlich (die ganze Zeit) Frustrationen, weil ich meine Machtlosigkeit erlebt habe und erlebe (wenn ich eine Maske ‚brauche' – z.B. zum

Supermarkt, zur Apotheke, zum Opernhaus), dann habe ich Zorn und Wut bis zur Raserei verspürt.

Marc Jöh.: *„Ja, eigentlich immer."*

Ute Krow.: *„Nein, alles ist in Ordnung."*

Horst Lan.: *„Weiß ich nicht."*

Karin Lauz.: *„Nein, weil Zufriedenheit."*

Malgorzata Mich.: *„Nein, weil ich mich mit meiner Situation gut arrangiert habe."*

Anna Orthofer-Tihanyi: *„Ja, Verzweiflung nicht, aber manchmal Traurigkeit. Dann wenn ich wieder abhängig bin davon, dass mir jemand etwas vorliest, was wichtig wäre. Wenn meine Gedanken schneller sind als meine Worte dann rede ich „Mist" - da hilft dann nur „stop, neu anfangen. Sonst bin ich relativ gelassen und mache mir nicht das Leben schwerer als notwendig. Es gibt immer eine Lösung."*

Karin Ot.: *„Teils, teils, dann, „wenn man keine Notiz von mir nimmt und mich keines Blickes würdigt, um nicht von mir angesprochen zu werden. Oder wenn man ununterbrochen redet, mir in einem Monolog seine Geschichte aufoktroyiert, ohne mir die Chance zu geben mich dazu zu äußern. Da beschleicht mich schon der Verdacht, dass sich derjenige kaum für mich interessiert. Wut ergreift mich, wenn ich an die Geschehnisse zum Zeitpunkt des Eintritts meiner Aphasie denke. Meine Sprachlosigkeit wurde während der Arzt-Videokonferenz verharmlost, weil ich meine Beine und*

Arme anfangs noch bewegen konnte. Hier verging knapp ein Tag bevor ich in die Uniklinik Dresden kam……!!!“

Werner Pfeif.: *„betr. Aphasie = selten oder nie ! Nein, meine Tochter fordert mich immer !“*

Stefan Raab: *„Trauer, Wut, Verzweiflung oder Zukunftsängste empfinde ich nicht.“*

Gerhard Rein.: *„Ja, durch die motorische und sprachliche Einschränkung.“*

Andrea R.: *„Eine gute Freundin ist an ALS verstorben. Ich bin enttäuscht, wenn ich viel lerne und am nächsten Tag ist es wieder fast weg. Ich habe mich mit der Situation, Schlaganfall 2010 weitgehend abgefunden. Die Familie gibt mir den nötigen Halt.“*

Anke S.: *„Drängen sich mir noch weitere Fragen für mein Leben auf? Ich weiß es nicht. Auch weil ich nicht darüber nachdenken möchte. Aber ich fühle besonders starke Trauer, wenn jemand Bekanntes stirbt, ich bin wütend und frustriert, wenn meine Sprache nicht so richtig funktioniert, fühle mich verzweifelt, wenn ich etwas machen will und es geht nicht aufgrund meiner Sprachprobleme und ich habe Angst, wenn ich daran denke, dass mein Mann stirbt und ich allein bleibe.“*

Adelbert Schlü.: *„Teils, teils dann, wenn mein Wille nicht unser wurde.“*

Haben Sie heute noch negative Gefühle ?

Christina Schümann: *„Teils, teils dann, wenn ich alleine war, 2015 – 2018. Heute nein, weil ich einen Partner gefunden habe 2018“.*

Selina S.: *„Ja, wenn was nicht geht, ist aber gleich wieder weg→ Übung macht den Meister !“*

Walter Stahl: *„Ja, wenn ich auf Bescheide warte, nein, weil ich mich abgefunden habe.“*

Thomas Stützle: *„Nach dem Schlaganfall hatte ich keine negative Gefühle mehr so wie sie dort beschrieben sind. Inzwischen geht das wieder ein bisschen mich mit auch negativen Gedanken zu beschäftigen, das heißt ich sehe diese Gefühle. Aber es ist nicht mehr (bei weitem?) so stark wie vor dem*

Schlaganfall. Irgendwie muss ich bei diesen Gefühlen sagen, dass sie mir ja schon klar sind, was das alles ausmacht. Insoweit sind sie mir schon bewusst, aber sie sind mir nicht mehr so ausschlaggebend wie sie vor dem Schlaganfall waren. Wie gesagt, die Gefühle werden auch wieder stärker, aber nicht mehr so stark wie sie einmal waren."

Joachim Thoß: *„Ich habe vor allem Angst und bin unsicher. Angst vor weiteren schweren Krankheiten bei mir und meinen Angehörigen, Angst vor einem Sturz, Angst in einem unbekannten Umfeld nicht zurecht zu kommen. Angst, das Gleichgewicht zu verlieren und zu stürzen."*

Sven Walther: (Vater für Sohn): *„Trauer ja, Wut nein, Verzweiflung vorübergehend i.a. nein, weil es irgendwie immer weitergeht."*

Karl-Heinz Würt.: *„Nein". „Ja, wenn Lage stets anzunehmen, zu verbessern." „Nein, weil ich die Sprechenmöglichkeiten kaum noch verbessern."*

Dr. Horst W.: *„Nein, weil ich zuversichtlich bin"*

3.2.4 In bestimmten Situationen leben negative Gefühle wieder auf

Die Antworten auf die Interviewfrage 18 geben Aufschluss darüber, in welchen Situationen und bei welchen Erlebnissen die genannten negativen Gefühle auftauchen. Der Eindruck, den man bei der Lektüre der Antworten gewinnen kann ist, dass die ‚negative Gefühlslage' dann ‚blitzartig' aufkommt, wenn sprachliche Anforderungen drohen oder sprachlich-kommunikative Situationen erwartet werden.

Trauer wird überwiegend im Zusammenhang mit dem Verlust geliebter Menschen genannt. Trauer aber auch bei Verlust von früher geliebten kommunikativen Interaktionen (z.B. Gespräch mit den

Enkelkindern) und bei dem immer noch empfundenen Verlust der Beschwerdefreiheit.

Wut und Verzweiflung kommen auf, weil das erforderliche Wort oder die im Kopf vorhandene Aussage nicht ‚herauskommt'. Verzweiflung auch, weil der therapeutische Prozess so langsam voranschreitet. *„Frust empfinde ich, weil ich mich machtlos fühle, wegen meiner Sprache degradiert zu werden."* (Karin Ot.)

Diese Sammlung von negativen Gefühlen weist daraufhin, dass eine allgemeine Beschwernis bei den aphasischen Autor*innen überwiegend aus negativen Erlebnissen in sprech-sprachlichen Situationen herrührt.

Beate Blöchl-Traxler: *„Trauer dann, wenn „ich an früher denke (normal)", Wut dann, wenn „ich nicht verstanden werde"*, Zukunftsangst, wenn → Siehe oben. *Frust immer dann, wenn „ich nicht verstanden werde".*

Beate Deyk: *„Immer dann, wenn man alleine nicht die Treppe schaffen kann* (siehe Frage 17)".

Marc Jöh.: Trauer dann, *„wenn keiner auf mich hört,"* Wut und Verzweiflung dann, *wenn „das Wort nicht kommt, welches ich suche."* Zukunftsangst, wenn *„andere bei Amazon für mich bestellen müssen und ich immer fragen muss."*

Ute Krow.: *„PC und Bücher"*

Karin Lauz.: Trauer und Wut dann, *wenn „schlecht im Leben gesprochen wird."* Verzweiflung dann, wenn *„gelogen wird."* Zukunftsangst und Frust, wenn *„die Politik unglaubwürdig wird."*

Anna Orthofer-Tihanyi: *„Trauer dann, wenn ich den Enkelkindern keine Geschichten vorlesen kann." „Wut habe ich normalerweise gar nicht." „Frust habe ich immer dann, wenn ich keine Lösung finde für ein Problem – (aber mit Geduld schaffe ich das meistens oder ich frage, wer mir hilft)."*

Karin Ot.: *„Wegen meines Schicksals war ich kaum traurig, vielleicht musste ich zu der Zeit auch andere Prioritäten setzen, ich habe fast unmittelbar nach dem Eintritt der Aphasie nacheinander den Verlust* *zweier mir wichtiger Menschen verarbeiten müssen, den Tod meiner Mutter und meines Mannes. Ich bin so gut wie keinen Stimmungen unterworfen, und weiß, dass von einem Tag auf den anderen alles anders sein kann, auch bei mir. Ich glaube, nach nunmehr 9 Jahren die Sprachstörung akzeptiert zu haben. Mitunter habe ich Wut auf mich, mit meiner rudimentären Sprache nicht den Mut zu haben ein Gespräch mit Fremden anzufangen, also über meine eigene Feigheit … ; Verzweifelt, nur ganz langsame Fortschritte zu machen, trotz regel-mäßigen Übens, hilflos und wütend über die Unfähigkeit meines Sprachvermögens (z.B. meiner Mutter im Krankenhaus nicht helfen zu können, nicht mit den Ärzten reden zu können). Habe keine Zukunftsängste, solange ich nicht ganz allein auf mich gestellt bin; Scham hab ich, dass ich meine Sprachschwierigkeiten lieber verbergen möchte, um nicht bloßgestellt zu werden, nicht verächtlich behandelt zu werden, oder als minderbemittelt / -wertig zu gelten; Frust empfinde ich, weil ich mich machtlos fühle, wegen meiner Sprache degradiert zu werden.*

Stefan Raab: Wann und bei welchen Gegebenheiten kommen diese negativen Gefühle auf ? „*Manchmal macht es mich auch noch wütend, dass ich nun schon sechs Jahre an meiner Sprache arbeite, aber ich immer noch nicht einfach ohne Anstrengung sprechen kann. Im Alltag hat mich die viele Bürokratie mit Ärzten, der Krankenkasse oder den Verordnungen* *für die Therapie oft genervt. Meine Sprachtherapeutin hat da viel für mich erledigt. Negative Gefühle wie Wut habe ich, weil ich nicht richtig sprechen kann. Trauer, wenn ich an meine Frau denke. Zukunftsangst habe ich nicht."*

Gerhard Rein.: Trauer dann, wenn *„ich nicht mehr machen kann, was einmal leicht war."* Wut dann, wenn *„ich nicht verstanden werde (selten)."*

Andrea R.: *„Wenn jemand nahestehender verstirbt. Frust entsteht manchmal, wenn ich Wörter lerne und an diese mich nicht mehr erinnern kann."*

Prof. Dr. Wilhelm Schä.: *„Trauer kommt auf, wenn sich falsche Freunde nicht mehr mit mir treffen wollen. Wut und Verzweiflung spüre ich oft in den Therapien. Zukunftsangst verspüre ich manchmal aber so gut wie gar nicht. Frust habe ich immer dann, wenn eine Sache nicht klappt."*

Adelbert Schlü.: *„Trauer dann, wenn ich nichts ändern kann." „Wut dann, wenn eine Entscheidung gegen mich getroffen wird." Verzweiflung dann, wenn ich nicht verstanden werde." „Zukunftsangst, wenn ich Nachrichten höre."*

Eric Sellier: Frust immer dann, wenn *„ich sprechen will und die Worte nicht finde."*

Selina S.: Trauer dann, wenn *„jemand stirbt."* Wut dann, wenn *„ich was sagen will, aber es nicht geht!"* Verzweiflung dann, wenn *„meine Hand nicht das macht was ich will"*, Frust immer dann, wenn *„ich lange etwas übe, aber wieder vergesse."*

Walter Stahl: Trauer dann, wenn *„ich an Verstorbene denke."*

Dr. Horst W.: *„Trifft nicht zu."*

3.2.5 Sprach-Kompetenz triggern und Emotionen stimulieren, das sind sprachhandlungs-auslösende Stimuli

Es verwundert nicht, dass die überwältigende Mehrheit der antwortenden Co-Autor*innen das Nicht-Sprechen-Können direkt oder indirekt als massive Ursache negativer Gefühle zum Ausdruck bringt. Das überrascht kaum, weil doch an anderer Stelle 97% aller Interviewten als ersten und wichtigsten Therapie-Wunsch das Sprechen-Können beschreiben und offensichtlich noch eine erheblichen Abstand sehen zwischen ihrem jetzigen Status und dem Status ‚wieder sprechen können'.

Daraus sollten wir für die Aphasie-Therapie den konsequenten Schluss ziehen, dass therapeutischerseits dem Sprechen-Können unter ICF-Gesichtspunkten größte Beachtung geschenkt werden sollte.

Jetzt höre ich erwartungsgemäß den Einwand: ‚Aber das Sprechen kann doch nicht vor der prioritären, inneren Sprachplanung angegangen werden !'

Doch. Obwohl dieser Einwand dann nachvollziehbar ist, wenn man den sprachlichen Weg ausschließlich vom ‚Gehirn zum Mund' betrachtet. Obwohl der Einwand inhaltlich nicht falsch ist, so offenbart er doch, dass die alternative, neuropädisch-pragmatische Sicht kaum in Betracht gezogen ist. Er lässt die didaktisch-therapeutische Blickrichtung ‚vom Mund zum Gehirn' weitgehend außer Acht.

Das linguistisch-sprachsystematische Paradigma, was für Sprach-Aufbauarbeit steht, geht mir zu wenig auf pragmatisches Vorgehen in der Aphasie-Therapie, also auf das Sprech-Handeln ein.

Was ich bedaure ist die Tatsache, dass bisher kein didaktisch-methodischer Therapieentwurf veröffentlicht ist, der das Triggern von Potenzialen (Sprach-Kompetenz) und das Stimulieren von

Emotionen als sprachauslösende Stimuli in das Zentrum der Therapie stellt.

Deshalb bleiben m.E. getriggerte Sprach-Kompetenz und Emotion als sprachauslösende Stimuli weitgehend ungenutzt.

3.2.6 Das pragmatische Paradigma in der Aphasie-Übung

In meinem pragmatisch gestalteten aphasie-therapeutischen Vorgehen ist es mein Bestreben, die aphasisch betroffenen Personen zu ressourcen-nutzenden Handlungen zu bewegen.

> **„Setzt den blockierten Sprechprozess in Gang und triggert so durch das deblockierte Sprechhandeln therapeutisch wertvolle Sprachkompetenzen. Nutzt dieses Potenzial. Erarbeitet darüber hinaus ein ‚neues' fehlerfreies Sprechhandeln und erweitert es durch sprach-systematische Ergänzungen. Versucht, über die Intensität eines massierten fehlerfreien Sprechhandelns die fehlerfreien Sprechhandlungsmuster neuronal fest zu verankern und bald abrufbar zu machen. Bedenkt auch, dass auf diese Weise ein weiterer Effekt eintritt: Ihr triggert auf diese Weise Eure Sprachkompetenz. Die Sprachkompetenz ist der sprachliche Erfahrungsschatz, der sich mehr oder weniger deutlich in Form des Erinnerns an Sprach- und Sprechhandlungselemente aus der prämorbid-voraphasischen Zeit meldet.**

Interessant sind in diesem Zusammenhang Rückmeldungen von übenden aphasisch betroffenen Gruppenteilnehmer*innen, die die ‚Fehlerfreiheit des eigenen Sprechens' spüren.

Das bestärkt meine Auffassung, dass wir über den Pml-S-Ansatz die Sprachkompetenz triggern können und dass wir die sich daraus ergebenden günstigen Neu-Lernbedingungen nicht ungenutzt lassen dürfen.

Weil nahezu alle aphasisch betroffenen Gruppenteilnehmer*innen über den Durchlauf des PmL-S-Programms weitgehend verständliche und fehlerfreie Sprechhandlungen eines Satzes ausführen können, erweisen sich deshalb die PmL-S-Lernschritte als wirksam und evident. Näheres dazu finden Sie beim Besuch der Aphasie-Gruppe in 2.3.1.

Weil sich der PmL-S-Lerneffekt bei vorgeschalteter polimodal initiierter Präsentation von Einzelsätzen interpersonell als evident (offensichtlich, nachgewiesen) zeigt, beziehe ich mich bei meinen Ausführungen auf diese empirischen Erfahrungen und empfehle die Einbeziehung der Pml-S-Inhalte in die Übungen bei Aphasie.

3.2.7 In manchen Situationen verschwinden die negativen Gefühle

Die Antworten auf die Interviewfrage 19, bei welchen Gelegenheiten sich die negativen Gefühle sogar verlieren, zeigen, dass die Co-Autor*innen offensichtlich „sprachlich-kommunikativ unbelastete" oder „sprachlich unbedeutende" Situationen, in denen Sprache keine entscheidende Rolle spielt, als emotional unbelastet empfinden. So z.B. bei Interaktionen mit Familienmitgliedern und sympathischen Bekannten, denen die aphasische Auffälligkeit bekannt ist. Da herrscht bei der aphasisch betroffenen Person kein Vermeidungsstress (z.B. durch Sprech-Angst).

Etwas ganz anderes sind die Auftritte in der Öffentlichkeit. Die eigene Erwartung einer unvorteilhaften sprachlichen Äußerung lässt die aphasisch betroffene Person in Stress geraten. Die ‚Fehler-Erwartung' ist ungut. Der vorhersehbaren unguten Situation kann sie durch Meidung der kommunikativen Situation begegnen. Das bewerkstelligt die aphasisch betroffene Person durch Fernbleiben von der „sprachlich-kommunikativ belastenden Situation“ oder durch Weggang aus der für sie „bedrohlich wirkenden“ Kommunikation.

Entspannte, positive Erwartungen an Gesprächs-Erlebnisse und positive Gefühlslagen zeigen die Co-Autor*innen in Situationen, in denen persönliche Freiheit gelebt und keine Gesprächserwartung artikuliert wird.

Das Zusammensein mit „lieben Menschen“ lässt keine schwierigen sprachlich-kommunikativen Situationen erwarten.

Bei Unternehmungen wie bei Ausflügen oder im Urlaub sind andere, schöne Gedanken Grund dafür, dass negative Gefühle kaum aufkommen. Dann tragen freudige Momente das aktuelle Geschehen und das positive Befinden.

Die Co-Autor*innen äußern sich zu ihrer positiven Befindlichkeit in den Antworten auf die Frage: „Bei welchen Gelegenheiten verlieren sich sogar die negativen Gefühle ?“

Jörg Bin.: *„Wenn jemand da ist“. „Wenn Familie / Freunde einen motivierenden Einfluss haben.“*

Beate Blöchl-Traxler: *„Wenn ich einen guten Tag habe, es gibt auch andere.“* Bei welchen Gelegenheiten verlieren sich die negativen Gefühle ? *„Mit Freunden und Familie“*

Beate Deyk: *„Wenn man zusammen die Treppe nutzt.“* und *„Wenn man schöne Dinge macht.“*

Noemi Katharina Fink: Wann bedrücken diese negativen Gefühle Sie weniger stark ? *„Wenn ich im Urlaub bin.“* Bei welchen

Gelegenheiten verlieren sich die negativen Gefühle ? *„Das gibt es nicht".*

Marc Jöh.: Wann bedrücken diese negativen Gefühle Sie weniger stark ? *„Nie"*

Ute Krow.: Wann bedrücken diese negativen Gefühle Sie weniger stark ? *„Wenn kleine Schritte."*

Karin Lauz.: Wann bedrücken diese negativen Gefühle Sie weniger stark ? *„Mal so, mal anders. (verschieden)"*

Bei welchen Gelegenheiten verlieren sich sogar die negativen Gefühle ? *„siehe 17 + 18"*

Anna Orthofer-Tihanyi: Wann bedrücken diese negativen Gefühle Sie weniger stark ? Bei welchen Gelegenheiten verlieren sich sogar die negativen Gefühle ? *„Es passiert ganz selten, ich bin zufrieden, ich lerne jeden Tag neu. Ich kämpfe nicht gegen etwas, was ich nicht verändern kann – und das, was ich verändern kann, das packe ich an."*

Karin Ot.: Bei welchen Gelegenheiten verlieren Sie die negativen Gefühle ? *„Bei mir bekannten Menschen, die mir wohlgesonnen sind, vielleicht auch etwas Wetter und Stimmungsabhängig."*

Stefan Raab: *„Weniger stark sind diese negativen Gefühle, wenn ich mit meiner neuen Partnerin Gabi zusammen bin; auch in der Sprachtherapie oder in der Selbsthilfegruppe habe ich diese negativen Gefühle nicht."*

Gerhard Rein.: Wann beeindrucken diese negativen Gefühle Sie weniger stark ? *„Weniger stark, wenn ich gut geschlafen habe."* Negative Gefühle verlieren sich, wenn *„ich etwas unternehme."*

Hans Scheutz.: Wann beeindrucken diese negativen Gefühle Sie weniger stark ? Weniger stark, wenn *„man gut drauf ist."*

Adelbert Schlü.: Wann beeindrucken diese negativen Gefühle Sie weniger stark ? *„Wenn man mit mir über Probleme spricht."* Ich verliere die negativen Gefühle, *„wenn ich in den Gottesdienst gehe und wenn auf meine Wünsche eingegangen wird."*

Christina Schümann: Wann verlieren sie die negativen Gefühle ? *„Wenn ich mit vertrauten Menschen zusammen bin."*

Eric Sellier: Wann beeindrucken diese negativen Gefühle Sie weniger stark ? *„Weniger stark, wenn ich mit anderen Aphasikern zusammen bin."*

Norbert S.: Wann beeindrucken diese negativen Gefühle Sie weniger stark ? *„Weniger stark, wenn ich zufrieden bin, einen guten Tag gehabt habe."* Und bei welchen Gelegenheiten verlieren Sie sogar die negativen Gefühle ? *„Negative Gefühle verlieren sich, wenn ich an was anderes denke, wenn ich Sport treibe....". „Auf einen schlechten Tag folgt immer ein guter Tag, bilde ich mir ein."*

Selina S.: Wann beeindrucken diese negativen Gefühle Sie weniger stark ? *„Weniger stark, wenn ich Hilfe habe und nette Menschen um mich rum".*

Walter Stahl: Wann beeindrucken diese negativen Gefühle Sie weniger stark ? *„Wenn ich unterwegs bin."* Bei welchen Gelegenheiten verlieren Sie sogar die negativen Gefühle ? *„Wenn ich im Garten arbeite."*

Thomas Stützle: Siehe Antwort zu Frage 18.

Joachim Thoß: *„Negative Gefühle verliere ich, wenn ich in meinem gewohnten Umfeld bin, meinen Wunschbeschäftigungen nachgehen kann und mir nichts fehlt gesundheitlich. Besonders entspannt bin ich in meinen beiden Urlaubszielen, die mir ganz vertraut sind und wo ich ganz selbständig sein kann. Dort schöpfe ich auch wieder Kraft für neue Therapieeinheiten bzw. kann mich gut erholen von anstrengenden Therapien. Manchmal ist es so, dass nach einer intensiven Sprachtherapiephase eine Ruhephase ohne Therapie folgen muss. Erst danach sieht man dann die Fortschritte. Besonders beflügeln mich auch Fortschritte, wenn ich neue Wörter oder Sätze gelernt habe und ich ein* *positives Feedback von meinem Umfeld bekomme. Das macht mich stolz und glücklich."*

Karl-Heinz Würte.: Bei welchen Gelegenheiten verlieren Sie die negativen Gefühle ? *„Wenn ablenken; etwas tun, Musik, lesen, raten."*

Dr. Horst W.: *„Trifft nicht zu."*

3.2.8 Abbau des Leidensdrucks durch Statikveränderung im ‚Zufriedenheits-Dreieck'

Wenn wir die persönlichen Äußerungen aller Co-Autor*innen unter dem Aspekt ihrer ‚Zufriedenheit mit sich und der eigenen Sprache' näher betrachten, dann schwingt tendenziell, abgesehen von einigen wenigen, bei den meisten eine individuelle Unzufriedenheit mit der eigenen Sprache mit.

Das hängt m.E. mit dem Eindruck zusammen, dass die therapeutischen Ergebnisse gefühlt für die Co-Autor*innen nicht im Entferntesten das Wunsch-Ziel „Wieder sprechen können" abbilden. Gründe lassen sich für die Diskrepanz zwischen Wunsch-Ziel (Exspektanz) und tatsächlichem Können (Performanz) viele finden.

Hier möchte ich die Leser*innen mit einem Gedanken vertraut machen, der versucht, das komplizierte Gefühlswirrwarr zwischen Wunsch und Wirklichkeit zu entschärfen und damit vielleicht zu psychischer Entspannung beitragen.

Ich versuche in Kapitel 11 ein Gedankenmodell aufzuzeigen, was uns unter gewissen Bedingungen erlaubt, das Unzufriedenheits-Niveau zu senken.

Mit anderen Worten: Wir sollten unsere Zufriedenheit mit der eigenen Sprache steigern, indem wir einige Stellschrauben bei jeder der drei Konstituenten drehen: Sprach-Exspektanz (Erwartung an die eigene Sprech-Fähigkeit und Zielsetzung der Therapie), Sprach-Performanz (die jeweils tatsächliche Sprach- und Sprech-Fähigkeit) und Sprach-Akzeptanz (die Akzeptanz den Sprechfehlern und seinen Folgen gegenüber).

Meine Idee ist, dass wir eine Steigerung des Zufriedenheitsgrades erreichen können,

- wenn wir durch intensive Lern-Arbeit unser Sprach- und Sprechhandeln verbessern bzw. nachhaltig stabilisieren,
- wenn wir unser ursprüngliches Fernziel „Wieder sprechen können“ (Exspektanz) relativieren und uns auf das Erreichen der therapeutischen Zwischen-Ziele konzentrieren, dann erleben und spüren wir mit jeder Zwischen-Zielerreichung einen Prozess der sprachlichen Kompetenz- und Fähigkeitserweiterung. Da entwickelt sich zunehmend etwas wie „wieder sprechen können“. Das sukzessiv wachsende Gefühl, verbalsprachlich wieder mehr kommunizieren zu können und sich sprachlich peu a peu wieder fast auf Augenhöhe verständigen zu können, das reduziert den anfänglichen psychischen Druck, Sprechen können zu müssen. Mir scheint, dass die positiven Erlebnisse in Therapie und Übung die anfänglich tiefe Unzufriedenheit und Zukunftsangst zugunsten einer Stimmungsverbesserung abbauen helfen. Idealerweise verliert so die Aphasie für die Betroffenen ihr existentielles Untergangs-Bedrohungsszenario.
- Jede positive Veränderung auf dem Weg von Zwischenziel zu Zwischenziel lässt den Sprachverlust-Leidensdruck durch die positiven Lernerfahrungen geringer werden. Das realistische Bild der aussichtsreichen Verbesserung der sprachlichen Situation ist die Triebfeder für weiteres motiviertes Üben.
- Damit verändert sich global betrachtet die Statik in dem Zufriedenheits-Dreieck:
    - Meine Sprach-Performanz wird besser, die Aphasie verliert ihre zerschmetternde Kraft im Laufe der

erlebten Verbesserung der Sprach- und Kommunikationsbedingungen.

  - o Durch positive Bewertung meiner eigenen Lage entwickle ich größere Akzeptanz der Aphasie gegenüber.
  - o Der Leidensdruck nimmt bei der/dem Einen mehr, bei der/dem Anderen weniger ab.

- Wenn wir darüber hinaus lernen uns bewusst zu machen, dass wir gegen die Existenz der Aphasie ein neues sprachliches Könnens-System aufgebaut haben und wenn wir alle bis zum aktuellen Moment die neu gelernten sprachlichen Möglichkeiten als positive Schritte auf dem Weg zum Wieder-Sprechen-Können interpretieren, dann verliert der Leidensdruck insgesamt, und es entwickeln sich neue Chancen und Perspektiven.

4 Themenkomplexe „Therapie“, „therapeutisches Üben“ und “Wege aus dem Schweigen“

4.1 Therapie-Erfahrungen - Was dringend verbessert werden muss (Antworten der Co-Autor*innen zu Frage 20

Unsere Erfahrung ist, dass die meisten therapie-anfragenden aphasischen Personen unaufgeklärt zur Erstberatung kommen. Sie kommen mit größten Erwartungen, um etwas Positives im Zusammenhang mit Aphasie und Aphasietherapie zu hören und um Perspektiven im Leben mit Aphasie aufgezeigt zu bekommen. Sie wissen meist wenig über den Sprachverlust Aphasie.

Die Zukunftsfrage steht an erster Stelle im Fragenkatalog. Es tut mir deshalb immer leid sagen zu müssen,

dass man seriös nur wenig Belastbares über Verbesserungschancen und über zukünftige Entwicklungen vorhersagen kann.

Nun, wie sich Therapieerfolge tatsächlich einstellen, das hängt von vielen Faktoren ab. Ich möchte aus meiner Sicht die wichtigsten nennen:

Der *„aphasische Status“*: Wie schwer sprachlich betroffen ist die Person, wie sehr ist ihr Sprachverständnis betroffen, wie weit ist ihre Fähigkeit begrenzt, das Wesentliche in der Therapie zu verstehen ?

Wie steht es um die *„Motivation“*, willensstark und zielorientiert zu lernen und durchzuhalten ?

Wir wissen aus vielen Befragungen unserer ehemaligen Intensiv-Patient*innen, dass ein therapeutisches Lernen phasenweise qualvoll ist, speziell dann, „wenn man viel Kraft investiert und man trotzdem merkt, dass einen die Bemühungen nicht weiterbringen.“

Der ***„methodisch-didaktische Therapieansatz“*** wird von der Logopädin festgelegt. Jede/r Therapeut*in ist frei in ihren / seinen Entscheidungen, welche Therapiemaßnahme sie / er mit welcher Dosierung ergreift.

Modern arbeitende Therapeut*innen beziehen ihre Patient*innen und deren Angehörigen in ihre therapeutische Inhalts- und Methodenauswahl-Entscheidung mit ein.

Je mehr die Familienmitglieder und die Freunde Akzeptanz entwickeln gegenüber den aphasisch bedingten Veränderungen, im Verhalten der aphasischen Person als auch bei den durch Aphasie veränderten kommunikativen Verhältnissen, desto mehr kann die Therapie davon profitieren und desto breiter ist die allgemeine, positive Grundstimmung bei allen Beteiligten.

Der „*emotionale Halt*" durch Familie und Freunde: Die therapieunterstützenden Partner- bzw. Familienbeziehungen und die guten Beziehungen zu Freund*innen sind wichtige emotionale Komponenten für die psychische Befindlichkeiten der aphasisch betroffenen Personen.

In der Frage nach allgemeiner Verbesserung der Therapie zeigt sich bei unseren Co-Autor*innen eine sehr breite, von individuellen Wünschen getragene Beantwortung.

Die Antworten ‚von mehr Therapiesitzungen' bis hin zu ‚fehlenden therapeutischen Inhalten' lassen bei mir die Vermutung aufkommen, dass die Co-Autor*innen relativ wenig Einfluss genommen haben auf die Gestaltung ihrer eigenen Therapie.

Mein Tipp:

Ich empfehle den Partner*innen der aphasisch Betroffenen, bei dem logopädischen Erstkontakt mit der Logopädin dabei zu sein und sich erklären zu lassen, was ihre Zielrichtung und Arbeitsweise ist.

Des Weiteren bitten Sie die Logopädin, etwa in jeder 6. Therapie-Sitzung hospitieren zu dürfen und sich von ihr dann am Ende der hospitierten Sitzung sagen zu lassen, was Sie warum zu Hause mit ihrer / ihrem aphasischen Partner*in üben sollten.

Auf die Frage 20 ‚Was muss in der Sprachtherapie dringend verbessert werden ?' geben die Co-Autor*innen folgende Antworten:

Jörg Bin. meint : *„Offen bleiben für neue Erkenntnisse / Therapien."*

Beate Deyk: *„Am liebsten jeden Tag Therapie", „gute Abwechslung von Lesen, Schreiben, Sprechen = viele Wiederholungen."*

Ute Krow.: *„Nein, sie ist gut."*

Karin Lauz.: *„Sprachprogramme (von Würzburg). Erweiterung; PICTOCOM – Eine Kommunikationshilfe für Menschen mit Aphasie (Erweiterung); (Vom Bundesverband für die Rehabilitation der Aphasiker e.V. in Würzburg); mehr Piktogramme."*

Malgorzata Mich.: *„Mehr Sprachtherapie wäre gut."*

Anna Orthofer-Tihanyi: *„Es sollte häufiger eine Intensivtherapie wie in Lindlar geben müssen"; „es sollte viel häufiger eine „Kombi-Therapie" geben: Sprachtherapie, Physiotherapie, Ergotherapie; das Verknüpfen der körperlichen Fähigkeiten zu fördern, ist sehr wichtig (z.B. dem Konzept von Perfetti, ...);" „Alternative Therapien immer wieder beobachten und ausprobieren."*

Karin Ot.: *„Dringend verbessert werden muss das Zutun der Krankenkasse!!! Die Antragstellung zur Behandlung im LogoZentrum Lindlar war eine Zumutung!!! Zur fachlichen Verbesserung kann ich nicht viel sagen, dafür gibt es Pädagogen und Linguisten. Die Lobby der Aphasie ist vergleichsweise mit der anderer Behinderungen völlig unzureichend. Es wird oft verkannt, dass nicht nur die Sprachfindung allein das Problem darstellt, sondern diese ist mit andern Nebenerscheinungen wie dem Verlernen der Uhrzeit, der Farben, der Bezeichnung von Gegenständen verbunden. Die Aphasie befindet sich in einem lautlosen Zustand. Deshalb müssen andere dafür eintreten um dieses Handicap zu heilen!!! Die Blinden sind in vielen Institutionen vertreten, die Sprachlosen??? Ein Sprachloser kann sich fast nicht selbst vertreten!! Vielleicht kann eines Tages die Digitalisierung den Aphasigeschädigten Hilfe bringen, eventuell in Form einer App ???".*

Werner Pfeif.: *„M.E. wird der musikalische Teil vernachlässigt, d.h. nicht gefördert. Ich habe mehrere Stunden – privat – genommen und fand sie sehr gut. („SIPARI“ Dr. Jungblut)*

Stefan Raab: *Gewünscht hätte ich mir, dass es häufiger kleine Gruppensitzungen gibt.“*

Prof. Dr. Wilhelm Schä.: *„Sprachtherapie ist weniger und weniger geworden. Trotzdem ist es immer noch gut hinzugehen. Es waren mal vier oder fünf Einheiten die Woche, heute ist es nur noch eine Einheit. Hausaufgaben sind kurze Artikel, Frage- / Antwortbögen ausfüllen, laut sprechen, lesen oder schreiben oder auch eine Unterhaltung führen.“*

Anke S.: *„Wie sehe ich meine Sprachtherapie? Ich habe weiterhin das Ziel, besser reden zu können und erwarte, dass die Therapie mir dabei hilft. Dazu würde ich gerne regelmäßig 3mal die Woche und ohne Pausen die Logopädie in Anspruch nehmen. Generell habe ich große Hoffnungen in die Sprachtherapie, auch weil ich bisher gute Erfahrungen gemacht habe und mit den Therapeuten zufrieden bin. Dabei haben wir festgestellt, dass Pausen eher zu Rückschritten führen.*

Adelbert Schlü.: *„Es sollte mehr Material für Erwachsene geben.“ Die Themen sollten der Person angepasst werden – also mir / meinem Alltag.“*

Christina Schümann.: *„Ja, mehr Sprachtherapie, am besten zu Hause.“ „Schüler die helfen (gegen Taschengeld) beim Lernen.“ „Und zusammen lesen“.*

Eric Sellier: *„Bessere Verfügbarkeit, mehr Angebote z.B. Gruppentrainings, einfachere Wege Heilmittelverordnungen zu bekommen.“*

Ralph Simon: *„Die Sprachverständnisübungen halte ich für sehr wichtig. Es sollte sich aber immer das Sprechen anschließen, die Übungen, um wieder sprechen zu können.“*

N.S.: *„Es fehlen Sprachtherapeuten! Termine bei einem Logopäden in der Akutphase zu bekommen, ist äußerst schwer. Wartezeiten von 2 - 3 Monaten sind üblich! Sprachtherapie 1 - 2 mal in der Woche ist am Anfang einfach zu wenig !“*

Thomas Stützle: *„Es gibt jetzt eine Aphasie-App von neolexon. Mit dieser App kann man noch viel mehr machen und die wäre eine tolle Unterstützung und Erweiterung der Aphasie-Sprachtherapie."*

Joachim Thoß: *„Es gibt die unterschiedlichsten Ansätze in der Sprachtherapie und wir blicken da nicht so leicht durch. Womit werden die Fortschritte erzielt? Welcher Ansatz ist der Richtige? Die unterschiedlichen Therapeuten helfen ein wenig Erfahrung zu bekommen über die verschiedenen Ansätze. Transparent ist das jedoch für uns nicht. Ich habe es inzwischen gelernt, mich zu äußern, was mir etwas bringt oder nicht. Die 2 Patientensitzungen und diese Therapieform schätze ich besonders. Wenn man immer bei der gleichen Therapeutin zu Hause ist, ist die Arbeitsweise immer gleich und das langweilt mich leicht.*

Im Logozentrum habe ich die Chance viele Therapeuten und Ansätze kennenzulernen und dabei herauszufinden, was bei mir besonders erfolgreich ist. Wenn man eine neue Therapeutin sucht ist es auch nicht leicht, die Passende zu finden. Es gibt lediglich den Hinweis, Erfahrung mit Schlaganfallpatienten. Das ist bei der Vielzahl von logopädischen Optionen nicht ausreichend und es ist frustrierend für aphasische Patienten, wenn die Therapie nichts bringt."

Dr. Horst W.: *„Es ist bei mir keine Verbesserung notwendig. Letztes Jahr habe ich die Therapeutin gewechselt, da die Übungen bei ihr langweilig waren und sie immer nach einem Standard-Schema geübt hat, welches sie auch bei Schwierigkeiten nicht individuell abändern konnte."*

4.2 Angehörige: „Wir sind Mit-Betroffene! Wir brauchen auch fachliche Beratung und Unterstützung."

Das plötzlich durch die Aphasie aufgezwungene, veränderte familiäre Zusammenspiel führt in schwierigen Fällen zu dramatischen Leidensprozessen.

Die ‚starken' Ehepartner*innen übernehmen die meisten der von der / dem aphasisch betroffenen Partner*in bisher innegehabten Funktionen. Die sich daraus ergebenden Anforderungen an die Partner*innen der Betroffenen, die veränderte, beschwerliche Kommunikation mit der / dem betroffenen Partner*in, die neuen administrativen Aufgaben wie Bankgespräche, Finanzgeschäfte, Rechnungsprüfung, Büroarbeiten, die besondere Fürsorge für die Kinder und die notwendigen Arrangements in Familie und Beruf usw. erzeugen bei den mitbetroffenen Angehörigen während der Aphasie-Zeit mehr oder weniger Anzeichen psychischer Erschöpfung. Viele der ‚mit-betroffenen Partner*innen' wünschen sich informelle, entlastende Gespräche unter Gleich-Betroffenen mit Gesprächsführung durch eine fach-kompetente Person. Folgende Erzählungen drücken dieses große Bedürfnis aus.

4.2.1 Erzählung von Frau Thoß, der Ehefrau des aphasisch betroffenen Joachim Thoß, vom 27.10.2021 und Februar 2024

Ich möchte mir erlauben noch ein paar zusätzliche Anmerkungen zu machen. Der Sprachverlust ist nicht nur für den Patienten traumatisch, sondern auch für seine engsten Angehörigen. Es kostet unendlich viel Kraft und Geduld, sich mit aphasischen Menschen zu beschäftigen, sie zu verstehen und sie zu unterstützen. Es ist sehr schwer auf einmal nicht mehr mit seinem Partner über ganz wesentliche Fragen des Lebens, z.B. Erziehungsfragen, Beruf, Finanzen etc. sprechen zu können. Tiefgreifende Diskussionen und Gespräche sind nicht möglich. So muss man versuchen, den Partner wenigstens knapp zu informieren, aber das ist eine ganz andere Qualität der Partnerschaft. Man muss nun alles mit sich alleine ausmachen. Der Aphasiker möchte zwar möglicherweise gerne, verzweifelt aber an der Unmöglichkeit, seine Gedanken und Ideen ausdrücken zu können. So möchte man dem Partner diesen Frust ersparen und schweigt oft am besten.

Mein Mann kann beispielsweise oft ‚ja' und ‚nein' nicht richtig anwenden. Wenn man sich bemüht ihm zu helfen, das herauszufinden, was er sagen möchte, muss man Angebote machen. Wenn immer wieder mit

,nein' geantwortet wird und man nachher von vorne anfängt und feststellt, das Gemeinte war schon dabei, verzweifelt man schier. Manchmal hat man das Gefühl, dass sich Worte schon im Sprachgebrauch verfestigt haben und geht davon aus, dass das so verstanden wird. Das ist aber oft gar nicht der Fall. Manchmal wird es verstanden, manchmal nicht. Damit ist schwer umzugehen. Ich hatte rund ein Jahr nach dem Schlaganfall meines Mannes einen Total-Zusammenbruch, brauchte psychotherapeutische Unterstützung und eine Kur. Dabei habe ich gelernt, mich mehr abzugrenzen und mich nicht für alles verantwortlich zu fühlen. Mein Mann ist ja nicht geistig behindert. Als Ehefrau muss man da manchmal Abstand wahren, um sich selbst zu schützen. Auch habe ich gelernt, mich nicht in therapeutische Dinge einzumischen und diesen Part mit zu übernehmen. Ich bin die Ehefrau und nicht die Therapeutin. Ich bin nicht für alles zuständig. Das muss man auch lernen.

Ich stehe gerne für weitere Informationen und Erfahrungsberichte zur Verfügung.

Heppenheim, den 27. Oktober 2021

Anne Thoß

Chronologie der Folgen eines Schlaganfalls mit schwerer globaler Aphasie und dessen Folgen für Betroffene und Co-Betroffene

von Anne Thoß

Da mein Mann sich als Betroffener nicht schriftlich und mündlich äußern kann du den gestellten Fragen und ich zudem gerne auch die Bedeutung der sonstigen Faktoren für die Wege aus dem Schweigen beleuchten möchte, habe ich diesen Text aus Sicht der Co-Betroffenen Ehepartnerin verfasst.

Am 22.2.2013 um 17 Uhr machten mein Mann und ich uns bereit für einen Elternabend des Handballvereins unserer Tochter. Wir waren 52 Jahre alt, beide selbständig berufstätig (ich Teilzeit), unsere Tochter war 15 Jahr alt, besuchte das Gymnasium und war begeisterte Handballspielerin. Wir hatten sie an diesem Tag zur Klassenfahrt gebracht, es ging eine Woche zum Skifahren.

Plötzlich richtete sich mein Mann auf, sprach Kauderwelsch, ließ den Arm herunterhängen, und gestikulierte in wild. Ich rief sofort den Notarzt, mir war klar, es handelt sich um einen Schlaganfall. Der Krankenwagen kam rasch, fuhr ihn zur städtischen Klinik Darmstadt, stroke unit. Ich fuhr mit dem Auto hinterher. Nachdem geklärt war, dass mein Mann keinen Blutverdünner mehr nimmt, wurde die Lyse Behandlung rechtzeitig eingeleitet, ohne Erfolg. Danach die konventionelle Behandlung, Thrombektomie zur manuellen Zerstörung des Thrombus. Dabei wurde die Vene perforiert, Versuch abgebrochen, erfolglos. Damit kam es dann zur Zerstörung der Gehirnzellen durch Unterversorgung mit Sauerstoff.

Ich stand Stunden vor der Türe, ohne Information, hilflos. Eine fremde Frau, die vorbeikam, nahm mich in den Arm. Ein Licht in der Zeit des Grauens. Die Ärzte informierten mich, dass der Schlaganfall zum Schlimmsten führen kann, mein Mann aber auf jeden Fall schwerstbehindert sein wird, wenn er überlebt. Um die Schwellung des Gehirns zu entlasten, wurde mein Mann operiert und ihm ein Teil des Schädeldeckels entnommen.

Ich kämpfte draußen mit meinen Gedanken: mein Mann hatte mir aufgetragen, ihn auf keinen Fall an lebenserhaltenden Instrumenten überleben zu lassen. Was tun? Stellt sich die Frage?

Ich rief die Schwestern meines Mannes an, die sich ab diesem Zeitpunkt intensiv und rührend um ihren Bruder und mich kümmerten, zwar geschockt, aber tatkräftig und einfühlsam. Die Geschwister haben ein seht gutes Verhältnis, dies hat sich in dieser Zeit vertieft. Auch zu mir. Ohne die Hilfe der Beiden wäre das nicht zu stemmen gewesen.

Am nächsten Tag war die erste Schwester da und wir wachten nun beide im Krankenhaus, konnten uns aber gegenseitig stützen. Gute Nachrichten, mein Mann hatte überlebt und wurde nun ins Koma versetzt. Danach würde man sehen, welche Folgen eintreten. Das MRT Bild zeigte, das ein Teil des Gehirns ganz schwarz war, was würde das bedeuten?

Während mein Mann im Koma lag musste ich nun überlegen, wie ich unsere Tochter schonend informieren konnte. Ich entschied mich, alles dafür zu tun gemeinsam mit Freunden, dass die Nachricht vom Schlaganfall nicht zu ihr durchdringt, die richtige Entscheidung. Ich habe sie dann nach einer Woche vom Bus abgeholt und ihr offen und ehrlich geschildert, wie die Situation mit ihrem Vater ist. Dies war der schwersten Gang für mich. Meine Tochter hat ein wunderbares, liebevolles Verhältnis zu ihrem Vater, es musste ihr die Füße vom Boden wegziehen. Und so war es auch, wir haben uns jedoch als starkes Team neu formiert und ab diesem Zeitpunkt beide für meinen Mann gekämpft.

Da mein Mann keine Patientenverfügung und Vorsorgevollmacht hatte, musste ein vom Gericht bestellter Sachverständiger sich vom Zustand meines Mannes vergewissern und mir dann die Vollmacht für alle Entscheidungen seine Gesundheit betreffend übertragen. Eine Tortur für alle, genau wie der tägliche Gang zur Intensivstation.

Als mein Mann nach 10 Tagen endlich aufwachte konnte er weder sprechen, noch sich bewegen. Seine rechte Seite war gelähmt, sein Sprachzentrum global betroffen. Er wurde beatmet und künstlich ernährt. Wir konnten jedoch erkennen, dass er uns verstehen konnte wir drückten ihm die Hand, erzählten ihm Belanglosigkeiten und sprachen ihm gut zu. Ich brachte ein Foto mit, auf dem man sehen könnten, was für ein lebensfroher, humorvoller Mensch mein Mann ist, das Pflegepersonal sollte wissen, wen sie da vor sich haben. Er konnte sich ja nicht zu erkennen geben.

Ein einziges Mal hat er geweint, als er unsere Tochter zum ersten Mal im Arm hatte, ein bewegender Moment.

Als er zwei Wochen auf der Intensivstation überstanden hatte, sollte er zur Reha. Man wollte ihn in den Odenwald schicken, ein Schock für uns bei einer Stunde Anfahrt. Wir nahmen den Kampf auf und schafften es, ihn in die Schmiederklinik nach Heidelberg zu überführen. Dort war er in guten Händen. Er lernte wieder schlucken und eines Tages zeigte mir die Schwester, dass sich sein rechtes Bein wieder bewegt, Gänsehaut pur für alle. Mit Riesenschritten ging es voran, erst Rollstuhl und nach 6 Wochen erste Laufversuche mit Stock. In der ganzen Zeit konnte er kein Wort sprechen und seine Bedürfnisse auch nicht ausdrücken, aber seine Körpersprache zeigte und, dass sein Ehrgeiz geweckt und er den Kampf gegen seine Einschränkungen aufgenommen hatte. Jeden Tag ging es mit dem Rolli raus an die Luft. Als erstes wurde der Helm vom Kopf genommen, den mochte er gar nicht. Dann ging es zur Cafeteria und zum täglichen Spiel: Kniffel, 4 gewinnt und Cafe International konnten wir wunderbar spielen und es war erkennbar, dass er seine Fähigkeit, mit Zahlen umzugehen, nicht verloren hatte.

Essen konnte er noch immer nicht, seine Pec ernährte ihn. Was für ein Fest war dann das erste Spezial- Eis, dass er genießen durfte. So konnte seine Luftröhre immer mehr entblockt werden und er nutze unsere Rollifahrten, um seine Stimme zu trainieren. Worte kamen zwar nicht, aber singen konnte er wunderbar. Wir gingen oft ein einen separaten Raum, wo er laut singen konnte, wobei auch Texte klappten teilweise (Schlager), auch in englisch.

Als das Essen klappte durfte er zu einer neuen Abteilung wechseln und wurde in den Therapiealltag eingegliedert, er hatte die nächste Rehastufe geschafft. Physio, Logo, Ergo und Neuropsychologie standen auf dem Plan. Es war unglaublich mühsam, anstrengend, kräftezehrend und auch frustrierend, aber es ging voran. Das Schönste war die Musiktherapie, es machte ihm eine unglaubliche Freude, zu singen. Es war zu erkennen, dass die Sprache seine Hauptbaustelle war, laufen konnte er bald wieder recht gut, ab Mai ohne Stock. Einen Computer als Hilfsmittel zum Übersetzen lehnte er jedoch ab, er wollte wieder sprechen, lesen und schreiben können.

Freunde und wir brachten im oft Fotos von der Familie etc. als Puzzle gemacht mit, mit dieser Beschäftigung konnte er sich ein wenig ablenken.

Im Mai musste sich mein Mann einer Knochendeckelreimplantation unterziehen in der Klinik in Darmstadt, wo sein Deckel aufbewahrt wurde. Dies war ein Alptraum für alle: Mein Mann wurde einfach abgestellt und ich konnte ihn nicht finden, er sollte in ein 5 Bett Zimmer ohne mich zu fragen bei dieser schweren OP, ich organisierte ihm dann eine Art Besenkammer, sonst wären wir wieder gefahren. Das Bett war zu kurz, nach endloser Diskussion gab es doch ein passendes, das Essen war nicht püriert, was sollte er denn essen? Aufklärungsgespräch zur Narkose erfolgte mit mir, man wunderte sich nur, dass ich keine Halbseitenlähmung hatte. Die OP überstand er dann, sie war jedoch teilweise misslungen, so dass ein Jahr später ein Plastikdeckel den eigenen, sich auflösenden Deckel ersetzen musste. Dies habe ich in der Uniklinik Heidelberg machen lassen, das war die richtige Wahl. Alles lief dort professionell und erfolgreich.

Nachdem mein Mann keinen Helm mehr tragen musste, stellten sich auch erste Besuche von Familie und Freunden ein, die meinen Mann sehr erfreut haben und mich auch oft entlastet haben. Um diese zu informieren hatte ich allen seit dem Schlaganfall abends oft mails geschrieben mit den aktuellen Entwicklungen. Es war auch für mich wichtig, die Erlebnisse rauszulassen; die vielen besorgten Anrufe hätte ich gar nicht beantworten können. So war der Kontakt zur Familie und den wichtigsten Freunden stets lebendig.

In der Schmiederklinik war mein Mann sehr gut versorgt und hat auch wieder gelernt, die wichtigsten Dinge selbständig zu machen. Das ist bei seiner zusätzlichen Apraxie bei Handlungen aber auch bei der Sprache nicht so einfach. Er wusste einfach nicht mehr, wie man sich die Zähne putzt oder sich rasiert, was man mit einem Handtuch macht oder mit einer Gabel. Alle Handlungsabläufe mussten neu erlernt werden und seine Verzweiflung war oft groß. Sprechen konnte er aber auch nicht!

Dann passierte ein einschneidendes Ereignis: Bei der Wassertherapie, die mein Mann sehr genoss, kam es zu seinem ersten epileptischen Anfall. Es war ein großer Anfall und als ich meinen Mann da liegen sah wie auf der Intensivstation, ohne Bewusstsein, zog es mir die Beine weg und die Ärztin musste sich auch um mich kümmern. Seit diesem Ereignis kamen weiter mehr oder weniger schlimme epileptische Anfälle hinzu, zweimal mit stationärem Aufenthalt. Mit ärztlicher Hilfe wurde er immer besser eingestellt und ich habe inzwischen gelernt, was zu tun ist, was ich machen kann und wann ich Hilfe brauche. Ich führe heute ein Tagebuch mit diesen epileptischen Episoden zur Info für die Neurologin.

Nach sechs Monaten wollte die Krankenkasse nicht mehr zahlen und mein Mann kam nach Hause. Das hatte er in einigen Wochenendbesuchen zuvor schon geübt. Es war ein ziemlicher Aufwand, ihn wieder zu Hause einzugewöhnen, alleine das Treppen laufen war eine Herausforderung in einem viergeschossigen Haus. Aber auch alle anderen Dinge mussten insbesondere mit Hilfe der Ergotherapie geübt werden. Wie dusche ich mich?, wozu und wie nutzt man Shampoo?, was gehört zu einem Frühstück? usw. Aber mit vereinten Kräften gelang es. Hilfe kam von Nachbarn, Freunden etc. es wurde uns Kuchen oder eine Suppe vorbeigebracht, es gab viele schöne Gesten und Aktivitäten.

Jetzt musste die Therapie zu Hause wieder anlaufen, Logo, Ergo und Physio organisieren, Arzttermine ausmachen etc. Dies alles war ein anstrengendes Projekt, zumal nicht mein Mann nicht mit allen Therapeuten zufrieden war und dies auch durch deutliche Artikulation äußerte. So war ich ständig auf der Suche, nach passenden Therapeuten, mein Mann war weiterhin ohne Sprache total hilflos.

Hilfe kam von keiner Seite, wieviel Therapie ist richtig? Wie oft sollte welche Therapie stattfinden? Was ist notwendig? Hausarzt und Facharzt blieben allgemein, jeder Fall ist halt anders. Die Krankenkasse hatte keine Ahnung, die Therapeuten keinen Überblick. Auf mich alleine gestellt, unterstützt von der Familie, traf ich dann die notwendigen Entscheidungen.

Erste Infos kamen vom Verband für die Rehabilitation der Aphasiker e.V. (www.aphasiker.de) in Form von Broschüren, Videos etc.. Dies war hilfreich.

Klar war, dass sich die Sprachkompetenzen verbessern mussten. Ein erster Lichtblick war dann das Therapieangebot in Lindlar. Die Sprachintensivtherapie zusammen mit Ergo und Physio und dies nicht in Krankenhausatmosphäre hat uns angesprochen und seit dem ersten Aufenthalt ist mein Mann zunächst zweimal jährlich, dann einmal jährlich nach Lindlar gekommen für jeweils 4 Wochen. Er und wir haben sehr gute Erfahrungen gemacht. Die Intensivtherapie hat dazu geführt, dass mein Mann inzwischen wieder etwas sprechen kann, lesen kann und auch etwas schreiben kann. Jeder Aufenthalt hat zu Fortschritten geführt, am Anfang größere Fortschritte, dann wurden die Schritte kleiner. Aber auf jeden Fall hat er durch das intensive Lernen in Lindlar seine Sprache zurückerobert. Auch wenn der Verordnungskatalog der Krankenkassen sagt, dass eine Therapie nach 3 Jahren keinen Erfolg mehr verspricht sagt unsere Erfahrung das Gegenteil. Jedes Lernen hilft, man darf einfach nicht nachlassen und sich durch Frustrationen zurückwerfen lassen. Dranbleiben führt zu nachhaltigem Erfolg und Üben, üben, üben!

Am Anfang zu Hause war das Schweigen noch übermächtig. Aber es gab Auswege: Die Musik und das Singen haben sehr geholfen, das frühe Schweigen zu überwinden. Mein Mann hat die ersten zwei Jahre jede Woche mit einer Lehrerin gesungen, das war gut für Psyche und Sprache.

Ebenso hat er einmal in der Woche mit einer Mallehrerin gemalt, was er zuvor in seinem Leben noch nie getan hat. Das hat ihm riesigen Spaß gemacht und die Ergebnisse waren auch sehenswert, die Anerkennung vieler Menschen und die Wertschätzung hat ihm gut getan.

Mein Mann hat damit seine Zeit der Sprachlosigkeit etwas überbrücken können, nachdem er wieder mehr sprechen konnte, hat er sich vom Malen und Singen zurückgezogen, das Interesse aber nie verloren.

Da das Singen ihm aber immer noch Spaß macht haben wir gemeinsam mit weiteren Aphasikern einen neuen Aphasikerchor Bergstraße gegründet, der den Betroffenen und Co-Betroffenen große Freude macht.

Nach über 10 Jahren hat sich unser Leben stabilisiert: Wir wohnen in einer ebenerdigen neuen Wohnung fahren zweimal jährlich in Urlaub zu den bekannten Zielen, die meinem Mann vertraut sind. Seine Sprache hat sich so entwickelt, dass man ihn meist verstehen oder das gewünschte erahnen kann. Kleine Nachrichten auf whats app mit kreativen emojis kann er verfassen, Telefonate mit Familie und Freunden führen. Er liest sehr gut, das Verständnis ist oft gut. Das Schreiben klappt mit Hilfestellung und mit seinen Übungspartnern immer besser. Ich versuche meinem Mann immer mehr Aufgaben im Haushalt zu übertragen, was er sehr schätzt und mit Engagement ausfüllt. Wir sind sehr glücklich und stolz auf das Erreichte, sind unendlich dankbar bei allen, die uns in diesem Weg unterstützt und vorangebracht haben und sind sicher, dass noch mehr geht. Aber es ist nicht mehr wie es war. Dies zu betrauern hilft nicht, der Blick nach vorne und die Freude am Augenblick ist für uns wichtiger geworden. Gut dass wir optimistische Rheinländer sind!

Da diese Entwicklung nicht selbstverständlich war möchte ich noch ein Blick auf alle betroffenen Lebensbereiche anschließen, in denen gekämpft werden muss, um Betroffenen und Co-Betroffenen ein lebenswertes Leben zurückzugeben. Damit möchte ich eigene Erfahrungen und Tipps weitergeben und aufzeigen, was Co-Betroffenheit bedeutet:

Auswirkungen auf verschiedene Lebensbereiche:

1. Partner und Co-Betroffener

Ein Betroffener ohne Sprache kann sich in keinem Lebensbereich helfen, ist absolut hilflos und abhängig von einer Bezugsperson/Partner/in, die diese Rolle annimmt. Dies kann der Ehepartner, ein Kind, Geschwister sein etc. Wenn er diese Rolle ausfüllt, verändert sich auch sein Leben gravierend, was ich bezogen auf unser Leben und meine Rolle als Ehepartnerin und Bezugsperson darlegen möchte.

Mein Mann kann nun seit fast 11 Jahren nicht mehr richtig sprechen und schreiben. Eine Konversation, ein Austausch oder eine Auseinandersetzung auf Augenhöhe ist damit nicht möglich. Das bedeutet, dass ich bei allen schwierigen Fragestellungen alleine bin oder Dritte fragen muss. Wir kennen ein Leben lang eine Beziehung auf Augenhöhe und es ist mir wichtig, dass dies so bleibt. Das bedingt, dass mein Mann mich zumindest verstehen kann. Ich versuche dies, soweit möglich. Bei schwierigen Entscheidungen (z,B. Studium unserer Tochter, Kauf Eigentumswohnung etc.) schreibe ich meinem Mann Briefe, damit er diese langsam und wiederholt lesen und verstehen kann und mir ein Feedback geben kann.

Bei den vielen Entscheidungen, die ich für ihn zu treffen habe versuche ich immer, seine Meinung einzuholen. Da er sich sprachlich allenfalls grob äußern kann sind seine Kommentare und Einschätzungen ohne jegliche sprachliche Feinheiten manchmal schwer zu ertragen, man ist ja auch den sensiblen Umgang mit Sprache gewohnt. Ein Danke oder Bitte wäre auch schön für den Gesprächspartner. Wenn z.B. eine Therapeutin die Bewertung 6 bekommt, weiß ich, dass er unzufrieden ist, aber was meint er genau?

Alltagsgespräche sind schwierig, da W-Fragen meist nicht verstanden werden sowie Präpositionen. Da wird Konversation schwierig und man ist oft geneigt zu schweigen, statt das Gespräch zu suchen.

Durch sein Trauma ist mein Mann ängstlich und hat meinst nur Vertrauen in Fachkräfte. Da nützt es gar nichts zu sagen, dass ein identifizierter Schmerz mit Salbe zu behandeln ist, er glaubt mir einfach nicht. Das macht es mir noch schwerer.

Am Anfang hat mein Mann sich noch darauf eingelassen, spazieren zu gehen, mal in die Stadt zu gehen, ins Kino, ins Theater, zum Handball. Oder zu Freunden zu fahren, ins Restaurant zu gehen etc. Dies ist zunehmend schwieriger, er mag nur noch auf vertrautem Terrain wandeln, wo er sich sicher fühlt. Die Lautstärke in vielen Lokalitäten ist für ihn nicht erträglich, bei Gruppen von mehr als 6 Personen kann er den Gesprächen nicht mehr folgen, da bleibt er lieber zu Hause. Auch zu Hause ist bei Gruppen mit mehr als 6 Personen kein Treffen möglich.

Gut geht gemeinsames Spielen, Doppelkopf, Wizard, Kniffel, das macht ihm Spaß und man kann mangelnde Sprachkompetenz überspielen. Diese Abende genießen wir beide.

Alle anderen Veranstaltungen muss ich alleine besuchen oder fragen, ob jemand mitkommt. Das ist nicht schön, wenn man doch einen Partner hat.

Das Leben mit einem Aphasiker ist für den Partner eine riesige Herausforderung, die sehr viel Kraft kostet. Als meine Kräfte einmal zu Ende waren, mich eine Lungenentzündung und anschließend ein psychischer Zusammenbruch danieder warf, musste ich die Notbremse ziehen. Dank meiner Tochter, den Schwestern meines Mannes und Freundinnen sowie eine Therapie konnte ich mich wieder erholen und lernen, mich mehr abzugrenzen und auch an mich zu denken.

So genieße ich kleine Reisen oder Events mit meiner Tochter oder die Zeit meines Mannes in Lindlar, um mal ganz bei mir zu sein. Das ist mir wichtig und ich bin dankbar, dass ich mich in Lindlar um nichts kümmern muss dank der Familie.

Ich genieße es mein eigenes Zimmer zu haben, um mich zurückzuziehen. Meinem Mann geht es ebenso. Ich könnte es nach der Krankheitsgeschichte auch sehr schwer ertragen neben ihm zu liegen. Das würde mich in die Kleinkindzeit meiner Tochter versetzen, als man als Mutter immer halb im Bereitschaftsschlaf war. Ich brauche heute meinen Schlaf umso dringender.

Die Aufgaben der Bezugsperson/Co-Betroffener sind sehr vielfältig. Ich zähle Sie einfach auf um deutlich zu machen, welch gravierende Auswirkungen die Sprachlosigkeit/Aphasie hat:

- *Pflegeperson und damit zuständig für alle gesundheitlichen Fragen, ebenfalls für die Einstufung in eine Pflegeklasse, Korrespondenz mit der Pflegeversicherung, den Sozialbehörden (Pflegestützpunkte helfen ein wenig).*
- *Verantwortlich für Therapieplan und alle Gespräche mit Ärzten, Therapeuten etc.*
- *Verhandlungen mit den Krankenkassen führen um notwendige Therapien*
- *Angelegenheiten in Zusammenhang mit der Tochter klären, solange sie noch unsere Unterstützung braucht*

- *Behindertenstatus klären, Behindertenausweis, Parkausweis, EU Schlüssel für Toiletten*
- *Arzneimittel besorgen und korrekte Einnahme überwachen.*
- *Chauffeur zu allen Terminen*
- *Eigene Berufstätigkeit organisieren*
- *Finanzen der Familie überwachen, Bankangelegenheiten veranlassen*
- *Rentenangelegenheiten klären*
- *Einkaufen, kochen, putzen, waschen*
- *Verantwortlich für Technik: Telefonie, Internet, Rechner, Fernseher.....*
- *Kümmern um Fahrzeug und deren Fahrtüchigkeit*
- *Übungspartner suchen*
- *Familienangelegenheiten klären*
- *Organisation von Aktivitäten mit Familie und Freunden, Urlaube, Reha Aufenthalte*
- *Hilfsmittel im Haushalt für den Betroffenen organisieren*

2. *Erziehung*

Die wichtigste Baustelle neben der Gesundheit meines Mannes war die Entwicklung unserer Tochter. Ich wollte um jeden Preis verhindern, dass Sie Schaden nimmt durch die schwere Betroffenheit ihres geliebten Vaters. Davor hatte ich große Angst. Mit 15 war sie mitten in der Pubertät, eine gute Schülerin und begeistert für Handball und Musik. Die Pubertät fiel bei uns aus, worum ich nicht böse bin. Unsere Tochter hat in dieser Zeit darauf verzichtet, sich von uns abzugrenzen, sie hat ihre Verantwortung gerne angenommen und dennoch ihre Eigenständigkeit und ihre Interessen gelebt. Ich war immer offen zu ihr und Sie hat in dieser Situation gelernt, dass wir als tolles Team wunderbar funktionieren. Sie hat mich entlastet, wo sie konnte, ihren Vater mit Späßen, Musik, Spielen glücklich gemacht und beim freudigen Lernen unterstützt. Ich habe dafür gesorgt, dass Sie ihren Weg gehen kann, sie unterstützt, wenn notwendig. Sie hat uns nur Freude gemacht und ist heute eine glückliche, selbstbewusste und sozial eingestellte junge Frau, die die Familie nicht als Bürde sondern als großes Glück und Rückhalt empfindet. Dieser schwere Drahtseilakt scheint gelungen.

Und mich macht es glücklich, die beiden zusammen albern zu sehen, zu singen, zu tanzen und einfach Spaß zu haben, das gibt mir Kraft für den Alltag.

3. Familie und Freunde

Die Unterstützung der Familie ist ausgesprochen wichtig. Wir haben nur gute wunderbare Erfahrungen gemacht. Selbst mein Schwiegervater mit über 90 ist immer für uns da, als Ratgeber und Unterstützer. Die Beziehungen haben sich durch unsere schwere Betroffenheit intensiviert und sind eng wie nie zuvor. Auf meine Schwägerinnen und deren Familie können wir uns absolut verlassen, sie sind da, kümmern sich initiativ, entlasten mich, wo sie können und bringen ihren Bruder stets zum Lachen und zum Arbeiten. Familienrätsel mit Fotos wurden als Sprachübungen ausgearbeitet, ein eigenes „Mensch ärgere dich nicht" mit großen Figuren gebastelt und und und…. Ich kann mich blind verlassen und meinen Mann einfach übergeben, wenn ich mal weg bin. Das klappt wunderbar. Die Beziehungen haben eine ganz neue innige und vertrauensvolle Qualität. Das gilt auch für meine Familie sowie für die meisten unserer Freunde. Sie waren einfach da, haben zugepackt, gekocht, gebacken und viel mit meinem Mann unternommen. Das hat ihm Kraft gegeben. Es wurde unser Wohnzimmer gestrichen, weil mir das gewünscht habe und meine Freundin hat unserer Tochter kurzerhand eine Vespa gekauft, da diese durch meine Besuche im Krankenhaus ansonsten nicht mehr in ihr geliebtes Handballtraining gekommen wäre. So gibt es viele Beispiel und die Zuwendung in dieser Zeit bis heute hat uns getragen. Diese Beziehungen sind geprägt von Verständnis und Rücksichtnahme. So können wir uns heute wieder an gemeinsamen Aktivitäten erfreuen, auch wenn diese anders sind als früher.

Es gab jedoch auch negative Erfahrungen von Freunden, die z.B. eine Blume vor die Haustür stellen und das wars dann. Das Interesse an uns nicht zu verlieren ist angesichts der vielen Einschränkungen nicht ganz einfach, aber die meisten haben das geschafft und sind da. Von denjenigen, die mir nicht guttun, habe ich mich getrennt und die Freundschaft beendet, das war befreiend.

4. Teilhabe am gesellschaftlichen Leben

In den ersten Jahren nach dem Schlaganfall habe ich alles darangesetzt, wieder mit meinem Mann rege am gesellschaftlichen Leben teilzunehmen,

Feiern mit Freunden wahrzunehmen, Kino- Theater-. und Sportevents zu besuchen.

Zunächst hat mein Mann versucht, diese Angebote wahrzunehmen und ging mit. Es stellte sich jedoch heraus, dass zu viele Menschen nicht gehen. Das Reden durcheinander, der Geräuschpegel, das Nichtansehen beim Sprechen. Er verstand nichts, konnte sich nicht beteiligen und sein Kopf brummte. Heute versuchen wir Freunde nach Hause einzuladen und die Zahl zu begrenzen. Wenn die Konversation gemeinsam mit Rücksicht erfolgt, funktioniert das gut. Wenn nicht hat mein Mann auch gelernt, sich zu beschweren. Nach ca. 3 Stunden ist er erschöpft und braucht Erholung. So müssen wir nun die Besuche organisieren.

Bei Kino und Theater und Sport erging es ihm ähnlich. Ihm sind diese Veranstaltungen inzwischen zu laut und zu anstrengend, ich habe aufgegeben ihn zu überreden. Nur ab und zu zum Handballspiel seiner Tochter, das ist mir wichtig.

So bin ich gezwungen, viele Aktivitäten alleine zu machen, das ist wirklich nicht schön, wenn man doch einen Partner hat. Jemand fragen geht zwar, aber möchte man nicht immer.

Besonders traurig fand ich, dass ich meinen Mann zu unserer silbernen Hochzeit nur dazu überreden konnte, mit mir einen Cappuccino auf unserem wunderschönen Marktplatz zu trinken. Mehr war einfach nicht drin. Man lernt dabei, sich an kleinen Dingen zu erfreuen.

Geselligkeit empfindet mein Mann in seiner „Aphasikergruppe“. Die Betroffenen mit sehr unterschiedlichen Sprachbehinderungen verstehen sich sehr gut, sie empfinden einfach gleich und genießen die Gemeinschaft mit ähnlich Betroffenen. Hier muss man nicht erklären, hier versteht man sich. Gemeinsame Aktivitäten wie Minigolf, Boule, Essen gehen, Spielen oder auch nur gemeinsame Treffen sind ein Gewinn.

5. *Übungspartner*

Um gegen die Sprachbehinderung anzukämpfen bedarf es steter Übung. Zwei Therapieeinheiten in der Woche sind zu wenig, da so oft wie möglich geübt und das Erlernte verfestigt werden muss. Auch gegen das rasche Vergessen muss angekämpft werden.

Als Partnerin eigne ich mich nicht für dieses Üben, da die Beziehungsebene immer mitschwingt und mir zudem Zeit, Kraft und Konzentration fehlt aufgrund der vielfältigen anderen Aufgaben.

Das entspannte Üben mit unserer Tochter, die stets humorvolles einfließen lässt und mit seinen Schwestern funktioniert gut, sie wohnen aber nicht in der Nähe und Regelmäßigkeit ist wichtig.

Durch eine Freundin wurde der Kontakt zu einer Rentnerin geknüpft, die gerne bereit war, mit meinem Mann Lesen zu üben und ihn zu korrigieren. Dies funktioniert seit mittlerweile 10 Jahren ganz wunderbar, die beiden arbeiten mit Freude gemeinsam und die wirklich erstaunlichen Fortschritte beim Lesen sind nur ihr zu verdanken. Begonnen hat es damals damit, „Nachrichten leicht" zu lesen, die ich vorher ausgedrückt hatte. Heute müssen es schon 3-4 Texte der Spiegel-online-Nachrichten sein, die er mühelos schafft. Unglaublich!

Ein zweiter Übungspartner ist ein pensionierter Lehrer meiner Tochter, den ich beim Einkaufen ansprach. Ich bat ihn, mit meinem Mann Grammatik, Satzbau und kleine Texte schreiben und sprechen zu üben. Dies hat er interessiert angepackt, ohne Vorstellung, was ihn erwartet. Mit seinem pädagogischen Geschick hat er es geschafft, dass die beiden auch nunmehr seit vielen Jahren regelmäßig mit Freude Texte verfassen und sich darüber unterhalten. Die Erfolge sind unübersehbar, das Erreichte wirklich erstaunlich, auch wenn mein Mann gerne noch mehr und noch besser sprechen möchte. Er hat keineswegs vergessen, wie es einmal war. Das führt auch zu Frustrationen und der Frage „warum ist das so?.

Unseren Übungspartnern sind wir unendlich dankbar, ohne sie wären wir nicht soweit, sie sind wichtiger Teil unseres Lebens geworden. Leider ist es mir nicht gelungen, jemanden zu finden, der regelmäßig mit meinem Mann singt.

Aber inzwischen haben wir ja den Aphasikerchor.

Heppenheim, im Januar 2024

4.2.2 Gedanken der Ehefrau von Co-Autor Marc Jöhl.

Da er erst einzelne Wörter und diese auch nur mit höchster Konzentration sprechen kann, habe ich die Fragen mit Ihm zusammen ausgefüllt.

An eine eigene Geschichtenerzählung ist leider nicht zu denken.

Vielleicht klappt es ja im 3. Buch ;) Denke, er wird nächstes Jahr wieder zu Ihnen in die Reha kommen. Alles Gute und viel Erfolg mit dem Buch.

Wir denken, dass einfach jeden Tag auf´s Neue Mut gefasst werden muss. Aufgeben ist der falsche Weg. Aber es muss sehr schwer sein, gefangen in seinem Körper zu sein.

Geistig klar im Kopf zu sein und zu spüren, dass die erdachten Worte und Sätze einfach nicht über den Mund oder das Schreiben rauskommen. Man kann sich das nicht vorstellen, wenn man das alles kann. Ich finde es auch sehr wichtig, dass Sie nicht nur die Seite der vielen Betroffenen beschreiben sondern auch die der Angehörigen.

Ich werde im kommenden Monat 50 Jahre alt und ich habe mir unser Leben etwas anders vorgestellt.

Wir haben zwei Kinder im Alter von 12 (Tom) und 15 (Mia) Jahren und einen tollen Hund (Selly) und es ist sehr schwierig, alleine alles zu organisieren und managen.

Klar bin ich nicht alleine, aber es fühlt sich so an. Als mein Mann den Schlaganfall bzw. die Hirnblutung hatte auch noch genau am Tag des 10. Geburtstages unseres Sohnes, dachte ich daran das Haus umzubauen, weil er nicht mehr laufen kann .... dass er nicht mehr sprechen und schreiben können würde, an sowas hab ich nie gedacht. Bis dahin hab ich von sowas nicht mal was gehört. Sich mit dem Partner nicht mehr unterhalten zu können ist sehr schlimm für mich.

Im Moment geht das noch, da durch die Kinder trotzdem Leben im Haus ist. Aber ich mache mir die Gedanken um die Zukunft, wenn die Kinder aus dem Haus sind und alles so ruhig um mich herum wird. Ich kann mir das jetzt nicht vorstellen, und wenn ich es tue bekomme ich Angst.

Aber im Leben hat man nicht immer die Wahl. Besonders mein Mann hat sie nicht. Oft fragt man nach dem warum, oder was man wem angetan hat, um solch ein Schicksal zu erleiden. Die Antwort bleibt leider aus. Und so muss man das Schicksal annehmen.

Ganz schwierig ist auch die Erziehung der Kinder, manchmal wird er leider nicht für "voll" genommen, weil er seinen Standpunkt dann nicht sagen, sondern eher durch Wut ausdrücken kann. Das macht Angst, besonders bei unserem Sohn, der sehr oft weint.

Für die Kinder ist es auch "komisch", wenn der eigene Vater nicht mal bei den kleinsten Rechenaufgaben helfen kann, wo er doch mal 4 Semester Mathe studiert hat. Wir könnten Ihnen noch vieles erzählen, aber leider nur wir und nicht mein Mann. Wobei, manchmal sprechen seine Augen und Gesten Bände ......

Würde mich freuen, wenn Sie in Ihrem Buch auch ein bisschen an die Familien denken und denen vielleicht ein Kapitel widmen könnten, die ebenfalls mit dem "Schweigen" und der "Stille" im Stillen klar kommen müssen.

Vielen Dank für Ihren Einsatz, hoffe bis nächstes Jahr. Liebe Grüsse Sandra, Marc, Mia, Tom und Selly Jöhl.

4.3 Wie aus dem ‚aphasischen Schweigen' herauskommen ?

4.3.1 Allgemeines zum Schweigen

Unter ‚Schweigen' verstehen wir landläufig ein ‚Nicht-Sprechen' oder ein sprachliches ‚Nicht-Reagieren'. Wenn wir ‚Schweigen' als ein ‚Stumm-Sein' verstehen, dann liegt schon bei einem ‚mmmh' kein Schweigen mehr vor. Denn wenn ich nur mit ‚mmmh' meine Zustimmung zum Ausdruck bringe, so ist das im weitesten Sinne schon eine nonverbal-sprachliche Aussage und kein Schweigen mehr.

Grenzen wir also ‚Schweigen' ein: Sobald jemand ‚kommentierend' eine stimmliche oder artikulatorische Aktion als Reaktion auf eine Aussage von anderen produziert, dann bewegt sich diese Person schon weg vom Schweigen.

Wünschen wir mit Hilfe von gesprochener Sprache das Schweigen abzulegen, dann sollten wir versuchen, zunehmend mehr Sprech-Sprachliches zum Ausdruck zu bringen. Entwickeln wir Mut, Sprecherisches auszuprobieren und dann zu beobachten, wie die anderen auf unsere sprachlich-sprecherischen Handlungen reagieren. Reagieren sie auf unsere sprachlichen Experimente nach unserm Eindruck positiv, dann liegen wir gar nicht schlecht mit unserem Handeln. Dann wird es sein, dass wir uns in die richtige Richtung bewegen. Gelingt das aber nicht so gut, versuchen wir es mit Schreiben oder mit Zeichnen.

Übrigens: Sprechen kommt durch Sprechen. Wer die Sprechfähigkeit wiedergewinnen will, der sollte seine Konzentration auf das Sprech-Handeln richten und viel sprechen. Wie wir das bewerkstelligen können, das sagt uns das Kapitel 7 ff.

Arthur Schopenhauer gibt uns einen wichtigen Hinweis:

„Wer etwas Sagenswertes zu sagen hat, braucht es nicht in preziöse Ausdrücke, schwierige Phrasen und dunkle Anspielungen zu verhüllen; sondern er kann es einfach, deutlich und naiv aussprechen, und dabei sicher sein, dass es seine Wirkung nicht verfehlen wird."

Daraus können wir für unsere aphasisch Betroffenen einen Kernsatz ableiten:

„Um Sagenswertes auszudrücken, nimm alles zur Hilfe, was dir möglich ist, dich verständlich zu machen."

4.3.2 Gemachte Erfahrungen mit Lernprogrammen und spezielle Empfehlungen von den Co-Autor*innen

Mit der Frage 29 haben wir die Co-Autor*innen gebeten niederzuschreiben, welche Erfahrungen sie bisher mit Übungsprogrammen aus dem Internet gesammelt haben. Hier die Antworten:

Jörg Bin.: *„Ich habe mit dem Programm IST von Fa. NC SYS über Monate geübt. Damit habe ich folgendes gelernt: Wortschatz erweitert, Worterkennung. Dieses Programm benote ich mit „1"* (Schulnoten 1 bis 5). *Ein anderes empfehlenswertes Programm ist „Logovid". Damit habe ich gelernt Sprechen & Lesen. Dieses Programm benote ich mit „1"* (Schulnoten 1 bis 5).*"*

Beate Blöchl-Traxler: *„Ich habe mit dem Programm „PABLO" von Fa. LIFETOOL (Österreich) über einen Zeitraum von ca.14 Monaten geübt. Damit habe ich folgendes gelernt: Farben, Zahlen, Uhr. Dieses Programm benote ich mit „2"* (Schulnoten 1 bis 5). *Ein anderes empfehlenswertes Programm ist „SHOW ME" von LIFE TOOL; damit habe ich folgendes gelernt: Erkennen / Benennen von Dingen. Dieses Programm benote ich mit „2"* (Schulnoten 1 bis 5).*"*

Beate Deyk: *„Ich habe mit dem Programm „tactus" von der „tactus" über einen Zeitraum von ca.1 – 2 Jahre geübt. (therapy – language therapy) Damit habe ich folgendes gelernt: Lesen / Schreiben / Wortfindung / Nachsprechen. Dieses Programm benote ich mit „1"* (Schulnoten 1 bis 5). *Ein anderes empfehlenswertes Programm ist „Appsistance", „Schlaukopf", App für Schüler; damit habe ich folgendes gelernt: Wortfindung (eher für Schüler). Dieses Programm bewerte ich mit „3"* (Schulnoten 1-5). *Darüber hinaus empfehle ich: Nachrichten Leicht Lesen und Hören („1")."*

Marc Jöh.: *„Ich habe mit dem Programm NCSyS über einen Zeitraum von ca. 7 Wochen geübt. Damit habe ich folgendes gelernt: Lesen, Assoziationen, Sprachübungen. Dieses Programm benote ich mit „2" (Schulnoten 1 bis 5). Ein anderes empfehlenswertes Programm ist*

„Neolexon". Damit habe ich folgendes gelernt: Sätze bilden, Bild zu Wort. Dieses Programm benote ich mit „2" (Schulnoten 1 bis 5)."

Karin Lauz.: *„Ich habe mit dem Programm „Sprache" von der Fa. In Würzburg jeden Tag geübt. Damit habe ich folgendes gelernt: Wörter finden, Sätze bilden, Zahlen erkennen.*

Dieses Programm benote ich mit „1" (Schulnoten 1 bis 5)."

Anna Orthofer-Tihanyi: *„Ich habe mit dem Programm von Firma „Freshminder" geübt. Zum Beispiel: „Wortanfang", „Zahlenkette" - seit 5 Jahren; damit habe ich folgendes gelernt: Schreiben und Lesen; dieses Programm benote ich mit „1"* (Schulnoten 1-5).

Ein anderes empfehlenswertes Programm ist „Anton", dieses Programm ist sehr gut.

Meine Liste der bearbeiteten Programme:	*Note*
Freshminder „Wortanfang" und „ZahlenKette"	*„1"*
Lernkarten Anatomie	*„3"*
4 Bilder	*„2"*
Anton	*„1"*
Aloud	*„3"*
Wordalot	*„3"*
T-RAPPY	*„2"*
Neuronation	*„3"*
Tier-Quiz	*,„2"*

Stefan Raab: *„Ich habe anfangs mit den „Logovids-Artikulationen" geübt. Das hat mir gut geholfen. Später habe ich auch mit „neolexon" geübt; nach einer Zeit fand ich es aber langweilig. Die „LogoMedien ‚Selber besser sprechen' " haben bei mir bis jetzt leider nicht funktioniert. Das habe ich in Lindlar gemacht und das fand ich gut."*

Andrea R.: *„Mit „Anton" übe ich jetzt seit ca. 2 Jahren, mit „Sofatutor" ca. 7 Monate.* Was hat sich verbessert ? *Das Schreibverständnis hat gebessert. Damit habe ich folgendes gelernt: Sprache hören und Texte abschreiben. Ich gebe dem Programm die Note „2"* (Schulnoten 1-5)."

Christina Schümann: *„Ich habe mit dem Programm „Fresh-Minder" über einen Zeitraum von ca. 24 Monaten (gelegentlich) geübt. Damit habe ich folgendes gelernt: Wörter und Dinge zu merken und wiederzugeben. Dieses Programm benote ich mit „2"* (Schulnoten 1 bis 5)."

Eric Sellier: *„Ich habe mit dem Programm „Neolexon" über viele Monate geübt. Dieses Programm benote ich mit „1" (Schulnoten 1 bis 5). Ein anderes Programm ist „Lingo Talk"; dieses Programm benote ich mit „4"* (Schulnoten 1 bis 5)."

Ralph Simon: „Ich habe mit dem Programm „Neolexon" über mehrere Monaten geübt. Damit habe ich folgendes gelernt: Sinnverständnis. Dieses Programm benote ich mit „2" (Schulnoten 1 bis 5)."

Thomas Stützle: *„Im Deutschen habe ich bisher das „neolexon" ausprobiert. Dabei fand ich das Programm ziemlich gut, auch wenn ich es nicht richtig ausgetestet habe (Schulnote 1). Mit den Sprachen habe ich vor allem viel mit „duolingo" gemacht, und das vor allem in dem letzten halben Jahr. Dadurch ist auch mein Sprachenschatz nochmal deutlich gestiegen. Allerdings, bin zu Ende mit Englisch angekommen und ich mache damit 20 bis 30 Minuten am Tag zur Auffrischung. Ich bin jetzt auch auf Spanisch (soweit einfach) und wieder auf Französisch (schwer) gekommen. Französisch ist wieder da; ich es schon einmal vor ca. 2 Jahren gemacht hatte wegen der Logopädin auf Französisch. (Schulnote 3)."*

Dr. Horst W.: *„Ich habe mit dem Programm „Language" von Fa. TactusTherapy ca. 6 Monate geübt. Damit habe ich folgendes gelernt: Sätze lesen und verstehen. Dieses Programm benote ich mit „2"* (Schulnoten 1 bis 5). *Ein anderes empfehlenswertes Programm ist „Aphasiaware" aus dem Programm „IST" von NC Sys. Damit habe ich Lesen gelernt."*

5.0 Projektion eines Therapieverlaufs bei Aphasie durch Schlaganfall / Hirnschaden / SHT (Schädelhirntrauma)

5.1 Sprachtherapie in der Frühphase

Remissionsprozesse in motorischen, psychisch-kognitiven und sprachlichen Bereichen verlaufen individuell unterschiedlich intensiv und schnell.

Mit Beginn und während der Frührehabilitation sollte bei Sprachverlust eine intensive Aphasie-Therapie (mit ganz viel In-Puts) durchgeführt werden, weil gerade jetzt in der Spontanremissions-Phase (ca. 6 - 12 Monate nach dem Schlaganfall) das Gehirn aktiv ist in Richtung Orientierung und Absicherung.

Wir gehen von vorhandenen Rehabilitationspotenzialen aus und suchen Sprachstimuli, die sprachliche Ressourcen triggern.

Sprachliche Ressourcen sind z.B. sogenannte „Rest-Fähigkeiten", die aktiviert werden und so rehabilitativ bzw. restitutiv genutzt werden können.

Gefährlich ist es, wenn die Sprachstörung nicht auf den ersten Blick erkannt wird oder wenn der Name einer Diagnose (z.B. ‚Global-Aphasie') falsch verstanden wird wie im Fall von Frau Karin Ot., Kapitel 6.10) oder wenn fachlich nicht sinnvoll behandelt wird.

Körperlich-motorische Einschränkungen wie Halbseitenlähmungen bei Rollstuhlfahrer*innen stechen den Außenstehenden sofort ins Auge. Das führt verständlicherweise auch dazu, dass Physiotherapie und Ergotherapie sofort eingeleitet werden. Die Devise „Raus aus dem Rollstuhl !" beschreibt das Ziel.

Was dagegen nicht sofort ins Auge fällt ist der Sprachverlust. Der bleibt zuerst meist „still", weil die aphasisch Betroffenen oft schweigen und sich neu orientieren müssen. Denn die aphasisch Betroffenen sind anfangs meist völlig irritiert, weil sie plötzlich ihr aktuelles Sein radikal anders wahrnehmen als vor dem Schlaganfall.

Probleme mit dem Verstehen, Probleme mit dem Sprechen, Probleme mit der Schrift beim Lesen wie beim Schreiben, Probleme mit dem „neuen" sprachlichen Umgang mit ihren Angehörigen und Freund*innen bestimmen ihr neues Wahrnehmen und Erleben.

Während die einen (glücklichen) Schlaganfallpatient*innen in der Remissionsphase erfreulich schnell ihre sprachlichen Fähigkeiten wieder bekommen, erleben das andere nicht.

Diejenigen Betroffenen, die während der Spontanremissions-Phase und danach in der sogenannten chronischen Phase ab ca. 12 Monaten noch massive sprachliche Auffälligkeiten aufweisen, bedürfen generell besonderer, gezielter und intensiver Sprachtherapie.

5.2 Intensive Aphasie-Therapie

Besonders gute Therapiebedingungen für Aphasie-Patient*innen bieten sich in therapeutischen Einrichtungen, die Expertise in intensiver Aphasie-Therapie vorweisen. Sie sollten über viel Erfahrung aus vielen Intensivtherapie-Fällen verfügen.

Als ehemaliger CEO des Logopädisch-interdisziplinären Zentrums für Intensive Sprachtherapie (LogoZentrum Lindlar) spreche ich heute über Therapie-Erfahrungen, die wir in vielen tausend durchgeführten Intensiv-Sprachtherapien gewinnen konnten.

Das Therapieformat Lindlar mit seinen mehrwöchigen Intensivblocks, kombiniert mit ambulanter Sprachtherapie zu Hause, stellt seit über 30 Jahren eines der effektivsten und effizientesten Sprachtherapieformate dar.

Aufgrund der höheren quantitativen und didaktisch-methodischen Intensität führt es gegenüber der ambulanten Therapie vor Ort zu erheblich gesteigerter Therapie-Effizienz.

Das birgt für aphasisch Betroffene die berechtigte Hoffnung, nach einigen Jahren der intensiven Restitutions-Arbeit ein privat und beruflich beachtliches, wenn nicht sogar ein alltagstaugliches Sprachhandeln zu erreichen. Das ist dann der Türöffner für die Rückkehr in das berufliche Leben.

Wissenschaftlich belegt ist, dass der größte Wirkfaktor für Effizienz in der Aphasie-Therapie die Intensität ist. D.h., eine hohe Therapiefrequenz in der Aphasie-Therapie ist entscheidend für ihre Effektivität (vgl. Pulvermüller und Mitarbeiter 2001; Grötzbach 2004).

Jüngere Studien bestätigen die Auffassungen, dass „massiertes Üben" bei motorischen Beeinträchtigungen sehr wirkungsvoll ist (vgl. „Constraint-Induced Movement Therapy" von Taub (1999). (CIMT *Zwangs-induzierte Bewegungstherapie).*

Nach dieser Veröffentlichung von Taub wurden Studien mit massierten Übungen bei aphasischen Sprachstörungen durchgeführt. Auch hier erwies sich ‚massiertes Üben' als ein leistungssteigerndes didaktisch-methodisches Gestaltungsinstrument.

Das zeigen u.a. die Therapieerfolge durch die Anwendung der „Constraint-Induced Aphasia Therapy" (CIAT *Zwangs-induzierte Aphasie-Therapie; intensive, penetrierende Wiederholung bestimmter Sprachhandlungen)* (Meinzer 2004; Pulvermüller et al. 2001; Breunig,V., Kaiser,M., Krüger, St., Müller, M., Schramm, A.; Werner, R. (Lindlar 2007)), die bei uns in Lindlar bereits seit 2007 zum klinischen Therapiealltag gehört (Breunig,V., Krüger, St., Werner, R. (2009)).

Die positive Wirkung von Intensität beschreiben auch Schomacher et al. (2005) in ihrer Studie zur Evaluation des Trainingsansatzes des intensiven repetitiven Benenntrainings (siehe auch Breitenstein / Baumgärtner 2003) bei flüssigen und nicht-flüssigen aphasischen Patient*innen.

Auch bei chronisch aphasischen Menschen gilt zurzeit eine starke Lern- und Arbeitsintensität als die deutlich wirkungsvollste didaktisch-methodische Therapie-Dosis, mit der aphasisch Betroffene ihr sprachliches Handeln innerhalb überschaubarer Zeiträume deutlich verbessern können.

Allen aphasisch Betroffenen, die sich bereits einige Jahre nach dem Schlaganfall befinden, sage ich, dass es auch jetzt Sinn macht, sich an die Erarbeitung von neuen Sprach- und Sprechhandlungen heranzumachen. Denn auch Ihr Gehirn ist heute plastisch und lernfähig

Wir haben bei zahlreichen aphasischen Patient*innen feststellen können, dass sie trotz langer Zeit mit Aphasie über konzentriertes Lernen ihre Sprachfähigkeiten deutlich verbessern können.

Im Laufe der Jahrzehnte entwickelte sich in Lindlar das Format der ***‚Intervall-Sprachtherapie'.***

Dabei kommen die Patient*innen, die sich für eine weitreichende und langfristige Restituierung ihrer Sprache entschieden haben, in wiederholten Wechseln von ambulanter Therapiephase und Intensiv-Therapiephasen. Sie profitieren dadurch sehr. Die Co-Autor*innen, die das ‚Intervall-Therapieprogramm' in ihrer rehabilitativen Entwicklung als besonders wertvoll erleben, spüren während eines jeden Intensiv-Intervalls ‚Entwicklungsschübe'.

Deshalb nehmen besonders restitutionsmotivierte Patient*innen die Gelegenheit wahr, ein- bis dreimal im Jahr anberaumte Intensiv-Therapieaufenthalte zu nutzen.

Wir können nachvollziehen, dass durch diese oftmaligen und mehrwöchigen Therapie-Blöcke über Jahre hinweg ganz andere Restitutions-Ergebnisse erreicht werden gegenüber der ambulanten Form.

Besonders jüngere Patient*innen profitieren existentiell von diesem Intervall-Intensiv-Format. Sie haben dabei die Chance, längerfristige Sprachaufbau-Programme zu entwickeln, um über diesen Weg wieder zu einer weitgehend selbstständigen, kommunikativen Teilhabe am sprachlichen Leben im Privaten und im Beruflichen zu kommen.

Eins meiner persönlich eindrucksvollsten Erlebnisse als Aphasie-Therapeut war die Begegnung mit einem 40jährigen promovierten, aphasisch betroffenen Personalberater. Er kam 8mal zu 3-wöchigen Therapie-Blöcken über 3 Jahre hinweg. Auch er nahm an meinen Aphasie-Gruppen teil und verriet mir, dass er zu Hause zusätzlich zur heimischen wöchentlich 4-maligen ambulanten Therapie täglich mindestens eine halbe Stunde lang wechselweise mit jeweils einem Logovid® übt.

Als er uns mitteilte, dass er nicht mehr nach Lindlar kommen würde, weil er es nun alleine weiter schaffen könne, schlugen zwei Herzen in meiner Brust: Ich fühlte einerseits schon ein gewisses Bedauern, auf einen so motivierten Patienten nun verzichten zu müssen, andererseits erfüllte mich das Arbeitsergebnis mit großer Genugtuung, weil wir seine Therapie in Lindlar tatsächlich erfolgreich abschließen konnten.

Der paradigmatische Kern einer jeden effizienten Arbeit ist die Generierung von (Neu-) Motivation zum (Neu-) Umgang mit ‚neu' gelernten Sprachhandlungen und zur Gewinnung von persönlicher Zufriedenheit.

Neben dem quantitativ anspruchsvollen Therapie-Angebot steigert die große Dichte interdisziplinär-integrativer Zusammenarbeit mit Ergotherapie, Physiotherapie und Neuro-Psychologie die restituierende Entwicklungs-Wirkung. Hinzu kommen wichtige

Anregungen zum Selbstlernen in der therapiefreien Zeit und zum Üben zu Hause.

Die Logopädinnen halten die Attraktivität der vielseitigen Therapieinhalte und -verfahren für ihre Patient*innen durch Anpassungen an den jeweils erreichten Sprachstatus aufrecht.

Familienmitglieder können ihre aphasischen Angehörigen in den Therapien begleiten, sich informieren und fachliche sowie praktische Anregungen zum Umgang mit der aphasisch betroffenen Person erhalten.

Das dient einerseits dem Aufbau von Transparenz in der Therapie. Andererseits eröffnen sich so cotherapeutische Möglichkeiten in Form von ‚Üben' auch zu Hause. Die können parallel zur heimischen Therapie zum Lernfortschritt und Lernerfolg beitragen oder die Angehörigen nutzen die Zeit, um „sich selbst wieder aufzubauen."

5.3 Ambulante Therapie

Wenn die aphasischen Patient*innen nach der Intensiv-Phase wieder zurück in ihre heimische ambulante Logopädie gehen, dann wird die Sprachtherapie in nicht-intensiver Form (mit üblicherweise 1 – 3 Sitzungen pro Woche) weitergeführt.

Die weiterführende Therapie sichert das bisher Erlernte. Darüber hinaus erweitert die Logopädin durch ihre sprachsystematisch aufgebaute Sprach-Therapie das sprachliche Fähigkeits-Profil ihrer aphasischen Patient*innen.

Damit kein Stillstand in der allgemeinen therapeutischen Entwicklung eintritt empfehlen wir, das in der Therapie-Sitzung Gelernte möglichst unmittelbar nach der ambulanten Therapiesitzung konsequent übungsweise so oft zu wiederholen, bis das neu Gelernte „sitzt".

Ungut ist das Phänomen ‚schnelles Vergessen' dessen, was neu gelernt wurde. Ja, alle aphasisch betroffenen Personen beklagen, dass sie schnell das wieder vergessen, was sie vorher mit enormer Mühe erarbeitet haben.

Damit die Vergessens-Quote minimal bleibt, empfehlen wir zusätzlich zur ambulanten Sprachtherapie zu Hause selbstständig ein eigenes Übungs-Programm aufzustellen.

Die Logopädin wird Ihnen dazu sachdienliche Hinweise und Hilfestellungen geben können.

6 Aphasie aus dem „Innern" - Betroffene erzählen ihre Geschichte

6.1 Bericht von Frau Anke S. (13.10.2021)

Betreff: Buch-Projekt „Wege aus dem (aphasischen) Schweigen"

Sehr geehrter Herr Dr. Middeldorf,

danke, dass Sie dieses Projekt in Angriff nehmen und uns Betroffene mit einbeziehen. Für mich boten diese Fragen eine erneute und gute Möglichkeit der Selbstreflektion und es gab viele emotionale Momente. Ich bin sehr gespannt auf dieses Buch und würde mich freuen, wenn Sie mir Bescheid geben, sobald es veröffentlicht wird.

Gutes Gelingen sowie genügend Motivation und Kraft für Ihr Projekt und behalten Sie Ihr Engagement für diese wichtige Arbeit bei.

Ich wünsche Ihnen alles Gute, bleiben Sie gesund. Anke S.

Die Ausführungen von Anke S.:

Mein Name ist Anke S., ich bin 60 Jahre alt und habe seit etwa 16 Jahren und 2 Monaten Aphasie und somit Probleme mich sprachlich in meiner Umwelt zurechtzufinden. Das heißt, ich war 44 Jahre jung, als ich einen Schlaganfall erlitt. Zu diesem Zeitpunkt war ich verheiratet und hatte bereits zwei Söhne (18 & 16), ich arbeitete als Verwaltungsfachangestellte auf der Gemeinde. Inzwischen bin ich schon Oma.

Seit Oktober 2005 erhalte ich ambulant Sprachtherapie und war von 2006-2011 jährlich einmal im Logozentrum Lindlar.

Habe ich das Gefühl, aus dem Schweigen herausgekommen zu sein ? Ich stecke immer noch drin fest, bin nur in bestimmten Situationen ein wenig rausgekommen. Hierbei halfen und helfen mir meine Enkeltochter, die wöchentliche Sprachtherapie, Urlaube mit meinem Mann sowie unseren Freunden und zu Beginn auch die Aufenthalte in Lindlar – diese aber später weniger.

Was habe ich aus eigener Initiative dazu beigetragen? Meine Therapiepausen vorzeitig beendet, ich arbeitete ehrenamtlich in der Kirche mit und betreue meine Enkeltochter ein- bis zweimal in der Woche.

Zudem versuche ich meinen Sprachverlust nicht zu offensichtlich werden zu lassen, indem ich öfter zur Schriftsprache greife (z.B. WhatsApp-Nachrichten oder einzelne Wörter aufschreiben, die ich nicht aussprechen kann) und ich erstelle Fotobücher. Und gerade das Schreiben ist für mich sehr wichtig, um im Leben zurechtzukommen. Hilfreich waren und sind mir die Sprachtherapie (2-3x wöchentlich), Spiele wie „Tabu“ und „Scrabble“ sowie die Anwendung bzw. das Erinnern an TAKTKIN.

Sicherlich ist regelmäßiges leises Zeitungslesen eine Hilfe beim Lernen von Sprachverständnis und der Merkspanne. Dies gelingt mir aber nicht immer. (Bei längeren Texten, fällt es mir schwer, den Zusammenhang zu behalten bzw. zu verstehen.)

Es gibt allerdings keine Regeln oder Grundsätze für meinen Tagesablauf oder Treffen und Gespräche mit anderen Menschen (wie Freunde und Nachbarn). Allerdings telefoniere ich NUR mit bekannten „Nummern“ bzw. Anrufern.

Mein bisher schlimmstes Erlebnis im Laufe meiner Erkrankung war im Krankenhaus direkt nach dem Schlaganfall gewesen: Zuerst war da der Schock und die Panik, als ich von zuhause mit der Trage im Krankenwagen abgeholt worden bin. Dann war im Krankenhaus selber alles so LAUT und dennoch konnte ich NICHTS VERSTEHEN und auch NICHTS SPRECHEN. Sowie NICHTS ZUORDNEN. Meine rechte Seite war komplett gelähmt – Gott sei Dank löste sich diese Lähmung nach ein bis zwei Tagen wieder auf. Mein erster Gedanke und gleichzeitig mein erstes Wort war einfach nur „SCHEIßE" und ich war total verunsichert, was meine Zukunft betraf. Was sollte ich nun tun? Was kann ich tun?

Meine Eltern waren mir zu dieser Zeit auch eine sehr große Stütze. Sie haben mich z.B. immer zu den Therapien und Ärzten gefahren und für mich eingekauft, als ich noch nicht selber fahren konnte.

Meine schönsten Erlebnisse hingegen waren unsere Silberhochzeit und in dem Jahr als ich 50 wurde der Erhalt meiner Erwerbsunfähigkeitsrente, die Geburt meiner Enkeltochter sowie der Umzug in unser neues Haus. Zudem genieße ich die Zeiten mit meinem Enkelkind sehr!

Aktuell fühle ich mich mit meiner Sprachstörung weiterhin noch unsicher und es schmerzt mich – vor allem wenn ich reden soll oder möchte. Da hilft mir auch nicht immer das Schreiben weiter. Jeder Tag ist ein Kampf mit meiner fehlenden Sprache und dem, was ich eigentlich ausdrücken möchte. Es ist unangenehm, wenn es (für mich zu) laut ist und viele gleichzeitig reden. Dann schalte ich ab, - weil ich zudem ansonsten auch noch schneller Kopfschmerzen kriege. Ich werde eigentlich immer wütend, bin verzweifelt oder traurig, wenn ich etwas sagen will und die anderen mich nicht verstehen, oder wenn ich mal wieder telefoniere und ich mich der Person am anderen Ende der Leitung nicht mitteilen kann. Dann muss ich auf meinen Mann warten, bis er das für mich erledigen kann. Ich fühle mich dann einfach nur traurig.

Halt geben mir da meine alten Freundschaften, die Gott sei Dank weiterhin bestehen.

Ich kann zwar meine Aphasie nie ganz vergessen oder ausblenden, aber es fällt mir leichter damit zu leben, wenn ich meine Familie um mich habe. Ich erfreue mich an Urlaubsreisen und Geburtstagen und erlebe meine eigenen Erfolge daheim bei der Gartenarbeit.

Drängen sich mir noch weitere Fragen für mein Leben auf? Ich weiß es nicht. Auch weil ich nicht darüber nachdenken möchte. Aber ich fühle besonders starke Trauer, wenn jemand Bekanntes stirbt, ich bin wütend und frustriert, wenn meine Sprache nicht so richtig funktioniert, fühle mich verzweifelt, wenn ich etwas machen will und es geht nicht aufgrund meiner Sprachprobleme und ich habe Angst, wenn ich daran denke, dass mein Mann stirbt und ich allein bleibe.

Sind diese negativen Gefühle absehbar, trifft es mich weniger stark. Sie verlieren sich nahezu gänzlich, wenn meine Enkeltochter es wieder schafft mich abzulenken.

Wie sehe ich meine Sprachtherapie? Ich habe weiterhin das Ziel, besser reden zu können und erwarte, dass die Therapie mir dabei hilft. Dazu würde ich gerne regelmäßig 3x die Woche und ohne Pausen die Logopädie in Anspruch nehmen. Generell habe ich große Hoffnungen in die Sprachtherapie, auch weil ich bisher gute Erfahrungen gemacht habe und mit den Therapeuten zufrieden bin. Dabei haben wir festgestellt, dass Pausen eher zu Rückschritten führen. Und meine Therapeuten haben sich hierzu auch von mir korrigieren lassen. Für mich zeigte und zeigt sich der Therapieerfolg darin, dass ich im Vergleich zum Beginn meiner Erkrankung Sprache schon deutlich besser verstehen kann, sowohl einzelne Wörter, als auch ganze Sätze und dies in mündlicher sowie in schriftlicher Form.

Erfolg ist es auch, wenn ich durch die ständigen Wiederholungen das Erlernte besser behalten und wiedergeben kann. Zudem ist es mir wichtig, dass ich meine Gedanken, Bedürfnisse und Erlebnisse mündlich mitteilen kann.

Für diese Erfolge wäre es aus meiner Sicht sicherlich fördernd, wenn die Therapie nicht nur in der Regel zweimal die Woche stattfindet, sondern dreimal pro Woche regelmäßig durchgeführt werden könnte.

Öftere Behandlungseinheiten wären für mich eher kontraproduktiv, da ich auch andere Termine habe, meine Freizeit nicht gänzlich verplanen möchte und mich nicht von meiner Sprachstörung und somit der notwendigen Therapie noch weiter einschränken lassen möchte. Für maximal 2 Wochen wäre eine Intensivtherapie von 5-10x die Woche aber noch okay.

Für meine Übungen ist es sicherlich gut, dass meine Therapeuten mich anleiten und manchmal auch alltagsnahe Tipps geben. Denn nicht immer weiß ich, wie ich üben soll, da ich auch nicht so gut laut und leise lesen kann. Hier fehlt mir die Kontrolle bzw. die Eigenwahrnehmung.

Eigenübungen sind sinnvoll, weil sie trainieren und notwendig, damit es haften bleibt.

Ich halte sie nicht für überflüssig, weil es ansonsten schlechter werden würde oder stagniere (siehe meine Meinung und meine Erfahrungen zu Therapiepausen). Die meisten „Hausaufgaben" erachte ich auch nicht für zu schwierig, da sie auf mich abgestimmt sind. Meistens sieht es bei mir eher so aus, dass mir die Motivation zu den Übungen fehlt und ich diese nur sporadisch, wenn ich Lust habe, durchführe.

Durch die Aphasie bin ich eher etwas antriebslos geworden.

Ebenso ist es demotivierend für mich, dass ich vieles, was ich üben soll schnell wieder vergesse. Das ist ein Teufelskreislauf für mich, weil ich zum besseren Verinnerlichen mehr Wiederholungen benötige, aber ich nicht motiviert bin, weil es so lange dauert.

Und ich schaffe es einfach nicht alleine, weil ich niemanden daheim habe, der mich motiviert und meine Übungen direkt kontrolliert. Die Vorschläge, laut zu sprechen sind sicherlich nicht verkehrt, aber wenn man alleine ist, wäre vielleicht noch eine Audioaufnahme der eigenen Sprache hilfreich. Auf der anderen Seite gestaltet sich dieses laute Sprechen schwieriger, wenn man, wie ich, zusätzlich noch mit einer Sprechapraxie zu kämpfen hat (Red.: Sprechapraxie = Das Sprech- bzw. Artikulations-Programm ist ‚gelöscht').

Gut finde ich Übungen, bei denen ich weiß, dass ich sie alleine schaffen und ich diese auch spielerisch – z.B. mit meiner Enkeltochter – machen kann.

Übungen mit Lernprogrammen aus dem Internet habe ich keine – aber es wäre sicherlich mal einen Versuch wert. Neues Zwischenziel für die Sprachtherapie ;-) Meine bisherigen zu empfehlenden Übungsinhalte wären, daheim es zu schaffen täglich etwa 15 Minuten zu üben. Hierzu sind meine Vorschläge bzw. Empfehlungen:

- Arbeitsblätter - auf individuellem Niveau – ausfüllen

-Scrabble und Tabu (und ähnliche Spiele)

VIEL REDEN !

Vielen Dank für die Möglichkeit, mich selber und meine Sprachtherapie bei der Mithilfe an diesem Buch noch einmal zu reflektieren. Es war interessant, hat mir neue Impulse und Motivation gegeben.

Ich wünsche allen Betroffenen und allen Angehörigen Motivation und Ausdauer, um mit dieser Störung durchs Leben zu gehen, immer wieder (kleine) Fortschritte und Erfolgserlebnisse, Freude am Lernen sowie mit der Familie und guten Freunden. Und Sprachtherapie, die einen unterstützt.

ALLES GUTE

Anke S.

P.S.: Diesen Fragebogen habe ich zusammen mit meiner Sprachtherapeutin erarbeitet, und sie hat ihn für mich getippt.

6.2 Bericht von Herrn N.S. – handschriftliche Antworten auf die 30 Interview-Fragen

Mein Name ist N.S., ich habe die Aphasie seit 3 Jahren. Ich bin 64 Jahre alt und verheiratet. Bis zu meinem Schlaganfall war ich als Diplom-Ingenieur beruflich tätig.

Ich habe das Gefühl, dass ich bisher gut aus dem Schweigen herausgekommen bin. Was mir bisher am meisten dazu geholfen hat waren und sind die Arbeit mit meiner Logopädin sowie die Übungen; Freunde oder Bekannte zu treffen; später auch zu telefonieren; Texte laut lesen, Zeitung lesen. Einkaufen gehen und mit den Verkäufern zu sprechen, um etwas Bestimmtes zu finden. "Nachrichtenleicht" (Deutschlandfunk) laut lesen und auf den Rechner speichern. Anschließend nochmal anhören mit einer zweiten Person, ob ich Fehler gemacht habe.

Aus eigener Initiative habe ich mich getraut, obwohl man sich sicherlich nach dem Verlust der Sprache nicht aus dem Haus traut. Man spricht nur mit seiner Frau / Familie und trifft sich nur mit seinen Verwandten und guten Freunden.

Mir ist einiges klar geworden, ganz besonders habe ich mich mehr mit meinen Gefühlen beschäftigt.

Mir ist bewusst geworden, dass ich seit meinen Schlaganfällen nicht mehr so belastbar bin und oft sehr empfindlich reagiere.

lch würde mir mehr Kontakt zu Menschen wünschen, die die gleichen Sprachprobleme wie ich haben.

In Amberg gibt es eine Selbsthilfegruppe ‚Aphasie und Schlaganfall'; die meisten von ihnen können aber sehr gut sprechen. Wichtiger wäre für mich mit Menschen zusammen zu kommen, die mehr Schwierigkeiten mit dem Sprechen haben. lch werde im lnternet und in meiner Umgebung nach solchen Gruppen suchen. Vielleicht, aber ich weiß nicht, was mich dabei erwartet.

Aber ich hatte das Verlangen, selbständiger zu werden und mehr am Leben teilzunehmen. Beim selbständigen Einkaufen im Supermarkt hatte ich Angst davor, dass ich mich nicht ausdrücken kann. Es war ein gutes Gefühl, als mir das gelang! Beim Einkaufen von technischen und kommerziellen Produkten wird es schon schwieriger; dann sage ich dem Verkäufer, dass ich Schwierigkeiten beim Sprechen habe; das nimmt den Druck weg.

In letzter Zeit konnte ich manche Erfolge erzielen. Das motiviert!

Fazit: Nach dem Schlaganfall konnte ich kein Wort sprechen (Juni 2018). In den zwei Jahren (bis April 2020) konnte ich mich mehr oder minder verständlich machen. lm April 2020 kam dann ein weiterer Schlaganfall hinzu; ich konnte wieder kein Wort sprechen, aber körperlich ging es mir gut. Die Sprache hat sich innerhalb eines Jahres danach wieder gefestigt und ich hatte den Stand wie vorher. Lautes Lesen hat mir am besten geholfen.

Ja, die Aphasie belastet mein Leben sehr. Die täglichen Dinge kann ich zurzeit bewältigen! Texte schreiben auf meinem PC ist schwierig; auf einem Blatt handschriftlich, ist leichter.

Für eine email brauche ich 3mal so lange wie früher. Ein Schreiben lasse ich von anderen Menschen nochmal auf Fehler kontrollieren; beim Schreiben vergesse ich immer Wörter. Wenn ich den Text nochmal lese, fällt das auf und ich kann es korrigieren.

Sport ist wichtig für mich! Da treffe ich mich mit Freunden, mit denen ich mich unterhalten kann. Noch kann ich wandern und joggen, Fahrrad fahren und Tischtennis spielen.

Für's Skifahren habe ich nichts mehr trainiert. Arbeitskollegen kommen zu Besuch und informieren mich über aktuelle Situationen. Ich versuche, am Leben teilzunehmen! Corona war ein Rückschritt !

Grundsätzlich meine ich, dass lautes Lesen und das am PC Aufzeichnen und anschließend nochmal Anhören sei unumgänglich. Wenn ich ein Wort nicht aussprechen kann, dann schreibe ich es auf. Wenn ich mich nicht mehr konzentrieren kann, dann mache ich eine Pause.

Mein Tagesablauf ist immer ähnlich. Frühstücken, Zeitung lesen, gelegentlich vormittags einkaufen, manchmal nachmittags. Sport machen oder Freunde treffen. Termine und Treffen versuche ich überwiegend wie vor dem Schlaganfall beizubehalten: Treffen in der Stadt, Stammtisch, Schafkopf spielen, Essen gehen, Wanderungen und Fahrradtouren machen, ..., Freunde, die ich gerne mag, zu treffen und mich mit ihnen auszutauschen; viel mit meinen Schwestern telefonieren; leider wohnen wir weit auseinander.

Als ich den Schlaganfall hatte konnte nicht begreifen, was mit mir geschah. Dachte immer, dass es wieder weg geht!

Mit das Schönste ist, dass meine Frau, meine Familie und meine Freunde zu mir gehalten haben. Niemand hat sich von mir zurückgezogen.

Ich wusste nicht, wie es weitergehen soll! Ich war verzweifelt und mir kamen auch Gedanken wie Suizid. Als ich den sprachlosen Zustand kennengelernt hatte, wuchs meine Hoffnung, dass es doch irgendwie weitergeht. Ich konnte mich zwar nicht ausdrücken, aber meine Gedanken aufschreiben. In dieser Zeit waren Block und Stift für mich sehr wichtig. Es kamen auch viele Zusprüche von vielen Menschen.

Ich hatte verschiedene Gefühle, teils negativ, teils positiv !

Auch mit weniger Sprachfähigkeit geht es ganz gut, weil ich viele Menschen kenne. Sie wissen auch, dass meine Sprachfähigkeiten eingeschränkt sind.

Auf gleicher Augenhöhe empfinde ich mich mit anderen nicht, weil ich den Personen immer erklären muss, warum das so ist.

Mein Gehirn ist in Ordnung und ich kann denken, aber die Themen in Worte zu fassen, kann ich nicht. Ich kann nur noch schwer mitdiskutieren.

Ich habe früher oft mit mir und meinem Gehirn „gekämpft", um meine Gedanken klar und verständlich auszudrücken. Jetzt ist das besser geworden; ich kann mich schon etwas besser ausdrücken.

Mir tut es aber immer wieder weh, dass ich meine Aufgaben und Erledigungen wegen meiner eingeschränkten Sprachfähigkeit nicht geschafft habe (Frust).

Mir drängen sich einige Fragen auf. „Kann ich im weiteren Leben noch eine Verbesserung der Sprache erzielen?" „Kann ich auch alleine wichtige Gespräche führen?" „Ist ein Leben wie vor dem Schlaganfall machbar?" „Kann es zu einem neuen Schlaganfall in der nächsten Zeit kommen? Die Ärzte haben nichts bei mir gefunden."

Positive Gefühle empfinde ich, wenn das Sprechen klappt und ich in netter Gesellschaft bin ! Freude kommt dann in mir, wenn mich z. B. Freunde besuchen. Erfolgsgefühle dann, wenn mir etwas gelingt und Glücksgefühle, wenn ich einen guten und positiven Tag hatte.

Wut und Frust kommen dann auf, wenn ich ein Ziel nicht erreicht habe und wenn ich einen schlechten Tag habe und das Sprechen nicht gut klappt. Und Frust kommt hoch, wenn ich falsch verstanden worden bin.

Wut entwickle ich heute, wenn ich was falsch gemacht habe und wenn ich einen schlechten Tag habe und aus Versehen einen Mitmenschen beleidige.

Gewisse Trauer empfinde ich, weil ich mich nicht richtig ausdrücken kann. Verzweiflung und Zukunftsängste kamen in der ersten Zeit der Aphasie. Die negativen Gefühle spüre ich weniger stark, wenn ich zufrieden bin und einen guten Tag gehabt habe. Meine negativen Gefühle verlieren sich, wenn ich an was anderes denke, wenn ich Sport treibe.....

Auf einen schlechten Tag folgt immer ein guter Tag, bilde ich mir ein.

In der Sprachtherapie heute müsste dringend etwas geändert werden. Es fehlen Sprachtherapeuten ! Die Termine bei einem Logopäden in der Akutphase zu bekommen, ist äußerst schwer. Wartezeiten von 2 - 3 Monaten sind üblich!

Sprachtherapie 1 - 2mal in der Woche ist am Anfang einfach zu wenig. Ich habe bisher gute Erfahrungen mit der Sprachtherapie gemacht. Ich setze große Hoffnung in die Therapie. Nur - ich hätte früher in der Anfangszeit mehr Sprachtherapie bekommen sollen. Den Erfolg meiner Therapie erkenne ich daran, dass ich das Gesagte besser verstehe. Aber dazu muss es ruhig sein. Bei lautem Geräuschpegel kann ich den Gesprächen nicht immer folgen, vor allem, wenn sich mehrere Leute gleichzeitig unterhalten. Dann geht mir das zu schnell und ich muss immer nachfragen.

Erfolg spüre ich, wenn ich Sätze deutlich besser sprechen kann. Lesen und Schrift verstehen ist bereits gut.

Ich wünsche mir, dass ich das Gelernte besser behalten und wiedergeben kann. Ich will im Laufe der Zeit deutlich besser sprechen können.

Ich habe in der Regel nur 2mal pro Woche Sprachtherapie, das ist mir zu wenig. Ich würde gern 2mal pro Tag Sprachtherapie haben, aber ich bezweifle, dass ich das nicht organisiert bekäme.

Ich finde, dass man viel üben muss und dass man gezeigt und erklärt bekommt, wie man am besten üben sollte.

Ich halte Eigenübungen nicht nur für sehr sinnvoll, sondern auch für notwendig. Übungen sind nie überflüssig, weil man auch außerhalb der Logopädie-Stunden sein Gedächtnis und die Sprache trainiert. Wichtig ist das laute Lesen von Artikeln, das Speichern im Rechner, die Überprüfung durch eine andere Person, wenn nötig!

Ich übe das, was mir meine Logopädin aufgibt, meist allein, regelmäßig 4 - 5mal in der Woche; Artikel, Nachrichten leicht. Zusätzlich lese ich täglich die Tageszeitung 5mal die Woche. Ich probiere dann immer, einen kleinen Abschnitt ca. 10 Minuten laut vorzulesen. Im Großen und Ganzen bin ich nicht unglücklich.

Ich finde das Üben gut, weil ich weiß, dass ich es allein schaffen kann. Ich spüre einen Lerngewinn nach 10, 20 Übungen, aber meist doch nach längerer Zeit. Ich freue mich, wenn ich gleichzeitig Sätze höre, lese und verstehe. Man muss auch mit Rückschlägen rechnen! Die Artikel, die ich gelesen habe, gelingen mir nicht immer so gut! Ich konzentriere mich auf fehlerfreies Sprechen, aber bei einigen Sätzen gelingt mir das nicht. Mit Sprach-Programmen habe ich keine Erfahrung. Meine Übungszeit ist mindestens 30 Minuten täglich. Meine Übungsvorschläge sind:

- *Lautes Lesen von Artikeln (Nachrichten leicht);*
- *Schriftliches Aufsetzen von Sätzen zu einem Thema und anschließend laut vorlesen (Hier reichen 30 Minuten meistens nicht) und*
- *sich mit unterschiedlichen Menschen treffen und austauschen. N.S.*

6.3 Anna Orthofer-Tihanyi: Die Interview-Fragen und ihre persönlichen Ausführungen

Bemerkung: Habe die Fragen noch einmal abgeschrieben, so habe ich die Möglichkeit, die Texte vorlesen zu lassen (mit dem Tablett). Das reduziert die Fehlerhäufigkeit

Die 30 Fragen für die Co-Autor*innen des Buches: „Wege aus dem Schweigen“ und ihre Antworten:

Frage 1: Wie sind ihre Kontakt-Daten und einige biografische Daten?

1.1 *Mein Name: Orthofer-Tihanyi, Anna*

1.2 *Ich habe die Aphasie seit 12.12.2013*

1.3 *Mein Alter in Jahren: 71*

1.4 *Mein Familienstatus: Verheiratet, 5 Kinder, keine schulpflichtige Kinder*

1.5 *Profession: Physiotherapeutin*

1.6 *Im Logo Zentrum Lindlar war ich im Jahre 2020*

Frage 2: Haben Sie das Gefühl, dass Sie bisher sehr gut / gut / ein wenig / noch nicht aus dem Schweigen herausgekommen sind?

2.1 sehr gut

2.2 ein wenig
2.3 noch nicht

2.4 *Es ist schon besser, aber noch nicht genug. Schreiben und Lesen ist noch immer sehr mühsam. (Wie ein Kind in der ersten Klasse der Grundschule)*

Frage 3: Was hat Ihnen am meisten geholfen oder hilft Ihnen am meisten, aus dem „Schweigen" heraus zu kommen?

- *So viel reden wie möglich*

- *Tägliches Üben,*

- *eigene Strategien zum Üben entwickeln*

- *Therapeutinnen/Therapeuten, die den Weg zeigen, wie ich mit meiner „Kreativität" umgehen kann.*

Frage 4: Was haben Sie selber aus eigener Initiative getan, um sich aus dem Schweigen zu befreien und wieder mehr Sprache zur Verfügung zu haben?

- *Ich konnte mit Händen und Füßen kommunizieren"- Umschreibungen, wenn ein Wort blockiert war*

- *Die Achtsamkeit meiner Familie, meine Therapeuten, Hilfe, mein Mut, es immer wieder zu versuchen, auch wenn es schwierig war.*

Frage 6: Was war für Sie bisher am hilfreichsten bei Ihrem Bemühen, den Sprachverlust zu überwinden und sprachlich besser zu werden? (z.B. eine Therapie-methode, Internet u.a.)

- *Die Sprachtherapie hat meine Kontaktfähigkeit verbessert.*

- *Die Therapeuten haben die individuell notwendige Hilfe angeboten.*

- *Sie haben meine Ideen Vorschläge umgesetzt. D.h.: Sie hatten eine Lösung, wenn ich ein Problem selber nicht lösen konnte.*

- *Die Therapeuten haben mich herausgefordert, um meine Grenzen zu finden und zu überwinden. Ich habe jede Woche „Hausaufgaben bekommen, mit denen ich weiterarbeiten konnte*

- *Ich benutze das Handy z.B. das Tablet, um mir Texte vorlesen zu können (Schreiben und Lesen ist immer noch sehr schwierig), um den Inhalt sicher zu verstehen*

- *Ich nutze das Handy, um die Schwierigkeiten bei schriftlichen Aufgaben kompensieren zu können*

- *Ich benutze das Handy, um mir Wörter oder Texte selbst zu diktieren.*

- *So kann ich Texte oder Wörter korrekt aussprechen lernen und üben*

- *mit der Sprach App „Freshminder“ („Wortanfang“) habe ich sehr oft geübt.*

Frage 7: Aphasie belastet das tägliche Leben. Was war beziehungsweise ist für Sie das Wichtigste, um trotz Aphasie im Leben zurecht zu kommen?

-Die Familie, die für mich die wichtigen Aufgaben erledigt haben.

-Mein Humor, über meine Fehler zu lachen.

-Ein klares Ziel zu haben, besser zu werden.

-Das Wissen, dass das Gehirn immer weiter lernen wird, wenn man es fördert und fordert.

- Lust zu lernen.

Frage 8: Gibt es bei Ihnen so etwas wie Grundsätze, die Sie einzuhalten pflegen?

8.1. Grundsätze beim Lernen? *Ja, und zwar tägliches Üben. Disziplin ohne verbissen zu sein*

8.2. Grundsätzliches Einhalten von Regeln oder Routinen im Tageslauf? *Ich möchte spontan sein - je nach Energie, Zeit, Lust.*

8.3. Grundsätze in der Art und Weise der Kommunikation mit anderen Menschen?

Diese Frage habe ich nicht wirklich verstanden

Grundsätzlich muss man korrekt sein, höflich, fair sein. Aber grundsätzlich muss man auch Dinge ansprechen, die nicht in Ordnung sind.

Frage 9: Was war bisher ihr schlimmstes Erlebnis in der Zeit mit Aphasie?

- *Dass ich als Physiotherapeutin die Körperteile (Ellbogen, Knie...) nicht benennen konnte*
- *Dass ich bei dem AAT Token Test nicht mal die Farben benennen konnte. (Und dass ich immer noch unsicher bin, was Farben betrifft.)*
- *Die Hilflosigkeit, da ich keine Ziffern verstanden habe* (Siehe Bericht an der U-Bahn).

Frage 10: Welch schönstes Erlebnis hatten Sie bisher in der Zeit mit Aphasie?

Als ich noch in der Klinik einen Vortrag gehört habe, und alles verstanden habe. Ich konnte noch nicht sprechen, aber denken. Zwei Wochen vorher konnte ich das noch nicht, ich saß in dem Vortrag und habe kein Wort verstanden, das war sehr erschreckend.

Frage 11: Was haben Sie kurz nach dem schrecklichen Erlebnis empfunden und gedacht, wie es weitergehen würde?

- *Erstes: „Ich lebe noch"!*
- *Es war der Schock für die Familie*
- *Wer wird meine Kurse übernehmen? (Ich hatte einen Terminplan fürs ganze Neue Jahr).*
- *Wie geht's in der Praxis weiter?*

Frage 12: Welche Gedanken kamen danach, einige Wochen / einige Monate später, als Sie nun den sprachlosen Zustand kennengelernt hatten?

Als drittes kam der Gedanke, wann kann ich wieder arbeiten, wann kann ich meine Kurse wieder leiten. Dass ich das gar nicht mehr können würde, habe ich nicht erwartet. Erst dann kam die Angst, wie es weitergeht – aber auch die „Kampflust". Und die Neugierde, meine Grenzen zu sehen. Was mir sehr geholfen hat, dass ich Therapeutin bin, und weiß, dass „ein bisschen geht immer noch". Und ich bin bereit zu kämpfen. Das Gehirn kann sich erholen, erinnern, kompensieren, neu lernen …

Frage 13: Wie ist es jetzt mit der Aphasie, ohne die frühere Sprachfertigkeit, wie lebt es sich ohne sie?

13.1. Es geht auch mit weniger Sprachfähigkeit ganz gut,

weil

- *ich habe gelernt, auszuweichen, wenn ich ein Wort nicht ausdrücken kann,*
- *ich habe gelernt, Hilfe anzunehmen,*
- *Inzwischen kann ich ausdrücken, was ich zu erzählen habe.*

13.2. *Ich fühle mich nicht mehr auf so gleicher Augenhöhe mit den anderen, mein Gehirn braucht mehr Zeit, einen Gedanken festzuhalten, zu Ende gedacht haben, und auszudrücken. Bis ich das geschafft habe, sind die anderen schon weit gekommen.*

13.3. *Ich „kämpfe" jeden Tag mit mir und meinem Gehirn, um meine Gedanken klar und verständlich auszudrücken. Inzwischen kann ich mich schon recht gut ausdrücken, ich* kann auch *ausweichen, wenn ich ein Wort nicht finde oder aussprechen kann - der Wortschatz ist inzwischen gewachsen.*

13.4. *Es tut mir immer wieder weh, dass ich in Gruppen-Situationen zu langsam bin, um bei einem Gespräch mit reden zu können. Ich muss meine Gedanken vorher sortieren, danach kann ich - meistens - mitreden.*

13.5 - *Es tut mir immer weh, dass ich meinen Enkelkindern keine Geschichte vorlesen kann*

Frage 14: Welche Fragen drängen sich Ihnen heute auf, nachdem Sie einige Zeit mit der Aphasie und Ihren sozialen Folgen leben müssen?

14.1. *Werde ich wieder allein reisen können?*
14.2. *Brauche ich immer Hilfe bei den Bankgeschäften ?*
14.3 *Ich möchte so gerne wieder mal ein Buch lesen.*

Frage 15: Sie erleben wie alle Menschen positive wie negative Gefühle, wie Freude und Leid, die in ganz bestimmten Situationen auftreten.

15.1. Was erzeugt bei Ihnen positive, freudige Gefühle?

Mich bewegen zu können (Gehen, Radfahren, Autofah ren...), spontan zu sein

15.2. Wann und bei welchen Gegebenheiten/Erlebnissen kommen diese schönen Gefühle auf ?

- *Freude dann, wenn ich einen Text lesen kann. Z.B.: Bei der Taufe meines Enkel-Sohnes sollte ich eine Fürbitte vorlesen. Ich habe es geschafft. Vor einem Jahr hätte ich mich noch nicht getraut.*

- *Erfolgsgefühle dann, wenn ich ein Wort spontan schreiben kann*

- *Glücksgefühle dann, wenn ...ich diesen Fragebogen geschafft habe - denn es war eine Herausforderung für mich, alle Fragen überdacht zu haben und zu beantworten.*

Frage 16: Hatten Sie oder haben Sie heute noch negative Gefühle wie Trauer, Wut, Verzweiflung, Zukunftsängste, Frust?

- *Verzweiflung nicht, aber manchmal Traurigkeit, Ja, aber nur manchmal: Dann, wenn ich wieder abhängig bin davon, dass mir jemand etwas vorliest, was wichtig wäre.*

- *Wenn meine Gedanken schneller sind als meine Worte dann rede ich „Mist" - da hilft dann nur „stop, neu anfangen".*

- *Sonst bin ich relativ gelassen und mache mir nicht das Leben schwerer als notwendig - Es gibt immer eine Lösung.*

Frage 17: Was erzeugt bei Ihnen heute negative Gefühle wie Trauer, Wut, Zukunftsängste Verzweiflung, Frust oder Ähnliches?

In der Praxis: Wenn ich meinen Kolleginnen nicht helfen kann, ein Problem zu lösen, das ich im Kopf schon gelöst habe, es aber nicht ausdrücken kann.

Frage 18: Wann und bei welchen Gelegenheiten kommen diese negativen Gefühle auf?

-Trauer dann, wenn ich den Enkelkindern keine Geschichten vorlesen kann …

- Wut habe ich normalerweise gar nicht

- Frust immer dann, wenn …ich keine Lösung finde für ein Problem- (aber mit Geduld schaffe ich das meistens oder ich frage, wer mir hilft)

Frage 19: Wann bedrücken diese negativen Gefühle sie weniger stark und bei welcher Gelegenheit verlieren sich sogar die negativen Gefühle?

Es passiert ganz selten, ich bin zufrieden, ich lerne jeden Tag neu. Ich kämpfe nicht gegen etwas, was ich nicht verändern kann – und das, was ich verändern kann, das packe ich an.

Frage 20: Sie haben Sprachtherapie in Anspruch genommen oder nehmen Sie heute noch wahr. Wahrscheinlich schätzen Sie die Bedeutung der Sprachtherapie hoch ein. Gibt es etwas in der Sprachtherapie, was dringend verbessert werden müsste ?

- *Es sollte häufiger eine Intensivtherapie wie in Lindlar geben müssen.*
- *Es sollte viel häufiger eine „Kombi-Therapie" geben: Sprachtherapie, Physiotherapie, Ergotherapie…. Das verknüpfen der körperlichen Fähigkeiten zu fördern, ist sehr wichtig. (z.B. dem Konzept von Perfetti, …)*
- *Alternative Therapien immer wieder beobachten und ausprobieren.*

Frage 21: Wie lautet Ihr bisheriges Gesamturteil über die Wirkung Ihrer bisherigen Sprachtherapie?

21.1. Ich setze große Hoffnungen in die Therapie: (x)

21.2. Ich habe bereits gute Erfahrungen gemacht, bin mit meiner Sprachtherapie sehr zufrieden (x)

21.3. Habe bisher gute Erfolgserfahrungen gemacht (x)

Frage 22: Was meinen Sie, woran wird für Sie der Erfolg ihrer Sprachtherapie deutlich? Woran machen Sie den Erfolg ihrer Sprachtherapie fest?

22.1. Für mich zeigt sich der Erfolg der Therapie dann,

22.1.1 - Wenn ich deutlich besser Sprache verstehen kann (x)

22.1.2 - Wenn ich deutlich besser Sätze sprechen kann (x)

22.1.3 - Wenn ich deutlich besser lesen und Schrift verstehen kann (x)

22.1.4 - Wenn ich das Gelernte behalten und wiedergeben kann. (x)

22.1.5 - Wenn ich (besser) schreiben und lesen kann (x)

Frage 23: Es heißt in der Wissenschaft, die Intensität der Sprachtherapie (die Sitzungshäufigkeit pro Woche) sei mitentscheidend dafür, ob Therapie wirkt oder nicht. Hätte nach ihrer Meinung die Sprachtherapie bei ihrer örtlichen Logopädin öfter stattfinden sollen ?

23.2 *Nein, ich habe in der Regel zweimal pro Woche, das reicht mir Ich habe mich entschieden, zweimal in der Woche Sprachtherapie zu haben. Ich bekomme von meinem Therapeuten Hausaufgaben, die ich zu Hause bearbeite. Ich arbeite mehrere Stunden mit diesen Aufgaben.*

Frage 24: Wenn die Sprachtherapie 5-10 mal in der Woche, also fast 2 mal täglich stattfinden würde, würden Sie das über mehrere Wochen oder sogar Monate konsequent durchhalten, bis zu 2x täglich zur Sprachtherapie zu gehen?

24.1 *Ja, sehr gern am Anfang meine Erkrankung war es mir sehr wichtig, täglich (beziehungsweise viermal in der Woche) zur Therapie zu gehen. Als ich dann wieder angefangen habe zu arbeiten, war das nicht mehr möglich. Daher finde ich sehr wichtig, zu Hause weiter zu üben.*
Ich habe auch gemerkt, dass man zu viel machen kann. Das Gehirn braucht Zeit, um das Gelernte zu verarbeiten.

Um zur Therapie zu kommen brauche ich 1,5 Stunden (mit Fahrrad, S-Bahn, U-Bahn, zu Fuß). D.h., für eine Therapiestunde brauche ich fast drei Stunden. In dieser Zeit kann ich sehr viel üben….

- Glücklicherweise kann ich die Therapie jetzt auch von zu Hause (Video-Konferenz) machen. (Da hat mir Corona Möglichkeiten gezeigt…)

Das Konzept von Lindlar hat mir gut gefallen. Es wäre gut, jährlich dahin zu kommen. Nur meine Krankenkasse wird das nicht zahlen.

Frage 25: Viele Sprachtherapeuten empfehlen zusätzlich zur Therapie tägliches privates Üben über eine Stunde. Wie ist generell Ihre Meinung zum Üben?

25.1 *Üben, üben, üben! Üben ist notwendig, ich mache das regelmäßig.*

Dadurch, dass ich immer noch nicht gut lesen und schreiben kann, benutze ich das Tablet, das mir Texte vorliest, um meine Hausaufgaben zu erledigen.

Es ist für mich eine große Hilfe, dass meine Therapeuten die Aufgaben vorbereiten. So kann ich selbst herausfinden, mit welchen ich zum Ziel kommen.

Frage 26: Halten Sie eigene Sprachübungen ohne Hilfe für sinnvoll? Sagen Sie den anderen Betroffenen Ihre Meinung und begründen Sie bitte Ihre Aussage!

Ich halte Eigeneübungen für

26.1 sehr sinnvoll? *ja* / Nein,

26.2 sehr notwendig? ja / *Nich,*

26.3 im Grunde überflüssig? ja/*Nich,*

26.4 *Es ist notwendig, selbstständig zu üben. Die Therapeutin kann nur den Weg zeigen, Lernen muss man Selbst.*

Wenn ich alleine bin, kann ich entscheiden, was ich übe. Aber die Therapeuten haben die Richtung vorgegeben, und das hilft mir.

Jeder Mensch hat seinen eigenen Wortschatz zur Verfügung, wie man etwas ausdrückt, wie man Worte findet. Das Gehirn braucht Wiederholungen - egal, ob es körperliche oder sprachliche Fähigkeiten betrifft.

Frage 27: Führen Sie selbstständig regelmäßig Sprachübungen durch?

27.1 *täglich* / jedenTag/ .. mal in der Woche

27.5 *Ich übe am liebsten alleine.*

Frage 28: Wenn Sie üben, dann sagen Sie uns bitte, was Sie üben und wie Sie üben und welche Erfahrungen Sie mit Ihren Übungen machen.

28.1. *Ich übe das, was mir meine Logopäden aufgibt*
Was sie mir aufgibt übe ich immer / meistens

28.2 Wenn ich lesen kann, dann übe ich jeden Tag lautes Lesen

28.3 Üben macht Sinn, ich spüre, dass mir das weiterhilft

28.4 *Ganz ohne Hilfe schaffe ich das nicht. Aber ich benutze das Handy, Tablet oder Wörterbücher. Dann schaffe ich das ganz gut.*

28.5 *Ich finde das Üben gut, wenn ich weiß, dass*

28.5.1. ich es allein schaffen kann *(x)*

28.5.2. ich nach 10, 20 Übungen einen Lerngewinn spüre *(x)*

- *Manchmal früher manchmal weniger, aber auf alle Fälle hilft die Wiederholung. Die Zahl der Wiederholungen sind unterschiedlich – beim Schreiben sind viele über Wiederholung notwendig.*

28.5.3. *das Üben meine Sprachkompetenz triggert (stimuliert,*

28.5.4 *ich in jeder Übung gleichzeitig Sätze höre, lese und verstehe*

28.5.5 *Ich übe ganz oft mit dem „freshminder":*

- *Ich lese das gesuchte Wort*

- *Ich schreibe dieses Wort auf einen Zettel („zu Fuß")*

- *Ich suche die Vokale und die Umlaute, um eine Orientierung zu haben- Ich suche die Lösung, nach Möglichkeit ohne Hilfe („Tipp"). –*

Dabei benutze ich das Alphabet, um das Wort buchstabieren zu können- Wenn die Lösung gefunden habe, schreibe ich das Wort auf. Ich führe eine Liste mit der Lösungen

- *Ich diktiere das Wort*
- *Ich überprüfe, ob ich das richtige Wort geschrieben habe, (das Gerät spricht manchmal Mist, wenn ich nicht „sauber" gesprochen habe). D.h.: ich muss schreiben, lesen, sprechen und überprüfen.*

- *Ich habe das Gefühl, dass ich große Schritte gemacht habe.*
- *Auch meine Schrift verändert sich - sie schaut so ähnlich wie früher*

Frage 29: Welche Erfahrungen haben Sie bisher gesammelt im Umgang mit Sprach-Programmen im Internet für aphasisch Betroffene? Und welche Programme finden Sie gut?

29.2 *Ich habe mal mit dem einen und dem anderen Programm herumgespielt*

29.3. *Ich habe mit dem Programm von Firma „Fresh-minder" geübt. Zum Beispiel: „Wortanfang" (Siehe: 28.5.5) „Zahlenkette" - seit 5 Jahren*

29.4 Damit habe ich folgendes gelernt: Ich habe gelernt schreiben und zu lesen
29.6 Ein anderes empfehlenswertes Programm ist „Anton"

Liste der bearbeiteten Programme:

- Freshminder	*1*
-„Wortanfang" und „ZahlenKette"	*1*
- „Lernkarten Anatomie"	*3*
- „4 Bilder"	*2*
- „Anton"	*1*
- „Aloud"	*3*
- „Wordalot"	*3*
- „T-RAPPY"	*2*
- „Neuronation"	*3*
- „Tier-Quiz"	*2*

Frage 30:
30.1 Übungszeit: 2 bis 4 Unterschiedliche Aufgaben

Mein 1. Übungsvorschlag: Täglich üben, immer das gleiche wieder wiederholen. Akzeptiere, dass man Grenzen hat. Trotzdem niemals aufgeben

Mein 2. Übungsvorschlag: Nicht aufgeben, auch wenn es zäh weitergeht. Immer so viel reden wie möglich, auch wenn es schwer fällt – vor allem in Gruppen.

Ich übe normalerweise immer alleine. Es gibt keine therapeutische Gruppe. Es wäre schön - und wertvoll, mit einer Gruppe zu arbeiten. (So wie in Lindlar)

Mein 3. Übungsvorschlag: Die meisten Erwachsenen sind mit Kinderliedern aufgewachsen. Ich habe die Melodie immer noch im Kopf, aber oft nicht mehr den Text. Ich merke, dass es mir hilft, diese Kinderlieder laut mit zu singen.

30.2. Zwei Vorschläge von Middeldorf:

Lautes Sprechen: (Sprechen kann mit lautem Lesen geübt werden) (Mi.) *Mache ich gerne und oft. Laut Lesen bin ich besser konzentriert, als wenn ich leise lese.*

ENDE des Interviews mit Frau Anna Orthofer-Tihanyi

6.4 Christina Schümann:

Gruß an meine Leidensgenossinnen und – Genossen: Nach meinem ‚Untergang' habe ich nun eine hoffnungsvolle Perspektive'

Liebe Betroffene, ich heiße Christina Schümann und bin 46 Jahre alt. Ich lebe in Schleswig-Holstein. Nach einem Schlaganfall vor 6 Jahren, kann ich nicht mehr sprechen. Auch beim Schreiben bin ich auf die Hilfe anderer Menschen angewiesen.

Vor drei Jahren lernte ich trotz meines Handicaps meinen sehr verständnisvollen Partner kennen. Inzwischen wohnen wir zusammen. Vor meinem Sprachverlust arbeitete ich mit großer Freude als Verwaltungsfachangestellte in einem Schreib- und Sprechberuf. Das geht nun leider nicht mehr.

Seit 2015 besuche ich einmal im Jahr das LogoZentrum in Lindlar. Mit der Anleitung aus Lindlar und der Unterstützung meiner Familie, vielen Freunden und meinem Partner komme ich bereits ein wenig aus dem Schweigen heraus. Ich übe regelmäßig am PC (Fresh Minder 2 und 3) und mit den Menschen in meinem Umfeld das Sprechen.

Um den Sprachverlust auszugleichen, kommuniziere ich in der Schriftsprache über einen Notizblock oder die Handy App ‚Talk Free' bzw. ‚Sprach Assistent' oder schreibe Worte mit dem Finger in die Luft ☺. Die Sprachanbahnung durch Handzeichen und Mundbewegung hat mich wieder ins Sprechen gebracht. Besser als das Sprechen funktioniert mein Sprachverständnis. Einfache und kurze Texte (z. B. in Nachrichten) kann ich inzwischen verstehen.

Die Unterstützung meines Partners, meiner Familie und meines Freundeskreises helfen mir trotz Aphasie im Leben zurecht zu kommen. Ich bin aber auch selbstbewusster geworden und helfe mir in vielen Situationen selbst. Mit Hilfe des LogoZentrums war es mir möglich, wieder das Autofahren „zu erlernen". Dadurch bin ich sehr viel eigenständiger geworden.

Auch kann ich so regelmäßig meine Therapietermine selbständig wahrnehmen. Mein Leben habe ich mit einem Wochenplan organisiert: Morgenkaffee und Frühstücksfernsehen, Therapiebesuche etc., selbstständige Lerneinheiten, Spaziergänge mit dem Hund, tägliche Nachrichten am Abend im TV, Putzen und Einkaufen am Freitag. Im Kontakt zu anderen Menschen nutze ich häufig die Schriftsprache.

Abgesehen vom auslösenden Ereignis selbst blieben mir bisher durch den Sprachverlust schlimme Ereignisse erspart.

Die Abhängigkeit vom Wohlwollen der Krankenkasse und den Entscheidungen des Medizinischen Dienstes ist oft sehr belastend.

Dass ich trotz meines Schweigens dank der Hilfe meiner Zwillingsschwester bei einer Tanzveranstaltung meinen Lebenspartner kennengelernt habe, war mein schönstes Erlebnis.

Nie hätte ich kurz nach meinem Schlaganfall gedacht, wieder glücklich sein zu können. Anfangs fühlte ich mich isoliert und war verzweifelt, ohne darüber mit jemanden sprechen zu können. Mich plagten Zukunftsängste und Selbstmordgedanken. Um den Druck abzubauen habe ich damals viel geweint. Nur langsam konnte ich meinen sprachlosen Zustand akzeptieren und wieder nach vorne schauen.

Auch mit den wenigen Sprachfertigkeiten geht es mir ganz gut, da ich inzwischen gelernt habe, auf andere Weise zu kommunizieren. Das klappt natürlich am besten mit vertrauten Personen. Dennoch findet eine Kommunikation nicht auf Augenhöhe statt, da ich mich nicht spontan äußern kann. Ich kämpfe jeden Tag gegen das Schweigen an, schaffe es aber nur selten, meine klaren Gedanken auszusprechen.

Es tut mit sehr weh, dass ich meine Gefühle und Gedanken nicht über Worte ausdrücken kann und ich bei Gesprächen nicht immer alles (gleich) verstehe. Auch vermisse ich es sehr, in meinem Beruf zu arbeiten und Bücher lesen zu können. Meine größte Sorge ist, beim Autofahren in eine Kontrolle oder einen Unfall zu kommen und mich nicht zu den Umständen äußern zu können. Und so frage ich mich oft, ob ich jemals wieder in ganzen Sätzen sprechen und alles verstehen kann und wie lange es ggf. bis dahin noch dauert.

Dennoch nehme ich aktiv am gesellschaftlichen Leben teil. Ich freue ich mich über Reisen und Konzertbesuche mit meinem Partner und Freunden. Besuche Sportveranstaltungen und habe trotz meiner körperlichen Einschränkungen Erfolgserlebnisse beim Bowling. Wenn ich gelesene Worte richtig ausspreche, stellt sich das gleiche positive Gefühl ein. Und ich bin glücklich, wenn ich von anderen Menschen verstanden werde.

Negative Gefühle begleiten mich in den letzten Jahren deutlich weniger. Durch das Alleinsein hatte ich mehr Zeit, mich mit meiner Trauer und meinen Zukunftsängsten zu beschäftigen. Wut und Verzweiflung stellen sich immer dann ein, wenn ich mich trotz aller Bemühungen nicht verständlich machen kann oder ich in einer Situation nicht die richtigen Worte finde. Diese negativen Gefühle verlieren sich, wenn ich mit vertrauten Menschen zusammen bin, die sich auf meine Situation einstellen.

Inhaltlich sehe ich grundsätzlich keine Verbesserungsmöglichkeiten bei den Therapieangeboten. Verbesserungswürdig ist aber der Zugang zu sprachtherapeutischen Intensivmaßnahmen nach der Akutphase der Erkrankung. Es gibt nur wenige gute Angebote in erreichbarer Nähe. Auch die Krankenkasse tun sich sehr schwer damit, die notwendigen Langzeittherapien zu genehmigen. Gern würde ich auch öfter als einmal jährlich eine Intensivtherapie genehmigt bekommen. Helfen würde es auch, wenn die Therapeuten mehr Zeit für Hausbesuche bekämen.

Ich setze weiterhin sehr große Hoffnungen auf die Sprachtherapie. Ich habe bereits gute Erfahrungen gemacht und bin mit meiner Sprachtherapie zufrieden. Der Erfolg zeigt sich für mich dann, wenn ich deutlich besser Sprache verstehe und ich deutlich besser Worte bzw. kurze Sätze sprechen kann.

In der Regel habe ich dreimal wöchentlich Sprachtherapie bei einer örtlichen Logopädin. Bei einer höheren Frequenz wäre es nicht einfach, jeden

Tag um die Therapie herum zu planen. Eigene Sprach- und Sprechübungen bringen mich gefühlt nicht weiter, da ich nicht weiß, ob ich Fehler dabei mache. Ein privates Üben ohne Unterstützung durch Angehörige ist somit schwierig. Ein Üben fände ich gut, wenn ich es ohne Unterstützung allein schaffen kann und ich einen fortlaufenden Lerngewinn spüre. Auch wäre es gut, wenn meine Sprachkompetenz angeregt wird und ich in den Übungen alltägliche Sätze hören, lesen und verstehen kann.

Eine Hilfe war mir dabei das Sprach-Programm ,Fresh Minder', mit dem ich in den letzten 24 Monaten öfter geübt habe. Das Programm hat mir dabei geholfen, Wörter und Dinge zu merken und diese im Alltag wiederzugeben. Das Programm benote ich mit der Schulnote 2. Im Zusammenhang mit dem Üben empfehle ich allen Betroffenen auch Gesellschaftsspiele, wie z.B. das Kartenspiel „Wortblitz". Die Freude am Spiel lenkt mich dabei von der Übungssituation ab und macht das Üben auch für die Mitspielenden interessant.

Viele Grüße EURE CHRISTINA

6.5 Karin Ot.: Das Interview an Hand der 30 Fragen

Ich heiße Karin Ot., ich habe die Aphasie seit 2012, mein Alter beträgt 69 Jahre, mein Familienstatus: verwitwet, verpartnert, habe 2 erwachsene Kinder.

Meine berufliche Tätigkeit vor dem Ereignis: Altenpflegerin; EU-Rentnerin seit 2010. Im Logo Zentrum war ich im Jahr 2016 und habe das Gefühl, das ich bisher ein wenig aus dem Schweigen heraus gekommen bin, andere sagen gut.

Frage 3: ,Was hat Ihnen am meisten geholfen aus dem Schweigen heraus zu kommen ?'

Am meisten geholfen hat mir die Hilfe meiner Tochter, die Logopädie in der Reha, in Lindlar und in meinem Ort, häufigeres Lesen, Nachsprechen und Schreiben, entschlossenes Handeln, mutig sein, sich nicht so schnell entmutigen zu lassen.

Frage 4: ‚Was haben sie selbst aus eigener Initiative getan, um sich aus dem Schweigen zu befreien und wieder mehr Sprache zur Verfügung zu haben ?‘

Jahrelang laut gelesen, geschrieben, mit Angehörigen gesprochen, Spiele wie Tabu und Scrabble gespielt, Aufgaben gelöst; was ich auf dem Herzen hatte, in Form von Briefen geschrieben, habe mich einer Selbsthilfegruppe angeschlossen.

Frage 5: ‚Wie haben Sie Ihren Sprachverlust kompensiert, was haben Sie begonnen zu tun, um den Sprachverlust unauffällig werden zu lassen bzw. ihn abzubauen?‘

Mit Worten die ich täglich gebrauche, die geübt sind, durch Zeigen, mit Mimik oder Gestik, durch Briefe-Schreiben, Stillbeschäftigungen, Schönschrift bzw. Kalligrafie geübt, da meine Schrift auch nicht mehr das ist, was sie mal war.

Frage 6: ‚Was war für Sie bisher am hilfreichsten bei ihrem Bemühen, den Sprachverlust zu überwinden und sprachlich besser zu werden (eine Therapiemethode, Internet)‘ ?

Die Therapieübungen mehrmals wiederholen (das eigene Üben ist sehr sinnvoll), Gespräche mit anderen Menschen, die mir die Chance zum Antworten geben, das Gefühl zu haben, sich Zeit nehmen zu können.

Frage 7: ‚Was ist für Sie das Wichtigste trotz Aphasie im Leben zurecht zu kommen?‘

Meine positive Lebenseinstellung, das Gefühl geliebt und gebraucht zu werden, die Aphasie zu akzeptieren und das Bestmögliche daraus zu machen, die Frustrationstoleranz erhöhen, „Gott verteilt die Karten, aber wie wir spielen, liegt an uns“, also meine Resilienz stärken.

Frage 8 ‚Gibt es Grundsätze, die Sie einzuhalten pflegen?‘

Grundsätze beim Lernen: *Nicht mehr, ungefähr die ersten fünf Jahre regelmäßig laut gelesen, Grammatik, Rechtschreibung und Satzbau geübt; zu Hause so viel wie möglich reden, schreiben und lesen, sich auch mal an schwierigen Sätzen probieren; die Aphasie gehört inzwischen zu meinem*

Leben, sie bestimmt es nicht mehr, ich versuche, ein ganz normales Leben zu führen; in der Kommunikation mit anderen Menschen, bei fremden Menschen in kurzen Sätzen mit geübten Worten sprechen, ansonsten den Mund halten und freundliches Gesicht machen; gelingt doch mal ein Small-Talk und man hat das Empfinden, aneinander interessiert zu sein, ist das ein Grund zur Freude und des Dazugehörens.

Frage 9 ‚Was war bisher ihr schlimmstes Erlebnis in der Zeit der Aphasie ?'

Das waren gleich mehrere verstörende Erlebnisse ganz zu Anfang im Krankenhaus. Ich wurde nicht beachtet, keiner sprach mit mir, auch zur Visite wurde ich ignoriert. Man hat mich des Diebstahls bezichtigt, die Zimmernachbarin konnte mich nachts schlagen. Dazu in meinem Bericht mehr.

Frage 10: ‚Welches schönste Erlebnis hatten Sie bisher in der Zeit der Aphasie?'

Auch viele schöne Ereignisse, dufte ich erleben z.B. wie sich meine Tochter und mein Mann um mich bemüht haben, mich mit Zeichnungen und den dazugehörigen Worten eindeckt haben, damit ich nicht nutzlos im Zimmer herum liege, und schon etwas Üben konnte. Sie sind auch nicht müde geworden, mir die Uhr wieder beizubringen. Dies, obwohl die Ärzte der Ansicht waren, dass bei einer globalen Aphasie, wie bei mir, nichts mehr zu machen sei, ich auch nichts verstehen würde, und die Logopädie einfach absetzten. Ein einschneidendes Erlebnis während meiner Aphasie war, mir bewusst zu werden, dass ich alles wieder verstehen kann und was ich neu lernte in meinem Gedächtnis blieb. So dass ich nach längerem Üben wieder lesen und schreiben konnte, was auch nicht so selbstverständlich ist.

Frage 11 ‚Was haben Sie kurz nach dem schrecklichen Ereignis empfunden und gedacht, wie es weitergehen würde?'

Ich werde es allen zeigen, dass ich mit konsequentem Lernen vieles schaffen kann. Da es irgendwie weitergehen müsse, werde ich lernen, lernen und nochmals lernen. Zu dieser Ansicht kam ich auch, da ich mich in jeder Situation auf meine Familie verlassen konnte, die fest und ganz zu mir stand und alles für mich tun würde. Anfänglich habe ich tatsächlich geglaubt, dass mit konsequentem, tagelangem Lernen wieder alles gut wird, ich ein paar Sätze fehlerfrei sprechen kann. Allerdings musste ich erkennen, dass man nicht nachlassen darf oder gar aufgeben, sonst wird es wieder zunichte. „Die Grenzen meiner Sprache, bedeuten die Grenzen meiner Welt."

Frage 12 ‚Welche Gedanken kamen danach, einige Wochen, einige Monate später, als Sie nun den sprachlosen Zustand kennengelernt hatten?'

Wie Roman Herzog schon damals sagte: „Die Sprache zu verlieren ist genauso grausam wie eine Isolationshaft. Sich nicht mit eigenen Worten verständigen zu können, berührt die persönliche Würde." Er hatte recht, denn die Denkfähigkeit ist ja nicht behindert und Aphasie macht einsam. Es war mir aber von Anfang an sofort bewusst, dass die Sprache und das Gehör, das Wichtigste für eine erfolgreiche Kommunikation ist, so dass ich mich immens bemühen muss, um mich wieder verständlich zu machen, dass für mich die Sprachtherapie das Wichtigste in der Zukunft sei. Mir war auch klar, dass sich mein Leben enorm verändern würde und ich gleichwohl mit Ausgrenzung und Herabwürdigung zu rechnen hätte. Es war aber doch vollkommen anders, es am eigenen Leibe zu erleben

Frage 13 ‚Wie ist es jetzt mit Aphasie, ohne die früheren Sprachfähigkeiten, wie lebt es sich ohne sie?'

Wenn man dem „früher" nachtrauert wird es umso schwerer, man muss es akzeptieren, dann geht es auch mit weniger Sprachfähigkeit, mit kurzen eingeübten Sätzen, mit Mimik, Gestik, und mitunter auch Zeigen. Man muss sich mit seinem Handicap abfinden, - auch wenn es durchaus nicht leicht ist. Es gibt viel Schlimmeres, aber ein nicht ganz unwesentlicher Teil der Kommunikation bleibt auf der Strecke, an die ich mich nur schwer gewöhnen kann. Ich will doch auch noch andere Menschen kennenlernen, mich mit ihnen austauschen, unterhalten, Fragen stellen, Gefühle zum Ausdruck bringen. Einige Kontakte kommen gar nicht erst zustande. Sei es aus Scham zu versagen, oder Feigheit, jedenfalls ist das ein quälendes Gefühl, man vereinsamt immer mehr.

Die anderen denken vielleicht, man sei arrogant, oder nicht ganz dicht. Gerade im Urlaub ist es belastend. Da gerät man schon mal aus dem

Gleichgewicht. Aber es ist so wie es ist, man muss mit dem Unglück leben, Schicksal geschieht nun mal. Wir müssen unsere Einschränkungen oder Gebrechen hinnehmen und jeder hat sein Päckchen zu tragen.

Ich fühle ich mich nicht mehr auf gleicher Höhe mit den anderen, wenn mir die anderen Menschen aus dem Weg gehen, den Blick abwenden und das Gespräch an andere richten. Wenn es auch wehtut, sage ich mir heute, dass sie es nicht besser wissen.

Ich kämpfe jeden Tag mit mir und meinem Gehirn, um meine Gedanken klar und deutlich auszudrücken. Ja, es ist ziemlich anstrengend, ständig die Energie aufzubringen, sich zu konzentrieren, um seine Gedanken inhaltlich und sprachlich korrekt auszudrücken. Da die Sprache bei einer Aphasie nicht wie bei den anderen üblich, unbewusst und automatisch abläuft, ist es ein immerwährender Kampf.

Es tut mir immer wieder weh, wenn ich mit fremden Menschen Kontakt aufnehmen möchte, aber nicht den Mut habe, weil ich evtl. nicht verstanden würde und sie mich abweisen würden…Dass andere nicht wissen und verstehen können was Aphasie eigentlich ist und wie sie sich verhalten sollen. Ein sonst körperlich behinderter Mensch kann seinen Zustand Unbeteiligten erläutern, er kann sich mitteilen und um Verständnis bitten. Bei einer Aphasie ist dies nicht so gegeben!!

Frage 14: ‚Welche Fragen drängen sich heute Ihnen auf, nachdem Sie bereits einige Zeit mit der Aphasie und ihren sozialen Folgen haben leben müssen?'

Wie kann ich die Menschen zum Nachdenken bewegen, es ihnen begreiflich machen, sich mit meinem Handicap vertraut machen, wenn ich es selbst nicht kann, und es auf Anhieb nicht sichtbar ist, weder durch einen Rollstuhl, eine Armbinde oder sonst etwas. Wie kann man den Menschen begreiflich machen, dass die Aphasie nur eine Behinderung der Sprache als Ausdruck meiner Gedanken, Empfindungen und Gefühle ist. Mein Innenleben ist doch im Wesentlichen gleichgeblieben, dieses passt sich mit sekundäre Bedeutung. Wirkt sich jedoch sehr hinderlich auf mein Dasein aus. Dadurch, dass ich keine Gedanken spontan äußern kann, empfange ich mitunter auch keine Signale von außen. Und genau dies ist das entscheidende Defizit. Der verbalen Kommunikation geht die geistig, seelische voraus. Diese wird jedoch eingeschlossen, weil sie sich nicht über die Sprache austauschen kann!

Frage 15: ‚Sie erleben wie alle Leute positive wie negative Gefühle, wie Freude und Leid, die in ganz bestimmten Situationen auftreten.'

Freude dann, wenn alles so klappt, wie ich es mir vorgenommen habe. Erfolgsgefühle dann, wenn ich mit anderen mehrere Sätze fehlerfrei sprechen kann und meine Hemmungen überwinde. Es kommt auch darauf an, wie ich es interpretiere und einordne. Glücksgefühle kommen dann auf, wenn sich jemand die Zeit nimmt mit mir zu reden, wenn ich mich ganz zwanglos an Unterhaltungen beteiligen kann und das Wort auch an mich gerichtet wird, folglich in ein wirklich gutes Gespräch mit anderen zu kommen.

Frage 16: ‚Hatten oder haben Sie auch heute noch negative Gefühle wir Trauer, Wut, Verzweiflung, Zukunftsängste, Frust?'

Teils, teils, dann, wenn man keine Notiz von mir nimmt und mich keines Blickes würdigt, um nicht von mir angesprochen zu werden. Oder wenn man ununterbrochen redet, mir in einem Monolog seine Geschichte aufoktroyiert, ohne mir die Chance zu geben, mich dazu zu äußern. Da beschleicht mich schon der Verdacht, dass sich derjenige kaum für mich interessiert. Wut ergreift mich, wenn ich an die Geschehnisse zum Zeitpunkt des Eintritts meiner Aphasie denke. Meine Sprachlosigkeit wurde während der Arzt-Videokonferenz verharmlost, weil ich meine Beine und Arme anfangs noch bewegen konnte. Hier verging knapp ein Tag bevor ich in die Uniklinik Dresden kam……!!!

Frage 17: ‚Was erzeugt bei Ihnen negative Gefühle wie Trauer, Wut, Verzweiflung, Zukunftsängste, Frust oder ähnliches?'

Eigene Unfähigkeit, Unverständnis der anderen Menschen.

Frage 18 ‚Wann und bei welchen Gelegenheiten kommen diese negativen Gefühle auf?'

Wegen meines Schicksals war ich kaum traurig, vielleicht musste ich zu der Zeit auch andere Prioritäten setzen, ich habe fast unmittelbar nach dem Eintritt der Aphasie nacheinander den Verlust zweier mir wichtigen Menschen verarbeiten müssen, den Tod meiner Mutter und meines Mannes. Ich bin so gut wie keinen Stimmungen unterworfen, und weiß, dass von einem Tag auf den anderen alles anders sein kann, auch bei mir. Ich glaube, nach nunmehr 9 Jahren die Sprachstörung akzeptiert zu haben. Mitunter habe ich Wut auf mich, mit meiner rudimentären Sprache nicht den Mut zu haben, ein Gespräch mit Fremden anzufangen, also über meine eigene Feigheit. Verzweifelt bin ich, weil ich nur ganz langsame Fortschritte mache, trotz regelmäßigen Übens und hilflos und wütend über die Unfähigkeit meines Sprachvermögens (z.B. meiner Mutter im Krankenhaus nicht helfen zu können, nicht mit den Ärzten reden zu können). Zukunftsängste habe ich keine, solange ich nicht ganz allein auf mich gestellt bin. Scham hab ich manchmal, dass ich meine Sprachschwierigkeiten lieber verbergen möchte, um nicht bloßgestellt zu werden, nicht verächtlich behandelt zu werden, oder als minderbemittelt/ -wertig zu gelten, und Frust erlebe ich manchmal, weil ich mich machtlos fühle, wegen meiner Sprache degradiert zu werden.

Frage 19: ‚Wann beeindrucken diese negativen Gefühle Sie weniger stark und bei welchen Gelegenheiten verlieren sie sogar die negativen Gefühle?'

Bei mir bekannten Menschen, die mir wohlgesonnen sind, vielleicht bin ich auch etwas wetter- und stimmungsabhängig.

Frage 20 ‚Sie haben Sprachtherapie in Anspruch genommen, oder nehmen Sie heute noch wahr. Wahrscheinlich schätzen Sie die Bedeutung der Sprachtherapie hoch ein. Gibt es etwas, was dringend verbessert werden müsste ?'

Dringend verbessert werden muss das Zutun der Krankenkasse!!! Die Antragstellung zur Behandlung in Ihrem Therapiezentrum war eine Zumutung!!! Zur fachlichen Verbesserung kann ich nicht viel sagen, dafür gibt es Pädagogen und Linguisten. Die Lobby der Aphasie ist vergleichsweise mit der anderer Behinderungen völlig unzureichend. Es wird oft verkannt, dass nicht nur die Sprachfindung allein das Problem darstellt, sondern diese ist mit anderen Nebenerscheinungen wie dem Verlernen der Uhrzeit, der Farben, der Bezeichnung von Gegenständen verbunden. Die Aphasie befindet sich in einem lautlosen Zustand. Deshalb müssen Andere dafür eintreten, um dieses Handicap zu heilen!!! Die Blinden sind in vielen Institutionen vertreten, die Sprachlosen??? Ein Sprachloser kann sich fast nicht selbst vertreten!! Vielleicht kann eines Tages die Digitalisierung den Aphasiegeschädigten Hilfe bringen, eventuell in Form einer App ??? Ich schätze die Bedeutung der Sprachtherapie sehr, sehr hoch. An Verbesserungen meine ich, evtl. zeitiger anfangen und nicht so schnell aufgeben (beiderseitig), mein bisheriges Gesamturteil über die Wirkung meiner Sprachtherapie ist, die Sprachtherapie zeigt wesentliche Erfolge, auch wenn es mir zu lange dauert. Die Wirkung meiner Sprachtherapie zeigt sich in der zunehmenden Sicherheit nach außen. Der Hauptanteil ist Eigeninitiative, unterstützt durch Logopäden vor Ort und eine Therapie in Lindlar.

Die Hürden zur Therapie (Rezepte, Bewilligung der Krankenkasse) sind sehr hoch. Erst wenn man diese hinter sich hat, kann man sich dem Inhalt der Therapie zuwenden. Die Therapie in Lindlar war sehr gut. Die Ergebnisse meiner Therapie stellen mich insofern zufrieden, dass ich mit dem Ergebnis leben kann, so wie es meine Lebenssituation von mir erfordert. Wenn es klemmt, stehen mir meine Tochter und mein Partner zur Verfügung.

Frage 22: ‚Woran machen Sie den Erfolg Ihrer Therapie fest?'

Wenn ich deutlich besser Sätze sprechen kann, nicht so sehr überlegen muss. Der Erfolg wird auch dadurch deutlich, dass ich nicht mehr so oft an mein Handicap denken muss, meine Sicherheit in den Begegnungen wird größer.

Frage 23: ‚Hätte nach Ihrer Meinung die Sprachtherapie bei Ihrer örtlichen Logopädin öfter stattfinden sollen?'

Ja, ich hatte in der Regel nur 1Mal pro Woche, das ist zu wenig, bestimmt hat dies allerdings die Krankenkasse!!!! nicht ich.

Frage 24: ‚Würden Sie 2mal täglich stattfinde Sprachtherapie über längere Zeit wünschen ?'

Eher nicht, weil ich das konditionell nicht durchhalte.

Frage 25: ‚Wie ist generell Ihre Meinung zum Üben?'

Üben, üben, üben! Üben ist notwendig, ich mach das regelmäßig. Ich bin der Meinung, dass Übung den Meister macht. Ich finde, ich sollte gezeigt bekommen, wie ich allein ohne die Hilfe meines Partners das wirkungsvoll üben kann, was ich üben soll. Meine Therapeutin sollte mir Tipps und Anleitungen zum Selbstüben geben.

Frage 26: ‚Halten Sie eigene Sprach- und Sprechübungen (ohne Hilfe) für sinnvoll?'

Ich halte Eigenübungen für sehr sinnvoll, für sehr notwendig und keinesfalls für überflüssig.

Schließlich will man doch ohne fremde Hilfe wieder sprechen können, deshalb sind eigene Übungen wichtig und unabdingbar!

Frage 27: ‚Führen Sie selbst regelmäßig eigene Sprach- und Sprechübungen durch?'

Ja, jedoch nicht mehr regelmäßig

Frage 28: ‚Wenn Sie üben, dann sagen Sie uns bitte, was Sie üben und wie Sie üben und welche Erfahrungen Sie mit Ihren Übungen machen.'

Ich übe, indem ich laut vorlese, ich beteilige mich an Gesprächen, ich versuche meine Gedanken klar auszudrücken.

Frage 29: ‚Welche Erfahrungen haben Sie bisher gesammelt im Umgang mit Sprach-Programmen im Internet für aphasisch Betroffene ?' *Ich habe noch kein Programm aus dem Internet heruntergeladen.* ENDE des Interviews.

6.6 „Meine Wege aus dem Schweigen“ - Erzählung von Adelbert Schlü.

Mein Name ist Adelbert Schlü., ich bin 72 Jahre alt und fast 50 Jahre verheiratet. Meine Frau und ich haben 2 erwachsene Kinder. Die Tochter hat einen bereits erwachsenen Sohn und unser Sohn eine jetzt 5-jährige Tochter. Vor dem Schlaganfall, der mir die Aphasie bescherte, war ich bereits Rentner. Meine Berufsjahre habe ich als Handwerker verbracht, Schlosser und Heizungsmonteur.

Bis zu dem einschneidenden Ereignis war ich gern noch am Haus handwerklich tätig oder stand mit Rat und Tat meiner Familie und meinen Nachbarn zur Seite. Von einem Tag auf den anderen wurde ich aus dieser Rolle geworfen.

Erinnerungen habe ich an diese Nacht nicht, nur Berichte, wie ich vorgefunden wurde, leider zu spät. Mein Zustand wurde mir erst im Krankenhaus bewusst. Ich konnte nicht sprechen, was ich sagte, verstand keiner. Dabei hatte ich so viele Fragen. Meinen rechten Arm konnte ich nicht bewegen und ich bin Rechtshänder. Auch mein rechtes Bein versagte, als ich aufstehen wollte. Ich weiß nicht mehr, wie verzweifelt ich war, aber meine Tochter hat mir gleich angesehen, dass ich alles verstanden habe und nicht aufgeben würde.

Bereits in der Neurologischen Abteilung bekam ich eine Logopädin zur Seite und auch mein Arm wurde ergotherapeutisch betreut. Mein rechtes Bein zeigte schon nach 4 Tagen wieder Funktionen. Relativ schnell bekam ich einen Rehaplatz. Hier erholte ich mich ziemlich schnell, konnte den Rollstuhl verlassen und hatte keine Schluckbeschwerden mehr. Was blieb, waren die Aphasie und Hemiparese rechts.

Bereits vor der Entlassung aus der Reha hat meine Tochter im Internet gesucht nach Intensivtherapiemöglichkeiten. Fündig wurde sie im Aphasie-Zentrum Vechta und Logozentrum von Dr. Middeldorf in Lindlar. Intensivtherapie auf allen Gebieten, die erforderlich waren, Logopädie, Ergotherapie und Physiotherapie. Wir konnten nach langem Kampf mit der Krankenkasse die erforderlichen Rezepte für eine Intensivtherapie in Lindlar bekommen. Die Unterkunft zahlten wir selbst. Ich merkte zwar, dass Intensivtherapie was bringen konnte, aber die Themen gingen an mir vorbei.

Ich schaffte es nicht, allein zu arbeiten, sozusagen wie ein Schüler Hausaufgaben zu machen. 3 Wochen hielten wir uns dort auf, meine Frau war mitgekommen. Die Therapien besuchte ich weitgehend allein, nur zur Auswertung war meine Frau dabei. Täglich dreimal Logopädie sollte mich aus dem Schweigen holen. Nein, das war es nicht, es war ja kein Schweigen. Ich versuchte doch zu sprechen, aber ich fand die Worte nicht und was ich sagte, verstand keiner.

Meine Erfolge nach diesem ersten Aufenthalt in Lindlar waren nicht groß. Oder erkannten wir die kleinen nicht an? Zu Hause ging es mit zweimal wöchentlich Therapie weiter, Logo, Ergo und Physio. Ganz langsam kamen kleine Erfolge, die aber nur Leute bemerkten, die mich lange nicht gesehen hatten.

Ein weiteres Angebot aus Lindlar weckte unser Interesse, mit 4 Teilnehmern und alltagstauglichen Themen ins Gespräch zu kommen. Üben, üben, immer dasselbe ständig wiederholen, sogar eine DVD habe ich gekauft. Ich muss gestehen, es war und ist nicht mein Ding. Ich bin immer noch der Meinung, was ich gekonnt habe, muss doch wiederkommen.

Meine Enkeltochter war 1 Jahr, als mich der Schlaganfall traf. Ich trat in einen Wettbewerb mit ihr ‚wer lernt schneller sprechen'. Es war ein Fernwettbewerb, weil sie zu weit weg wohnt. Sie hat gewonnen. Würde mich interessieren, ob andere Betroffene vielleicht bessere Erfahrungen gemacht haben im Nahwettbewerb.

Was haben wir, das heißt meine Frau, unsere Tochter und ich nicht alles versucht. Sogar an einer Studie der FU Berlin habe ich teilgenommen, mit mäßigem Erfolg aber einiger Erkenntnis. Meine Erkenntnis war, ich bin derjenige, bei dem der Schlaganfall am kürzesten zurücklag. Derjenige, bei dem er schon 8 Jahre zurücklag konnte sich schon wieder gut verständigen. Meine Logik also: Geduld üben! nicht abwarten, sondern Geduld beim Üben. Die brauchen aber alle, ich bei der Wortfindung und die anderen beim Verstehen. Sie müssen die Geduld aufbringen, mich zu verbessern und auf eine Wiederholung des misslungenen Wortes bestehen. Die wenigsten sind dazu bereit. Ich wiederhole das Wort, wenn ich aufgefordert werde und tatsächlich wird es beim 2. und 3. Versuch besser. Meine Frau wartet ab, bis ich das Wort herausgebracht habe, aber auch sie neigt dazu, meinen angefangenen Satz zu ergänzen. Kleine Aufforderungen, wie „Komm mal runter", „Achtung Auto" kommen von mir schon spontan. Aber ich verfalle auch gern wieder in den Automatismus „ja, ja, ja" in allen Variationen, energisch, gelangweilt und nur manchmal tatsächlich bejahend. Es ist einfach und meistens weiß meine Frau, was ich meine.

Ich treffe sehr gern Bekannte, meist beim Einkaufen, um Neuigkeiten zu erfahren. Dieses ständige Einkaufen mag meine Frau gar nicht, es ist aber für mich die einzige Möglichkeit jemand zu treffen. Ich war schon immer neugierig oder wissbegierig, hatte aber wenig Interesse an Diskussionen, wie sie in Gaststätten oder Versammlungen geführt werden. Aber Fragen habe ich noch viele. Wenn ich selbst die Worte nicht finde, fordere ich andere auf, für mich zu fragen. Das führt oft zu einem Ratespiel, bei dem ich manch einen auch zur Verzweiflung bringe. Meine Rituale rufen nicht immer Begeisterung bei meiner Familie hervor. Es kamen auch schon mal Bemerkungen „Du bist peinlich". Das tut weh, aber ich bin nun mal so. Es führt zum Glück aber selten zu andauerndem Streit.

Übrigens gehe ich mit neuen Bekanntschaften locker um.

Die schönsten Erlebnisse hatte ich bei Urlaubsreisen, die ich trotz Aphasie und noch vorhandener Hemiparese antreten konnte, allerdings nicht allein. Meine Frau konnte ich immer überzeugen, die Reisen zu buchen. Bei diesen Reisen stießen wir auf viel Verständnis, Hilfsbereitschaft und manchmal Bewunderung. Auch das ist wichtig für mein Selbstbewusstsein.

Das schlimmste Erlebnis mit Aphasie war nur kurz, als ich merkte, dass ich nichts fragen konnte. Einige Fragen musste ich mir selbst beantworten. Einige Erinnerungen kamen bald zurück. Es war keine Einbildung, wenn ich dachte, ich werde doch noch gebraucht. Ich habe viel an meinem Haus selbst gebaut und einiges weiß nur ich. Das musste ich noch zeigen können, meine Aufzeichnungen versuchen zu erklären. Das geht auch manchmal ohne Worte, aber es ist schwer. Wenn jetzt etwas kaputt geht, muss meine Frau die Reparatur übernehmen, aber auch Tochter und Schwiegersohn sind gern bereit zu helfen.

Wie wirke ich auf meine Umwelt, das ist gar nicht so sehr meine Frage, sondern die meiner Frau. Bei zur Hilfe geholten Handwerkern hatten wir das Gefühl, man merkt die Unbeholfenheit und will uns betrügen, weil man nicht mehr auf gleicher Augenhöhe ist mit den anderen. Unser Misstrauen ist etwas gewachsen. Ich versuche immer wieder die richtigen Worte zu finden, aber die Verständigung klappt auch nicht über die Schrift. Unsere Sprache bietet ja für einen Begriff mehrere Wörter an, das bringt mich aber noch mehr durcheinander. Solche Vorschläge „dann sag doch ein anders Wort" helfen mir nicht. Vielleicht sollte ich das Malen für mich entdecken.

Das „nicht sprechen können", Erlebtes nicht schildern können, ist der Grund, dass ich nicht mehr Autofahren darf. Wir haben es noch nicht testen lassen, aber der Neurologe meint, ich hätte schlechte Aussichten. Das ist für mich fast das Schlimmste, denn ich war immer leidenschaftlicher Autofahrer. Also fährt meine Frau mich überall hin, nicht immer mit Freude. Sie fährt lieber Fahrrad, was für mich keine Alternative ist, schon gar nicht ein Dreirad, welches sie mir mal aufschwatzen wollte. Gibt es in meinem Leben noch positive Gefühle, wie Glück, Freude oder Erfolg? Oh ja, Freude, wenn ich die Familie hinter mir weiß, Erfolgserlebnis, wenn mir auch jetzt noch etwas gelingt und Glücksgefühle, wenn ich recht habe und gute Ideen vermitteln kann, andere sich mit mir darüber freuen.

Da ich auf Grund meiner sprachlichen Behinderung auch eine Pflegestufe habe, melden sich mehrere Behörden bei mir und bieten Hilfe an. Sehr erfreut fragen wir dann nach Hilfe, aber unsere Probleme sind dann meist nicht auf der Liste. Das könnte Frust verursachen, ansonsten kenne ich das Wort Frust nicht. Trauer, Wut, Verzweiflung kommen schon mal auf, wenn ich oder wir nichts ändern können, Entscheidungen gegen mich getroffen werden. Zukunftsangst nur, wenn ich die Medienberichte höre oder lese. Das könnte ich selbst beeinflussen, Radio, Fernseher aus, Zeitung abbestellen. Weniger stark sind diese Gefühle, wenn man mit mir über Probleme spricht, wenn auf meine Wünsche eingegangen wird. Und wenn ich Gottesdienste besuchen kann, der Predigt zuhöre und zum Schluss das „Unser Vater„ spreche, von ganzem Herzen wirklich spreche„… wie wir vergeben unseren Schuldigern." Damit könnte der Behördenärger erledigt sein. Auch der Gesang in der Kirche bringt mir Freude und nützt meiner Stimme. Singen ist sowieso gut, weil die Stimme dann wieder Klang bekommt. Wir singen auch manchmal zu Hause oder beim Spaziergang im Wald. Einen Aphasiker-Chor haben wir nicht gefunden, aber wir wissen, dass es so etwas gibt.

Damit wäre ich bei Therapieerfolgen und anderen Möglichkeiten. Die Therapie mehrmals in der Woche ist kaum zu schaffen, weil es oft an der Erreichbarkeit der Einrichtungen scheitert.

Selbsthilfegruppen sind auch oft zu weit weg. Zufrieden bin ich mit dem Therapieergebnis nicht, aber ich weiß, dass ich auch selbst mehr tun müsste. Es gibt zu wenig Material für Erwachsene, meist für Kinder. Im Internet hat meine Tochter mal ein Programm gefunden, aber ich hätte nur vorgefertigte Sätze und Stichworte von einer Computerstimme bekommen. Mehr gebracht hat ein selbst angefertigtes Memoryspiel mit Karten aus dem Leben, das für mich wichtig ist. Die Bilder auf den Karten mussten benannt werden, nicht nur von Opa und Enkelin. Das machte sogar Spaß, denn auch die Enkelin braucht logopädische Unterstützung für bestimmte Buchstaben, und fast die gleichen, mit denen der Opa, also ich, auch Probleme habe.

Eigenübungen halte ich für sinnvoll, aber, wer verbessert mich, oftmals benötige ich so etwas wie Anlauthilfe.

Übungsvorschläge habe ich folgende:

- *immer versuchen zu sprechen, verbessern zulassen und wiederholen,*
- *Spiele in Familie selbst erstellen und mindestens einmal in der Woche spielen,*
- *Vorschläge anderer annehmen und probieren,*
- *kurze Sätze laut lesen.*

Das waren meine Eindrücke von meinen letzten 4 Jahren mit Aphasie und Hemiparese, leider immer noch nicht selbst geschrieben. Aber ich, Adelbert Schlü., bestätige, es sind meine Eindrücke, auch wenn sie von meiner Frau formuliert wurden.

Ich, Doris Schlüt., die Ehefrau, bestätige, dass ich diesen Text meinen Mann habe lesen lassen. Er hatte die Chance zu verbessern oder zu streichen.

Ich möchte noch eins dazu sagen, dieser Bericht hat auch mir gutgetan, weil ich mich dadurch nochmal bestätigt fühle, was uns verbindet. Es ist nicht alles selbstverständlich, das muss auch ein Betroffener einsehen.

Partner oder Partnerin brauchen auch ihre Freiräume und die muss man sich nehmen, die bekommt man nicht. Ich tue das meistens, und damit fahren wir gut.

6.7 Input zum Buch „Wege aus dem (aphasischen) Schweigen" von den Eheleuten Anne und Joachim Thoß

Wir leisten gerne unseren Beitrag, obwohl ich nur als Angehörige schreiben kann, die sich jedoch sehr intensiv bis heute kümmert und die Einschätzungen meines Mannes sehr genau kennt. Er ist leider nicht in der Lage dies so auszudrücken und zu schreiben.

Nun zu ihren Fragen:

Mein Mann heißt Joachim Tho., ist 61 Jahre alt und hatte vor über 8 Jahren einen schweren Schlaganfall mit Halbseitenlähmung globaler Aphasie und Sprechapraxie. Er war als Unternehmensberater tätig und hat eine Tochter, die heute Studentin ist

Mein Mann war seit 2014 regelmäßig fast alle 6 Monate im Logozentrum Lindlar zu einer vierwöchigen Intensivtherapie.

Mein Mann ist nach seiner Einschätzung ein wenig aus dem Schweigen herausgekommen, da er sehr ehrgeizig und anspruchsvoll ist.

Von absoluter Sprachlosigkeit, kein Sprechen, kein Schreiben, kein Lesen hat er es aber geschafft, heute gut zu Lesen, einiges schreiben zu können und sich auch in kurzen und einfachen Sätzen unterhalten zu können sowie einfachen Gesprächen folgen zu können.

Es war ein langer, steiniger Weg.

Am Meisten hat der Ehrgeiz und der ungebrochene Willen geholfen, die Situation ändern zu wollen und der Ehrgeiz, sich immer wieder auf neue Therapien und Angebote einzulassen und vor allem nie locker zu lassen.

Aus eigener Initiative konnte ich zu Anfang gar nichts tun, da ich komplett hilflos war und völlig auf die Hilfe meiner Frau angewiesen war. Ich habe nur meinen starken Willen, immer besser zu werden beigesteuert.

Um den Sprachverlust zu kompensieren habe ich ganz zu Anfang angefangen zu singen. Beim Singen könnte ich auch die Liedtexte abrufen. Das war mir beim Sprechen nicht möglich. Ich konnte sogar englische Texte singen.

Ich ging regelmäßig zu einer Opernsängerin mit der ich gesungen habe. Das hat mir geholfen sowohl mit dem Trauma klarzukommen, als auch mich wieder irgendwie ausdrücken zu können.

Die zweite Kompensation war für mich das Malen. Wenn man nicht sprechen kann, sucht man sich andere Dinge, die einem Anerkennung und Zuspruch geben. Ich hatte vorher nichts mit Malen zu tun, habe aber mein Interesse bekundet und meine Frau hat mir eine Mallehrerin besorgt, mit der ich einmal wöchentlich gemalt habe zur großen Freude von Familie und Freunden, die ich mit meinen Bildern erfreuen konnte.

Als ich durch die intensive Sprachtherapie wieder mehr in der Lage war zu sprechen, habe ich aufgehört zu singen und zu malen. Die Zeit der Kompensation war vorbei und ich habe mich voll auf das Erlernen von Sprache konzentriert.

Am hilfreichsten war zum einen die regelmäßige Logotherapie zum anderen die intensivlogopädischen Aufenthalte in Lindlar.

Zudem habe ich noch eine Rentnerin, die mit mir einmal die Woche ‚Spiegel online'-Artikel liest und mich korrigiert. Die Texte druckt meine Frau aus. So habe ich wieder Lesen gelernt und verbessere mich stets.

Ein anderer Rentner macht mit mir einmal wöchentlich Grammatik und lässt mich eigene Texte schreiben. Das ist sehr schwer für mich, aber ich habe auch gute Erfolgserlebnisse.

Anfangs hat meine Frau für mich Nachrichten in leichter Sprache ausgedruckt zum Laut-Vorlesen, das brauche ich inzwischen nicht mehr, ich nehme schwerere Texte.

Meine Frau hat auch den Verlag ‚Spaß am Lesen' gefunden, der Bücher in leichter Sprache verlegt. Da habe ich inzwischen einige gelesen und auch die Inhalte verstanden.

Die Programme im Internet habe ich nur in der Klinik benutzt. Ab und zu nutze ich den Schubert Verlag, um Sprachübungen zu machen. Alleine fällt mir dies jedoch eher schwer.

Die Angebote dürfen für mich nicht zu leicht und nicht zu schwierig sein.

Das Wichtigste war die umfassende Unterstützung der ganzen Familie und unserer Freunde. Ich war nie allein, wenn ich Hilfe brauchte und komme alleine auch nicht zurecht. Wäre diese Unterstützung nicht gewesen, könnte ich noch heute nichts und hätte mich nicht entwickelt, vermutlich wäre ich in ein Altenheim gekommen mit 52. Was für eine Vorstellung.

Vorankommen geht nur mit dem Engagement des Umfeldes, alleine niemals.

Beim Lernen bin ich im Tunnel und kann nichts anderes machen, man darf mich nicht stören.

Bei der Kommunikation mit anderen Menschen ist mir wichtig, dass geklärt wird, dass man nicht durcheinander redet und jemanden beim Sprechen ansieht. Ich versuche dies auch meinem Gegenüber zu sagen, oder meine Frau tut dies. Wenn dies nicht klappt, müssen wir nach Hause gehen.

Ich kann mich nur 2 bis 3 Stunden auf ein Gespräch mit mehreren einlassen, danach bin ich total erschöpft. So planen wir unsere Treffen nur für diese Zeitspanne ein, erklären es unseren Gastgebern, damit niemand sauer ist. Damit habe ich gute Erfahrungen gemacht.

Die epileptischen Anfälle haben mich immer wieder zurückgeworfen. Heute ist das mit Medikamenten glücklicherweise im Griff.

Meine schönsten Erlebnisse sind Tanzen, Schwimmen, der erste Satz; die Urlaube auf Mallorca und auf Langeoog sind für mich wunderschön.

Ich bin eigentlich positiv gestimmt und optimistisch. Antidepressiva brauche ich nicht. Ich möchte alles tun, um wieder sprechen zu können und mich sprachlich ausdrücken zu können. Die vielen positiven Erfolgserlebnisse beflügeln mich und zeigen mir, dass dies mit konsequenter Arbeit geht, auch wenn man viel Geduld braucht und die Fortschritte immer kleiner werden. Aber es geht voran.

Ich muss jeden Tag kämpfen, mich korrekt auszudrücken, alles zu verstehen, Neues zu lernen und einfach dran zu bleiben. Je mehr ich gefordert werde, desto besser, es ist jedoch sehr anstrengend.

Ich mache mich bemerkbar, um auf Augenhöhe dabei zu sein. Besonders schön und wohltuend ist dabei meine Aphasie-Gruppe, bei der jeder das gleiche Problem hat und ich nicht erklären muss, warum bei mir die Dinge anders laufen. Diese Treffen sind für mich wohltuend und entspannend.

Was wir bis heute nicht verstehen ist, dass es keine Experten gibt zum Umgang mit einem Schlaganfall / Hirnblutung und deren Folgen. Es gibt jede Menge Spezialisten, die man zu einem Fachgebiet befragen kann. Wenn man nach einem solchen Trauma überlegen muss, wie man nun weitermacht, steht man fast völlig allein da, da es keine Navigatoren gibt, die helfen und jeder Fall so einzigartig ist.

Der nächste Punkt ist, dass man Ärzte und Krankenkassen immer überzeugen muss, dass sich weitere Logotherapie lohnt und zu Verbesserungen führt, da sehen wir bislang kein Ende.

Bei der Halbseitenlähmung können wir Therapie bis zum Lebensende in Anspruch nehmen, nicht aber bei dem viel schwierigeren Problem der Sprachlosigkeit.

Ich schätze gemeinsame, harmonische Unternehmungen mit der Familie und guten Freunden, Lachen bei einem Glas Bier, Tanzen mit der Tochter, ein tolles Essen, ein schönes Geschenk, Erfolgserlebnisse der Tochter beim Handball, gute Musik…

Im Alltag habe ich vor allem Angst und Unsicherheit. Angst vor weiteren schweren Krankheiten bei mir und meinen Angehörigen, Angst vor einem Sturz, Angst in einem unbekannten Umfeld nicht zurecht zu kommen. Angst, das Gleichgewicht zu verlieren und zu stürzen.

Frust erzeugt bei mir, wenn ich mich bei wichtigen Dingen, die ich adressieren möchte, nicht richtig und verständlich ausdrücken kann. Und je mehr ich gestresst bin, desto frustrierter bin ich bis hin zum Jähzorn. Ich kann mir dann einfach nicht helfen und vergesse alles um mich herum.

Wut, Verzweiflung und Frust packt mich, wenn ich mich nicht ausdrücken kann und mich niemand versteht, obwohl ich ein wichtiges Anliegen habe. Ich versuche es mit Worten, mit Schreiben mit Malen, aber nichts hilft. Dann gerate ich in einen Teufelskreis und kann immer weniger sprechen, das macht mich rasend.

Ich bin zudem sehr ungeduldig und wenn etwas nicht gleich passiert, bin ich auch frustriert und sauer.

Negative Gefühle verliere ich, wenn ich in meinem gewohnten Umfeld bin, meinen Wunschbeschäftigungen nachgehen kann und mir nichts fehlt, gesundheitlich.

Besonders entspannt bin ich in meinen beiden Urlaubszielen, die mir ganz vertraut sind und wo ich ganz selbständig sein kann. Dort schöpfe ich auch wieder Kraft für neue Therapieeinheiten bzw. kann mich gut erholen von anstrengenden Therapien. Manchmal ist es so, dass nach einer intensiven Sprachtherapiephase eine Ruhephase ohne Therapie folgen muss. Erst danach sieht man dann die Fortschritte.

Besonders beflügeln mich auch Fortschritte, wenn ich neue Wörter oder Sätze gelernt habe und ich ein positives Feedback von meinem Umfeld bekomme. Das macht mich stolz und glücklich.

Es gibt die unterschiedlichsten Ansätze in der Sprachtherapie und wir blicken da nicht so leicht durch. Womit werden die Fortschritte erzielt? Welcher Ansatz ist der Richtige? Die unterschiedlichen Therapeuten helfen, ein wenig Erfahrung zu bekommen über die verschiedenen Ansätze. Transparent ist das jedoch für uns nicht.

Ich habe es inzwischen gelernt, mich zu äußern, was mir etwas bringt oder nicht. Die 2 Patientensitzungen und diese Therapieform schätze ich besonders.

Wenn man immer bei der gleichen Therapeutin zu Hause ist, ist die Arbeitsweise immer gleich und das langweilt mich leicht. Im Logozentrum habe ich die Chance, viele Therapeuten und Ansätze kennenzulernen und dabei herauszufinden, was bei mir besonders erfolgreich ist.

Wenn man eine neue Therapeutin sucht ist es auch nicht leicht, die Passende zu finden. Es gibt lediglich den Hinweis, ‚Erfahrung mit Schlag-

anfallpatienten'. Das ist bei der Vielzahl von logopädischen Optionen nicht ausreichend und es ist frustrierend für aphasische Patienten, wenn die Therapie nichts bringt.

Ich setze große Hoffnungen auf gute Sprachtherapie. Ich habe schon ausgezeichnete Therapeuten gehabt aber auch Mittelmaß. Insgesamt bin ich jedoch sehr zufrieden und kann mir eine weitere Entwicklung ohne Sprachtherapie nicht vorstellen. Da fürchte ich eher einen Rückschritt. Sprachtherapie ist ein stetiger Kampf, bei dem das Gehirn an seine Grenzen gehen muss. So sehe ich das. Wenn ich nachher nicht erschöpft und ausgepowert bin, dann war die Therapie nicht gut.

Nach meinem Schlaganfall war ich weder in der Lage in Worten zu sprechen, zu lesen oder zu schreiben, an Sätze gar nicht zu denken, und verstanden habe ich auch sehr wenig.

Heute kann ich fast alles verstehen, fast alles lesen, kurze Sätze sprechen, einzelne Worte schreiben und mich sowohl am Telefon als auch direkt unterhalten. Das nenne ich Fortschritt. Das hätte mir sicher auch niemand zugetraut, und am Ende bin ich noch lange nicht, auch wenn der Weg ausgesprochen anstrengend ist. Aber es hat sich gelohnt und vor allem die intensiven Sprachtherapien haben mich immer ein Stück vorangebracht mit dem Sprechen, in ein zunehmend wieder selbstbestimmtes Lesen.

Ich kann heute alleine einen Kaffee trinken gehen, Brötchen kaufen, mein Rezept abholen und in der Apotheke einlösen. Dies wäre undenkbar, wenn ich mich inzwischen nicht auch sprachlich ausdrücken könnte.

Heute habe ich nur einmal / Woche Logotherapie. Das ist zu wenig. Die Logopäden sind jedoch total ausgebucht und gute Logos mit meinem Fachgebiet sind selten.

Ja, ich würde gerne einmal täglich Logotherapie haben, manchmal auch zweimal. Aber dann brauche ich auch wieder Erholungspausen.

Üben ist total wichtig. Leider schaffe ich es nicht alleine. Die Therapeutin soll mir gerne jedes Mal Hausaufgaben mitgeben die passen. Das würde ich gerne machen.

Ein Computerprogramm kann hilfreich sein, wenn ich es auch bedienen kann und nicht zu leicht und nicht zu schwierig ist. Mir bringt es nichts, eigene Sprechübungen zu machen. Ich kann das nicht und möchte gerne korrigiert und angeleitet werden. Bücher lesen ist prima, auch Texte.

Ich lese Texte mit einer Rentnerin, die mich korrigiert, das hilft mir sehr. Und ich verfasse Texte und mache Grammatik mit einem ehemaligen Deutschlehrer. Auch das hilft mir sehr. Aber alleine bin ich viel zu unsicher und ich möchte alles korrekt lernen.

Besonders wichtig ist, dass meine Ansprechpartner Geduld mit mir haben, mich selbst Sätze sprechen lassen und warten, bis der Satz kommt.

In unserer Familie wird jeder richtige Satz von mir gefeiert, das gibt mir Zuversicht und Hoffnung.

Ich übe das, was mir die Logopädin aufgibt und ich übe mit den beiden Rentnern regelmäßig.

Das regelmäßige Üben ist ganz wichtig, ich spüre die Fortschritte und ich stimuliere meine Sprachkompetenz. Es geht jede Woche ein ganz kleines Stück besser.

Ich übe nicht mit Programmen aus dem Internet.

Was ich vorschlage in Übungen anzuwenden ist:
- *Aktuelle Nachrichtenartikel mit eine Person laut vorlesen,*
- *Kleine Geschichten z.B. was habe ich gestern gemacht?*
- *Versuchen zu sprechen und aufzuschreiben in richtiger Satzform. Auch dies geht nur mit Hilfe von jemandem, der geduldig korrigiert.*

Weitere Anregung:
- *Mein Mann versteht es nicht, wenn man ihm buchstabiert. Er weiß aber genau, welche Anfangsbuchstaben viele Namen und Wörter haben. So habe ich ihm ein eigenes Alphabet gebastelt: A= Anne, B=Bernd, C=Chips, D=Detlef, E= Erich und so weiter. Damit kann man ihm Worte komplett buchstabieren und er schreibt sie korrekt auf.*

Das war unser Bericht, den mein Mann kritisch geprüft hat und für ‚in Ordnung' hält.

Ich stehe gerne für weitere Informationen und Erfahrungs-berichte zur Verfügung.

Heppenheim, den 27. Oktober 2021 Anne Thoß

6.8 Dr. Horst W.: Mein Beitrag zu „Wege aus dem (aphasischen) Schweigen"

Mein Name ist Horst W., ich bin in Köln geboren und 66 Jahre alt. In Rottenburg am Neckar wohne ich mit meiner Frau und habe aus erster Ehe 3 erwachsene Kinder und 2 Enkelkinder. An der RWTH Aachen habe ich Elektrotechnik studiert und auch dort meine Promotion abgeschlossen. Bis zu meinem Schlaganfall vor 5 Jahren habe ich bei der Daimler AG gearbeitet. Dort war ich in der Entwicklung von Elektrofahrzeugen tätig. Ich habe technische Themen mit anderen Automobilherstellern entwickelt. Dabei ging es um die Standards zur elektrischen Sicherheit der Elektrofahrzeuge. Ich war also viel auf der ganzen Welt auf Reise und die Arbeit hat mir viel Spaß gemacht. Es war neben den technischen Themen sehr interessant, auch die verschiedenen Arbeitskulturen der Nationen kennenzulernen.

Vor 5 Jahren hatte ich einen Schlaganfall und konnte nicht mehr arbeiten. Ich habe seither eine Halbseitenlähmung und die Aphasie. Ich wurde aus meiner Arbeit herausgerissen und konnte sie nicht, wie ich mir dies vorgestellt hatte bis zu meinem Rentenbeginn abschließen oder ordentlich übergeben. Das fand ich sehr, sehr schade.

Im Logozentrum Lindlar war ich 3 mal im Jahr 2018 und 1 mal in 2019. Die Therapiewochen dort gaben mir die Zuversicht, mich wieder ausdrücken zu können. Ich habe dort andere Leute mit den unterschiedlichsten Sprach- und Sprechschwierigkeiten kennengelernt. In dieser Gesellschaft, konnte jeder den anderen verstehen und man hat sich zusammen über Erfolge der einzelnen gefreut. Das war sehr schön und motivierend für mich.

Ich habe das Gefühl, sehr gut aus dem Schweigen herausgekommen zu sein. Hierbei haben mir folgende Dinge geholfen:

- mit der Hand / Gesichtsausdruck gestikulieren, dann fällt mir das Sprechen leichter oder ich werde über die Gestik verstanden,

- *Sprechen regelmäßig üben,*

- *genügend schlafen, ich mache jeden Tag einen Mittagschlaf,*

- *Unterhalten mit lebendigen, fröhlichen, aufgeweckten, vertrauten, mich wertschätzenden Menschen,*

- *Singen im Chor, nach einem Probentag (5 Stunden Singen) konnte ich am nächsten Tag ganze Sätze sprechen, leider am Tag darauf wieder nicht mehr,*

- *über interessante, mich bewegende Dinge sprechen,*

- *auch mal Therapiepausen einlegen,*

- *ich habe auch mal den Therapeuten gewechselt, wenn ich den Eindruck hatte, dass das Üben langweilig oder nicht zielführend für mich war (und sich das auch nicht geändert hat, wenn dies thematisiert wurde).*

Um beim Üben dran zu bleiben hilft mir meine Eigenmotivation. Ich entscheide selbst wie oft ich Eigenübungen machen möchte und wie oft ich in die Sprachtherapie gehen möchte. Am meisten Spaß macht das Üben, wenn ich mit jemandem zusammen üben kann, meistens mit meiner Frau zusammen. Ich übe das, was die Logopädin aufgibt und auch andere Dinge. Ich lasse mit Üben nicht locker und bin froh, dass ich die Möglichkeit habe, zur Therapie zu gehen. Jedoch ist es manchmal schon etwas frustrierend, dass ich mir das neu Gelernte nicht immer merken kann und dann wieder einen Tipp benötige.

Am meisten helfen mir folgende Übungen:

- *Übungen zur Wortfindung mit Hilfe von Wortkarten oder Bildern, die ich neben dem Benennen dann auch Kategorien zuordnen muss,*

- *das Zahlenverständnis hatte ich ziemlich verloren. Ich habe wieder einen Zugang bekommen über das Sortieren meiner Briefmarken in der richtigen Reihenfolge deren Werte und des Alters.*

- *Auch das Kontrollieren der Buchungen meiner Kontoauszüge hat mir geholfen, wieder mit Zahlen etwas anfangen zu können. Auch beim Autofahren spreche ich Zahlen. Ich erinnere meine Frau an die*

Geschwindigkeitsbegrenzungen. Manchmal fährt sie nämlich zu schnell und manchmal auch zu langsam.

- Das Nachsprechen von ganzen Sätzen, die ich zugleich lese.

- Wir lesen jeden Abend neue Verse. Meine Frau liest sie mir mehrmals vor und ich steige dann in die Wiederholungen ein bis ich sie dann im Wesentlichen alleine sprechen kann.

- Für das Sprachverständnis schaue ich regelmäßig die 19 Uhr Nachrichten. Mich interessiert, was in der Welt passiert.

- Ich mache dazu auch gerne die Lese-Übung, den Überschriften von Zeitungsartikeln die dazugehörigen Fotos zuzuordnen. Im Anschluss lese ich die Überschriften laut mit Hilfe meiner Frau.

- Das Üben von Gestik zu Buchstaben oder Wörtern hilft mir den Anfang von Wörtern zu finden,

-Gruppenübungen: die Gruppenübungen im Logozentrum Lindlar haben mir geholfen zu sehen, dass ich mit der Aphasie nicht alleine bin. Es war erleichternd zu sehen, dass auch andere Menschen mit diesem hartnäckigen Sprachverlust zu kämpfen haben und dass die meisten einen positiven Umgang damit gefunden haben. Dort wurde oft doch ganz herzlich gelacht.

- Übungen mit dem Tablet. Da verwende ich das Programm ‚Language' der Firma TactusTherapie. Das Programm ermöglicht, selbst eigene Fotos einzustellen und ein Wort oder eine Satzauswahl für die Übungen einzustellen. Meine Frau hat hier z.B. Fotos meiner Kinder eingestellt, die gerade irgendeine Tätigkeit machen. Da ist das Üben mit noch mehr Freude verbunden.

Beim Lernen gebe ich mir Mühe, sehr konzentriert zu üben. Ich möchte alle Übungen richtig, genau und bis zu Ende machen. Schludern ist für mich nicht angesagt. Für mich ist das regelmäßige Üben wichtig. So haben wir das Verse-Lesen und Nachrichten-Schauen in den Tagesablauf eingebaut. Ebenso versuche ich im Alltag, meine Wünsche und Bedürfnisse immer in Worte zu fassen.

Neben dem Üben zu Hause gehe ich jede Woche viermal 45 min zur Sprachtherapie. Ich habe jede Woche zudem auch zweimal 45 min

Ergotherapie und zweimal 60 min Physiotherapie. Da ich mich in jeder Therapie sehr anstrenge und konzentriere, bin ich danach immer sehr müde. Wenn ich zwei Therapien an einem Tag habe kommt da dann das normale Leben schon zu kurz.

Der Tag ist dann durchgetaktet mit Aufstehen, Waschen, Frühstücken, Wegezeiten zu den Praxen, Mittagschlaf, etc., das ist dann für mich eher wie ein Arbeitstag. Aus diesem Grund habe ich die 4 Einheiten der Sprachtherapie in Form von zwei Doppelstunden auf zwei Tage konzentriert.

Ab Donnerstagnachmittag ist dann für mich Wochenende, Zeit zur Erholung und genügend Platz für Unternehmungen. Ich bin mit diesem Therapieplan so zufrieden und möchte daran nichts ändern.

Eine höhere Therapiefrequenz möchte ich nicht haben, da sonst die Zeit für das so schöne Leben zu kurz wäre. Neben den Therapien übe ich ja auch wenn möglich noch zu Hause.

Verzichten möchte ich also auf die Therapie nicht, da ich weiß, dass ich dadurch bereits dazugelernt habe und weiter dazulernen kann. Das zeigt sich an weniger Missverständnissen mit meinen Mitmenschen, also wenn ich Sprache besser verstehen kann und auch mich unmissverständlich über Sprache oder Gestik mitteilen kann.

Das Wichtigste, um mit der Aphasie in meinem Leben zurecht zu kommen war, dass ich mir klar machte, mich auf das zu konzentrieren, was ich kann. Ich habe gelernt, nicht mit meinem Schicksal zu hadern, sondern die Situation anzunehmen. Hilfreich dabei war und ist die gute Beziehung zwischen meiner Frau und mir. Unsere Liebe braucht keine Worte. Wir sind trotz der Aphasie sehr glücklich miteinander. Dass ich mit Zuversicht in die Zukunft blicke ist sicherlich auch darin begründet, dass ich immer wieder einen kleinen Fortschritt erkenne, bzw. meine Frau mich darauf aufmerksam macht. Egal in welcher Disziplin. Da wir diese kleinen Fortschritte und Erfolge auch immer fröhlich mit einem besonders leckerem Essen feiern, ist das sehr schön.

Ich empfinde Lebensfreude und finde es toll, wenn ich meine Kinder oder Freunde treffe, wenn wir mit dem Rolli spazieren gehen, Ausflüge machen oder zu Veranstaltungen gehen. Seit diesem Sommer fahren meine Frau und ich sogar Tandem-Dreirad. Ich hätte vor einem Jahr noch nicht geglaubt, dass ich das schaffen kann. Dabei haben wir sehr viel Spaß und dadurch auch etwas mehr Kontakt zu anderen Menschen, die Lust haben mit uns mal eine kleine Fahrradtour zu machen. Nebenbei tut es mir gut, meine Beine zu bewegen, da ich mich sonst meist im Rollstuhl fortbewege.

Dank meiner positiven Lebenseinstellung habe ich kein schlimmes Erlebnis mit der Aphasie in Erinnerung. Ich kann mich jedoch an die Zeit des Aufwachens aus dem Koma nicht erinnern. Meine Frau hat mir erzählt, dass ich damals schon sehr traurig war. Sie habe mir damals versucht, Zuversicht für unsere gemeinsame Zukunft zu vermitteln und war immer für mich da. Das hat mir neben meiner Klarheit zur Annahme der Situation sicherlich aus der Traurigkeit geholfen.

So hatte ich nach dem Schlaganfall sehr schöne Erlebnisse. Zum Beispiel als meine Frau und ich dieses Jahr geheiratet haben. Das war ein lang ersehnter Wunsch und wurde am 6. Mai 2021 wahr. Wir beide sind glücklich, dass wir zusammen und zu Hause leben können. Es ist sehr erfüllend zu erkennen, mit ‚wie wenig' wir ‚sehr reich' sind.

Gemeinsam bei einem Tee z.B. das Spiel der Schneeflocken zu beobachten treibt uns die Tränen in die Augen. Weiter denke ich bei glücklichen Ereignissen an unseren Urlaub an der Ostsee und an viele schöne Ausflüge in der Umgebung hier in Süddeutschland.

Was mich regelmäßig sehr freut, sind die Chorproben des Shanty Chors, dem ich schon vor meinem Schlaganfall zugehörte. Mein Freund A. holt mich dann immer zur Probe ab. Wieder in Gesellschaft im Chor zu sein, das finde ich klasse. Ich kann trotz der Aphasie singen, auch mit Texten. Ein besonderes Highlight sind dann natürlich die Auftritte bei Konzerten, bei denen wir in Matrosenkleidung auftreten. Da tragen mich die Chorfreunde schon auch mal mit dem Rolli auf die Bühne hinauf, wenn es keine Rampe gibt. Wir sind also nicht nur beim Singen eine tolle Mannschaft.

Meine Sprechmöglichkeiten sind stark begrenzt. Da ich jedoch meine Bedürfnisse immer irgendwie kundtun kann, komme ich im Leben zurecht und bin ein glücklicher Mensch.

Ich grüble nicht über die Zukunft oder habe offene Fragen, es zeigt sich auch keine Wut oder Ärger über irgendwelche Dinge. Selbst wenn es hie und da bürokratische Hürden zu nehmen gibt, schaue ich auf den Lösungsweg und nicht auf das Problem, über welches ich mich ärgeren könnte.

Mit dieser Einstellung helfe ich oft meiner Frau, Gelassenheit zu bewahren und an die Schneeflocken zu denken.

26.11.2021

Horst W.

6.9 Prof. Dr. Ronald Hitzler: Wie kommuniziere ich - ein „Aphasiker"? Meine Biographie ist mein Testament

In der Nacht zwischen 26. und 27. Dezember 2018 hatte ich in Dortmund einen Schlaganfall. Ich habe meine Schwester, sie wohnt in Weinheim, angerufen, und sie hat verstanden, dass ich akut jetzt einen Schlaganfall erlebt habe (unser Vater hatte neun Schlaganfälle, bevor er mit 88 Jahren gestorben ist).

Ab diesem Moment war alles anders für mich. Meine Schwester hat den Notruf 112 in Dortmund angerufen. Die Sanitäter haben mich in die neurologische Abteilung am ‚Klinikzentrum Mitte' in Dortmund gebracht. In dieser Klinik war ich als ‚vollstationäre' Patient bis 14. Januar 2019. Danach war ich in der Johanniter-Klinik am Rombergpark in Dortmund bis 12. März 2019.

Im LogoZentrum Lindlar war ich vom 6. Januar 2020 bis 5. Februar 2020 (also fast ein Jahr später).

Ich bin 71 Jahre alt (geb. 1950). Ich habe eine (amnestische) Aphasie seit diesem Schlaganfall. Die Folgen waren für mich Gedächtnisverlust und vor allem Sprachverlust. Das heißt: Ich bin Aphasiker seit 35 Monaten (zwei Jahren und 11 Monaten).

Ich bin zum zweiten Mal verheiratet (seit August 2020). Ich habe einen erwachsenen Sohn. Im ersten Beruf war ich Journalist und in meinem zweiten Beruf Soziologe und Philosoph. Seit 1997 war ich Universitätsprofessor in Dortmund. Nun bin ich im Ruhestand (Emeritus).

Am Anfang hatte ich das Gefühl, dass ich ziemlich gut aus dem „Schweigen" herausgekommen bin. Immerhin habe ich diese junge Frau kennengelernt. Aber seit Beginn der Corona-Pandemie (Februar/März 2020) habe ich beruflich kaum noch gearbeitet und geschrieben, weil ich sehr viel an sprachlichen Fähigkeiten verloren habe – aber immerhin nicht alles: Wir haben schließlich sogar geheiratet!

Insbesondere das Sprechen hilft mir am besten aus dem „Schweigen" herauszukommen. Das ist für mich sehr wichtig! Aber es ist mühsam, (mehr oder weniger) fehlerfrei neu sprechen zu lernen. Es geht sehr langsam voran mit dem Sprechen.

Ich habe allen Menschen, die ich kenne, gesagt: „Ich bin ein Aphasiker!" Und dann habe ich angefangen, dies zu erläutern. Bis heute brauche ich intensive Sprachtherapien bzw. logopädische Therapien. Das heißt, dass ich an meiner Lese-, Schreib-, Hör- und Sprechkompetenz arbeite.

Am Anfang konnte ich überhaupt nicht mehr sprechen, und ich konnte kaum noch lesen und schreiben.

Aber ganz schnell habe ich mein Auto und mein Fahrrad wieder in den Griff bekommen.

Und dann habe ich auch ganz schnell meine Küche zum Essen in den (früheren) Griff bekommen.

Dann habe ich angefangen, Musik zu hören – und zwar richtig intensiv zu hören (Klassik, Jazz und Techno).

Auch Sport habe ich gemacht: Fitness in meiner Wohnung und im Studio. Sauna mag ich auch sehr gern, sowie Spaziergänge und (ein bisschen) Wandern.

Wichtig für mich ist: Ich brauche meinen PC, meinen Laptop und vor allem mein Smartphone. Da kann ich Musik hören, Nachrichten hören und sehen, fotografieren, telefonieren und den ganzen Tag „chatten" (z.B. über WhatsApp).

Ich kann keine Zahlen (Telefonnummern, Uhrzeiten, Kalender-daten, usw.) mehr richtig lesen und deuten. Deshalb bekomme ich kognitive Stress-Situationen. Mein „Angriff" heißt: Ich frage alle Leute, ob sie für mich die Zahlen aufschreiben. Dann kann ich es verarbeiten und dann weiß ich auch, was diese verschiedenen Zahlen bedeuten.

Lernen muss ich auch, wie ich vielfältige Dinge am besten erledige und organisiere - nicht so sehr Tagesabläufe, sondern eher Wochenabläufe (z.B. Logopädie-Sitzungen, Wochenmarkt, Opern etc.), aber ich habe noch vertraute Routinen.

Meine Kommunikation ist einfach langsam. Das merke selbst ich, wenn ich mich selber anhöre, wie ich (als Aphasiker) nach Worten suche oder versuche, sie zu finden.

Mein schlimmstes Erlebnis als Aphasiker war in einer Großstadt (Wien). Ich hatte ja mein Smartphone mit „Google Maps Routenplaner" dabei. Und da wusste ich ganz schnell, wo ich derzeit jeweils war. Die ganze Zeit hatte ich Fotos gemacht (z.B. in Museen). Und plötzlich hatte mein Smartphone keine Akkukapazität mehr. Dann wusste ich nicht, wo ich derzeit war. Ich war ziemlich aufgeregt, weil: versuch mal, irgendwo in Wien herauszufinden, wo du die nächsten Straßenbahnen oder gar Bushaltestellen findest. Ich hatte natürlich noch genügend Geld in meinem Portemonnaie. Aber wo finde ich ein Taxi (in Wien!!)? Dann habe ich angefangen, irgendwohin zu Fuß zu gehen. Und irgendwann hatte ich den Eindruck, dass ich in der richtigen Richtung unterwegs war. Am Ende (nach drei Stunden) war ich wieder in ‚meinem' Hotel. Aber das war für mich das unangenehmste Erlebnis als Aphasiker.

Am Ende dachte ich, wie geht es weiter für mich? Offensichtlich brauche ich ein Energiespeicher für mein Smartphone, eine sogenannte Powerbank. Das habe ich auch gekauft.

Mein schönstes Erlebnis als Aphasiker war, dass ich in der Nähe von Lindlar meine zweite Frau kennen gelernt habe. Und kurz danach hatten wir in Deutschland die Coronavirus-Krise und haben sie ja noch (Oktober 2021).

Meine zweite Frau und ich wollten ganz schnell heiraten, und das ging nicht, weil wir eben diese erste Corona-Lockdown-Phase hatten. Meine zweite Frau hatte die Idee, dass wir auch in Dänemark heiraten können. Ich war sofort dafür. Und deshalb haben wir bis zu unserer Hochzeit nicht mehr als sieben Monate gebraucht zum Heiraten. Das war ein wunderbares Erlebnis für mich (und offensichtlich auch für meine Frau).

Wir beide sind, nein: wir bleiben ein Liebespaar! Wir versuchen uns zu verstehen und uns kennen zu lernen, denn uns in der Welt ist die ganze Lebenswelt in uns. Und das heißt, wir wandern von Anfang zu Anfang bis zum Ende, um unsere Wahrheit zu ergründen.

Meine Gedanken „sind frei"! Und deshalb dachte ich: „Wenn ich noch einen Schlaganfall bekomme, will ich unbedingt sterben!" (Sozusagen als mein Testament.)

Mein Zukunftstraum: Wenn alles in meinem Leben ideal laufen würde, dann bin ich in zehn Jahren immer noch das gleiche Leben: dann bin ich nicht mehr Universitätsprofessor, sondern Seniorprofessor. Aber jetzt bin ich ein Aphasiker. Und wenn ich jetzt alles in meinem sogenannten Leben ideal laufen würde, dann bin ich in zehn Jahren entweder tot, oder ich habe meine attraktive und junge Ehefrau immer noch bei mir mit unseren Gefühlen und Gedanken eins miteinander. Aber dann bin ich trotzdem ein richtiger alter Mann.

Ich fühle mich nicht mehr auf gleicher Augenhöhe mit den anderen akademischen Kolleginnen und Kollegen, weil ich selbst meine früheren Publikationen nicht mehr richtig verstehe. Deshalb kämpfe ich mit meinem Gehirn die ganze Zeit (selbst wenn ich schlafen und träumen kann), damit ich meine Gedanken wieder langsam klar machen kann: „Du bist Ronald Hitzler und du bist Soziologe und Philosoph!"

Aber meine zweite Frau versteht besser als ich meine eingeschränkte Sprachfähigkeit: ganz langsam zu sprechen, zu hören (telefonieren), zu schreiben und lesen (WhatsApp), vor allem auch zu rechnen.

Ich weiß nicht warum, aber ich bin derzeit in meinem Kopf durcheinander. Das kann sein, dass mein Gehirn derzeit neue Synapsen bildet. Deshalb habe ich zum Beispiel viel zu viele Träume und schlafe unruhig. Deshalb kann ich offensichtlich besser etwas erzählen und besser lesen. Aber ich kann noch nicht so richtig schreiben (wie früher), was ich erzählen kann. Wie bei allen Menschen ist auch mein Gehirn so etwas wie eine „Denkmaschine" (Künstliche Intelligenz) oder wie „Denkpilze" (Myzelien). So was geht mir derzeit durch meine Gedanken.

Meine Freunde und Freundinnen haben mir für mich positive und freudige Gefühle. Glücksgefühle habe ich, wenn ich denke, das ist meine zweite Ehefrau: Sie ist wunderschön! Meine Erfolgsgefühle habe ich, wenn ich das, was ich derzeit mache, wieder niederschreiben kann.

Selbstverständlich habe ich Enttäuschungen (viele, viele Enttäuschungen) gehabt (z.B. Trauer, Krankheit und Tod). Ich habe natürlich (die ganze Zeit) Frustrationen, weil ich meine Machtlosigkeit erlebt habe und erlebe (wenn ich eine Covid-Maske ‚brauche' – z.B. zum Supermarkt, zur Apotheke, zum Opernhaus), dann habe ich Zorn und Wut bis zur Raserei verspürt. Aber der Tod ist mir gleichgültig: ich habe keine Zukunftsängste. Das heißt, dass ich überhaupt keine Angst mehr habe (außer wenn ich viele Schmerzen habe).

Es geht für mich nicht ‚dringlich', dass die Sprachtherapie für mich verbessert werden müsste. Aber es wäre schön für mich, wenn ich ein lieber Freund oder eine nette Freundin für die Sprachtherapie finden konnte bzw. kann. Und wenn ich jede Woche mehr als eine Stunde bekommen kann, dann würde die Sprachtherapie noch besser für mich laufen. Das heißt, dass ich insgesamt gute Erfahrungen gemacht habe.

Die Sprachtherapie hat mir meine deutsche Sprache wieder besser verstehen kann. Aber die englische Sprache kann ich vorher noch ganz gut verstehen, aber das kann ich gar nicht mehr. Meine Sätze kann ich langsam, aber ganz gut sprechen (es braucht eben einfach Zeit). Meine eigenen Schriften (Publikationen) zu lesen, ist ziemlich schwierig, weil ich hatte früher bis halbe Seite lang Schachtelsätze (also Hauptsätze und Nebensätze) gemacht. Deshalb kann ich auch meine Sätze nicht mehr behalten – geschweige denn wiedergeben.

Die Sprach-Programme im Internet = Computernetzwerken) habe ich auch „herumgespielt". Aber das gefällt mir nicht (warum auch). Ich mache meine eigene Sprach- und Sprechübungen für mich sehr sinnvoll (ja notwendig): dann kann ich ohne Übungen einfach anzufangen reden, bevor ich vorher mir meine Worte und Sätze mehrmals zu sprechen. Und das mache ich, wenn ich Lust habe.

In Deutsch kann ich alles lesen. Aber die Fremdworte brauche ich nicht ständig. Aber es wäre gut für mich, wenn ich meine früheren Fremdworte (z.B. in meinen Publikationen) immer wieder laut Lesen.

6.10 Erzählung von Karin Ot.: ‚Wie alles begann'

Am Abend des 12. Junis 2012 verlor ich meine Sprache. Ich wollte meinem Mann gute Nacht sagen und brachte plötzlich nur unartikulierte Sätze hervor. Aber wie konnte ich es meinem Mann erklären, der dachte, ich scherze und rede Unsinn. Als mir dann auf einmal übel wurde, ich mich erbrach, war auch mein Mann im Bilde und es ging nach Zittau ins Krankenhaus.

Von dort sprach ich mit einem Neurologen aus Dresden per PC, der scheinbar den Ernst der Lage nicht erkannte, da ich noch alle Extremitäten voll bewegen konnte. Jedenfalls wurde ich erst am darauffolgenden Tag in die Stroke Unit nach Dresden geflogen, was sich jedoch meiner Kenntnis entzog. Nun war ich auch somnolent und rechtsseitig gelähmt, was mir erst nach einigen Tagen zu Bewusstsein kam. Ich nahm es zwar wahr, hat mich aber nicht so beeindruckt, wie die Sprache.

Nach ca. einer Woche wurde ich auf eine andere Station verlegt, wo dann das Spießrutenlaufen begann und ich die für mich bisher schlimmsten Erfahrungen mit der Aphasie machen musste.

Zuerst freute ich mich noch, dass es nun endlich mit der Logopädie los gehen würde. Eine Sprachtherapeutin kam zu mir in's Zimmer, die wohl erst mal wissen wollte, wie ich geistig beschaffen sei.

Sie entschied anscheinend: Globale Aphasie, nichts mehr da, Hopfen und Malz verloren. Anders kann ich es mir nicht erklären, die Sprachtherapeutin nie wieder gesehen zu haben. Ich konnte nämlich die Farben nicht mehr zuordnen, z.B. dass die Rose rot und die Gurke grün ist. Auch die Ziffern konnte ich mit den dazugehörigen Worten nicht benennen. Einige Buchstaben waren mir fremd und die Zahlen sowieso. Aber ich könnte es wieder lernen, so dachte ich mir.

Tag und Nacht, bis mir der Kopf rauchte, lernte ich und bemerkte auch langsame Fortschritte. Ich wusste, beim nächsten Mal würde es mir gelingen. In meiner Naivität wartete ich vergebens auf die Logopädin.

Das war entmutigend und ernüchternd. Aber nicht genug damit, man hat mich dort eines Diebstahls bezichtigt.

Ich war in einem 2- Bettzimmer mit einer älteren Frau untergebracht, die versuchte, mir das Leben zur Hölle zu machen (als wäre es das nicht schon). Diese Person hatte das Bett am Fenster. Wenn sie zur Toilette ging, musste sie an meinem Stuhl, auf dem meine Tagessachen lagen, vorbei. Frühmorgens vermisste ich mein grüngeringeltes Shirt, dachte mir wenig dabei und nahm ein Neues aus meinem Schrank.

Am Nachmittag kam die Enkelin dieser impertinenten Person zu Besuch. Zu meinem Entsetzen schenkte meine Nachbarin ihr, es war kaum zu fassen, MEIN Shirt. Bei dem schönen Wetter gingen sie dann in den Garten und ließen mein Shirt auf der Fensterbank liegen, was ich natürlich ohne Worte wieder an mich nahm und in meine Tasche legte. Ich war mir sicher, dass damit die Sache erledigt sei. Weit gefehlt. Meine Nachbarin beschwerte sich abends bei der Schwester, ich hätte ihr ein Shirt gestohlen, sie solle doch mal meinen Schrank durchsuchen. Die Schwester verneinte dies natürlich, sie dürfe es nicht. In der Frühschicht ging das Spiel mit den Verdächtigungen weiter und ein Pfleger, den sie nun fragte, durchsuchte meinen Schrank, ohne mich zu fragen. Er wurde jedoch nicht fündig. Niemand hielt es für nötig mich zu fragen. Niemand holte ein Einverständnis von mir ein, ich wurde vollkommen ignoriert. Es war schlimm, diese Hilflosigkeit zu ertragen!

Ich versuchte mit allen Mitteln es meinem Mann und meiner Tochter zu erklären, die mich täglich besuchten. Aber auch sie wurden nicht schlau aus meiner Darstellung. Wie auch, konnte ich doch nicht sprechen und mich auch mit Gesten nicht verständlich machen.

Es war mehr als bitter, sich nicht verteidigen zu können. Übrigens musste ich dann mehrere Nächte büßen, in dem sich diese Person die abartigsten Dinge einfallen ließ.

Sie legte ihre durchnässten Pampers ausgebreitet auf den Nachtstuhl, den sie neben mein Bett schob. Ein anderes Mal schlug sie mir im Schlaf heftig ins Gesicht. Man konnte dort mit mir alles machen was man wollte, es interessierte keinen. Selbst bei den Visiten richtete man kein Wort an mich, weil ich angeblich nichts verstehen würde. Auch wenn ich mit gepackter Tasche auf dem Flur stand und sagen wollte, dass ich nicht länger in diesem Zimmer bleiben konnte, verstand man mich nicht, gab sich auch keine Mühe. Eine Schwester riss mir die Tasche aus den Händen und schob sie abrupt wieder ins Zimmer und ich sah die hämische Freude meiner Nachbarin.

Ich konnte das alles nicht fassen, war ich nicht in einem Krankenhaus, wo man liebevoll mit Patienten umgeht? Man belehrte mich eines Besseren. Dies alles wurde begünstigt, weil eine erste Diagnose aus meiner Sicht voreilig gestellt war.

Ein paar traurige Episoden nach und mit meiner Aphasie möchte ich noch niederschreiben, die dann doch noch in einem freudigen Ereignis endete. Als ich gerade von meiner Reha kam, musste ich von meiner lieben Mutter Abschied nehmen. Wenn sie auch ein gesegnetes Alter erreicht hatte, war es doch meine Mutti. Als ich mich gerade mit meinem Schicksal aussöhnen wollte, kam die niederschmetternde Diagnose meines Mannes, den ich ein Jahr später an seiner Erkrankung verlor. Nun war ich ganz allein in meinem Haus und ohne sprechen zu können, mit meinem Schweigen, musste ich allein zurechtkommen.

Zum Glück wohnt meine Tochter im Nachbarort. Auch wenn Sie berufstätig ist, war und ist sie immer noch für mich da, wenn ich sie brauche. Sie hat anfangs meinen Schriftverkehr geführt, nachdem mein Mann im Internet Ihre Einrichtung in Lindlar ausfindig gemacht hat. Und so kam ich endlich 2016 nach mehreren Anläufen nach Lindlar, was mir sehr geholfen und vor allen Dingen auch super gefallen hat. Die fachliche Kompetenz und die Freundlichkeit waren frappierend.

Ebenfalls übers Internet und im gleichen Jahr lernte ich meinen jetzigen Partner kennen, dem ich sehr viel zu verdanken habe. Gleich in der ersten Mail schrieb ich ihm von meinem Handicap. Wir trafen uns trotzdem und er besuchte mich während meiner Therapie in Lindlar. Es war ihm sehr wichtig. Wir sprechen sehr oft miteinander. Und es kommt in uns immer öfters der Eindruck auf, als würden wir ganz normal kommunizieren. Die Aphasie ist schon lange nicht mehr das bestimmende Element in meinem und unserem Leben. Von ihm habe ich auch erfahren, dass es wichtig ist, in den Aphasie-Betroffenen hineinzuhorchen. Sprache zu verstehen, auch wenn sie nicht perfekt ausgesprochen ist. Die eigenen Sinne mit viel Empathie wachhalten, hilft uns, den anderen zu verstehen. Noch mehr hilft es, dem anderen zu signalisieren, dass wir ihn verstehen…

Karin Ot.

7.0 Wege aus dem „aphasischen Schweigen"

Das ‚aphasische Schweigen' steht für den neuronalen Verlust diverser Sprachnerven, dessen Folge auch der Verlust der dort verorteten Sprach- und Sprechfunktionen ist.

Die überwiegende Mehrheit der aphasisch Betroffenen sehnt das „Wieder-Sprechen-Können" herbei.

Sehr natürlich ist, dass sie permanent nach Wegen aus dieser Sprachlosigkeit suchen. Den schnellen Weg zur Verbesserung des Sprachstatus bei Aphasie, wie wir das bei den anderen nicht-neurogenen Sprachstörungen kennen, gibt es nicht. Es entstehen starker Verlustschmerz, nicht selten panische Zukunftsangst und wegen der nur langsamen Sprachverbesserung oft Frust und Resignation.

Wir müssen akzeptieren, dass es sich bei der sogenannten ‚Wiederherstellung' der verlorenen Sprache jetzt nicht wie früher um eine Verhaltensveränderung durch Willensentscheidung ausgelöst dreht, sondern dass es sich bei dem jetzigen Vorhaben um einen Prozess handelt, der völlig neu gedacht werden muss.

Die Benennungen ‚Wiederherstellung' und ‚Restitutions-Prozess' zur Kennzeichnung des therapeutischen Wiedererwerbs von Sprache bei Aphasie beschreiben nicht die tatsächlichen neuronalen prozessualen Entwicklungs-Verläufe.

Diese Begriffe insinuieren (beschreiben, geben vor) die Möglichkeit der ‚Reparatur des neuronalen Schadens', die es im Fall der Aphasie aber nicht gibt.

Wenn wir das Ziel „wieder sprechen können" anstreben, müssen wir an ‚den neuronalen Neu- oder Umbau eines Sprach-Nervennetzwerks' denken oder den Gedanken an das ‚Neulernen sprachlicher Funktionen' entwickeln und verfolgen.

Es gibt nach dem Schlaganfall mit Aphasie keine bewusst-gezielte Rückgriffs-Möglichkeiten mehr auf Sprachfunktionen, die abgestorben sind.

Nach dem Hirn-Zell- und Hirnnervensterben gilt nur eins: Durch intensives Angehen eines Neulernens sprachlicher Handlungen im gesunden Hirnareal gesunde Sprachnerven zum Wachsen zu bringen.

Mit den folgenden Ausführungen möchte ich die interessierte Leserschaft schrittweise in ein ‚neues', bisher unveröffentlichtes therapeutisches Denkmodell einführen, was wir in Lindlar seit über drei Jahrzehnten therapiepraktisch umsetzen.

Dieses konzeptuelle Modell stammt aus einer heilpädagogischen Denke und ist nicht medizindominiert. Es hat sich im Laufe der vielen Jahre sukzessive in der aphasie-therapeutischen Praxis entwickelt und als wirksam bewährt.

Es baut erstens auf der partizipatorischen Idee auf, dass die Therapiemaßnahmen sich grundsätzlich an den Ziel-Wünschen jedes einzelnen aphasisch betroffenen Menschen orientieren und dass alles therapeutische Handeln während der Therapieprozesse stets auf diese Ziel-Wünsche ausgerichtet ist.

Es strebt zweitens grundsätzlich optimale Neu-Lernleistungen an, damit starke neuropädagogische Einflüsse auf die Hirnzell-Wachstumsprozesse einwirken.

Das hier vorgestellte aphasietherapeutische Lern- und Übungskonzept (PmL-S) hat bisher inhaltlich und formell mehrere Hunderte aphasisch betroffene Patient*innen positiv angesprochen und vielen von ihnen das Sprechen wieder nahegebracht.

7.1 Das „Wieder-Sprechen-Können" ist vorrangiges Ziel

Regelmäßige Therapie-Ziel-Befragungen der Intensiv-Aphasie-Patient*innen im LogoZentrum Lindlar (während der Zeit von 1995 bis 2014) erbrachten bei 95 % der Befragten die Wunschäußerung, ‚wieder sprechen zu können'.

Therapeutisch ausgedrückt: Einen weitest möglichen Aufbau neuer, durch das neuronale Ereignis verloren gegangenen Sprache und Kommunikationsfähigkeit zu erreichen.

Ich weiß, dass die Restitution der Sprache ein gigantisches Lern- und Arbeits-Projekt ist, vielschichtig, vielthematisch, kompliziert, rätselhaft, langwierig.

Oft ist die Therapie wegen der spürbar fehlenden „Erfolgserlebnisse" mit Frustration verbunden. Auf allen Seiten, auf Seiten der aphasisch Betroffenen, auf Seiten ihrer Angehörigen und bei vielen therapeutisch Tätigen, den Logopäd*innen und Übungspartner*innen.

7.1.1 Auf der Suche nach Techniken und Methoden zur Intensivierung des Lernens mit Aphasie

Interdisziplinär arbeitende Grundlagenwissenschaftler suchen nach neuen, einsetzbaren Techniken zur Unterstützung der Aphasie-Therapien (siehe z.B. ‚Hirnstimulation während der Sprachtherapie durch transkranielle Gleichstromstimulation' unter www.logozentrumlindlar.de /Wissenswertes.)

Die Internet-Technologie bietet mittlerweile große Mengen an sprachtherapeutisch anmutenden Applikationen (App), die aufgerufen werden können. Von Betroffenen selbst werden die gern zur unterhaltsamen Aktivierung der Kognition eingesetzt.

Einige logopädisch substantielle Apps bieten sich gut für gezielte Arbeit in der Therapiesitzung und beim heimischen Üben an (z.B. Neolexon, LogoMedien®).

In der Aphasie-Therapie gibt es seit Jahren zig Methoden, die im Rahmen intensiver Settings und wissenschaftlicher Forschung praktisch erprobt und auf ihre Wirksamkeit hin geprüft worden sind. So hat sich z.B. ‚CIAT' vor dem Hintergrund der Evidenz-Diskussionen als effektiv erwiesen (Breunig,V., Kaiser, M., Krüger, St., Müller, M., Schramm, A; Werner, R. (2007)).

7.1.2 Warum erleben aphasisch Betroffene in großer Zahl nur wenig Fortschritte ?

Warum entsteht nach wie vor der Eindruck, dass die aphasisch Betroffenen in großer Zahl kaum Fortschritte zeigen ? Hängt es damit zusammen, dass die in der Therapie angewandte Methode geringen Langzeit-Effekt hat ? Warum ist der Benefit für die aphasisch betroffene Person so gering ? Was verbirgt sich hinter dem Phänomen Vergessen ?

Wir können bei allen aphasisch betroffenen Personen und Angehörigen beobachten, dass ihnen der Therapie-Prozess zu langsam vonstattengeht. Zwischen Therapie-Fernziel, nämlich „wieder sprechen können“ und tatsächlich erreichter Sprech-Handlungsfähigkeit (Sprech-Performanz) nimmt die betroffene Person noch eine große Kluft wahr, die sich gefühlt nicht verkleinert.

Diese empfundene Differenz zwischen Exspektanz und Performanz ruft die unterschiedlichsten Gefühlslagen bei den Betroffenen hervor.

Es gibt hundert Gründe dafür, dass die betroffene Person nicht zufrieden ist mit dem Verlauf und dem Ergebnis der Wiederherstellung ihrer Sprache. Auch die Angehörigen erwarten schnellere und deutlichere Verbesserungen der sprachlichen Kommunikation mit ihren aphasisch betroffenen Angehörigen. Warum passiert da nicht mehr ?

Bei allen ist eine gewisse Form bleibender Unzufriedenheit mit ihrer Sprache zu hören. Für die aphasisch Betroffenen scheint die bekannte Regel ‚Strenge ich mich beim Lernen an, dann sehe ich nach überschaubarer Zeit das gewünschte Lernergebnis‘ überhaupt nicht zu gelten.

Verständlich ist die oft zu hörende Klage: *‚Ich kann mich noch so anstrengen wie ich will, ich behalte es nicht. Es ist nach kurzer Zeit alles wie weggeblasen !“*

Die aphasische Person, die dieses Empfinden beklagt, erlebt das, was die meisten anderen auch wütend macht: Sie sieht ihr therapeutisches Lernen immer wieder ohne die erwünschte Wirkung, weil sie zwischenzeitlich wieder vergisst, was sie erarbeitet hat.

Das ‚Vergessen' wird in der aphasiologischen Literatur und in der aphasiologischen Forschung wenig thematisiert.

Im Zusammenhang mit ‚Vergessen' können wir im Umgang mit intensivtherapeutischen Langzeit-Patient*innen sehen, dass eine große Therapiedichte (20 – 25 logopädische Sitzungen pro Woche über 3 – 4 Wochen) und dass die mit System gestalteten Therapie-Projekte dazu beitragen, dass die Patient*innen bereits während dieser 3 – 4 Aphasie-Therapiewochen signifikante Fortschritte erreichen und mit Freude registrieren.

Bei aphasisch Betroffenen, die in ihrer Therapie mit geringer Sitzungshäufigkeit und ohne intervallmäßige Therapie-Projekte auskommen müssen, droht das Ausbleiben solcher signifikanter Therapieergebnisse. Mit anderen Worten: Hier schlägt das Vergessen zu.

Das Vergessen bzw. Nicht-Vergessen des neu Gelernten hängt offensichtlich eng mit der Quantität der Therapiesitzungen, also der aufgerufenen Lern-Aktivitäten und mit der systemischen Gestaltung des Therapie-Prozesses zusammen.

7.2 In der ‚normalen' Aphasie-Therapie steht das „Sprechhandeln" zu wenig im Vordergrund !

Im LogoZentrum Lindlar sehen wir die Vorteile der hochfrequenten Aphasie-Therapie. Bisher haben wir über mehr als drei Jahrzehnte viel Gutes in Erfahrung gebracht. Und obwohl wir in all den nun 32 Jahren mit intensiver Aphasie-Therapie messbare und nachweisbare Therapie-Ergebnisse erzielen konnten, stellen wir als therapeutisch Tätige uns immer wieder die Frage, wie aphasische Menschen das bei der Logopädin neu gelernte Sprachhandeln wirkungsvoller langzeitorientiert behalten können.

Bereits vor der ICF-Initiative der Weltgesundheitsbehörde WHO und auch unter konsequenter Anwendung sogenannt ergebnisgeprüfter, evidenzbasierter Therapiemethoden konnten wir den Ein-druck gewinnen, dass in der Aphasie-Therapie über viele Jahr-zehnte das linguistische Paradigma namens „sprachsystematische Therapie“ dominierte.

In der Zeit um das ‚Jahrzehnt des Gehirns 1990 bis 2000‘ herum schenkten die aphasiologisch Tätigen und Forschenden dem defekten Sprachsystem und der ‚inneren‘ Sprache mit dezidierten, linguistisch geprägten Übungen zu Sprachaufbau und Syntax (mit Bleistiftübungen) deutlich mehr Aufmerksamkeit als einem pragmatischen Vorgehen.

Einer der Gründe mag die Tatsache gewesen sein, dass in den 1990er Jahren das Sprech-Handeln als ‚pragmatischer‘ Therapie-Inhalt in der Aphasie-Therapie nicht angesagt war. Es schien geradezu als ‚unwissenschaftlich‘, einen ‚pragmatischen‘ Ansatz in der Aphasie-Therapie zu verfolgen.

Heute offenbart sich mir bei didaktischer Betrachtung der Aphasie-Therapie zwar eine Öffnung in Richtung ‚mehr Pragmatismus‘, doch beklage ich ein therapie-didaktisches Inhaltsloch: Dem primären Wunsch der Patient*innen, ‚wieder sprechen können‘ kommen Aphasie-Therapie und Aphasiologie nur wenig nach. Das können wir daran erkennen, dass die ambulante Sprachtherapie dem Sprech-Handeln und seinem systematischen Aufbau keinen größeren Behandlungsrahmen schenkt.

Da spielen geltende Lehrmeinungen, persönliche sprach-systematische Vorlieben der Profis oder der Zeitmangel in der Therapie ursächlich entscheidende Rollen.

Wenn ich mir die Inhalte ihrer ambulanten Therapiesitzungen zu Hause von Lindlarer Intensivpatient*innen schildern ließ, berichteten die meisten überwiegend über Grammatikübungen, Syntax- bzw. Satzbau-Arbeit, Benennarbeit und Bleistift-Ergänzungsübungen usw. Das Sprechhandeln war und ist kein Thema.

Auch im gewöhnlichen Alltag wird den meisten aphasisch Betroffenen, die wenig bis gar keine Sprachtherapie erhalten, das

‚Sprechen' logopädisch-fachlich nicht nähergebracht. Sie ‚schweigen' den lieben langen Tag. Oder sie antworten wortkarg und reagieren in stereotyp-aphasischer Weise auf Gesprächs-Impulse.

Das ist die Kernaussage der Lebenspartner*innen zur alltäglichen Kommunikation mit dem aphasisch betroffenen Familienmitglied in informellen Befragungen.

Aufgrund des aphasie-bedingten Schweigens verlieren sich im Laufe der Zeit nicht nur die vor einigen Wochen oder Monaten ggf. neu gelernten Sprachhandlungen. Auch die gebliebenen prämorbiden Sprech- und Sprachfähigkeiten scheinen aufgrund eines länger andauernden Schweigens zu ‚verkümmern'.

Es ist auch Gewohnheit im Spiel. Das Sich-Gewöhnen an das aphasische Sprach- und Sprechhandeln tritt durch häufiges Ausführen der aphasischen Performanz schnell ein, und das konterkariert das Wiedererlernen eines fehlerfreien Sprechhandelns.

Wenn sich während der aphasischen Zeit sehr schnell ungewollte Sprach- und Sprechgewohnheiten einschleichen, dann rate ich dringend, unverzüglich eine Aphasie-Therapie in Angriff zu nehmen. Denn je länger das falsche, aphasische Sprechen bleibt, desto schwieriger wird der Neuaufbau eines fehlerfreien Sprechhandelns.

7.3 Das, was ‚an Sprache da ist', sollte eingesetzt und genutzt werden.

Die sprachlich-sprecherische Gewöhnung an den aphasischen Status ist der fehlenden therapeutischen Einflussnahme sowie der Tendenz der aphasisch betroffenen Person geschuldet, aus dem, was ihr sprachlich- und sprecherisch an Ausdrucksmöglichkeiten zur Verfügung steht, für sich das Beste für die Kommunikation zu machen.

Ich gehe davon aus, dass der aphasisch betroffene Mensch anfangs das Wenige an Sprache anwendet, was er im aphasischen

Status an verständlicher Sprachhandlung zu produzieren in der Lage ist.

Macht er dabei überwiegend positive Erfahrungen, dann ist die Wahrscheinlichkeit groß, dass er dazu neigt, seine Art und Weise der aphasisch-sprachlichen bzw. nonverbalen Kommunikation weiter zu praktizieren. Warum sollte er auch nicht ? Denn er kann sich ja offensichtlich auf diese Weise verständigen !

Wenn ihm diese minimale sprachliche Kommunikationsmöglichkeit aber nicht genügt, dann möchte er ein höheres sprachliches Niveau erreichen. Deshalb probiert er Neues aus.

Das aber klappt nur sehr schwer, weil ihn das „neuronale Loch" im sprachlichen Netzwerk daran hindert, eigeninitiativ fehlerfrei sprechen zu können. Insofern sind die meisten Eigenversuche zum besseren Sprechen zu kommen und im Ausdruck „anspruchsvoller" zu sein, ohne professionell-logopädische Intervention weitgehend zum Scheitern verurteilt.

Das neuronale Loch im sprachlichen Netzwerk ist kaum überwindbar. Da kann nur die professionelle Anleitung durch die Logopädin Abhilfe schaffen.

Ich habe viele Hunderte von aphasisch betroffenen Menschen erlebt, die vom Typ her zielorientiert, engagiert und ehrgeizig sind und viel mehr und öfter sprachtherapeutisch aktiv werden würden, wenn sie könnten.

Mich trieb früher und treibt auch heute noch die Frage um, was wir diesen Menschen anbieten müssten, damit sie ihrer therapeutischen Motivation erfolgreich nachkommen und selbst ergebnisorientiert an der Restitution ihrer Sprache arbeiten können.

7.4 PmL-S - Ein sprechhandlungs-orientierter Therapie-Ansatz als Antwort auf das aphasische Schweigen

Ich suchte vor rund 12 Jahren einen sprachpragmatischen Therapie-Ansatz, der neuropädagogische, lernpsychologische und didaktisch-methodische Aspekte eines ‚aphasischen Lernens' zu kombinieren in der Lage ist.

Er soll den aphasisch Betroffenen helfen, das eigene Sprechhandeln zum Thema zu machen und sich selbst zu befähigen, an der Verbesserung des eigenen Sprechens zu arbeiten.

Der Grundgedanke bei unserem polimodal-multisensorischen Ansatz ist, dass das Sprechen als stimm- und geräuschproduzierender Vorgang (mit Vokalen und Lautbildungen) auf Stimmklang und Laut-Geräuschen aufbaut und dass sich der Sprechvorgang aus der Hintereinander-Reihung und aus Kombination von Stimmklängen und Laut-Klängen akustisch darstellt.

Bei dieser physiologisch-physikalisch eingegrenzten Betrachtung des Sprech-Handelns sind die Klänge und Geräusche unserer Sprache die Ausgangs-Quelle unseres Sprechens.

Der neurogene Ausgangspunkt beim Sprechen-Lernen der Kinder ist ihre angeborene Fähigkeit, die Sprachklänge in ihrer Umgebung wahrzunehmen, diese unterscheiden zu lernen, sich diese zu merken und bestimmten bzw. verschiedenen Bedeutungen zuzuordnen, diese Sprachklänge in Form von Wörtern und Sätzen wiederzugeben und zu lernen, auf diese Weise eigene Gedanken formulieren zu können.

Was wir Menschen also genetisch mitbekommen haben ist die Fähigkeit, Wort- und Satzklanggebilde als Höreindrücke aufzunehmen und in unserem klanglichen Langzeitgedächtnis in Erinnerung zu behalten.

Die Sprachklangwelt der deutschen Sprache sitzt bei uns tiefverwurzelt im Gehirn verankert.

Jeder Wort-Sprachklang, den wir hören, ist ein akustisches Sprachklangprodukt mit Bedeutung, verknüpft mit Wissen und Gebrauchsroutine.

Das Sprechen gehört zu den ältesten sprachlichen Funktionen, die ein Mensch seit seiner Kindheit in alltäglichen Anwendungen gelernt, vertieft und automatisiert hat. Sprechfunktionen sind divers neuronal verankert.

Daher gehen wir bei einer sprachklang-basierten Reaktivierung des Sprechens einerseits von einem vorhandenen Sprachklang-Inventar aus, was auch bei Aphasie nicht verloren ist. Darüber hinaus setzen wir aufgrund von Beobachtungen voraus, dass aphasisch Betroffene im weitesten Sinne auditive Speicherfähigkeit besitzen und Sprachklänge grundsätzlich zu differenzieren und wiederzugeben in der Lage sind.

Die zahlreichen Therapie-Projektstudien im LogoZentrum (2006, 2012, 2014) erbrachten Erkenntnis dahingehend, dass ein interessanter, direkter Zusammenhang besteht zwischen Applizierungen von Satz-Sprachklängen und deren Reproduzierung durch die aphasisch betroffenen Personen.

Sie zeigen, dass erstens die Reproduzierfähigkeit von den meisten aphasisch Betroffenen durch weitgehend korrekte Wiedergabe von gehörten Satz-Klangeinheiten nachgewiesen ist, dass zweitens das sprecherische Klanggebilde von ihnen gespeichert und abgerufen werden kann und dass drittens die aphasisch Betroffenen mit dem Gesprochenen (Satz-Gestalt und -Klang) demonstrieren, dass sie über eine sprecherische Handlungskompetenz verfügen.

Diese drei sprachklangbasierten Funktionen: „Reproduzieren“, „Speichern“ und „Sprechenkönnen“ versuchten wir in einer therapiepraktischen Form zur Anwendung zu bringen.

Heraus kam der PmL-S-Ansatz.

Der hat sich im Laufe der praktischen Arbeit mit aphasisch Betroffenen in der aphasie-therapeutischen Gruppensitzung als lern-effektiv erwiesen, und den möchte ich kurz skizzieren.

Dem Wunsch, wieder sprechen zu können, kommen wir insofern nach, als wir in den Aphasie-Gruppen-Sitzungen im LogoZentrum Lindlar das neuropädagogische Lern-Verfahren anwenden, was ich polimodal-multisensorisches Lernen von Sätzen, kurz PmL-S, nannte (siehe Kapitel ‚Blick in die Gruppentherapie' in Kapitel 2.3.1).

Dabei steht als Stunden-Ziel das fehlerfreie Satz-Sprech-Handeln auf dem Plan.

Die Intention war und ist, jeder aphasisch betroffenen Person in der Gruppensitzung Momente zu bereiten, in denen sie mit oder ohne therapeutische Unterstützung ein „fehlerfreies Sprecherlebnis" haben kann.

Damit wollte ich dem höchstrangigen Wunsch "Wieder-Sprechen-Können" Beachtung schenken und diesem Wunsch in der Therapie Rechnung tragen.

Jedes Gruppenmitglied wird vor der Sitzung dahingehend informiert, dass das zu erwartende erfreuliche und nahezu fehlerfreie Sprech-Erlebnis, was bei jedem nahezu erreicht werden kann, nicht etwa das Resultat einer „plötzlichen Heilung" sei.

Das fehlerfreie Sprech-Erlebnis stellt im Gegenteil das Ergebnis eines in diesem Moment neu formierten neuronalen Zusammenspiels bestimmter elektrobiochemischer Impulse dar.

Den Gruppenteilnehmer*innen wird weiter erklärt, dass sie zum „fehlerfreien, neuen" Sprechen als Vorbereitung bestimmte multisensorische Stimulationen erhalten. Diese Vorbereitung erst leitet das neue Nervenimpuls-Zusammenspiel zum nahezu fehlerfreien Sprech-Handeln ein.

Zu diesen multisensorischen Stimulationen gehören

1. das hochfrequente, oftmalig wiederholte Hören und zentrale Verarbeiten des zu lernenden Satzes und

2. das ebenso oftmalige, gleichzeitige Scannen und zentrale Verarbeiten der Schrift des Satzes,

3. das ebenso oftmalige, gleichzeitige Sich-Klar-Machen und Einprägen der Satzbedeutung anhand der sich oftmals wiederholenden Video-Sequenz,

4. das daraus folgende oftmalige fehlerfreie Sprech-Handeln des Satzes.

Diese mehrsensorischen Wahrnehmungs- und Verarbeitungsprozesse leiten bei den Übenden solche Kognitionen und assoziative Speicherprozesse ein, die ihrerseits ein Abrufen / Erinnern und mündliches Wiedergeben der präsentierten Sätze ermöglichen.

Der Gruppenleiter spricht diesen Satz oftmals vor.

Die Stimuli des Gruppenleiters (artikulatorisches Modell mit dem oftmals vorgesprochenen Satz) stellen mehrsensorische und kompensatorische Hilfestellungen dar, die die aphasisch betroffenen Personen befähigen, die vorgegebenen Sätze im Kurzzeitgedächtnis (Arbeitsspeicher) zu speichern und dann weitgehend fehlerfrei sprechend wiederzugeben, trotz des nach wie vor existierenden „neuronalen Lochs“, d.h. ohne Zugriff auf das neuronale Loch..

Und dass dieses „neue Sprechhandeln“ auf Satzebene aufgrund der mehr oder weniger therapeutischen Hilfen ein verständliches Sprech-Handeln darstellt, belegt, dass aphasisch Betroffene nach wie vor Sprach- und Sprechkompetenzen besitzen.

Dass die aphasischen Gruppenmitglieder dann zu fehlerfreien Sprech-Erlebnissen gelangen ist auf ihre fokussierte Konzentration auf das Kurzzeitspeichern des gehörten Satzes, auf das Scannen und Erkennen der Schrift, auf das wiederholte assoziative Einprägen des Satzklanges, seines Schriftbildes und des Satzinhaltes sowie auf das genaue Erinnern / Abrufen dieser zentral verarbeiteten neuen Stimuli zurückzuführen.

7.5 Eine Pml-S-Gruppensitzung = Modell für die Erarbeitung eines fehlerfreien Sprecherlebnisses

Zuerst schauen wir uns eine Video-Szene wiederholt an, während ich oftmals einen und denselben passenden Satz zu dieser Video-Handlung formuliere. Diesen Modell-Satz wiederhole ich etwa 5 - 8 mal besonders deutlich artikuliert, nahezu Wort-für-Wort-sprechend, mit natürlicher Prosodie, also mit normaler Sprech-Stimmführung. Das Video läuft dabei konstant und zeigt immer nur die beschriebene Szene.

Die aphasisch betroffenen Übenden fordere ich auf, sich beim Anschauen der Video-Szene auf das Zuhören einzustellen und den Sprachklang des Satzes aufzunehmen und zu verinnerlichen. Während des Zuhörens und des Speicherns des Satz-Klanges können die Übenden den Satz leise aus dem Begleittext mitlesen.

Nach dem konzentrierten Hören - was übrigens alle Gruppen-Patient*innen beobachtbar erstaunlich intensiv betreiben - sprechen alle Übenden zusammen mit mir diesen Satz drei Mal. Beim dritten Mal sollen sie nun besonders auf eine "fehlerfreie" Aussprache achten.

Die schwer betroffenen Sprech-Apraktiker*innen unter den Gruppenteilnehmer*innen bekommen den Auftrag, sich zunächst ausschließlich auf die Vokalklänge im Satz zu konzentrieren und den Satz "auf den Vokalen" mitzusprechen und dabei nicht auf die Konsonantenlautbildung zu achten, was die meisten sprech-apraktisch betroffenen Patient*innen nach einigen Durchgängen erstaunlich gut umsetzen.

Nach dieser Phase gemeinsamen Sprechens bitte ich dann jede/n Gruppenteilnehmer*in einzeln der Reihe nach, mit mir gemeinsam den Satz zu sprechen. Damit die übrigen Gruppenmitglieder nicht aufgabenlos dasitzen, beauftrage ich sie, während meiner "Einzelkorrekturen" bei jedem Gruppenmitglied aufmerksam zuzuhören und innerlich sprecherisch dem zu folgen, was der

Einzelne aufgrund meiner an ihn gerichteten Hinweise spricht, also genau das zu tun, was ich von dem Einzelkandidaten erwarte.

Das ist der gelernte Satz, den die aphasische Person bei entsprechender Lenkung oft wiederholt.

Nach dieser „individuellen" Sprechrunde mit jedem der Gruppenmitglieder sprechen wir noch einmal gemeinsam den Satz wiederholt so lang - meist noch drei - bis viermal -, bis die Gruppe unisono weitestgehend homogen klingt und ich per Sichtkontrolle keine gravierenden Abweichungen bei den Sprechbewegungen der Gruppenteilnehmer mehr feststellen kann. Dann – nach einer kurzen Pause – beginnt die Einstimmung auf den nächsten Satz.

7.6 Das Lern-Gefühl bei dem repetitiven, sprachklangbasierten Sprech-Handeln (PmL-S)

Während eines PmL-S-Gruppenverlaufs hören die Patient*innen jeweils einen Satz insgesamt rund 15 - 20 mal. Sie sprechen diesen laut - allein und/ oder mit den anderen zusammen. Dazu kommt die Frequenz des inneren Mitsprechens, was ich auf ca. 10 mal veranschlage.

Insgesamt beläuft sich somit die Stimulierung des auditiven Wahrnehmens, des zentralen Verarbeitens und des Sprechens des einen Satzes auf insgesamt rund 30 Mal.

Mein Hauptanliegen in dieser polimodal ansetzenden Gruppenarbeit ist die massierte Stimulierung einer/s jeden Patientin / Patienten zur besseren auditiven Wahrnehmung und Verarbeitung, zum besseren Verständnis des semantischen Zusammenhangs zwischen der gesehenen Handlung und der Versprachlichung, zur Aktivierung des Sprech-Handelns im Sinne kinästhetischer Wahrnehmung und Kontrolle. Hinzu kommt die Stimulierung der Konvertierung beim ganzheitlichen Erfassen des geschriebenen Satzes.

Die Frage nach der Wirkung dieses PmL-S-Vorgehens ist berechtigt.

Therapiepraktisch ist festzustellen, dass jedes teilnehmende Gruppenmitglied während dieser Gruppenarbeit durchgehend sprechhandlungstechnisch teilhaben kann. Das ist von zeitökonomischer Bedeutung, denn jedes Gruppenmitglied wird angehalten, während der gesamten 45minütigen Gruppenstunde wiederholt das Satz-Hören, Satz-Sprechen und (leises oder lautes) Mit-Sprechen innerlich zu verknüpfen und konzentriert ‚mitzumachen'.

Jedes Gruppenmitglied kann sein Sprechhandeln erproben und verfeinern. Interessant zu beobachten ist, dass dieses Gruppenarbeiten in der Patientenmeinung generell auf positive Resonanz stößt.

Sie geben mir auf meine Frage, warum sie diese Gruppenarbeit als zielführend bewerten mehrheitlich die Antwort, dass sie das hochfrequente, ‚konkrete Sprechen' zusammen mit den gleichzeitigen Sprech-Korrekturen meinerseits als für sie sehr wichtig und hilfreich empfinden.

Diese positiven, in den zahlreichen PmL-S-Aphasie-Gruppen gewonnenen sprecherischen Arbeitsergebnisse können auch zu Hause auf ähnliche Weise erreicht werden.

Dazu werden zu Hause audio-visuelle Medien herangezogen, die analog zum Gruppengeschehen in den Erarbeitungsschritten eingesetzt werden können.

7.7 Assoziierung von sprachlichen Neu-Handlungen und vorhandenen Sprachkompetenzen

Die Aphasie-Therapie intendiert das Neu-Lernen der durch die Hirnnerven-Schädigung verlorenen Sprach- und Sprech-Funktionen. Um das zu erreichen bewegen wir uns auf zwei pragmatischen Lern-Wegen.

Über den einen Weg bauen wir ein neues sprachliches Handlungsmuster als Ersatz für die ‚gelöschte' Sprachfunktion auf, über den anderen Weg triggern wir (stimulieren, aktivieren) die im Sprach-Inventar ‚schlummernden' sprachlichen Kompetenzen und Erfahrungen im Umgang mit Sprache und Kommunikation.

Beides, Neu-Lernen und Triggern, sollte stets bei allen Lernanstrengungen Hand in Hand gehen.

Didaktisch heißt das, dass wir gleichzeitig mehrsensorisches Wahrnehmen, sensorisches und kognitiv-intellektuelles Verarbeiten sprachlicher Informationen sowie fehlerfreies Reproduzieren von Sprachhandlungen einleiten.

Dabei verknüpfen wir das ‚neue', therapeutisch geführte Sprachhandeln mit (vermutlich) erinnerbaren, jedoch neuronal ‚verschütteten Alt-Sprachhandlungen' („Das kommt mir bekannt vor"). Das Neu-Handeln „lernt sich" schneller, wenn Erinnerungs-Spuren vorhanden sind. Dann findet eine ‚Assoziierung von Neu-Handlung und sprachlichem Alt-Wissen' statt.

Dabei gehen wir von der Hypothese aus, dass jede aphasische Person, die der Sprache prämorbid mächtig war, auch im aphasischen Dasein über neuronale Einträge sprachlicher Erfahrung verfügt und auf die sie – angemessen stimuliert - gezielt zugreifen kann.

7.8 Nachhaltiges Behalten neu gelernter Sprach- und Sprechhandlungen am Beispiel Sprech-Apraxie)

Die Sprech-Apraxie ist eine neuronal verursachte Sprechstörung, bei der der Abruf der artikulatorischen Programmatik gestört ist. D.h., dass die betroffene Person die Fähigkeit zur Lautbildung / Wort-Sprechbildung verloren hat. Suchbewegungen bei willentlich-sprecherischer Ausformung von Wörtern dominieren und sind ein deutliches Zeichen dafür.

In der Therapie der Sprech-Apraxie entwickeln wir zusammen mit der sprechapraktischen Person artikulatorische Handlungen, die dem phonologisch-phonetischen Muster des zu erarbeitenden Lautes / Wortes nahekommen.

Ziel der therapeutischen Anleitungen und Bewegungs- und Stimmführungen der Logopädin ist, dass die dadurch neu wiedergelernte und wiederholt fehlerfreie Ausführung des Lautbildungsprogramms über die kinästhetische Rückmeldung das artikulatorische Inventar triggert und Erinnerungsspuren legt.

Wie bereits an anderen Stellen beschrieben, bedarf es zur neuronalen Weiterentwicklung des Lautbildungs-Handelns der vertiefenden neuronalen Eintragung und stabilisierenden Vertiefung. Dazu dienen wiederholte Ausführungen der fehlerfreien Lautbildungs-Handlungen.

Zum Zweck des Aufbaus einer Laut- und Wortbildungs-Routine z. B. der Wörter /ja/ und /nein/, empfehle ich zunächst mit Hilfe der Smart-Struktur (siehe Kapitel 8.4.5), geordnete Übungen' zur ,Ja'-Bildung und ,Nein'-Bildung oftmalig durchzuführen.

Vorschlags-Beispiel:

Schritte zur Erarbeitung des Wortes /ja/.

Übungs-Intention:

Welches Ziel-Handeln soll Frau I. in den nächsten drei Übungs-Sitzungen erreicht haben ?

Das Wort ,JA' auf Aufforderung wiederholt sprechen können

Dazu wiederholen wir zunächst die Ja-Bildung als Wiederholung aus den letzten drei Übungssitzungen, indem wir /I/ bilden und dann den Mund weit zum /A/öffnen.
Das wiederholen wir 5 mal. Sie hören das JA ?

Wenn ich Ihnen die Frage stelle: ,Kreist der Mond um die Erde ?' Und Sie meinen, das sei so, dann sagen Sie ,JA' und nicken am besten auch mit dem Kopf. (Assoziation Wort + Bewegung)

Jetzt kommen wir zu dem Wort ,JA'. Das sagen wir jetzt immer, wenn wir etwas bejahen, wenn wir auf eine Frage zustimmend antworten. Das möchte ich heute mit Ihnen üben.

Unsere heutige Zielhandlung ist:

Sprechen Sie das Wort /ja/ in dem Moment lautrein, wenn :

- *ich Ihnen die Wortkarte mit /ja/ zeige,*
- *ich Ihnen 5 enge Fragen stelle, auf die nur positive Antworten mit ,ja' passen, Ich lese Ihnen zunächst die Fragen langsam hintereinander laut vor, damit Sie sich darauf einstellen können.*

a) Gehen Sie bei GRÜN über die Ampelkreuzung ?

b) Stoppen Sie bei ROT auf der Ampelkreuzung ?

c) Verbinden Sie im Wetterbericht das Wort HOCH mit sonnigem Wetter ?

d) Verbinden Sie im Wetterbericht das Wort TIEF mit Regen / mit regenerischem Wetter ?

Wenn sich dieser Frage-Antwort-Dialog als passend / weiterführend erwiesen hat, und wenn sich die aphasisch-sprechapraktische Person in den folgenden drei Sitzungen die Laute /N/, /A/ und /I/ und noch einmal /N/ auch aneignen konnte und sich fähig erweist, diese vier Laute zusammen zu ziehen und das ‚NEIN' sagen zu können, dann sollten Sie versuchen, im Laufe der nächsten zwei, drei Wochen in ähnlicher Frage-Form das /Nein/ abzurufen.

Damit sich die frisch entwickelten ‚Laut- und Wortbildungs-Muster' /ja/ und /nein/ weiter einprägen können, empfehle ich jetzt, mit der aphasischen Person abzusprechen, in den nächsten 14 Tagen täglich 5 ‚enge' Fragen zu stellen, auf die die/der Trainee dann versucht, korrekt mit /JA/ oder mit /NEIN/ zu antworten.

Wir kennen alle das Sprichwort: ‚Übung macht den Meister'. Wir kennen auch den Satz: ‚Steter Tropfen höhlt den Stein'.

Meister wird man, wenn man das oft macht, was man bereits gelernt hat. Den Stein höhlen wir dadurch, dass wir immer wieder konsequent und gleichförmig das sprachliche Handeln durchführen, und das so lange geduldig und geordnet, bis das neue Sprach- und Sprechhandeln ‚sitzt', also im Gehirn so weit eingetragen ist, dass es dann über weiteres Üben zu einem alltagstauglichen, resistenten Sprech-Handeln ausgebaut werden kann.

Perspektivisch wirken sich die kontrollierten Wiederholungen in den Übungssitzungen dahingehend positiv aus, als sich aus der anfangs *geführten* Sprechhandlung ein eigeninitiatives, ‚ungeführtes' neues Sprechhandeln der geübten Sätze entwickelt.

Das lässt sich beobachten, wenn die aphasisch Betroffenen das hochfrequent Geübte eigeninitiativ in größerem Sprech- und Handlungsrahmen anwenden.

Beispielsweise konnten wir nach einigen durchgeführten 2-wöchigen Intensiv-Sprachtherapie-Projekten hören, dass nach Abschluss der Intensiv-Studienprojekte die Familienangehörigen aller Proband*innen in Post-Interviews über deutlich gesteigerte Sprechhäufigkeit und Sprechmengen bei ihren aphasisch betroffenen Partner*innen berichteten.

Das lässt den Schluss zu, dass die aphasische Person, die sprecherisch und therapeutisch zu einer fehlerfreien Sprach- und Sprechhandlung geführt worden ist, - bei hoher Wiederholungsfrequenz ein ‚neues' Sprachhandlungs-Verhalten mit erweiterten Sprechmöglichkeiten generiert und diese neu gelernten sprechsprachlichen Möglichkeiten in Form gewachsener Sprech-Aktivität zum Ausdruck bringen kann.

Wir konnten beobachten, dass die Proband*innen deutlich mehr eigeninitiative Sprach- und Sprechhandlungen zeigten.

Aus diesen Beobachtungen folgern wir, dass aphasisch Betroffene durch weiteres Training ihrer ‚neuen' sprachlichen Handlungsmuster bald in der Lage sein können, auf das ehemals erforderliche Geführt-Werden bei der zu lernenden Sprach- und Sprechhandlung zu verzichten und die neu gelernten und geübten Sprachhandlungen eigeninitiativ und eigenkontrolliert durchzuführen.

Bitte beachten Sie:

Aus langjährigen Beobachtungen von Therapie- und Entwicklungsverläufen müssen wir vor sogenannten ‚Rückfällen in das alte Muster' warnen, die auftreten, wenn nach dem Erlernen des Neuen das übende Anwenden des neuen Sprechhandelns nicht fortgeführt wird, also ausbleibt.

Zur Erholung ist in mancher Hinsicht das Pausieren der Therapie sinnvoll, wenn es in abgesprochener Weise zu einem festen Termin dann weitergeht und während der Pausenzeit idealerweise ein paar Minuten am Tag privat Übungen durchgeführt werden.

Werden ‚endlose' Pausen gesetzt, dann besteht Rückschritts-Gefahr !

Weil wir mit dem therapiebegleitenden Üben nachhaltige und langanhaltende Lernwirkung erzeugen wollen, sind wir gehalten, dafür besondere Lern- und Behaltens-Bedingungen zu schaffen.

7.9 Maßnahmen gegen das Vergessen

In Fachkreisen ist es mittlerweile Konsens, dass die erkennbar geringe Wirksamkeit der ambulanten Aphasie-Therapie (mit durchweg nur 1 - 2 Sitzungen pro Woche) allein dieser geringen Therapie-Frequenz geschuldet ist und nicht etwa primär der Therapiegestaltungs-Qualität der Logopäd*innen.

In diesem Zusammenhang müssen wir wieder über das in der Aphasiologie bisher kaum diskutierte Phänomen ‚Vergessen' sprechen. Das schnelle Vergessen bei aphasisch Betroffenen ist m.E. die wesentliche Ursache für die Wirkungsschwäche der Aphasietherapie.

Es ist zu beobachten, dass die Patient*innen von der einen ambulanten Sitzung zur nächsten viel, wenn nicht sogar alles von dem, was in der letzten Sitzung erarbeitet wurde, vergessen haben.

Können wir eindeutige Ursachen für das schnelle Vergessen ausmachen ? Wie ist es mit der „Lerntiefe" bestellt ? Müssen wir uns kritisch fragen, ob das eingeleitete therapeutische Erarbeiten sprachlicher Handlungen motivational, emotional und interesseweckend tief genug eingedrungen ist in den aphasischen Menschen ? Haben wir mit dem Inhalt der Therapiestunden das persönliche Interesse getroffen ? Oder müssen wir neue Ideen entwickeln, die die aphasischen Patient*innen so fesseln, dass sie ‚intrinsisch' motiviert neu gelernte Sprachhandlungen zu ihrem eigenen Nutzen durch Üben im Gehirn fest verankern ?

Diese und ähnliche Fragen werden wir dann zufriedenstellend beantworten können, wenn wir neue Erkenntnisse gewinnen aus den Beobachtungen des Reaktionsverhaltens der übenden Betroffenen.

Eigenaktives Üben werden wir bei ihnen dann erwarten können, wenn wir in die laufenden Übungen neue Ideen einfließen lassen und ein für sie begeisterndes Übungs-Programm zusammenstellen.

Die ‚Begeisterung' wird gesteigert, wenn die übende Person erkennt und spürt, dass sie durch das Üben tatsächlich sprachliche Handlungsverbesserungen erzielt und sich selbst auf dem richtigen Weg sieht.

Jeder spürbare Lernschritt Richtung ‚wieder sprechen können' steigert bei der übenden Person die Erwartung auf Erfolg und letztlich die Freude, dass „ich durch meine eigenen Bemühungen tatsächlich neue Sprach- und Sprechhandlungen erlernen und anwenden kann".

Und damit kommt die aphasisch betroffene und übende Person ihrem Traumziel, wieder sprechen zu können, näher.

Weil die in der Sprachtherapie neu gelernten Sprach- und Sprechhandlungen neuropädisch betrachtet sehr fragil sind, müssen die Übenden für deren erforderliche neuronale Stabilisierung der Einträge sorgen. Und die erreichen sie in Übungs-Fortsetzungen. Da geschehen dann neuropädisch stabilisierende Eintragungen und deren Transferierungen in ihr Mittel- und Langzeitgedächtnis.

Und wie können wir dem Vergessen etwas Wirksames entgegen stellen ?

Unsere Erfahrung zeigt, dass Vergessen reduziert werden kann, wenn sich die aphasisch betroffene Person

1. ***täglich 5 Minuten lang kognitiv mit sprachlichen Informationen beschäftigt,***
2. ***wenn sie sich mit sprachlernwirksamen Maßnahmen beschäfigt, ‚sprechende' Medien wie Sprachlektionen auf Video z.B., Deutsch für Ausländer' oder Radiosendungen wie***

‚Nachrichten einfach' o.ä. (aber bitte kein öffentliches Fernsehen, weil die Sprechgeschwindigkeit viel zu hoch ist !), und

3. ***wenn sie sprach-lernförderndes Material zur Eigenübung nutzt und wenn sie die lernförderliche Wirkung und den Umgang damit umfassend erklärt bekommt, wie man sich z.B. den Übungs-Stoff lernsystematisch sinnvoll aufbereiten kann.***

Wir wissen, dass aus neuropädagogischer Sicht und aus lerntechnischen Gründen nach dem therapeutischen Erst-Erlernen von Sprachhandlungen in der Aphasie-Therapie die Phase des Einübens durchlaufen werden müsste.

Die könnte sinnvollerweise zwischen der einen und der nächsten Therapiesitzung stattfinden.

Doch leider ist diese Erkenntnis noch nicht zu allen sprachtherapeutisch Tätigen vorgedrungen.

Wir Übungspartner*innen können unseren aphasisch betroffenen Partner*innen das Üben schmackhaft machen durch positive ‚Verstärkung' und ‚Belohnung'. Wir können ihnen beispielsweise nach einer ‚erfolgreichen' Übung ein leckeres Abendessen in Aussicht stellen, oder mit ihr / ihm einen gemeinsamen Spaziergang machen oder das unternehmen, was die / der betroffene Partner*in liebt.

Wir wollen erreichen, dass die aphasische Person durch die Aktivitäten nicht nur in neuen sprachlichen Schwung gerät, sondern auch von sich aus Initiative entwickelt und mit Lust etwas unternimmt.

Das kann übungstechnisch z.B. ein gemeinsames Erarbeiten eines Mini-Dialogs sein wie das Begrüßungs-Ritual und die Begrüßungsformel zur Vorbereitung der nächsten Party oder das Rezitieren eines erinnerbaren Verses aus der Literatur oder eines Volksliedtextes usw.

‚Intermittierendes Lernen' ist ein sehr wirkungsvolles und deshalb wichtiges Tun.

Intermittierendes Lernen bezeichnet ein nach längeren Zeitabständen wiederholendes Überlernen bereits erarbeiteter Sprech- und Sprachhandlungen.

Das können ehemalige Übungsinhalte sein, die heute zwar noch nicht vergessen sind und noch hinreichend klappen, aber nicht mehr ganz sicher wirken.

Dann hilft intermittierendes Überlernen der ehemaligen Übungsinhalte gut über zwei, drei Wochen.

7.10 Aus dem Vergessen ist der Ausweg neben der Therapie das tägliche Üben

Bei einer Therapiefrequenz von einer Therapiesitzung pro Woche ist unzweifelhaft, dass der Therapieprozess, der in manchen Fällen über Monate und Jahre dauert, radikal verkürzt werden könnte, wenn die Betroffenen von einer logopädischen Sitzung bis zur nächsten konsequent und zielorientiert üben würden.

Das hieße, dass eine Kombination von professioneller Aphasie-Therapie und eigenständigem (privatem) Üben der Patient*innen privat organisiert werden müsste. Aber das ist in Ansätzen bei nur wenigen aphasisch Betroffenen gegeben.

Weil das ‚Üben' zur Zeit nicht zu den primären Inhalten der Therapie-Leistungen gehört und nur das Lernen neuer Sprach- und Sprechhandlungen unter der fachlichen (An-) Leitung der Logopädin abgerechnet werden kann, wird das heimische Üben als private ‚therapeutisch-ergänzende Teilleistung' zu verstehen sein.

Dem schnellen Vergessen des in der Therapie neu Gelernten kann erwiesenermaßen wirkungsvoll entgegengearbeitet werden, z.B. dadurch, dass neues Sprach- und Sprechhandeln während der Therapie-Sitzungszeit so erarbeitet werden, dass die/der Patient*in weiß, was sie/er zu üben hat – und das möglichst selbstständig. Dann kann mehr „Verantwortung für das eigene Vorankommen" auf die Patient*innen übertragen werden.

Eine solche ‚Erweiterung' der logopädischen Therapie hinein in heimisches Üben wäre einerseits eine lerndidaktisch sinnvolle Maßnahme gegenüber dem alles schädigenden Vergessen.

Das wäre auch eine protherapeutische Maßnahme zur Kompensation der knapp bemessenen, rezeptierten therapeutischen Zeit bei der Logopädin.

Wir müssen zur Kenntnis nehmen, dass therapeutische Zeit nicht zur Verfügung steht zum Üben, sondern primär zum Neu-Lernen.

Aber erfreulicher Weise ist Zeit auf der anderen Seite vorhanden – auf Seiten jeder aphasisch betroffenen Person.

Und diejenige aphasische Person, die mit Übung- und Lernmaterialien umzugehen in der Lage ist und die stark an ihrem eigenen Lern- bzw. Therapiefortschritt interessiert ist, die kann auf sehr viele interessante audio-visuelle Übungsmedien zugreifen.

Für die eine oder andere aphasische Person kann es einen schwierigen Schritt bedeuten, sich dafür zu entscheiden, die reichlich zur

Verfügung stehende Zeit für sich, d.h. für das eigene Üben zu nutzen.

Vielleicht etwas weniger TV-Unterhaltungs-Konsum und dafür mehr sprachliches Üben ?

Damit der aphasisch betroffenen Person der Übungsbeginn gelingt, braucht sie zunächst die Unterstützung von einer/einem Übungspartner*in, die/der ihr eine psychisch entlastende und mutmachende Zusage macht, dass sie für einen gewissen Zeitraum von ihr/ihm Unterstützung geboten bekommt und sie sich dessen sicher sein kann. Das muss aber nicht unbedingt die/der Lebenspartner*in sein.

Im Laufe der Zusammenarbeit wird schnell deutlich werden, dass das gemeinsame Üben eine gewisse Struktur bekommen sollte.

Häufigkeit der Übungssitzung ? Regelmäßig um welche Uhrzeit ? Zeitliche Länge ? Einige Antworten gibt das Kapitel 8.4.4 ‚Geordnetes Üben von Sprach- und Sprechhandlungen'.

Die SMART-Struktur gibt nicht nur eine sehr gute Orientierungshilfe denjenigen, die ein ‚sportliches Trainingsprogramm' für das Üben neuer Sprachhandlungen entwickeln wollen. Sie hilft allen Beteiligten bei jeglicher Art von Übungsvorhaben, eine Übungs-Linie planerisch aufzubauen und der dann praktisch zu folgen.

Den Übungspartner*innen möchte ich empfehlen, sich auf eine länger andauernde Übungs-Serie einzustellen und sich dafür Zeit freizuschaufeln. Regelmäßig !

Ihnen beiden, Ihnen als Übungspartner*in und Ihnen, der aphasisch betroffenen Person, wird eine gehörige Portion an Motivation, Zielstrebigkeit und Geduld abverlangt.

Damit diese nicht schnell verpuffen empfehle ich, ein Übungsmaterial mit hohem Aufforderungsgrad und mit einem nicht zu hohen Schwierigkeits-Niveau zur Verfügung zu stellen.

Wenn nach einer gewissen Zeit regelmäßiger Übungen / Wiederholungen Fortschritte erkennbar werden und diese präsentierbar sind - und wenn sie noch so klein sind – dann empfehle ich dafür zu sorgen, dass die Fortschritte der übenden Person ihren Angehörigen in regelmäßigen Abständen, z.B. einmal alle zwei Wochen gezeigt werden.

Das schaffen Sie anhand von überzeugenden „Beweisen" und Nachweisen über Video-Mitschnitt-Aufnahmen oder Handy-Tonaufnahmen - ohne Überschwang, aber mit überzeugender Festigkeit.

Die aphasisch betroffene Person, sei sie leicht oder schwer zu überzeugen, soll Gewissheit gewinnen, dass sie nur durch das therapeutische Üben diese positiven Veränderungen des sprachlichen Handelns erreicht hat.

Wir sollten ihr die Möglichkeit bieten, jede erkennbare Sprachhandlungs-Veränderung als einen Lern-Schritt hin zum Ziel zu werten.

Damit positive Veränderungen überhaupt eintreten können, muss das Übungsmaterial für die Übenden adäquat sein.

Das ist es dann, wenn der Übungsstoff in Menge und Inhalts-Qualität den persönlichen Bedürfnissen und dem Können der übenden Person weitgehend gerecht wird.

Das Übungsmaterial sollte der übenden Person innerhalb des häuslichen Umfeldes auch jeder Zeit und leicht zugänglich sein.

Wenn sie das Bedürfnis hat, selbstständig zu üben, dann sollte die Voraussetzung dazu gegeben und die Aufgabe für sie lösbar sein.

Wie lösen wir die Ratlosigkeit folgender aphasischen Person auf, die sagt: ‚Ich würde gerne allein üben, aber ich kann ja nicht lesen.'

Wenn die Intention besteht, diese aphasisch betroffene Person zum eigenen bzw. selbstständigen Üben zu bewegen, dann sollten wir es schaffen, ihr ihre Sorge durch Umgestaltung der Übung zu nehmen, in der dann das Lesen keine Rolle mehr spielt. Es gilt, Hemmnisse zu beseitigen, in diesem Fall z.B. durch Wechsel des Übungs-Inhalts in ‚Nachsprechen'.

Ein wichtiger Aspekt im Zusammenhang mit dem selbstständigen und privaten Üben ist die Übungs-Begleitung.

Wenn ein/e Übungspartner*in involviert ist, dann ist die Übungs-Begleitung gewährleistet.

Wenn das (noch) nicht der Fall sein sollte oder wenn die aphasische Person eine Übungsbegleitung ablehnt, dann sollten wir ihr wenigstens so etwas wie ‚Supervision' anbieten, auch wenn die aphasische bzw. übende Person nicht direkt oder indirekt eine ‚Supervision' nachfragt. Übungsdidaktisch ist eine solche ‚Begleitung' zielführend, denn die übende Person möchte zur eigenen Orientierung klare Rückmeldungen über die ‚Qualität' ihrer Ausführung des eigenen Tuns bekommen.

Bieten Sie ihr an, in regelmäßigen Abständen (z.B. 1 mal wöchentlich) von einem Familienmitglied in der Übungsdurchführung supervidiert zu werden. Und probieren Sie es aus.

Wünschenswert ist selbstverständlich eine Zustimmung, weil bei solchen ‚Inspektionsbesuchen' Fehler in den Übungshandlungen korrigiert werden können.

7.11 Zum übenden Lernen von Sprech-Handlungen sind sprachklangliche Präsentationen der Muttersprache auf Satzebene der natürlichste Weg

In der Aphasie-Therapie sind sprachklangliche Präsentationen der Muttersprache auf Satzebene deshalb unerlässlich, weil sie für die aphasisch betroffene Person wohlbekannte phonematisch-phonetische, prosodische und dialogische Impulse setzen. Diese Impulse triggern die Sprachkompetenz, sie lassen bei den Übenden artikulatorische Klänge beim Sprechen lebendig werden, sie führen dazu, dass artikulatorische Bewegungen angeregt (innerviert) und dass sprechstimmliche Klänge (Prosodie) während des Sprechens von den Übenden erinnert werden.

Das Setzen solcher sprachklanglicher Impulse kann assoziatives Erinnern triggern und noch intakte sprachliche ‚Rest-Funktionen' in den gesund gebliebenen Hirnarealen aufrufen. Dabei können wir auch die Triggerung des Sprachgefühls erwarten.

Aufgrund ihres vorhandenen sprachlichen Bewusstseins, ihres wachwerdenden Sprachgefühls und ihrer sprachlichen Intelligenz, mit denen sie die „Korrektheit" oder „Irrelevanz" eines Satzinhaltes spüren, sind aphasisch betroffene, deutsch-sprachige Muttersprachler*innen fähig, sprachklangbasiert Sätze als relevant wahrzunehmen, diese sprachklangorientiert zu speichern und dann, mit mehr oder weniger Hilfestellung, sprachklang- und modellgemäß abzurufen und wiederzugeben.

Wenn die aphasisch betroffene Person ihr Sprechhandeln z.B. eines bestimmten Satzes weitestgehend fehlerfrei durchführen kann und es auf diese Weise oft (hochfrequent) wiederholt, dann können wir aus neuropädischer Sicht erwarten, dass sich die neuen Handlungsformen (Neuro-Funktionen) als „feste Muster“ zunehmend tief einprägen.

Hat die aphasische Person später diese neuen Sprach- und Sprechhandlungsformen dann so weit verinnerlicht, dass sie sie „fehlerfrei und auswendig“ auf Abruf sprechen kann, beginnt sie diese neu gelernten und abrufbaren Formen sprach-schöpferisch auf veränderte Gesprächssituationen zu übertragen (Transfer, Expansion der sprachlichen Einheit). Im Rahmen der Intensivtherapien in Lindlar konnten wir bei vielen Patient*innen beobachten, dass sich positive Übungs- und Lernergebnisse nicht nur in Form einer Zunahme an fehlerfreiem Sprech-Handeln zeigen, sondern dass sie sich auch im alltäglichen, spontanen Kommunikationsgeschehen, z.B. in einer neuen ‚Zwanglosigkeit‘ im Gespräch darstellen.

Hier konnten wir gesprochene Aussagen wahrnehmen, die vorher in der Therapie in konzentrierter Form wortlautgetreu eingeprägt worden sind und jetzt ganz spontan ausgesprochen wurden.

7.12 Das Triggern assoziierter Informationen fördert den Aufruf neuer Sprach- und Srechhandlungen

Bei dem sprachlichen Krankheitsbild Aphasie sind aufgrund der neuronalen Schädigung bei den aphasisch betroffenen Personen bestimmte neuronale Netzwerke nicht mehr intakt (Stichwort ‚neuronales Loch‘). Die abgestorbenen Stellen der Nerven stehen den elektrobiochemischen Impulsen für deren Durchfluss nicht mehr zur Verfügung. Das hat zur Folge, dass der neuronale Abruf der dort verorteten Informationen (z.B. gezieltes, sprachliches Handeln oder spezielle motorische und sensorische Funktionen) nur noch höchst eingeschränkt oder gar nicht mehr möglich ist.

Wir müssen auch mit breiteren, neuronalen Folgeschäden in großflächigeren Netzwerken rechnen. Als relevante Beispiele dafür können wir die kognitiv-eingeschränkte Verarbeitungsfähigkeit, Vigilanzminderung oder die Leistungseinschränkung im Bereich des Gedächtnisses nennen.

Kompensierende lernunterstützende Impulse sind deshalb bei neuropädagogischem Neu-Sprache-Lernen gefragt.

Es erweisen sich dazu assoziative Erinnerungen an Bilder, Weltwissen, Empfindungen, Gefühlszustände oder Informationen abstrakter Art als dienlich.

Beispiel:
Sie haben in den drei letzten Übungssitzungen folgende 3 Sätze für ein zukünftiges Small-Talk-Sprechen erarbeitet: „Hallo, wie geht`s ? - Du siehst gut aus. – Wie war es im Urlaub ?"

Wie können Sie sich nun diese Sätze so einprägen, dass Sie die Sätze nicht sofort wieder vergessen ?

Versuchen Sie es einmal durch die Herstellung von Assoziationen zwischen Sprachhandlung und inneren Bildern.

Ich beschreibe Ihnen ein Beispiel für die Frage „Hallo, wie geht`s ?"

Stellen Sie sich den Gesundheitszustand des Gegenübers vor. Das Gesicht von Heinz-Georg ist bleich, es wirkt müde. Vermuten Sie nun bei diesem imaginativen Bild einen desolaten Gesundheits-Zustand von Heinz-Georg, der Ihnen Sorge bereitet.

Sprechen Sie jetzt im Selbstgespräch den Satz: „Hallo, wie geht`s ?" und wiederholen Sie die Assoziations-Setzung „krank-aussehendes Gesicht" und Frage „Hallo, wie geht`s ?".

Damit Sie sich die fehlerfreie Sprech-Handlung durch assoziative Verknüpfung mit dem „krankaussehenden Gesicht" einprägen, wiederholen Sie das Sprechen des Fragesatzes gekoppelt mit der Vorstellung des krank aussehenden Gesichts. Das führen Sie bitte noch einige Male durch, heute, morgen, übermorgen, in einer Woche, in einem Monat noch einmal.

Sie stellen sich anfangs immer das blasse Gesicht von Heinz-Georg vor, später ein anonymes blasses Gesicht und stellen dann die Frage: „Hallo, wie geht`s ?".

Nach zigmalig wiederholtem fehlerfreien Aussprechen dieser Frage spüren Sie einen gewissen Fluss, das Sprechen dieser Frage ‚läuft' nahezu ohne Störung.

Wenn Sie dann später in der Realität Heinz-Georg begegnen, dann sprechen Sie ihn, ohne groß überlegen zu müssen, mit „Hallo, wie geht`s ?" an.

Ein anderes Beispiel:

Sie erinnern sich daran, dass Ihr Freund Achim im Urlaub war. Sie planen den ersten Gesprächs-Kontakt mit ihm mit der Frage: „Achim, wie geht`s ? Wie war's im Urlaub ?". Sie stellen ihm übungshalber imaginär mit der Vorstellung der Begegnung im Kopf gesprochen diese zwei Fragen: „Achim, wie geht`s ? Wie war's im Urlaub ?"

Dieses Treffen mit Achim stellen Sie sich konkret 10 Mal, 20 Mal vor und sprechen im Selbstgespräch ebenso oft laut und fehlerfrei: „Achim, wie geht`s ? Wie war's im Urlaub ?"

Bei diesem synchronen Denken an die Gesprächssituation und dem gleichzeitigen Sprech-Handeln der Fragen „Achim, wie geht`s ? Wie war's im Urlaub ?" kommen jetzt assoziativ diese imaginativen

Gesprächs-Situationsbilder und die konkreten Sprachaus-sagen zusammen.

Wenn Sie diese imaginativ-assoziierende Sprechhandlungs-Übung durchführen, dann können Sie davon ausgehen, dass Sie dabei die Fragen tiefer in Ihrem sprachlichen Inventar verankern und dass Sie sich auf diese Weise gut auf die reale Begegnung mit Achim vorbereiten. Auf diesem Wege werden Sie sich die fehlerfreie Satz-Sprechhandlung so einprägen können, dass Sie sie vermutlich nicht wieder vergessen werden.

Mit einem weiteren Beispiel möchte ich das Erinnern von Vergessenem thematisieren, bei dem das Vergessene wieder „präsent" werden kann.

Wir sprechen von konzentrierter „Satz-Beschallung", wenn wir beispielsweise den aphasisch Betroffenen in 5-Minuten-Sequenzen wiederholt einen polimodalen Satz zu Gehör bringen und sie auffordern, beim Betrachten der „bewegten Handlungsbilder" im Video, zu versuchen, den gehörten Satz zu verstehen und dabei die Handlungsbeschreibung nachzuvollziehen.

Dabei setzen wir bei der aphasischen Person voraus, dass sie die Handlung im Video kennt und prämorbid diese Handlung zu beschreiben in der Lage war.

Auch setzen wir hier eine früher gelernte assoziative Beziehung zwischen dem Bedeutungsinhalt des gesprochenen Satzes und der im Video dargestellten Handlung voraus.

Die übende Person nimmt die semantische Beziehung zwischen den bewegten Bildern und der Aussage des Satzes wahr. Die gleichzeitige Präsentation dieser beiden Cues (Videohandlung und Sprachklang) triggert bei der aphasischen Person Assoziationen von Sprachverständnis und Sprachbedeutung.

Wir vermuten, dass die Gleichzeitigkeit des Hörens des Satzklangs und des Erfassens der Satzbedeutung bei der übenden Person das Erinnerungssystem triggert.

Wir können beobachten, dass die Beschallung von aphasisch betroffenen Personen mit gesprochenen Sätzen, die als Handlungsbeschreibungen wahrgenommen und kognitiv verarbeitet werden können, in den Personen individuell Wirkung zeigt. Die einen sprechen nach dem 10. Wiederholungs-Hören den Satz leise und zunehmend sicher und verständlich mit.

Die anderen fühlen sich sogar ermuntert, begeistert aphasisch über selbst erlebte ähnliche Situationen zu sprechen und von Urlaubserlebnissen zu schwärmen, die sie in lebhafter Erinnerung haben.

Interessant ist darüber hinaus, dass das wiederholte akustische Beschallen mit einem Satz auch das Sprachklang-Inventar zu triggern scheint, wofür das recht schnelle und weitgehend sprachklangkonforme (Mit-) Sprechhandeln spricht.

Hypothetisch halten wir fest:

Je mehr Assoziations-Verbindungen zwischen Satzinhalt und Handlungs-Geschehen bei handlungs-beschreibenden Sätzen im Video aufgebaut werden, desto tiefer prägt sich diese assoziative Verbindung ein.

Sprechen wir z.B. den Satz „Hallo, Heinz-Georg, wie geht`s ?", dann fällt der aphasischen Person höchstwahrscheinlich sein krankaussehendes Gesicht ein. Schauen wir auf ein Foto, was Heinz-Georgs krankaussehendes Gesicht zeigt, fällt ihr der Satz ein.

Wenn wir bestimmte Wörter oder Sätze hören, dann tauchen in uns dazu Dinge, Bilder, Empfindungen assoziativ ein. Diese ‚schlummernden, assoziierten', durch sprachliche Stimuli ‚aufgerufenen ' Bilder bekommen therapiemethodische Bedeutung z.B. bei Wortfindungs-Übungen. In analoger Weise können wir umgekehrt durch assoziatives Aufrufen von Objekten, persönlichen Gegenständen oder Liebgewordenem Sprach-Handlungen stimulieren.

7.13 ‚Heimisches Üben' – Aktivitäten außerhalb der Logopädischen Praxis

‚Behandlung' umschreibt das situative Geschehen, bei dem Logopädin und Patient*in miteinander etwas Therapeutisches tun.

Die wahrgenommene logopädische ‚Behandlung' an sich generiert selbst so lange kaum Wirkung bei den Patient*innen, wie die aphasisch betroffenen Personen selbst keine eigenen Lernanstrengungen unternehmen können oder von sich aus unternehmen.

Die Logopädin bringt ihr kompetentes Fachwissen und professionelles Können während der Therapie-Sitzung ein. Sie sucht für ihre / ihren Patient*in die passenden therapeutischen Interventionen aus und leitet sie / ihn in dem zu lernenden neuen Sprachhandeln an. Die Aufgabe der Logopädin ist also die Applizierung therapeutisch wirksamer Maßnahmen für ein fehlerfreies Sprachhandeln und nicht das ‚Üben'.

Von therapeutisch tätigen Aphasiologen wurde der Begriff ‚Üben' als Terminus technicus für das therapeutisch-logopädische Handeln etabliert.

Vermutlich hat sich früher, nachdem sich die Logopädie von der Medizin emanzipiert hat und sich fachlich, politisch und gesellschaftlich als therapeutische Disziplin etablieren konnte, für die Beschreibung der Logopäden-Tätigkeit kein passenderer Begriff gefunden.

Bei nicht wenigen ‚Fällen' kommt es zu jahrelangen Therapie-Prozessverläufen. Der schon erwähnte geringe Lerneffekt der 45-minütigen Therapiesitzung pro Woche ist den neurogenen Verhältnissen im Kopf der aphasischen Person geschuldet, die ursächlich auch das Vergessen verursachen, was bedauerlicherweise die gesamte Dauer des Therapie-Geschehens andauert

Daher gehen übungsmotivierte aphasisch Betroffene hin und suchen sich Möglichkeiten, dem Vergessen etwas entgegenzusetzen. Das ist die über die Therapie hinausgehende Eigeninitiative, sich das einzuprägen, was sie bei der Logopädin gelernt haben.

Im neuropädagogischen Paradigma verstehen wir unter ‚Üben' das neuronale Eintragen neuer Sprach- und Sprechhandlungen und deren systematisches Vertiefen durch hochfrequentes Wiederholen mit dem Ziel, diese dann bei Bedarf situationsangepasst und sicher abrufen zu können.

Trotz der von außen zu erkennenden geringen Wirksamkeit der ambulanten ein- bis zweimal wöchentlich stattfindenden Therapiesitzungen anerkennen und wertschätzen die Co-Autor*innen das überzeugende und unterstützende Logopäd*innen-Verhalten als Motivationshilfe sehr. Deshalb ist es umso bedauerlicher, dass diese positive psychische Wirkung im Rahmen der rezeptierten Therapiefrequenz nur sehr begrenzt zur Wirkung kommen kann.

Vielen Betroffenen fehlt zu Hause, während der therapiefreien Zeit, meist die systematische Korrektur und die aufbauende Handlungslenkung. Rückmeldungen von anderen sind aber für aphasisch Betroffene als korrigierende Hinweise wichtig.

Diese Rückmeldungen dienen der eigenen Verhaltens- und Handlungskorrektur.

Über eine gewisse Zeit sind korrigierende Einflussnahmen auf das Sprach- und Sprechhandeln der aphasisch betroffenen Personen und ihr Verhalten in kommunikativen Situationen erforderlich. Unsere Co-Autor*innen bestätigen einerseits, dass sie unter den jetzigen aphasischen Bedingungen korrigierende Unterstützung benötigen. Andererseits fügen sie hinzu, dass sie zum Erreichen bestimmter Übungs-Effekte mehr Zeit benötigen, viel mehr als früher ohne Aphasie und dass sie für spürbare Übungserfolge deutlich mehr Übungs-Energie aufbringen müssen.

Aus neuropädischen Gründen ist deshalb zusätzliche und therapeutisch wirksame Unterstützung nicht nur sehr sinnvoll, sondern meist auch notwendig.

Wenn die Therapie effektiv und nachhaltig wirken soll, müssen aus den an anderer Stelle erwähnten Gründen diejenigen Sprach- und Sprechhandlungen, die die aphasische Person zusammen mit der Logopädin erarbeitet und notiert hat, wiederholt geübt werden, sowohl zum Nutzen der Patient*innen als auch zur Rechtfertigung des therapeutischen Aufwandes.

Insofern wären die aphasisch betroffene Person und ihre Familie gut beraten, über die knapp bemessene Therapiezeit hinaus eigene Übungs-Initiativen zu ergreifen, eine geeignete Person des Vertrauens als Übungspartner*in für eine begrenzte Zeit zu gewinnen und zu engagieren. Diese Person sollte in der Lage sein, durch ihr Tun bei der aphasischen Person erkennbare Entwicklungs-Fortschritte zu erreichen und die Kooperation mit der Logopädin zu suchen.

Erkennbare Entwicklungsfortschritte erfordern, ich möchte sagen zwingend positive Rückmeldungen an die aphasisch betroffenen Personen. Denn positive Rückmeldungen sind insofern besonders wichtig, weil die aphasisch betroffene Person dadurch nach langer, geduldig ertragener Leidenszeit ohne Sprache endlich Zeichen einer Entwicklung auf dem Weg Richtung Therapie-Ziel sehen kann.

Positive ‚Erfolgsmeldungen' bauen die übende Person psychisch auf. Die positiven Entwicklungs-Bewertungen lassen die aphasisch Betroffenen dann auch wissen und spüren, dass sich ihre Übungs-

Anstrengungen mit Blick auf das mögliche Erreichen des persönlichen Ziels tatsächlich lohnen.

7.14 Das ‚effiziente Üben' - ein probater Weg aus dem aphasischen Schweigen

‚Üben' ist eine besondere Form des Lernens. Das „geordnete Üben" ist ein Handeln mit einer klaren Zielsetzung innerhalb eines lernmethodisch fundierten Systems mit einer organisatorischen Struktur.

Weil ein jedes Üben möglichst effektvoll sein und tatsächlich beobachtbare Lernergebnisse erbringen soll, sind die Organisator*innen zu Hause aufgerufen, Zeit für ein lernwirksames, geordnetes Üben freizuhalten und den nötigen Raum dafür bereitzustellen.

Zum Maßnahmen-Kanon eines ‚geordneten Übens' kann ein ‚intuitives Üben', was mal eben ganz spontan eingeleitet wird, nicht gehören.

Im geordneten Üben wollen wir das in der Therapie neu gelernte Sprachhandeln mit Hilfe lernpsychologisch sinnvoller und neuropädagogisch-‚systematischer' Vorgehensweisen mittels zahlreicher Wiederholungen absichern und einprägen und gleichzeitig „schlummernde" prämorbide Sprach-Kompetenzen triggern.

Das lerneffektive Üben ist ein planvolles, geordnetes Arbeiten. Ich empfehle bei den täglichen 15-Minuten-Übungssitzungen folgende therapie-inhaltliche Schwerpunkte alternierend zu bearbeiten:

----- > ÜBERLERNEN: Die betroffene Person soll das üben, was sie im Prinzip schon kann, aber noch nicht sicher beherrscht und wobei sie glaubt, in der „echten" Kommunikation noch zu versagen.

Übungsformen können sein: Wiederholungen früherer Therapie-Inhalte; vertiefendes Einprägen bestimmter Sprachwendungen; das Führen von Small-Talks mit anderen; jemandem etwas vorlesen, usw.

----- >VERTIEFEN: Das, was momentan in der logopädischen Therapie erarbeitet wird, wird in Übungen vertieft, z.B. führen Sie in den ersten 3 Minuten Ihrer Übungssitzung die Sprachhandlungen ihrer letzten Therapiesitzung konzentriert und fehlerfrei durch. Dazu liegt Ihnen der vorher von der Logopädin zur Verfügung gestellte schriftliche Übungs-Handlungs-Vorschlag vor.

----- > SPRACHE VERSTEHEN: Sprache hören und konsumieren, dabei den Sinn des Gehörten verfolgen, z.B. Radioberichte in einfacher Sprache oder Gesprochenes aus Hörbüchern oder aus LogoMedien® und dann sich über das Gehörte mit jemandem unterhalten. Die Möglichkeit gezielter Themenauswahl haben wir in den ‚podcasts' und in den Mediatheken der Fernsehsender.

----- > FIT-HALTEN und VORBEREITUNGEN: In Abhängigkeit von der zukünftigen Zielsetzung sollte das repetitiv und massiert geübt werden, was als Vorbereitung für die kommenden Lernschritte bearbeitet werden kann, z.B. mundmotorische Übungen, kurze Ausrufe wie ‚hallo' oder ‚komm her' (Ablesen aus Liste mit Ausrufen), Stimmführung: auf- und ab bewegtes Summen auf /m/ und /n/, ‚Sirenen-Ton' auf den Vokalen, Lippen-Flattern usw.

----- > SPRECHHANDELN in SELBSTGESPRÄCHEN: Ich empfehle jeder leicht ablenkbaren spracheübenden Person: „Üben Sie das, was Sie bereits ‚sicher' ausführen können, mit größter Konzentration fehlerfrei, am besten allein, in Selbst-Gesprächen, losgelöst von Störungs-Impulsen von außen und auch vor einem großen Spiegel sitzend. Beim konzentrierten Üben sollten unbedingt alle Störfaktoren ausgeschaltet sein. Sobald Sie bei der kleinsten Unsicherheit spüren, dass Sie Korrekturhilfen oder Rückmeldungen für Korrekturen benötigen, rufen Sie Ihre /Ihren Übungspartner*in herbei."

8 Das Üben - unter diversen Aspekten

8.1 Intention des Übens bei Aphasie

Neuropädagogisch betrachtet zielen die logopädischen Therapie-Maßnahmen und auch das Üben auf das Wachstum von Sprach-Nervenzellen, Sprachnerven und Sprachnervenverbindungen.

Das Erscheinungsbild der Aphasie mit all ihren Verlust-Symptomen soll möglichst ersetzt werden durch ein anderes, neu aufgebautes, weitgehend fehlerfreies Sprach- und Sprechhandlungs-System, was sinnvollerweise auf den beobachtbaren ‚Fähigkeitsinseln' aufgebaut werden kann.

Fähigkeitsinseln sind relevant für das effiziente Üben bei Aphasie. Dazu zählen das sprachliche Bewusstsein, die Erfahrung mit sprachlichem und sprecherischem Handeln (Sprach- und Sprech-Kompetenzen) und Sprache in Form neuronal abgespeicherter semantischer Netzwerke (sensu Storch / Weng, 2010).

Das Üben bei Aphasie erfolgt neuropädisch in Form oftmaligen, fehlerfreien Wiederholens der in der logopädischen Sitzung erarbeiteten neuen Sprach- und Sprechhandlungen, was im sprachlichen Netzwerk zu neuronalen Eintragungen führt. Dabei sprechen wir vom ‚neuronalen Beschuss' der Sprachnerven oder vom ‚Drill&Practice'.

8.2 Triggern von Assoziationen = Auslösen von Sprach-und Sprechhandlungs-Impulsen

Parallel zur Entwicklung semantischer Netzwerke entwickeln wir Menschen assoziative, neuropsychische Verknüpfungen, die wir nach bestimmten Erfahrungen/Erlebnissen /Wissensentwicklungen geordnet neuronal abspeichern.

Das machen wir uns zunutze, wenn wir Sprech-Impulse über das Abrufen von assoziierten Begriffen setzen und so aphasische Personen zum Sprechhandeln bewegen können.

Das Aufrufen von assoziierten „passenden" Wörtern kann eine anregende Übung zur Initiierung eines Sprechhandelns sein. Z.B. Was fällt Ihnen zu ‚Kuhstall' ein ? (‚*stinkt*') oder zu ‚Sonnenliege' ? (‚*Sonnen*') oder zu ‚Konzert' ? (‚*Musik*').

Assoziationen sind Sprach-Öffner (Impuls-Setzer). Es fällt uns immer etwas bei einem gehörten Wort assoziativ ein. Da sind Verbindungen zwischen dem wahrgenommenen Sprach-Inhalt und erinnerten Bildern/Erlebnissen/Emotionen.

Ein plastisches Beispiel für das Auf-Ploppen von Assoziationen ist das sogenannte ‚deja-vue-Erlebnis'. Dabei tritt ein vor längerer Zeit erlebtes Geschehnis oder Bild plötzlich in einer überraschenden, plastischen Deutlichkeit in die Erinnerung, als hätte man dasselbe Erlebnis wie damals.

Unsere Sprache ist mit allen von uns bisher erlebten und erinnerbaren Wahrnehmungsinhalten assoziiert.

Sprachliche Stimuli wie emotional aufgeladene Aussagen, Wut-Ausbrüche, selbst ‚neutrale' Begriffe u.a. wirken auf die damit assoziiert gespeicherten Informationen ein.

Und umgekehrt:

Stimuliere ich durch z.B. Videobilder das verstehende Wahrnehmen einer Handlung, dann kann ich davon ausgehen, dass aphasische Personen etwas mit einer dazu formulierten Versprachlichung „anfangen" können.

Wir nehmen an, dass Videobilder das Sprachinventar triggern und ein gewisses Verständnis für das Gesehene auslösen.

Dieses Triggern von Assoziationen machen wir uns im PmL-S-Lernen zunutze. Wenn wir diese Video-Bild-Stimuli wiederholt aufrufen und wir ebenfalls wiederholt dazu die passenden Versprachlichungen präsentieren, dann können wir mit großer Sicherheit erwarten, dass aufgrund der Assoziierungs-Fähigkeit die aphasisch Betroffenen in dieser Übungs-Sequenz lernen, sich zu den

Video-Bildern die entsprechende Versprachlichung einzuprägen und diese später auch zu erinnern.

Die mit den Video-Bildern präsentierten Versprachlichungen prägen sich die übenden Personen durch systematisches Wiederholen ein. Bild und Satz bekommen eine assoziative Verknüpfung. Über hochfrequentes Wiederholen prägt sich die Assoziation ein. Wird den aphasischen Personen die Video-Handlung gezeigt, erinnern sie die Versprachlichung und rufen das Sprechhandeln ab. Wird den Personen die Versprachlichung präsentiert, erinnern sie die Video-Handlung.

Dieses durch Assoziationen neu entstandene Assoziationskonstrukt ***‚Handlung im Video – Satzklang – Satz-Schriftbild – Satzverständnis'*** dient, wenn es getriggert wird, als Ausgangs-Impuls für den Aufbau eines neuen Sprech-Handlungs-Systems.

Das assoziative Erlernen von 20 handlungsbeschreibenden Sätzen) bildet ein neues Sprach- und Sprechhandlungs-Inventar sowie ein Netzwerk mit Satz-Inventaren aus.

8.3 Üben – eine wohlbekannte Lern-Form

In der neuropädagogisch basierten Aphasie-Therapie geht es um den Neuaufbau von neuronalen Funktionen, die als ‚Ersatz' für die ‚gelöschten' Sprachfunktionen entwickelt werden müssen.

Dazu benötigen die aphasisch betroffenen Personen zum Neuaufbau ihrer Sprache hilfreiche und kompetente Unterweisung von Logopäd*innen und Sprachtherapeut*innen und der umsichtigen Unterstützung durch die Übungshelfer*innen und Familienangehörigen.

Wir konzentrieren uns dabei auf ein Sprachnerven-Wachstum weit weg vom ‚neuronalen Loch'. Dazu ‚belegen' wir eine neue, bisher ‚unbebaute Hirnregion', wo es zwar Mengen an ungenutzten Hirnzellen gibt, aber noch keine Sprach-Nerven.

Das heißt, dem Gehirn teilen wir mittels eindeutiger Aufgabenstellungen mit, was es neu zu lernen hat, d.h. was es neuronal aufzubauen hat, welche neuen Nervenbahnen und Nervenverbindungen es wachsen lassen soll, damit die ‚Sprachhandlungs-Aufträge' an das Gehirn und im Gehirn in Zukunft erledigt werden können.

Das gezielte, trainingsmäßige und neuropädagogische Üben fehlerfreier Sprach- und Sprechhandlungen dient somit dem sukzessiven Nervenaufbau in einem ‚gesunden' Hirnareal und dem darin neu zu lenkenden Fluss der neuronalen Impulse.

Dieses anspruchsvolle Unterfangen finden über die logopädischen Therapie-Maßnahmen bei der Logopädin hinaus in zusätzlichen Übungen statt.

Hier finden die systematischen Wiederholungen der neu gelernten oder der „vergessenen" Sprach- bzw. Sprechhandlungen statt.

Die Wiederholungen werden mit dem Ziel durchgeführt, dass sich dadurch das Können verbessert, sich die geübten Fähigkeiten erweitern, vertiefen und stabilisieren.

Intuitives Üben ist ein landläufiges, unregelmäßiges Abfragen bzw. Abrufen von Sprachhandlungen in der Hoffnung, dass die sich dadurch verbessern und festigen. Intuitives Üben generiert im aphasischen Lernen wenig bis keine nachhaltige Wirkung.

Geordnetes Üben ist die vorgeplante, zielorientierte Lern- und Handlungsabfolge, die durch oftmaliges Ausführen der zu übenden Sprachhandlung seine neuronalen Funktionen verfeinert, vertieft und ausbaut. Da sind Handlungs-Ziele und Zeitlimits festgelegt. Da werden zielführende Maßnahmen angewandt und durch „Evaluation" ihre Wirkung beobachtet. Das Übungsziel ist dann erreicht, wenn das geübte Sprach- bzw.

Sprechhandeln die weitgehende Zufriedenheit der beteiligten Akteure hervorruft.

8.3.1 Nervenzell-Wachstum im sprachlichen Netzwerk

Kurz nach dem Schlaganfall ist der informationsabrufende Zugriff auf die bewussten Sprach- und Sprechhandlungen aufgrund des ‚neuronalen Lochs' nicht mehr möglich, jedoch ist die Sprachkompetenz noch vorhanden.

Nerven-Umleitungen müssen abseits vom ‚neuronalen Loch' neu gebaut werden. Dazu sind gezielte, gleichförmige Aufgabenstellungen mit höchster Konzentration fokussiert durchzuführen. Für den neuronalen Eintrag bedarf es der großen Häufigkeit dieses Handelns.

Und das setzt Nervenwachstum in Gang.

Wenn aphasisch betroffene Personen das Ausführen neuer Sprach- und Sprechhandlungen gezielt weiter verfolgen, generieren sie das Sprachnervenzell-Wachstum in die gewünschte Richtung. Wiederholendes Sprach- und Sprechhandeln führt zur neuropädischen Verankerung und Vertiefung und auch zur Erweiterung des Sprachnerven-Netzwerks. Erweitertes, konsequentes Üben und Einprägen neuer Handlungen ruft das weitere Wachstum von Sprachnerven hervor. Es entsteht das neue, ausgedehntere Sprachnerven-Netzwerk an einem neuen Platz in einer gesunden Hirnregion.

8.3.2 Bei erfolgreichem Üben wächst die Geduld

Konsequentes Üben einer Sprachhandlung steigert die Qualität und Anzahl verbesserter Übungsresultate.

Die Verbesserungen spürt und beobachtet die übende Person. Sie motivieren sie weiter zu lernen. Je mehr verbesserte Übungsresultate auftreten, desto größer wird die Erwartung auf weitere positive Ergebnisse. „Ich verbessere und behalte mein neues sprecherisches Handeln !" Diese positive Erfahrung ist der Ausgangspunkt für sich wiederholende Erfolgserlebnisse. Dann gewinnt die aphasische Person vermutlich auf lange Sicht auch zunehmend Geduld in Bezug auf spürbare Entwicklungen. Größere Geduld wirkt positiv auf die psychische Grundstimmung, sie bewirkt den Abbau von Erwartungsdruck.

Seien wir also stets darauf bedacht, die Geduld nicht zu verlieren, sondern die Geduld durch positive Lernergebnisse zu steigern. Kleine, aber für die aphasische Person deutlich erkennbare /spürbare/verstehbare Verbesserungen sind geduldsteigernde Übungs-Ergebnisse. Die halten die aphasische Person in „Lern-Stimmung". Gesteigerte Geduld geht einher mit Zuversicht.

Größere Zuversicht steigert auch die Resilienz, Misserfolge besser zu ertragen. Geduld, positive Erfolgserwartung sind generell hilfreich bei der psychischen Bewältigung des Sprachverlust-Traumas.

Auch die ‚Aphasie-Akzeptanz' wird durch Geduldssteigerung positiv beeinflusst.

8.3.3 Nachsprech-Übungen verbessern Sprach- und Sprechhandlungen und diverse neuropsychische Funktionen

Nachsprech-Trainings wirken sich positiv auf Sprachwahrnehmung und Sprech-Handeln aus. Sie versetzen die übende Person abwechselnd in den Wahrnehme-Modus und in den Wiedergabe-Modus. Das verlangt von der übenden Person beim Hören des Vorgesprochenen konzentrierte und fokussierte Entschlüsselungs- und Speicher-Aktionen ab.

Diese sind Voraussetzung für einen fehlerfreien Abruf, d.h. für ein fehlerfreies Erinnern der gehörten Sprache und das fehlerfreie Wiedergeben des Gehörten.

Die betroffene Person nimmt die ihr prinzipiell bekannten, wahrgenommenen Sprech-Klänge und Sprechbewegungen bei den wiederholten Nachsprechhandlungen wahr, fühlt diese zunehmend und erinnert sie.

Die bei der Artikulation hervorgerufenen Geräusche und Bewegungen triggern das Lautierungsgedächtnis. Die aphasisch betroffene Person identifiziert die eigenen Sprech-Bewegungen und Sprech-Klänge zunehmend sicher als ‚falsch' oder ‚richtig'.

Durch das eigene, modellgetreue Nachsprech-Handeln wird den Übenden ihre Sprechsteuerungs-‚Gewalt' während ihrer eigenen Lautbildung und Stimmproduktion bewusst. Sie spüren, dass sie es initiativ wieder nach und nach unter eigene Kontrolle bringen.

In den Gruppensitzungen konnten wir beobachten, dass durch das längerfristige Üben des Nach-Sprechens die übenden Personen sicherer wurden bei eigeninitiativen und eigenkontrollierten Sprechhandlungen.

Bei ‚Versprechern' kamen immer häufiger Reaktionen zum Ausdruck wie Aufhorchen, Stutzen, Wiederholen mit der verbesserten Sprechhandlung.

Offensichtlich haben die sich wieder entwickelnde Hör-Routine und der ‚geschärfte' Hör-Sinn zu einem neuen, wieder gewachsenen Sprach- und Sprechgefühl geführt.

M.E. wirken sich Nachsprech-Trainings auch positiv auf weitere neuropsychische Prozesse aus wie ‚Aufmerksamkeit', ‚wachsendes Interesse' und ‚Sprechbedürfnis'.

Die Aufmerksamkeit in Bezug auf das Hinhören und Speichern des Gehörten wächst durch oftmalig konzentriertes Fokussieren auf das wahrnehmende Hinhören. Zu beobachten ist, dass die Gruppenteilnehmer auf ihr Sprachgefühl zurückgreifen, wenn die übenden Personen besonders auf Fehlerfreiheit bei ihrem Sprech-Handeln achten müssen und trotz Unsicherheit ‚schnell' entscheiden sollen, ob ihr Sprechhandeln korrekt war oder nicht. Dann heißt es ‚aus dem Bauch heraus' und mit Gefühl zu entscheiden.

Das Nachsprechen ruft offensichtlich auch das Sprechbedürfnis wach. Von einigen Patient*innen wurde der Wunsch geäußert, dass sie gern viel mehr von diesen Nachsprechaufgaben bekommen möchten, weil sich das Sprechen beim Wiedergeben des Gehörten ‚gut anfühlt'.

Sie gewinnen auch am Beispiel des Nachsprechens die ganz wichtige Erkenntnis, dass sie das Sprechhandeln an sich nicht verloren haben, auch wenn es sich hier „nur" um ein ‚Nachsprechen' handelt.

Diese Erfahrung gibt ihnen sichtlich Auftrieb.

8.3.4 Intentionales Üben mit Ziel-Handlung und Zeitrahmen

Nehmen wir an, eine aphasische Person hat das Erlesen eines Wortes soweit erarbeitet, dass sie in etwa weiß, wie sie vorgehen soll, um auch ein anderes, neues Wort und noch ein weiteres Wort gelesen zu bekommen.

Wenn sie sich beim lauten Erlesen unbekannter Wörter hinreichend sicher fühlt, kann sie im Bereich des Lesen-Übens jetzt das Übungs-Ziel bzw. die bisherige Ziel-Handlung erweitern, beispielsweise durch:

‚Nacheinander fehlerfreies, lautes Lesen-Können von fünf verschiedenen Wörtern'.

Damit aber diese Zielformulierung nicht bloß eine Willensbekundung bleibt – und das ist in der Therapie bei der Zielformulierung oft zu beobachten - empfehle ich dringend, der Zielformulierung den beabsichtigten Zeitpunkt der Ziel-Erreichung hinzuzufügen, z.B. in drei Wochen (sehen Sie auch unter SMART, Kapitel 8.4.5).

Mit einer eigenen Terminfestlegung schließt die übende Person mit sich selbst einen ‚Vertrag', in dem sie sich ‚verpflichtet', das gesetzte Ziel zu jenem Zeitpunkt erreicht zu haben. Das spornt sie an, auf den vor ihr liegenden Termin hinzuarbeiten.

Die übende aphasische Person gewinnt auf dem Weg zum Ziel ein Gefühl für die erforderliche Zeit, die sie für das Erreichen der definierten Übungs-Zielhandlung braucht.

Sie nimmt wahr, dass sich gravierende Veränderung beim Lernen ergeben haben. Ihr Lerngefühl mit Aphasie ist ein anderes gegenüber dem früheren ohne Aphasie.

Es ist ihr fremd, die Dauer des Erlernens z.B. des Sprechens eines kurzen Satzes einzuschätzen. Den Zeitbedarf für das Üben und das Zielhandlungs-Erreichen muss sie erst wieder einschätzen lernen, um später Übungsaufwand und Zeitbedarf überschauen zu können. Es entwickelt sich ein neues Gefühl für die zeitliche Dimension im Lernen mit Aphasie.

Obwohl sie erkennen mag, dass das aphasische Lernen unliebsam langsam vonstattengeht, sie wird aber auch erkennen, dass ein Lernen trotz vieler Widerstände tatsächlich klappen kann. Und diese Erfahrung überzeugt sie und motiviert sie, sich ‚weiter anzustrengen'.

Wir sehen beim intentionalen Üben und ganz besonders in ambitionierten Sprech-Handlungs-Trainings, dass bestimmte Übungsziele (Lernziele) unbedingt sein müssen.

Die Übungsziele beschreiben die zu erreichenden Übungsergebnisse, die in einer vorbestimmten Zeit erarbeitet werden sollen.

Durch die zeitliche Vorgabe wird die übende Person angehalten, ihre Lernschritte vorauszuplanen und diese gewissermaßen so zu ‚portionieren', dass sie den geplanten Übungsstoff mit Blick auf den Ziel-Zeitpunkt sicher gelernt bekommt.

Aus Berichten von übenden Patient*innen wissen wir, dass intentional übende Personen es schaffen können, das Sprach- und Sprechhandlungs-Ziel in einer vorgegebenen Zeit zu erreichen.

Das ist für sie dann der nächste Erfolg im Lernen mit Aphasie. Das erfüllt sie einerseits mit Freude, andererseits kann jede übende Person auch aus ihrem guten Ergebnis wichtige Rückschlüsse ziehen auf die Wirksamkeit ihres methodischen Vorgehens und auf den Übungs-Inhalt, den sie gewählt hat.

Aufgrund ihrer Erfahrung mit dem angewandten Übungsinhalt kann sie den Übungs-Stoff gut beurteilen, der spürbar gut oder weniger gewirkt hat und auch die Zeitvorgabe, die sie definiert hat und die offensichtlich leistbar und nicht überzogen war.

Wenn die übende Person konsequent, systematisch und mit großer Motivation und Ausdauer darauf hinarbeitet, von Lernabschnitt zu Lernabschnitt immer sicherer und besser zu werden, bekommt das intentionale Üben Trainingscharakter.

Mit den zwei folgenden Beispielen möchte ich den Gedanken des ‚Schritt-für-Schritt–Übens' verdeutlichen an Hand der Expansion eines Sprachhandlungs-Inhalts.

Das erste Beispiel setzt sich eher mit einer lernpsychologisch organisierten Leistungssteigerung in einer Sprach-Handlung auseinander.

Mit dem zweiten Beispiel ‚Transferieren der Satzstruktur' möchte ich Ihnen zeigen, dass ein nächster, spracherweiternder Lernschritt auf dem vorherigen aufbauen muss.

Nach Erreichen der letzten Übungs-Ziel-Handlungen = ‚lautes und sicheres Erlesen von drei ungeübten Wörtern innerhalb von drei Tagen' steht nun z.B. die Erweiterung der Sprachhandlung ‚Wort-Lesen' an.

Eine quantitative Expansion der Übungs-Ziel-Handlungen besteht darin, dass als neue Sprach-Zielhandlung eine erhöhte Menge der zu erlesenden Wörter in der gleichen Zeit festgelegt wird.

„Ab kommendem Montag werde ich acht der Reihe nach aufgeführte ungeübte Wörter laut und sicher erlesen. Am Mittwochnachmittag um 4 Uhr kommt Max und hört mir zu."

Übergeordnete Intention ist die Verbesserung des Erlesens. Wir bleiben bei dieser Thematik, wenn wir uns alternativ inhaltlich so orientieren:

„Ab kommendem Montag werde ich zwei kurze (3-gliedrige) ungeübte Sätze in drei Tagen laut und sicher erlesen. Am Mittwochnachmittag um 4 Uhr kommt Max und hört mir zu."

Bleiben wir bei dem Kern-Gedanken „Schritt für Schritt" des intentionalen Übens.

Wir sehen, dass wir nahezu unendlich viele Möglichkeiten der Zielformulierung und der Festlegung der zeitlichen Dimension haben. Für unsere tägliche Übungspraxis empfehle ich, sich das jetzige Können genau anzuschauen und zu überlegen, auf welches nächste Ziel-Handeln Sie hinarbeiten wollen.

Wenn Sie sich im Klaren sind, was Ihre nächste Ziel-Handlung sein soll und wie Sie sie ausführen, dann überlegen Sie, wie Sie Ihre jetzige Sprach- bzw. Sprechhandlung ein ‚kleines Stück' erweitern können.

Ein ‚kleines Stück' soll eine ‚kleine Ziel-Erweiterung' bedeuten. Wenn Sie acht Wörter während der drei Tage erarbeitet haben und vorher acht fehlerfreie Wort-Lesehandlungen als Ziel formuliert und das erreicht haben, dann können Sie durchaus eine Ziel-Erweiterung vornehmen.

Ich nenne Ihnen einige praxiserprobte Erweiterungsideen unter den in Klammern genannten Übungs-Intention:

- Das Erlesen der erarbeiteten Wörter weiter und in zügigerer Abfolge durchführen; das neue Können dadurch sichern und stabilisieren (‚Lesekompetenz-Steigerung'),

- Sie erhöhen die Anzahl der zu lesenden Wörter z.B. um 2 Wörter; Sie nehmen sich in der nächsten Woche ab Montag 10 ungeübte Wörter vor und erlesen diese bei gleicher Zeitspanne. Übungs-Intention: ‚Lesekompetenz-Steigerung', oder

- Sie fassen beim Neu-Lesen von acht Wörtern jeweils zwei Wörter zu einer Lese-Einheit zusammen (Vergrößerung des Leseausschnitts) und stoppen die Zeit, die Sie bis zur Zielerreichung benötigen (Vorlese-Kompetenzsteigerung) oder

- Sie erweitern die Wort-Lesemenge durch Wechsel auf die Satzebene und bieten Kurz-Sätze mit drei Wörtern an usw.

Generell können Sie beim intentionalen Üben analog zum Training das Anforderungsniveau anheben durch Verkürzen der Zeit bei gleichbleibender Anzahl der Handlungen oder durch

Erhöhung der Handlungs-Frequenz bei gleichbleibendem Zeitintervall.

Noch ein Tipp:

Beschreiben Sie auch diejenige Sprach-Handlung, die Sie am Ende einer Übungs-Sitzungsreihe (nach einer Woche, nach einem Monat usw.) gekonnt sehen wollen.

Schreiben Sie diese Ziel-Handlung und die dafür vorgesehene Zeit so konkret und so gut nachvollziehbar in Ihr Übungs-Buch, dass nicht nur Sie sondern auch Ihre / Ihr Übungshelfer*in diese Daten mit den bisherigen Daten aus den vergangenen Übungssitzungen vergleichen können und die ‚Leistungssteigerung' als Protokollnotiz festhalten.

Ein weiteres Übungsbeispiel: ‚Ein Schritt baut auf dem vorherigen auf.' In diesem Beispiel setzen wir voraus, dass die übende Person nun gelernt hat, einen vorher erarbeiteten Satz fehlerfrei auszusprechen. Fehlerfreies Aussprechen eines Satzes ist nämlich die Voraussetzung für die Bewältigung des nächsten Lernschritts.

Das ist der Transfer von gelernten Satzelementen zu einem strukturgleichen Satz mit anderer Bedeutung.

Wenn Sie eine bestimmte Satzstruktur verinnerlicht haben, diese also recht sicher und relativ schnell erinnern und somit ‚leicht' abrufen können, dann wird es interessant zu erfahren, wie Sie diese Satzstruktur auf andere Satzaussagen übertragen können, wobei Ihnen dabei Ihr „Sprachgefühl" behilflich sein wird.

Beispiel:

Sie haben den Satz gelernt: „Sie (die Frau) macht ein Foto von der Küste." Dieser Satz ist nun durch das wiederholte Sprechen in Ihrem Kopf sprachklanglich, sprechmotorisch, sprechrhythmisch, semantisch fester verankert als vor der Erarbeitung. Sie können den Satz „Sie macht ein Foto von der Küste" fehlerfrei sprechen.

Wenn Sie diese Szene wieder sehen oder wenn Sie sich die Szene vorstellen, dann kommt Ihnen der Satz „Sie macht ein Foto von der Küste“ wieder ins Bewusstsein. Sie können sich diesen Satz in Erinnerung rufen, wobei Sie ihn u.U. sogar innerlich sprechen.

Nicht nur der Satz-Inhalt hat sich eingeprägt, sondern auch die Satzstruktur mit Subjekt, Prädikat und Objekt.

Diese Satz-Struktur ist Ihnen geläufig.

Nun wollen wir das bisher Gelernte, nämlich die Aussage „Sie - macht - ein Foto von – der Küste“ nutzen und für einen weiteren Lernvorgang ausbauen.

Wir nehmen die Satzglieder „Sie - macht - ein Foto von – ....“ und suchen dazu nun eine ähnliche Handlungs-Situation. Wir belassen es bei der Handlung „Sie macht ein Foto“, tauschen aber das Objekt aus.

Für ‚Küste‘ setzen wir nun ‚Blume‘ ein.

Gedanklich richtet die Fotografin ihren Fotoapparat auf eine Blume. Sie fotografiert jetzt die Blume. Wir beschreiben die Fotografier-Aktion nun mit folgenden Worten: „Sie - macht - ein Foto von – der Blume.“

Was hat sich dadurch im Satz verändert ? Aus dem Objekt ‚Küste‘ wurde ‚Blume‘.

Halten wir fest:

Bei Wechsel des Fotografier-Objekts übernehmen wir die Struktur des gelernten Satzes, wir tauschen nur das Satzglied Objekt.

Zur Transferierung der gelernten Satzstruktur übernehmen wir die gelernten Satzglieder des Satzes und setzen die ein in die neue Aussage.

Eine kleine Aufgabe für Sie:

Ich zeige Ihnen nun ein Foto mit dem Wortlaut: „Sie (die Frau) macht ein Foto von sich, ein Selfie.“ Sie erinnern sich an die vorher intensiv gesprochenen Satzglieder „Sie - macht - ein Foto von -

……..". Formulieren Sie jetzt einmal die Beschreibung der neuen Situation, in der die Frau von sich ein Foto macht.

…………………………………………………

Sie tauschen das Wort ‚Küste' / ‚Blume' mit ‚sich, ein Selfie'. Ansonsten bleibt alles so wie es war. ‚Sie - macht - ein Foto von – sich, ein Selfie.'

Diesen Satz sprechen Sie nun mit dem neuen Objekt hochfrequent und dann fehlerfrei und ohne Hilfestellung selbstständig.

Mittlerweile haben Sie die Satzglieder ‚Sie - macht - ein Foto von – sich, ein Selfie' mindestens 10 bis 20mal gedacht, gehört und gesprochen und sich dabei die Abbildung dieser Handlung ebenso oft angesehen.

Der Satz prägt sich ein und erweitert Ihr neues Sprach- und Sprech-Inventar durch diese Beschreibung der neuen Fotografier-Handlung.

Zu Übungszwecken nehmen wir eine Vielzahl von Objekt-Austauschen vor. Das gestalten wir ‚spielerisch'.

Legen Sie der übenden Person Fotos / Abbildungen von Personen / Gegenständen aus dem alltäglichen Leben / von Fauna / von Flora / von Landschaften / aus der Technik / aus dem Straßenverkehr / usw. vor. Für jedes Bild benötigen Sie u.U. die Objekt-Bezeichnung in Druckbuchstaben als Unterschrift.

Formulieren Sie nun die Aufgabe: ‚Nenne immer wieder den Satz mit derselben Struktur, aber mit dem jeweils anderen Objekt.'

Beispiele:

Die Frau macht ein Foto von dem alten Mann, die Frau macht ein Foto von der Blume, die Frau macht ein Foto von dem Hund, die Frau macht ein Foto von der Akazie usw.

Nachdem die übende Person nun die Inhalte aller Ihrer Bilder mit diesem Satz fehlerfrei besprochen hat, ziehen Sie nacheinander jeweils ein Foto aus der Reihe und heben es hoch.

Ihre / Ihr aphasisch betroffene Partner*in spricht dann den Satz fehlerfrei und mit dem korrekten Objekt.

Diese speziellen, repetitiven Übungen fördern neuropädagogisch die Eintragung der Satzstruktur, die „sprachlichen Umschaltprozesse" von einem Objekt zum nächsten wie von „der Küste" zu „der Blume" oder zum „von sich, ein Selfie" und zu den vielen anderen Objekten aus unserer Übung.

Die Aufgabenstellung zielt auf das ‚strikte Verbleiben an der vorgegebenen Struktur' und sichert damit das Einprägen der fehlerfreien Ausführung der Sprachhandlung „Sie macht ein Foto von …".

Wenn aphasisch Betroffene in ihren Übungen das massierte Wiederholen strukturgleicher Sprachhandlungen durchführen, dann verinnerlichen sie diese Sprachhandlungen mit größter Intensität.

Dadurch steigern sie neuronal die Sicherheit der Funktionsabläufe und „perfektionieren" deren Performanz.

Die 5 Schritte zur Organisation des Übens:

1. **Schritt: Geeignete Übungspartner*innen finden**
2. **Schritt: Übungsbuch führen**
3. **Schritt: Zeitplan erstellen**
4. **Schritt: Übungs-Ziele festlegen und Übungssitzung smart anlegen**
5. **Schritt: Absprache mit Logopädin**

8.3.5 Das ‚funktionale' Üben – Transfer der fehlerfreien Sprach- und Sprechhandlung' in den Alltag.

Das ‚funktionale Üben' zielt nicht wie das intentionale Üben nur auf bestimmte, zu erlernende Teilfunktionen innerhalb eines vorher festgelegten Zeitrahmens ab.

Verstehen wir ‚funktionales Üben' eher als ein bewusst alltägliches Tun, bei dem wir weitgehend neu gelernte Sprach- und Sprechhandlungen verwenden. Im funktionalen Üben begibt sich die übende Person selbstständig in Situationen, in denen sie im Wesentlichen die in der Therapie gelernten und in den Übungen trainierten Sprach-Handlungen in Alltagsumgebung „geläufig" anzuwenden in der Lage ist.

Dieses funktionale Anwenden dient dem Transfer der „fehlerfreien Sprach-Handlung" aus der („beschützenden, beschützten") Therapiesituation heraus in die alltägliche („ungeschützte") Kommunikation draußen.

Ein Beispiel:

„Ich kann verständlich laut kurze und geübte Sätze vorlesen. Diese Fähigkeit wende ich nun bei Telefonaten mit Angehörigen oder Freund*innen an. Ich telefoniere mit „schriftlichem Konzept", was vor mir liegt und von dem ich die Begrüßungs-Sätze oder die wichtigen Fragen, die ich unbedingt stellen muss, ab- und vorlese."

Überlegung:

Ideen zur Erweiterung des funktionellen Handlungsrahmens finden wir, wenn wir fragen, in welcher Situation oder bei welcher Gelegenheit kann ich meine neu erlernte Sprach- oder Sprechhandlung im Alltag durchführen ?

Eine in der Sprachtherapie oft praktizierte Transfer-Übung lautet: Wenden Sie die gelernte Sprachhandlung im Alltag an, z.B. an der Frischfleischtheke.

Geübt wird die Begrüßung und das sichere Sprechen der Wunsch-Formel in der Sprachtherapie-Sitzung und in der Übungs-Sitzung zu Hause: „Guten Tag, ich hätte gern ....“

Der Transfer der geübten Sprach- und Sprech-Handlung in die alltägliche Anwendung kann generell so aussehen:

Wir erarbeiten in der Sprachtherapie alltagstaugliche Sprechhandlungen wie

- bestimmte Phrasen (Hallo, guten Tag, wie geht`s ?, mach`s gut, ruf mal an, usw.),
- Kommentare (das ist richtig / gut; das stimmt; das ist falsch; das ist in Ordnung/ richtig, usw.)
- Redewendungen (das finde ich nicht gut, das gefällt mir, der Meinung bin ich auch, usw.)
- „Floskeln“ („schön wär`s“, „Erfolg ist mit den Tüchtigen“ u.ä. oder
- gesellschaftlich anspruchsvolle Formulierungen, z.B „Ich freue mich Sie zu sehen“, u.a.

die wir an den von uns vorgestellten und festgelegten Orten oder zu den gedachten Gelegenheiten fehlerfrei und auswendig sprechen können wollen.

Diese Sprech-Handlungen nehmen wir in unser heimisches Übungsprogramm auf und trainieren sie.

Wenn wir uns in der Therapie- oder Übungssituation bei einer auswendig gekonnten Sprech-Handlung sehr sicher fühlen und keine gravierenden Sprechfehler machen, dann suchen wir Orte / Gegebenheiten auf, in denen wir unser gekonntes Sprechhandeln viel und oft anwenden können – ohne uns zu blamieren.

Im Folgenden finden Sie einige Beispiele von Übungs-Sprach- und Sprechhandlungen auf Satz-Ebene an folgenden Orten:

- Einmal täglich Small Talk mit den Nachbarn, im Hausflur, vor der Haustür, im Supermarkt, Sprechen mit Frisör, Apotheker, Arzt u.a. Wenden Sie hier Ihre gelernten Alltags-Floskeln an.

- Sie berichten einmal täglich in der Familie über ein Tageserlebnis /Lernergebnis mit rund 5 Sätzen; hierbei sollen die Angehörigen nicht korrigieren. Korrekturen erfolgen, wenn nötig, in der nächsten Übungssitzung.

- Sprach-Handlung: ,Lautes (Vor-) Lesen' eines Artikels aus der Tageszeitung oder vom Tablet-PC; nach dem Frühstück mit anschließendem Gedankenaustausch.

- Sprach-Handlung: ,Lautes (Vor-) Lesen': in geselliger Runde mit Lebenspartner*in, mit Freund*innen z.B. aus dem Urlaubstagebuch.

-Sprach-Handlung: ,Lautes (Vor-) Lesen' von Kindergeschichten oder anderen kindgerechten Texten vor den Enkeln oder, wenn Sie weitgehend flüssig laut lesen können, im Kindergarten.

- Sprach-Handlung: ,Lautes (Vor-) Lesen': Sie lesen den Kleinen im Kindergarten des Enkels, wöchentlich zur ,Märchen-Stunde' etwas vor, usw.

- Sprach-Handlung: ,Schreiben' auf PC/ Handy: jeden 2. Tag drei eingeweihten Kommunikations-Partner*innen eine E-mail mit mindestens 2 Sätzen schreiben, der/dem Partner*in täglich eine Mitteilung (zuerst kurz, später ausführlicher) über WhatsApp schicken.

Wir erwachsene Menschen besitzen Bewusstsein für Schrift und das Lesen und Schreiben, für das Sprechen und für Sprachverständnis, für die Kommunikation in diversen Situationen usw.

Versuchen wir uns vorzustellen, dass auch dieses Bewusstsein bei aphasisch betroffenen Menschen existiert, obwohl sie es sprecherisch momentan kaum oder gar nicht zum Ausdruck bringen können.

Aphasisch Betroffene haben dieses sprachlich-kommunikative Bewusstsein neuronal verankert. Dieses Bewusstsein sollten wir ganz generell beim Üben triggern.

Weil sprachlich-kommunikative Erinnerungsspuren bei jeder aphasischen Person zu finden sind, ist es aus Übungs-Sicht empfehlenswert, konsequent die sprachlichen Ressourcen / Fähigkeiten (‚Fähigkeits-Inseln') zu finden und diese auszubauen. Die erweisen sich als Beschleuniger in sprachlichen Neu-Lernprozessen.

Die sprachlich-kommunikativen Ressourcen stecken in Form der Sprach- und Sprechkompetenzen in jeder aphasischen, erwachsenen Person, weil sie vor dem Schlaganfall-Ereignis Sprache fehlerfrei gesprochen und angewandt hat. Die Sprachkompetenzen dienen beim Sprache-Neulernen bei Aphasie als wertvolle Lern-Ressourcen.

Beispiel:

Herr O. hat folgende Redewendungen zu sprechen gelernt: „Guten Tag, Maria. Wie geht es Dir ?" „Wie geht es Deiner Familie ?" „Gibt es etwas Neues ?"

Der Transfer muss nun geordnet geübt werden und sollte sukzessiv in Schritten erfolgen.

Dabei ist zu empfehlen, dass wir zunächst die Sprechsituationen rollenspielähnlich so gestalten, dass die Gesprächspartner*innen zu Beginn nach dem Bekanntheitsgrad bzw. dem Grad des Fremdseins ausgesucht werden.

Man kann damit anfangen, dass man Gesprächspartner*innen auswählt, die Herr O. gut kennt und vor denen er keine Scheu hat zu sprechen. Die von ihm anzusprechende Person sollte Herrn O. also gut bekannt sein.

Beide, die Person und Herr O. sollten wissen, was sie da üben. Da ein kleines Rollenspiel daraus wird, kann der Gedanke an das Proben im Theater eine gewisse Gespanntheit beider Personen abbauen.

Übungs-Aufgabe:

Herr O. soll mit dem Gesprächspartner einen small-talk führen und mit den gekonnten Redewendungen das Gespräch ‚am Laufen halten'.

Das führt Herr O. so oft durch, bis er bei dieser einen Person die 5 Sätze weitgehend fehlerfrei in das ‚Small-Talk-Gespräch' einzubauen in der Lage ist.

In folgenden Übungs-Sitzungen werden weitere 4 Personen einzeln eingeladen, mit denen Herr O. auch seine Small-Talk-Szene spielt.

Das Übungsziel ist erreicht, wenn Herr O. z.B. mit diesen fünf unterschiedlichen Personen den Small-Talk weitestgehend fehlerfrei geführt hat.

Herr O. lernt auf diese Weise erkennen, dass er mit seinen Redewendungen sehr wohl auf Erwachsenenebene kommunizieren und sich als „interessierter" Gesprächspartner darstellen kann.

Herr O. sollte sich nun vornehmen, bei der nächsten Party /Familienfeier jeden Gast mit diesen Redewendungen /Fragen zu „interviewen".

Wenn Herr O. das Gelernte also oft und noch öfter in der realen Kommunikation anwendet, dann verliert er nicht nur die Hemmung mit Fremden zu sprechen. Auch gewinnt er wieder Sicherheit im Umgang mit anderen im Gespräch und spürt, dass er selbst mit diesen wenigen Redewendungen tatsächlich Einfluss nehmen kann auf den Verlauf eines Gesprächs und auf das Verhalten seiner Gesprächspartner*innen, indem diese auf seine Fragen Antworten geben.

8.4 Was ist der beste Weg aus dem aphasischen Schweigen ?

Über das Was und Wie in den Übungen ist in aller Nüchternheit angeraten nachzudenken

Denn bei Aphasie ist es nicht einfach vorherzusagen, auf welchem Wege genau was einem aphasisch betroffenen Menschen die verlorenen sprachlichen Fähigkeiten wiederbringen kann.

Wir wissen aus langjährigen Erfahrungen, die wir in intensiv-aphasietherapeutischen Prozessen gewonnen haben, dass ein geradliniger Weg zur Wiedergewinnung des Sprechen-Könnens der Weg über das Neu-Lernen von Sprech-Handlungen ist.

Das ‚Sprechen-Können' wird in den logopädischen Praxen seit vielen Jahren überwiegend über ein sprachsystematisches Erarbeiten von Sprachhandlungen in den Lernfeldern Lesen, Wortfindung oder Satzbau u.a. verfolgt. Hier steht das Sprachstrukturelle, die sprachliche Systematik im Fokus der Therapie und damit die didaktische Orientierung.

Das erscheint mir zu einseitig, weil dabei der Sprechvorgang als solcher, das Hörbarmachen von sprechsprachlichen Handlungen außerhalb des therapeutischen Fokus liegt.

Das pragmatische Vorgehen, die Initiierung und Nutzung sprachlicher Kompetenzen und das Triggern und Aufrufen von sprachlich Erinnerbarem – z.B. von erinnerbaren Sprachklängen, Sprechmelodien und emotional konnotierten Sprechhandlungen – fehlt mir bei dem sprachsystematischen Vorgehen. Es braucht in der Aphasietherapie nach meiner Meinung den didaktischen Fokus-Wechsel vom ‚systematischen Sprachaufbau' zur ‚pragmatischen Restitution der Sprache', die ich mit dem ‚Wachrufen von schlummernden Talenten' vergleichen möchte.

Um die Frage beantworten zu können: ‚Was wollen, nein, was müssen wir erreichen, um uns aus dem aphasischen Schweigen verabschieden zu können ?' sind zunächst Überlegungen dahingehend relevant, inwiefern ‚sprachliche Fähigkeits-Inseln' (siehe Kapitel 2.5.1.2) zu erkennen sind. Was sagt die Logopädin, wie diese durch Üben abgesichert werden können.

Bei allen Überlegungen zum Üben steht ein Gedanke im Vordergrund: übe nur das intensiv, was du bei der Logopädin gelernt hast bzw. nur das, was du schon kannst. Keinesfalls übe das allein, was du noch nicht fehlerfrei beherrschst.

Denn aufgrund des durch den Schlaganfall geschlagenen ‚neuronalen Lochs' in deinem sprachlichen Netzwerk (siehe Kapitel 2.2) greifst du noch zu oft in das Leere, machst noch zu oft Fehler, weil du die alternative und wünschenswerte fehlerfreie Sprach- bzw. Sprechhandlung neuropädisch nicht sicher eingetragen und übungstechnisch noch nicht verankert hast.

Die aktuell neue Andersartigkeit der hirnorganischen Verhältnisse und Prozesse erfordert von uns nun ein methodisch-didaktisches Umdenken bei dem Vorhaben, sprechsprachliche Fähigkeiten zu erlernen. Die probaten Lernverfahren bei gesundem Gehirn greifen nicht mehr. Das neuronale Loch verhindert diese.

Jetzt geht es um den neuropädagogischen Neu-Aufbau von neuen Sprachnerven und Sprachnervenverbindungen in anderen intakten Hirnregionen. Und das erfordert auch ein neues Üben, was ich ‚Üben bei Aphasie' nenne.

8.4.1 Das Üben mit der / dem Übungs-Partner*in

Wenn Sie als Lebenspartner*in der betroffenen Person den Therapieprozess durch Mithilfe mit Übungs-Aktionen unterstützen und bereichern wollen, dann kann sich Ihr/e betroffene/r Lebenspartner*in zunächst glücklich schätzen. Die Unterstützung durch Familie und Freunde ist psychisch der wohl bedeutsamste Faktor im ‚sprachlichen Überlebenskampf' der Betroffenen. Denn sie helfen mit, der aphasisch betroffenen Person das Tor zur angewandten Sprache zu öffnen.

Wir können nicht oft genug erwähnen, dass die Realität vieler Betroffener uns zeigt, dass die ein oder zwei Therapie-Sitzungen in der Woche nicht ausreichen, um eine in der Öffentlichkeit zufriedenstellende, alltagstaugliche Sprachhandlungs-Fähigkeit zu erreichen.

Diese Feststellung ist für die meisten aphasisch betroffenen Menschen sicherlich enttäuschend und kann bei vielen depressive Verstimmungen hervorrufen. „Ich gehe wöchentlich zweimal zur Logopädin, und dabei mache ich keine Fortschritte ?".

Ja, leider ist das so. Es sei denn, Sie sind bereit, in den nächsten Monaten, sagen wir besser in der nächsten Zeit regelmäßig und effektiv zusätzlich zu der Therapie täglich zu üben. Dadurch mildern Sie Ihren therapeutischen ‚Notstand'.

Ich wünsche mir für jede aphasisch betroffene Person, dass ihr eine Vertrauensperson in den nächsten Wochen zur Verfügung steht und darüber hinaus täglich eine viertel Stunde für sie erübrigen kann.

Ich empfehle Ihnen, sich dahingehend in Ihrem Freundes- und Bekanntenkreis umzuschauen. Dort werden sich sicherlich ein, zwei

Personen finden lassen, die Sie ansprechen und ihnen gegenüber Ihren Wunsch äußern sollten.

Aus Betroffenen-Sicht sind Lebenspartner*innen von aphasisch Betroffenen in Ihrer neuen Rolle als Ehepartner*in, als Problem-Manager*in, als erziehender Elternteil, als Familienmitglied oft überfordert - psychisch, zeitlich, kräftemäßig (siehe auch Kap. 4.2.1, 4.2.2).

Deshalb, liebe Lebenspartnerin, lieber Lebenspartner, Üben kostet Zeit und eventuell auch Geld. Aber Sie werden mit größter Wahrscheinlichkeit den größten Benefit (Resultat, Ergebnis, Vorteil) für Sie beide erreichen, wenn Sie eine stabile Übungs-Szene in einem stabilen Übungs-Setting um sich herum aufbauen.

Dadurch wird a la longue die stete (organisierte) Übung Ihnen persönlich und Ihrer Familie von großem Nutzen sein.

Wenn Sie Ihrer aphasischen Partnerin / Ihrem aphasischen Partner parallel zur der ambulanten Therapie (1-2x wöchentlich) keine zusätzlichen Übungen zukommen lassen, dann wird aus heutiger Erkenntnislage in Zukunft bei ihr/ihm kaum eine bedeutende Sprachverbesserung zu erwarten sein.

Sollten Sie jedoch aus den in diesem Buch dargelegten Überlegungen für Ihre aphasische Partnerin / Ihren aphasischen Partner neben der Aphasie-Therapie bei der Logopädin zusätzlich privates Üben organisieren können, dann komplettieren Sie die professionelle Therapie.

Ich plädiere sogar für ein gründliches, systematisches, längerzeitiges und geordnetes privates Üben, womit Sie der Sprachtherapie das hinzufügen, wozu Ihre Logopädin nicht kommt oder was Ihre Logopädin in dem erforderlichen Maße nicht bieten kann.

Was die Viertelstunde täglich anbetrifft, möchte ich Sie dahingehend beruhigen, dass ein ‚geordnetes Üben' kaum mehr Zeit erfordert als ein ‚intuitives Üben'. Man sollte dazu nur einige entscheidende Regeln beachten und diese in jeder Übungs-Sitzung umsetzen.

Grundsätzlich spielen Sie als sprach- und sprechkompetente Partner*in für Ihre/Ihren aphasisch betroffene/n Partner*in eine äußerst wertvolle Rolle. Sowohl im alltäglichen Dasein als Familienmitglied als auch in allen kommunikativen Interaktionen im privaten und öffentlichen Raum.

Sollten Sie als Lebenspartner*in die Rolle der Übungs-Partner*in übernommen haben, dann rate ich Ihnen, sich mit der Rolle einer „Trainerin auf Zeit" bzw. eines „Trainers auf Zeit" während der 15 Übungs-Sitzungs-Minuten anzufreunden und eine Art Rollentausch mit „Dominanztausch" vorzunehmen.

Erklären Sie Ihrer/Ihrem aphasischen Partner*in, dass Sie sich belesen und schlau gemacht haben darüber, was Übung bei Aphasie anbelangt und dass Sie ihr/ihm als Trainer*in für eine gewisse Zeit zur Seite stehen werden.

Sollte die Übernahme der neuen Rolle durch Sie aus diversen Gründen nicht realisierbar sein, dann suchen Sie eine Person Ihres Vertrauens (Student*in, Abiturient*in oder andere Geeignete), die zur Verfügung steht.

Sie erklären Ihrer/Ihrem betroffenen Partner*in bitte, dass sie/er in den Übungssitzungen nun die /der bzw. ‚Trainee' ist, also die zu trainierende Person, die offen und ‚interessiert' sein möge für das auf sie zukommende Übungsprogramm.

Trainer*in und Trainee sind nun die Partner, die das therapeutische Tor zur Sprache gemeinsam weiter öffnen wollen.

Diese Übereinkunft zwischen Ihnen beiden Lebens-Partner*innen wird von Anfang an als rationale Versachlichung gebraucht, um von vorneherein eventuell aufkeimende Rollenkonflikte im Keim zu ersticken.

Wann sind Übungspartner*innen dringend erforderlich ?

Wenn die aphasisch betroffene Person Sprech-Handlungskorrekturen benötigt, z.B. beim Wörter-Nachsprechen, beim lauten Lesen, bei korrektem Lautieren oder freiem Sprechen, usw., also immer dann, wenn die aphasische Person sich nicht selbst korrigiert bzw. sich nicht selbst korrigieren kann.

Üben Sie als Übungspartner*in mit Ihrer/Ihrem Trainee sicherheitshalber auch dann, wenn sie /er die von Seiten der Logopädin aufgegebenen Übungen durchführt und prüfen Sie, ob der übenden Person während ihrer Sprach- und Sprechhandlungen Fehler unterlaufen. Wenn ja, dann fragen Sie bei der Logopädin nach, wie Sie korrigierend das Üben zu Hause unterstützen können.

Erfahrungsgemäß ist die ‚Übungsbegleitung in der ersten Zeit' nahezu unumgänglich, weil das der desolaten neuen Situation mit Sprach- und Kontrollverlust geschuldet ist.

8.4.2 Das Üben ohne Übungs-Partner*in

Das, was die aphasisch betroffene Person bereits fehlerfrei und sicher durchführen kann, das ‚darf' sie alleine üben. Erfahrungsgemäß sollte sie auch unter der Voraussetzung alleine üben dürfen, dass sie eigene Fehler bemerkt und diese korrigieren kann und wenn sie weiß, welche Übungsmittel sie sinnvollerweise zum Üben einsetzen und Geräte allein bedienen kann.

8.4.3 Intuitives und ungeordnetes Üben ist wenig wirksam

Unter ‚intuitivem Üben' verstehe ich das relativ spontane und wiederholte Abfragen bzw. Abrufen von Sprach- und Sprech-Handlungen, die man den Übenden meint ab und an abverlangen zu müssen.

Beispiel: Sie zeigen beim Frühstück auf die Butter und sagen: "Wie heißt das ?" Diese Situation erinnert uns an das Vokabel-Abfragen, was wir aus unserem Englischunterricht kennen.

Nun, ein solches Abgefragt-Werden ist sicher nicht das beste Verfahren, mit dem man aphasisch Betroffene zum initiativen Sprechen motivieren und aktivieren kann.

Im Gegenteil. Die aphasisch betroffene Person wird dadurch immer wieder bei der Sprechplanung dieses Wortes neuropädisch an das neuronale Loch gestoßen, so dass sie beim Sprechen unüberwindbare Blocks erlebt und mit jedem Block nochmalige und immerwährende Frustration.

Abfragen von bedeutungstragenden Wörtern ist höchst ungeeignet. Lassen Sie sich am besten von der Logopädin erklären, wie Sie Ihrer / Ihrem aphasischen Partner*in einen leichteren Zugang zur Sprechinitiative verschaffen können.

„Üben" - das sagt sich schnell und leicht. Doch die meisten Patient*innen und Partner*innen wissen wenig über das effektive Üben bei Aphasie.

Bevor Sie konkret in die Thematik und Gestaltung des Übens einsteigen, sollten wir Klarheit darüber haben, was das Üben bei Aphasie im Kern bedeutet.

Wegen des „neuronalen Lochs" mit den unterbrochenen Nerven-Impulsströmen ist es der aphasisch betroffenen Person verwehrt, wie früher durch eigene Willens-Impulse korrekte Sprach-Handlungen durchzuführen.

Daher verfolgen wir beim ‚Lernen mit Aphasie' die ‚Neubelegung' von bisher ungenutzten Hirnzellen.

Das heißt, dem Gehirn muss eindeutig und wiederholt mitgeteilt werden, was es sprachlich neu aufzubauen bzw. neu zu lernen hat. Wenn es das genau weiß, dann wird es auch genau die dafür notwendigen neuronalen Voraussetzungen schaffen und neue Nervenbahnen und Nervenverbindungen wachsen lassen.

Dazu setzen wir das bewährte methodische Prinzip des ‚Drill and Practice' ein.

Mit dieser Methode ‚Drill and Practice' leiten aphasisch betroffene Menschen Neu-Lernprozesse in einem „geordneten Üben" durch wiederholte, gezielte Sprach-Handlungen ein.

8.4.4 Geordnetes Üben von Sprach- und Sprechhandlungen ist das, was wir brauchen !

Das ‚geordnete Üben' von Sprach- und Sprechhandlungen ist das systematische, fehlerfreie Wiederholen von noch nicht „perfekt" beherrschten sprachlichen Handlungen.

Sie werden mit dem Ziel durchgeführt, dass sich dadurch das ‚neue Können' tiefer einprägt und sich als neue Nervenfunktion verankert, neuropädisch vertieft und im Gehirn stabilisiert.

Das ‚geordnete Üben' zeichnet sich dadurch aus, dass das zu lernende Sprach- und Sprechhandlungs-Muster in einer geplanten, zielorientierten Handlungsabfolge korrekt und oftmalig fehlerfrei ausgeführt und eingeprägt wird.

Ein Üben nennen wir dann ‚geordnet', wenn wir zu Beginn den Übungs-Inhalt, die Übungs-Ziele und Zeitlimits festgelegt haben und nur zielführende Maßnahmen anwenden und wir die erreichten Entwicklungs- bzw. Lernergebnisse fortlaufend überprüfen, bis unser Übungsziel zu unserer weitestgehenden Zufriedenheit erreicht ist.

Das Üben können wir dann als erfolgreich bezeichnen, wenn die übenden Personen ihre in der Therapie neu gelernten neuropädischen Funktionen / Fähigkeiten stabilisiert, diese sukzessive und Schritt für Schritt erweitert und durch zahlreiches systematisches Wiederholen automatisiert bekommen.

Das geordnete Üben arbeitet auch gegen das Vergessen des neu Gelernten - sukzessive, mit minimaler Steigerung der Schwierigkeit.

Die Übenden sollten sich eine Übungsreihe zusammenstellen, in der sie Schritt für Schritt gefühlt kleine Steigerungen der Schwierigkeit spüren.

Das Resultat zeigt sich in Form ausgezählter Fehler und durch den zu messenden Zeitbedarf.

Wenn sie gegenüber der anfänglichen Übungssituation weniger Fehler machen oder für das angezielte Sprachhandeln weniger Zeit benötigt, dann kann darin gesteigerte Leistungsfähigkeit abgelesen werden.

Die Übenden sollte zur Zeitmessung z.B. selbst eine Uhr neben sich stellen und die für ihre Übung benötigte Zeit messen. Aber auch während der Übungssitzung auf die Uhr schauen können, um ein Zeitgefühl für die Übung zu entwickeln.

Weil wir das ‚geordnete Üben' hier ausschließlich im Zusammenhang mit Sprach- und Sprechhandlungsübungen verwenden, führe ich an dieser Stelle für die ‚geordnete Übung' den Begriff der ‚Logo-Übung' ein.

8.4.5 Eine ‚smarte', geordnete Logo-Übung

‚ÜBEN' ist ein von aphasisch Betroffenen oft genanntes Wort, wenn sie zum Ausdruck bringen wollen, dass sie in ihrer Therapie tatkräftig arbeiten - ohne letztlich im weitesten Sinne das Üben als systematische Lernform zu kennen.

Wir versuchen, das *Üben als Handlungsrahmen* zu fassen, der uns in dem ‚Riesenfeld Sprache und Sprechen' eine für uns umsetzbare, gangbare und sinnvolle Übungsstruktur liefert.

Ich empfehle jeder betroffenen Person, sich in ihrer neuen ‚aphasischen' Situation für eine solche Übungsstruktur zu interessieren, denn sie enthält ziemlich klare ‚Richtlinien' für unser konkretes Tun.

Die ‚Übungs-Richtlinien' enthalten eindeutig und verständlich formulierte Handlungsvorschläge. Der im Folgenden skizzierte Handlungsplan beschreibt machbare Lernschritte in Richtung Wiedererwerb sprach- bzw. sprechhandlungsgemäßer Fähigkeiten, die in zahlreichen Therapie-Wirkungsstudien (Lindlar 2006, 2014) ergebnisreich entwickelt wurden.

In diesem Buch wenden wir im Rahmen des ‚geordneten Übens' die von Grötzbach (2006) beschriebene ‚smarte' Struktur der Übungsgestaltung an.

‚Smart' ist die Abkürzung für: Das Übungsziel sollte <u>s</u>peziell, <u>m</u>essbar, erreichbar (<u>a</u>chievable), <u>r</u>elevant und innerhalb eines zeitlichen Rahmens (<u>t</u>ime) erreicht werden können.

Wer smart übt, der übt wohlbedacht und systematisch und steigert so den Wirkungsgrad seiner Übungs-Schritte.

Wir schauen uns näher an, was hinter der Abkürzung ‚SMART' zu verstehen ist.

8.4.5.1 S: Der Inhalt der Logo-Übung soll für die übende Person <u>*speziell*</u> und auf sie individuell ausgerichtet sein.

Damit sprechen wir einen sehr wichtigen lernpsychologischen Punkt an. Es ist belegt, dass das, was gern gelernt wird, auch besser behalten wird. Wenn Sie als Übungspartner*innen nun herausfinden, was die aphasisch betroffene Person besonders mag oder bei welcher Übungs-Situation sie Ihnen besonders eifrig / erfreut /

motiviert erscheint, dann vermerken Sie das bitte mit ein paar Zeilen im Übungsbuch mit Datum und Uhrzeit.

Sollten Sie in Ihrer Übungs-Programmabfolge eine Lücke sehen, dann ist es ratsam, dass Sie eine Übung mit den Elementen vorschlagen, die der aphasischen Person bisher sichtlich Spaß gemacht hat.

Der Übungsinhalt sollte also speziell und individuell für die aphasisch betroffene Person zubereitet werden und an die Fähigkeiten der aphasischen Person angepasst sein.

In diesem Zusammenhang sind protokollartige Eintragungen in das Übungs-Tagebuch sehr hilfreich und deshalb dringend zu empfehlen.

8.4.5.2 M: Im Verlauf der Logo-Übung sollten die Übungswirkungen *messbar* sein, wenn möglich auch dokumentierbar.

Es ist aus Sport-Trainings bekannt, dass Leistungswerte bei den Trainingseinheiten erfasst und von Übungs-Einheit zu Übungs-Einheit verglichen werden. Und je nach Vergleichsresultaten werden dann Modifikationen der Trainings-Bedingungen, der Trainingsinhalte und auch des aktuellen Trainings-Ziels vorgenommen, oder es werden in Ausnahmefällen auch neue Trainingsmethoden in das Programm eingebaut.

So sollten wir auch die Logo-Übung verstehen. Das Erarbeiten eines Sprach- bzw. Sprechhandlungs-Zielverhaltens dauert eine gewisse Zeit, die wir in Sekunden-, Minuten- oder 5-Minuten-Einheiten angeben.

Damit ein neues Gefühl für die Dauer des Einübens gefunden werden kann, sollten wir zu jeder passenden Gelegenheit Zeit-Messungen in den Übungssitzungen vornehmen. Darüber hinaus können wir durch Vergleiche der gewonnenen Messwerte Leistungsverbesserungen errechnen.

Dadurch schaffen wir präsentierbare ,Objektivierungen'. Das sind überzeugende ,Beweise' / Argumente für die Übungspartner*innen speziell bei ,skeptisch' und 'zu selbstkritisch' eingestellten Übenden, die ihre positiven Ergebnisse nicht wahrhaben können.

8.4.5.3 A: Das Zielverhalten sollte in der begrenzten Zeit erreichbar (*achievable*) sein.

Fatal sind zu hohe Ziele, die die aphasisch betroffene Person mit großer Sicherheit nicht erreichen wird. Probieren Sie mit ihr Übungs-Inhalte aus, die im Schwierigkeits-Niveau nur ein klein wenig über dem Niveau des letzten Sprach- und Sprechhandlungs-Ziels liegt. Wir sollten konsequent erwartbare Fehler in den neu zu lernenden Sprachhandlungen durch ,Leistungs-Überforderung' vermeiden.

Das Sprach- und Sprech-Zielhandeln sollte sich am aktuellen Entwicklungsstatus orientieren und in der begrenzten Zeit erreichbar sein. Vergleiche der protokollartigen Ergebnis-Eintragungen im Übungs-Tagebuch geben Hinweise auf ,Machbarkeit'.

8.4.5.4 R: Das Üben sollte für die Übenden *relevant,* von hoher Bedeutung sein und Freude be reiten und die Übungsmotivation aufrecht-erhalten.

Der Übungsinhalt dient der Festigung des neu Gelernten. Der aktuelle Übungsinhalt und die methodische Darreichungs-Form sollte von der Logopädin vorgeschlagen und erläutert werden. Passiert das nicht, dann fragen Sie bei ihr Übungs-Tipps ab.

Wenn von Therapeutenseite keine Anregungen kommen, dann suchen Sie selbst nach Handlungen, die der aphasisch betroffenen

Person sichtlich Freude bereiten oder die sie explizit wünscht auszuführen.

Aus guter Erfahrung empfehle ich, zunächst dasjenige Sprach- und Sprechhandeln auszuwählen und zu einer Aufgabe zu formulieren, was die betroffene Person bereits sicher beherrscht.

Das kann das laute Lesen von Graphemen (Buchstaben), Wörtern, Sätzen, Kurz-Texten, u.a. sein. Das können Wiederholungen von früher erarbeiteten Frage-Antwort-Dialogen sein oder spontanes freies Sprechen nach Belieben.

Das sicher ‚funktionierende Sprach- und Sprechhandeln' macht der aphasischen Person größten Spaß und bringt sie gefühlt dem Wunsch-Ziel ‚wieder sprechen zu können' näher.

Das Gefühl des ‚wieder funktionierenden Sprechens' hält die Übungsmotivation nicht nur aufrecht, sondern steigert diese weiter.

8.4.5.5 T: Das vorher bestimmte (kleine) Ziel sollte in der festgelegten Zeit *(time)* erreichbar sein.

Die Veranschlagung der Dauer der Übungsarbeit an einem Übungs-Inhalt hat Einfluss auf die Intensität/die Übungs-Frequenzen / die Übungsdichte.

Der aphasisch betroffenen Person wird damit eine begrenzte Übungszeit zur Erreichung des aktuellen Übungsziels vorgegeben. Das Ziel-Handeln in dieser Zeit zu erlernen soll sie einerseits anspornen, sie aber keinesfalls unter Zeitdruck setzen.

Das aphasische Lernen ist gegenüber dem gesunden Lernen aus den an anderer Stelle genannten neuropädischen Gründen verlangsamt.

Daher können keine allgemein gültigen Zeit-Vorgaben empfohlen werden. Um aber Annäherungswerte erhalten zu können empfehle ich Ihnen, liebe Übungspartner*in, ein Gefühl für den Zeit-

Bedarf zur Zielerreichung zu entwickeln und diesen dann zu fixieren.

Von smarter Übung zu smarter Übung wird sich im Laufe der Zeit dann ein individueller Zeitbedarf für das übende Lernen als Erfahrungswert abzeichnen. Protokollieren Sie in jedem Falle die für die Ziel-Handlung tatsächlich benötigte Zeit.

8.4.6 Neue Tagesstruktur durch Hinzunahme einer Übungs-Sitzung täglich

Bei intensivtherapeutischen Settings hat sich im Laufe der Zeit gezeigt, dass sich der Aufbau einer neuen Tagesstruktur als sehr nützlich erweist. Da kann eine geregelte und täglich im Tagesplan wiederkehrende Übungszeit eingeplant werden.

Dazu suchen Sie am besten ein Zeitfenster, in dem Sie auch in Zukunft frei haben für Ihre sprachlichen Übungsangelegenheiten.

Da Sie ja üben, um voran zu kommen, und das möglichst effektiv, empfehle ich Ihnen mindestens eine Übungssitzung von 15 Minuten pro Tag einzurichten.

8.4.6.1 Dauer der Logo-Übung: 15 Minuten

Erfahrungsgemäß hält die Konzentration eines durch Schlaganfall hirngeschädigten erwachsenen Menschen erheblich kürzer an als bei einem hirngesunden Menschen.

Für eine Konzentrations- und Aufmerksamkeits-Schwäche sind viele Faktoren ursächlich. Zwei wesentliche möchte ich nennen:

- Das ist der Verlust von Teilen des neuronalen Netzwerks aufgrund des Apoplexes und
- die sedierenden Medikamente (z.B. Blutdrucksenker).

Während der sprachtherapeutischen Gruppenarbeit mit aphasisch betroffenen Menschen konnte ich beobachten, dass einige erkennbar schon nach etwa 15 Minuten gegen den Kurz-Schlaf ankämpften.

Um eine Entlastung der Konzentration bei allen Gruppenmitgliedern zu erreichen habe ich in meinen Aphasie-Gruppensitzungen meist nach ca. 15 Minuten eine zwei – bis dreiminütige Pause anberaumt. Diese Kurzpause nutzten die Teilnehmer*innen, um sich die Beine zu vertreten und um am geöffneten Fenster Luft zu schnappen.

Eine Pausensetzung nach jeder Viertelstunde sichert eine stabile „Arbeitsdynamik". Daraus abgeleitet empfehle ich Übungen je nach Programmatik nicht viel länger als 15 Minuten abzuhalten.

8.4.6.2 Drei Blöcke in der ‚geordneten Logo-Übung'

Gute Rahmenbedingungen für das kognitive Arbeiten sind Basis und Garant für ein effizientes Üben. In diesem Zusammenhang hat sich der folgende ‚geordnete' Ablauf der Übungssitzung bewährt. Ich empfehle, die Logo-Übung in drei Schwerpunkt-Blöcke einzuteilen:

8.4.6.2.1 Der erste Übungs-Block: 2-Minuten-Einstimmung mit Benennung des Übungs-Ziels

Leiten Sie Ihre Übungssitzung ein mit der Festlegung des Übungs-Ziels und des Übungsinhaltes im Rahmen des festgelegten Übungsthemas. Am besten notieren Sie in Ihrem Übungs-Tagebuch Datum, Übungsthema, Übungs-Titel, Übungs-Ziel.

Diese ‚2-Minuten-Einstimmung' dient der gedanklichen Ausrichtung auf das Übungsvorhaben. Die mentale Fokussierung auf die Aufgabe dauert nicht lang (2 Minuten), denn Sie wissen ja, worum es jetzt geht. Und wenn Sie das nicht wissen, dann fragen Sie bei Ihrer Logopädin oder bei Ihrer / Ihrem Übungs-Partner*in an.

Im Folgenden beschreibe ich Ihnen eine Einstiegsmöglichkeit in die Logo-Übung innerhalb einer Übungsreihe. Der Vorschlag soll Ihnen als Anregung für das eigene Planen und Durchführen Ihrer Logo-Übungen dienen.

- Checken Sie zunächst das momentane Thema der Übungs-Reihe und den Inhalt der letzten Übungs-Sitzung.

Blicken Sie dazu in Ihr Übungs-Tagebuch: Womit habe ich gestern aufgehört ? Um sicher zu gehen, dass Sie es noch fehlerfrei können, wiederholen Sie die Sprach- oder Sprechhandlung aus der gestrigen Übung. Klappt das fehlerfrei, dann erweitern Sie diese Handlung ‚minimal' durch Hinzufügung einer kleinen Handlungsergänzung (siehe Anregung im Kapitel 8.4.6.2.1.4).

- Was will ich jetzt machen ?

Wenn die Sprach- und Sprechhandlung von gestern noch nicht klappt, dann erarbeiten Sie sie nochmals bzw. wiederholen Sie sie jetzt fehlerfrei bis zum Ende der heutigen Sitzung.

- Bleibt es bei dem bisherigen Thema ?

Ein aktueller Eintrag in Ihr Übungsbuch ist sicherlich sinnvoll und kann Ihnen bei der Planung der Übung morgen hilfreich sein.

- Soll es ab heute ein anderes Thema sein ?

8.4.6.2.1.1 Übungs-Inhalts-Festlegung: *Erstes Beispiel*: Die Frage nach dem Subjekt (WER ? oder WAS ?)

Sie haben beispielsweise für die kommende Woche in Ihr Übungsbuch folgendes Übungsthema eingetragen: ‚Fragen stellen und Fragen beantworten'. Dieses Thema ist angesiedelt unter dem Ober-Thema: ‚Gespräche mit anderen führen'.

Die Aufgabenstellung für die jetzige Logo-Übung ist so beschrieben:

'Ich formuliere zu dem ausgewählten SPO-Satz die Frage nach seinem *Subjekt,* spreche diese Frage fehlerfrei und antworte fehlerfrei mit dem (gelernten) SPO-Satz. Das führe ich später mit den beiden anderen Sätzen auch so durch.'

Zur Aufgabenlösung:

Nehmen Sie die Liste der Sätze hervor, die Sie bisher fehlerfrei zu sprechen gelernt haben.

Daraus wählen Sie drei Sätze aus und markieren diese. Ich nenne in diesem Beispiel folgende drei Sätze:

1. Die Frau fotografiert das Tal (aus: Logovid® 'Sprechen und Lesen 002').
2. Das Mädchen wäscht sich die Haare (aus: Logovid® 'Sprechen und Lesen 003').
3. Der Löwe geht langsam durch die Ebene (aus: Logovid® 'Ultrakurze Geschichten 01').

Sie konzentrieren sich nun zunächst auf den ersten Satz 'Die Frau fotografiert das Tal'.

Bei diesem Satz stellen Sie die Frage nach dem Subjekt (WER oder WAS ?), nach der Person, die das Tal fotografiert. Dazu ersetzen Sie das Subjekt *'die Frau'* durch das Fragewort 'WER'. Dann heißt es: '*Wer* fotografiert das Tal ?'

Sie beginnen also die Frage mit WER und setzen mit der dann folgenden Satz-Formulierung fort: *'Wer … fotografiert das Tal ?'*

Zur Beantwortung der Frage sprechen Sie nun genau den Ausgangssatz: *'Die Frau fotografiert das Tal'*.

Wenn Sie durch wiederholtes Sprechhandeln die Frage und deren Beantwortung sicher beherrschen, dann versuchen Sie einmal, beim Antworten dezent *'die Frau'* zu betonen (Stimme bei *'Frau'* anheben). In einer Kurzantwort würde nur 'die Frau' als Antwort auf die Frage 'Wer ?' kurz und knapp genannt.

Dieses Frage-Antwort-Verfahren können wir auf alle weiteren erarbeiteten SPO-Sätze übertragen.

Das **Übungs-Ziel** (Funktionsziel) in diesem Übungsbeispiel haben Sie dann erreicht, wenn Sie die Frage nach dem Subjekt und die Antwort auf den Fragesatz in Form des Ausgangs-Satzes fehlerfrei gesprochen haben.

Erst wenn Sie das Übungs-Ziel beim ersten Satz erreicht haben, wenden Sie sich dem 2. Satz ‚Das Mädchen wäscht sich die Haare' zu.

Jetzt stellen Sie wieder die Frage nach der Person, dem Subjekt: ‚*Wer* wäscht sich die Haare ?' und gehen so vor wie beim ersten Satz.

Wenn Sie die Ziel-Handlungen ‚fehlerfreie Formulierung der WER-Frage zum 2. Satz' und ‚das Beantworten durch fehlerfreies Sprechen des 2. Satzes' ohne Fehler geschafft haben, wenden Sie sich dem 3. Satz ‚Der Löwe geht langsam durch die Ebene' zu und gehen wieder so vor wie bei den beiden vorhergehenden Sätzen.

Methodischer Tipp:

- Nehmen Sie sich **nur 1 Satz an einem Tag** vor.
- Sprechen Sie morgen in der nächsten Übungs-Sitzung eingangs die Subjekt-Frage und die Antwort noch einmal fehlerfrei.

Das dient der neuronalen Verankerung des fehlerfreien Sprechhandelns..

8.4.6.2.1.2 Übungs-Inhalts-Festlegung: *Zweites Beispiel*: Die Frage nach dem Ob jekt (WEN ? oder WAS ?)

Das Objekt in einem SPO-Satzes ist meist das Satz-Glied am Satzende. Zur Formulierung der Frage nach dem Objekt gebe ich Ihnen folgenden Tipp:

Stellen Sie den Satz in umgekehrter Reihenfolge auf und machen Sie aus dem SPO-Satz ‚Die Frau fotografiert das Tal' einen OPS-Satz, bei dem Sie mit dem letzten Wort beginnen: ***‚Das Tal fotografiert die Frau'.***

Das ist zwar ungewöhnlich, ist aber in unserem Fall möglich und hilfreich. Jetzt ersetzen Sie ***‚das Tal'*** durch das Fragewort ‚***WAS'*** und Sie fragen dann: ‚***Was*** *fotografiert die Frau ?'*

Beginnen Sie die Frage mit ***Was*** und setzen mit der umgekehrten Satz-Wortreihe: *‚.... fotografiert die Frau ?'* fort.

Zur Beantwortung der Frage sprechen Sie den Satz in der geübten SPO-Wortfolge. Sie können auch hier mit dezenter Betonung das Objekt ‚*das Tal*' hervorheben: ‚Die Frau fotografiert *das Tal.*'

Nach erfolgreichem Abschluss dieser Übungs-Sequenz ‚Fragen nach dem Objekt' gehen Sie über zu den ‚Fragen nach dem Tätigkeitswort (Verb).

8.4.6.2.1.3 Übungs-Inhalts-Festlegung: *Drittes Beispiel:* Die Frage nach der Tätigkeit, nach dem Verb (Was TUT sie / er / es ?)

Bei dem Frage-Antwort-Dialog mit Fragen nach der Tätigkeit (P=Prädikat, Verb) lässt sich das Vorgehen gut merken. Wir fragen danach, was das Subjekt tut. Im ersten Satz heißt dann die Frage nach der Tätigkeit: ‚*Was macht die Frau ?'*.

Sie antworten wieder mit dem geübten Satz: ‚Die Frau *fotografiert* das Tal.' Auch hier können Sie durch dezentes Anheben der Stimme das Verb hervorheben und die Frage gekonnt beantworten.

Übungs-Inhalt mit imaginärem Realitätsbezug

Stellen Sie sich bitte jetzt eine Situation vor, in der Sie den Satz gut gebrauchen können:

Sie sitzen im Reise-Bus, hatten einen Foto-Stopp vor dem eindrucksvollen Canyon, Frau Müller steht aber noch draußen. Alle Mitreisenden warten. Ein Mitreisender fragt laut: ,Was macht denn Frau Müller noch da ?'

Sie antworten: .... [Die Frau *fotografiert* das Tal.']

Fassen wir zusammen:

Die Frage-Antwort-Dialoge sind ein interessantes Übungs-Format für die sprechsprachliche Kommunikation, was gut in die Rubrik ,Sprech-Übungen' passt und ein wirksames Training darstellt zur Erarbeitung von ersten Gesprächs-Routinen.

8.4.6.2.1.4 Beispiel der *Übungs-Inhalts-Erweiterung* um nur ,einen Millimeter ! '

Sie kennen Ihr Übungs-Thema, die Übungs-Aufgabe und den Übungs-Inhalt. Sie wissen, dass Sie die 3 Sätze fehlerfrei sprechen können und sind sich dessen sicher.

Wenn Sie Ihr Funktions-Ziel von gestern nun erweitern wollen – dann bedenken Sie, dass Sie Ihr Sprech-Handeln nur um ,einen Millimeter' erweitern sollten !

Beispiele:

,Die Frau fotografiert das Tal, *„noch mal."*

,Das Mädchen wäscht sich die Haare, *„kalt"*.

oder

,Das Mädchen wäscht sich die Haare, *„mit kaltem Wasser."*

,Der Löwe geht langsam durch die Ebene, *„er ist hungrig."*

Nehmen Sie sich nach der Übungssitzung etwas Zeit und notieren / protokollieren Sie im Übungs-Buch mit Datum Ihr erreichtes Übungs-Handlungs-Ziel von heute.

Ein Blick in Ihr Übungs-Buch kann Ihnen generell dabei behilflich sein, sich an vergangene Sprachhandlungs-Ziele zu erinnern und sich zu orientieren, wie weit Sie in der letzten Übungs-Serie gekommen sind.

Führen Sie diese Reflexion etwa einmal pro Woche durch. Das hat den positiven Effekt, dass Sie so durch Vergleich Ihrer Sprachhandlungs-Notizen die Entwicklung Ihrer eigenen Sprach-Wiederherstellung verfolgen bzw. nachvollziehen können.

Nachdem wir die Fragen nach dem Subjekt der SPO-Sätze erarbeitet haben, dürften nun die Übungen der kommenden Woche die Überschrift haben: ‚Fragen nach dem Objekt in den drei Sätzen' und in der darauffolgenden Woche: ‚Fragen nach dem Verb / nach der Tätigkeit in den drei Sätzen'.

8.4.6.2.2 Der zweite Übungs-Block: Die jetzige 10-Minuten-Übung

In diesem zehn Minuten-Übungs-Block kommen wir zur Haupt-Phase der Logo-Übungssitzung, zur geplanten Sprach- bzw. Sprechhandlungs-Durchführung.

Richten Sie Ihren Blick jetzt fokussiert auf Ihr Handlungs-Ziel aus, und gehen Sie zunächst gedanklich, dann auch sprachlich bzw. sprecherisch die Sprachhandlung so durch, wie Sie sie ausführen sollen / wollen.

Klappt das Sprach- bzw. Sprechhandeln ohne Fehler, dann wiederholen Sie genau dieses fehlerfreie Sprach- und Sprechhandeln so oft, bis Sie es fehlerfrei auswendig können oder bis die 10 Minuten für die Durchführung abgelaufen sind. Legen Sie zwischendurch einige Sekunden lang kurze Entspannungspausen ein.

Welche Besonderheit ist nun aufgetreten ? Was klappte nicht so gut ? Probieren Sie es noch einmal langsam, konzentriert und fehlerfrei.

Konzentrieren Sie sich jetzt ganz intensiv auf Ihr Handeln und vollziehen und empfinden Sie es einen Moment lang intensiv nach.

Freuen Sie sich über jede fehlerfreie Wiederholung.

Und denken Sie bei jeder fehlerfreien Sprach- und Sprechhandlung daran, dass Sie in diesem Moment der Übungssitzung wieder konzentriert und erfolgreich Ihr Sprach- und Sprechnetzwerk im Gehirn gezielt ‚beschießen' und durch den wiederholten ‚Beschuss' die notwendig neuronale Verankerung sichern und dass Sie Ihrem Gehirn wieder etwas zu lernen geben.

Grundsätzlich muss gelten:

Sollten Sie im Laufe Ihrer Übungsvorhabens an einen Punkt kommen, an dem Sie noch nicht genau wissen, was zu tun ist, oder an dem Sie noch gewisse Unsicherheit bei der Ausführung Ihres bisherigen Übungsinhalts spüren, dann ziehen Sie zu Ihrer Beruhigung Ihre / Ihren Übungspartner*in hinzu.

Die/der wird Ihnen bestätigen, dass Ihr Sprach- und Sprechhandeln weitgehend fehlerfrei ist, oder sie/er gibt Ihnen Korrigier-Hinweise.

Ich empfehle Ihnen generell, sich nach etwa fünf bis zehn Übungssitzungen (bei Bedarf öfter) zu vergewissern, dass Sie die neuen Sprach- und Sprechhandlungen fehlerfrei gestaltet bekommen. Fehlerfrei deshalb, damit beim Neu-Lernen der Sprach- und Sprechhandlungen keine falschen Handlungen mitgelernt werden.

8.4.6.2.3 Der dritte Übungsblock: 3-Minuten-Reflexion der Übungs-Ergebnisse

Der dritte dreiminütige Übungsblock dient der reflektorischen Zusammenfassung und kritischen Betrachtung des Übungs-Sitzungsverlaufs sowie des Übungs-Ergebnisses.

Ich empfehle Ihnen zu notieren, ob Sie das jetzige Übungs-Ziel in den 10 Minuten erreicht haben oder nicht. Das sollte dafür entscheidend sein, ob Sie an dem jetzigen Übungs-Zielhandeln morgen weiterarbeiten werden.

Haben Sie heute das Ziel-Handeln ohne Fehler geschafft, dann nehmen Sie sich für morgen das nächste Übungsziel vor und tragen Sie es bereits jetzt in Ihr Übungs-Tagebuch ein.

Lassen Sie bei jeder ‚Ergebnisbeschreibung' Ihren Empfindungen bei den Durchführungs-Wiederholungen freien Lauf.

- Was war gut, was muss verbessert werden ?
- Habe ich ‚das konkrete Ergebnis erreicht', was ich erreichen wollte ?
- War das jetzige Übungshandeln wieder ein Schritt in Richtung Aktivitäts-Ziel ?

Denken Sie stets daran, dass das Übungs-Zielhandeln immer der nächste Schritt auf dem Weg zum Aktivitäts-Ziel und damit zum Global-Ziel darstellt. Schritt für Schritt.

Haben Sie das Gefühl, dass das noch nicht gut genug klappt, dann machen Sie einen Schritt zurück bis zu dem Punkt, an dem Sie ein leichtes und fehlerfreies Sprach- bzw. Sprech-Handeln spüren und kein Fehler-Risiko eingehen müssen.

Hier sollten wir uns wieder auf das besinnen, was wir anzielen, nämlich auf das fehlerfreie Sprach- bzw. Sprechhandeln.

Verfolgen wir das konzentriert und fokussiert, stets mit voller Aufmerksamkeit ausgerichtet auf das eigene Sprach- bzw. Sprechhandlungs-Ziel.

Oder wenn Sie aufgrund irgendwelcher Umstände einen gewissen ‚Leerlauf' in Ihrem Übungs-Verlauf empfinden und nicht so recht wissen, was Sie nun üben sollten, dann verfallen Sie bitte nicht in eine gefährliche Passivität. Sondern füllen Sie diesen Leerlauf auf mit Wiederholungen von fehlerfreien Sprach- und Sprechhandlungen.

Aus der Blickrichtung der Gesunden mag das im ersten Moment unlogisch erscheinen, vielleicht sogar absurd klingen. Denn warum sollte ich das wiederholen, was ich bereits kann ? Darauf antworte ich „Weil das jetzt notwendig ist."

Ich erkläre Ihnen aus neuropädischer Sicht, warum.

Bedenken Sie, dass Sie als Ersatz für Ihre verlorenen Sprachfunktionen neue Sprachnerven-Impulsströme und Nerven-Verbindungen in einem anderen Hirnareal aufbauen und dass Sie die zu lernenden Sprach- bzw. Sprechhandlungen in diesem entstehenden Sprachnerven-Netzwerk neu eintragen müssen. Die neuronalen Einträge erfolgen in Form des neuronalen Beschusses. Und der neuronale Beschuss geschieht immer dann, wenn wir wiederholt bestimmte Sprach- bzw. Sprechhandlungen durchführen.

Mehr Beschuss, Nervenwachstum, tiefere Einprägung, mehr und besseres Können.

Ein absicherndes, weiteres Einprägen des Neuen wird im gesunden Hirnbereich nur durch hochfrequente Wiederholungen erreicht. Deshalb werden in ambitionierten Therapie- und Übungsverläufen aberhunderte ‚Trainingseinheiten' mit denselben Sprach- und Sprechhandlungs-Mustern durchgeführt.

Nachdem Sie mit der Logopädin Ihre neue, fehlerfreie Sprachbzw. Sprechhandlung erarbeitet haben und sie diese neue Sprach- und Sprechhandlung für Ihr Üben zuhause in Ihr Übungs-Buch geschrieben hat, führen Sie genau diese neue Handlung dann zu Hause weiter fehlerfrei täglich durch.

Wenn Sie das sehr oft bei größter Konzentration auf Fehlerfreiheit machen und sich dadurch die neu erarbeitete Sprach- bzw. Sprechhandlung so fest einprägen, bis Sie optimalerweise das Gelernte auswendig wiedergeben können, dann haben Sie den wichtigsten Übungseffekt erreicht. Sie haben jetzt Ihrem Gehirn ein neues Sprach- bzw. Sprechhandeln beigebracht, ohne dass Sie in das neuronale Loch getappt sind.

Denken Sie dabei stets: ‚Ich präge mir das fehlerfrei so lange ein, bis ich es auswendig und fehlerfrei kann. Und das kann erwiesenermaßen klappen'.

Betrachten Sie den Sitzungsverlauf kritisch, aber nicht zu kritisch.

Fassen Sie Ihre Übungs-Ergebnisse ‚nüchtern' zusammen. Jedes neu gelernte Übungs-Handeln bedeutet einen kleinen, aber ganz wichtigen Zwischenschritt auf dem Weg zum Funktions- und Aktivitäts-Ziel.

Merke: Mach einen Schritt nach dem anderen !

Am Anfang mag es ungewohnt sein, mit dieser Übungs-Block-Dreiteilung umzugehen. Nach einigen Übungs-Sitzungen werden Sie aber feststellen, dass Ihnen dieses Vorgehen auch Struktur gibt im Durchdenken und in der Handhabung der Übungs-Inhalte.

Mag man sich anfangs bei der Zielformulierung und Einteilung des Übungs-Stoffs grandios verschätzen - denken Sie jetzt bitte grundsätzlich an kleinste Übungsschritte, an kleinste Ziele.

Die Dreier-Blockung Ihrer Übungs-Sitzung wird Ihnen zukünftig helfen, im Laufe der Zeit die Logo-Übungen zunehmend sicherer zu planen und praktisch umzusetzen.

8.4.7 Tipps zum täglichen Üben zu Hause

Wenn Sie zu Hause tälich 1 x 15 Minuten, (besser 2 x 15 Min. !) üben können und üben wollen, dann empfehle ich Ihnen folgendes:

Erstellen Sie sich einen Übungs-Wochenplan, in dem Sie das Übungsthema / den Sprechhandlungs-Bereich notieren, in dem Sie in dieser und in der nächsten Woche üben wollen.

In den täglich stattfindenden Übungen können Sie auch ein etwas größeres, d.h. länger dauerndes Projekt über z.B. 4 oder 6 Wochen durchführen.

Die Projekt-Dauer legen Sie selbst fest und überlegen, wieviel Übungssitzungen Sie in diesem Zeitraum durchführen werden.

Je länger die Projektphase wird, desto mehr Zeit stellen Sie sich für das Erlernen einer Sprach- und Sprech- Zielhandlung zur Verfügung.

Bei der Formulierung des Logo-Übungsziels bedenken Sie bitte, dass Sie einige Übungen sicher allein schaffen, dass sie bei anderen Sprach- und Sprechhandlungen Ihre/Ihren Übungspartner*in benötigen und in Ihre Übungsplanung einbeziehen sollten.

Ich gebe Ihnen ein Beispiel für eine Übung mit Übungspartner*in mit einer Intentions- und der dazugehörigen Ziel-Handlungs-Beschreibung:

„Ich werde in den kommenden 4 Wochen vier leichte Sätze (3 – 5-gliedrig) für das private Gespräch auswendig lernen und diese in der 10. Sitzung meiner/meinem Übungspartner*in fehlerfrei vorlesen und dann auswendig und gut verständlich vortragen können".

Ich empfehle Ihnen die Sätze, die Sie sich erarbeiten werden, mit Ihrer/Ihrem Übungspartner*in aufzuschreiben bzw. in Ihr Übungs-Buch einzutragen.

Das können Sätze sein, die wahrnehmbare Objekte oder Geschehnisse um uns herum beschreiben (z.B. ‚Da drüben steht ein Stuhl', ‚da unten fährt ein Motorboot'.) oder auch persönliche Aussagen wie Ich-Botschaften enthalten („Ich freue mich").

Hier einige weitere Beispiel-Sätze:

„Das Wetter heute ist fantastisch !"

„Der Wind ist angenehm frisch / warm".

„Ich hatte heute Erfolg", „Heute ist ein schöner Tag"

„Ich habe es geschafft".

„Morgen geht es weiter".

„Dieses Üben macht riesigen Spaß".

In der Aphasietherapie war in den vergangenen Zeiten zu beobachten ist, dass bei Arbeits-Zielformulierungen meist keine Ziel-Handlungs-Beschreibungen herauskommen sondern nur schlichte Handlungs-Absichtserklärungen.

Und die wurden meist nicht realisiert.

Insofern rate ich Ihnen, sofort von Anbeginn der Übungen solche (kleine) Sprach- bzw. Sprechhandlungen als Handlungs-Ziele zu formulieren, die Sie tatsächlich nach (angenommenen) zehn Übungssitzungen meinen auch tatsächlich erreicht haben zu müssen.

Ein Beispiel:

Nehmen wir an, dass Sie in der Lage sind, vier von den sechs genannten kurzen Sätzen auswendig zu lernen.

Dann könnte das Ziel so klingen: „Ich werde …diese vier leichten Sätze …in der 10. Sitzung auswendig und gut verständlich sprechen können."

Das ist nicht nur eine passende Ziel-Formulierung, sondern auch ein Ziel-Versprechen, was Sie sich selbst geben. Das ähnelt im weitesten Sinn einem ‚Durchführungsvertrag'. Wenn Sie etwa so Ihre Ziele formulieren, dann schließen Sie mit jeder Zielformulierung gleichzeitig auch einen ‚Durchführungs-Vertrag' mit sich selbst ab. Lernpsychologisch ist ein solches Vorhaben gewissermaßen trickreich und sinnvoll, weil Sie sich zu etwas ‚verpflichten', was Sie tatsächlich weiterbringt und wobei Sie Ihre Lernergebnisse als motivierendes Ergebnis eigener Anstrengung interpretieren werden.

Voraussetzung allerdings ist, dass Sie den ‚Durchführungsvertrag' einhalten und die vier Sätze nach dem vorher besprochenen/festgelegten Übungsplan konsequent immer weiterlernen, bis Sie die vier Sätze in der 10. Übungssitzung auswendig und verständlich sprechen können.

Das Üben dieser vier Sätze führen Sie in Ihren täglichen Übungs-Sitzungen durch. Sie arbeiten konzentriert am Auswendiglernen dieser Sätze. Setzen Sie vielleicht auch einmal Ihr Handy ein oder nehmen ein Video auf, was Sie beim fehlerfreien Sprechen der vier Sätze zeigt.

Generell empfehle ich Ihnen jede Gelegenheit zu nutzen, das eigene fehlerfreie Sprach- bzw. Sprechhandeln aufzunehmen bzw. aufzuzeichnen, um es dann als ‚Zuschauer' bzw. ‚Zuhörer' wahrzunehmen und als ‚Beweis' der eigenen Lernfähigkeit heranzuziehen. Auf diese positiven Übungsergebnisse können Sie dann mit Stolz verweisen und sich daran erfreuen.

8.4.7.1 Neue Rollen für Übungspartner*in und aphasische/en Partner*in - gemeinsame Erfolge stärken Geduld und positive Gefühle

Die aphasisch betroffene Person muss zum gedeihlichen Zusammenwirken mit der / dem Übungspartner*in etwas ganz Wichtiges beitragen, nämlich das Akzeptieren der jetzt neuen Rolle des / der Lebenspartners*in (siehe Kapitel 8.4.1).

Während des gemeinsamen Lebens vor dem Ereignis hatten beide ihre zugeschriebenen Aufgaben. Beide, die aphasisch betroffene

Person wie auch ihre/ihr Lebenspartner*in hatten bzw. haben jede/jeder für sich eine besondere Rolle im Privatleben und im beruflichen Leben zu erfüllen. Dort herrschen soziale Hierarchien und dementsprechend dominantes und weniger dominantes Verhalten. Zu beobachten ist, dass Lebens- bzw. Ehepartner untereinander auch gewisse Dominanzen des anderen/der anderen zu akzeptieren gewohnt sind.

Auch wenn in traditionellen Beziehungen die männlichen Partner mit größerer Dominanz über ihre Frauen zu leben scheinen, so finden wir in traditionellen Beziehungen auch Frauen mit Dominanz ihren männlichen Partnern gegenüber.

Was wir in vielen Langzeit-Intensiv-Therapie-Projekten beobachten konnten ist, dass sich in der Lebens-Partnerschaft nach dem Schlaganfall mit Aphasie die bisherigen „natürlichen“ Dominanzverhältnisse deutlich verschieben.

Die/der mitbetroffene Partner*in übernimmt meist aufgrund des Versprechens "In guten wie in schlechten Tagen" zunächst solche Funktionen und Rollen, die die/der aphasische Partner*in bisher innehatte.

Diese Tatsache begründet sich aus der Logik des Sprachverlustes. Im Alltag gleicht i.a. die/der sprechende Lebens- bzw. Ehepartner*in die verlustige Sprache der/des aphasisch betroffenen Partner*in durch kompetentes und sprachverlust-kompensierendes Managen des Lebens und der Kommunikation aus.

Es entsteht dann meist ein neues Dominanzverhältnis, was bei der neuen Partner-Übungsarbeit nicht immer ohne Konflikte einhergeht.

In manchen Fällen wäre Coaching im Sinne des passenden und geschickten Umgangs mit der / dem betroffenen Lebens- bzw. Ehepartner*in angezeigt.

Wir wissen, dass Lebens – bzw. Ehepartner*innen meist eine unschätzbare Bereicherung im gesamten Therapieprozess darstellen.

Daher sollte generell die Atmosphäre zu Hause eine positive sein und bleiben. Legen Sie und alle übrigen mitbetroffenen Familienmitglieder großen Wert auf eine gute, d.h. sachgerechte Kooperation.

In der Anfangszeit der Therapie brauchen die aphasisch betroffenen Personen zugewandte Unterstützung der Übungspartner*innen und Familienmitglieder mindestens so lang, bis sie eine Phase erreicht haben, in der sie ihr neues Dasein mit aphasischen Einschränkungen realisiert haben und beginnen, sich mit dem Thema eines sprachlich-sprecherischen Neuaufbaus zu beschäftigen.

Im Laufe der Übungsarbeit entwickeln die aphasisch betroffenen Personen eine gewisse Kompetenzsteigerung, sie wirken vigilanter (wacher), sicherer bei allen ihren Sprach- und Spechhandlungen und benötigen für ihre Standard-Übungen nur noch selten Unterstützung. In solchen Entwicklungsphasen beinhalten die Übungssitzungen zunehmend mehr ‚selbstständige Übungsanteile' ohne Übungshelfer*in.

Das bedeutet, dass Sie liebe Übenden, nach den Wochen / Monaten der Partner-Übungen allein weitermachen können. Es gibt einige Übungsformate, die Ihnen das ermöglichen.

Sollten Sie sich noch unsicher fühlen, scheuen Sie sich nicht nach Unterstützung durch Ihre / Ihren Übungspartner*in zu rufen.

Ihre/Ihr Übungspartner*in wird vielleicht auch absprachegemäß in zweiwöchentlichen Abständen zu Ihnen kommen, um zu schauen, dass sich keine Fehler in die zu übenden Sprach- bzw. Sprechhandlungen geschlichen haben.

Solche ‚Qualitäts-Kontrollen' sichern das Fortschreiten Ihres erfolgreichen Lern- und Übungs-Prozesses.

8.4.7.2 Sprechen kommt durch Sprechen

„Wieder sprechen können", das ist der erste und meist geäußerte Wunsch der aphasisch betroffenen Interviewten, die nach ihrem Therapie-Ziel befragt wurden (Unveröffentlichte Interviews in der Zeit von 1995 bis 2017 im LogoZentrum Lindlar).

Jede aphasisch betroffene Person strebt nach Wiedergewinnung von Sicherheit im Umgang mit der Sprache und mit dem Sprechen im Alltag; deshalb ist das angeleitete, begleitete oder selbstständige Sprech-Handeln als Übungsfeld so wichtig.

Sprechen kommt durch Hören gesprochener Sprache und durch Verwendung der ‚Sprachklänge' bei der Sprech-Handlung, nicht allein durch Denken.

Sicherheit beim und im Sprechhandeln gewinnt der Mensch dadurch, dass er sein Sprechen in der alltäglichen Kommunikation oft gebraucht.

In Talk-Shows treten Menschen auf, die schnell, gekonnt und sicher sprechen können. Meist sind sie in sogenannt sprechenden Berufen, in denen viel diskutiert und berichtet werden muss.

Übertragen auf unsere Thematik:

Je mehr und öfter die aphasische betroffene Person unter professioneller Anleitung fehlerfrei spricht, desto stärker triggert sie ihre Sprechkompetenz und desto mehr wächst ihre Sicherheit beim verständlichen Sprechhandeln.

Neuropädisch betrachtet prägt sie sich dabei das bei der Logopädin neu gelernte fehlerfreie Sprach- bzw. Sprechhandlungs-Muster neuronal ein.

Bei oftmalig konzentrierten, fehlerfreien Sprechhandlungs-Wiederholungen verankern sich die neuen Handlungsmuster immer weiter bis zu einem gewissen Grad des ‚automatisierten Neu-Sprechens'. Es entwickelt sich eine Synthese von sprachlich-sprecherischen prämorbider ‚Rest'-Fähigkeiten und der neu erlernten Sprach- und Sprechhandlungen.

Zu beobachten ist, dass die aphasisch betroffene Person über das hochfrequent-fehlerfreie Sprechhandeln auch diverse neuropsychische Prozesse triggert.

Wir beobachten bei ihr ein wachsendes Sprachgefühl und eine beständigere Konzentrationsfähigkeit auf das, was sie sagen will.

8.4.7.3 Komplettieren Sie Ihre ‚teilfertig-gelernten' Sprach- und Sprechhandlungen

Für den Fall, dass Sie nicht so recht wissen, womit Sie Ihr Sprechhandeln fördern können, empfehle ich Ihnen folgenden Übungs-Schritt.

Wählen Sie zunächst „kleine, einfache" Sprachhandlungen aus, die Sie z.B. in der Therapie mit Ihrer Logopädin erarbeitet haben, die Sie aber momentan noch nicht ganz sicher ausführen können. Wir kennen das. Da heißt es: „Das haben wir schon mal gemacht, das habe ich aber nicht mehr ganz drauf."

Wenn Sie Ähnliches spüren, wenn Sie meinen, das Eine und das Andere „überlernen" zu müssen, dann schauen Sie doch einmal in Ihr „Logopädisches Übungs-Tagebuch", in dem Sie nachschlagen können. Rufen Sie sich dasjenige Sprach- bzw. Sprechhandeln in Erinnerung, was sie vor einiger Zeit erarbeitet haben und was Ihnen ausgesprochen gefiel und was Sie jetzt noch einmal überlernen möchten.

Stellen Sie sich auch jetzt die aktuell neue Sprach- bzw. Sprechhandlungs-Aufgabe und formulieren Sie jetzt ein neues Übungsziel, was Sie am Ende dieser Logo-Sitzung erreicht haben werden.

Sollten Sie ein Überraschungs-Moment vorbereiten wollen – ich habe vielleicht eine Idee.

Nehmen Sie sich die Aussage „Guten Morgen, mein Schatz" vor und lernen Sie das fehlerfrei auswendig zu sprechen.

Das smarte Übungs-Ziel kann dann so heißen: „Den Satz ‚Guten Morgen, mein Schatz' werde ich in einer Woche, am Montagabend fehlerfrei sprechen können. Und am Dienstagmorgen werde ich mit diesem fehlerfreien Satz meinen Schatz nach dem Aufwachen begrüßen."

Die Überraschung wird ein voller Erfolg werden.

8.4.7.4 Grundübungen zur Aktivierung des Sprechhandelns

Intention der Grundübungen zur Aktivierung des Sprech-Handelns ist das bewusste in Bewegung-Setzen der Mundwerkzeuge und des Stimmapparates.

Die artikulatorischen Bewegungen (Sprechbewegungen und Lautbildungs-Bewegungen) können durch Vormachen oder visuelle Reize (Mundmodell-Fotos; Artikulations-Bewegungen per Video) evoziert werden. Die aphasisch betroffene Person soll zu Übungszwecken bewusst (zunächst stimmlos, dann mit Stimme) Sprechbewegungen ausführen, um auch in diesem Bereich Kompetenzen zu triggern und den physiologisch-motorischen Anteil der Artikulationsbewegungen zu stimulieren.

Viel sprechen dient neben der Informationsvermittlung dem Übungs-Zweck, die Mundwerkzeuge oft in Gang zu bringen

und wieder Gefühl für die Bewegung der Artikulationswerkzeuge zu gewinnen.

Aphasisch betroffene Übende regen auch ihr Sprach- und Sprechgefühl an, wenn sie sich auf die „Richtigkeit" des artikulatorischen Bewegungs- und Sprechklangprodukts konzentrieren und es daraufhin überprüfen.

Die kinästhetische Rückmeldung ist ein von den Autorer*innen oft erwähntes, evoziertes Antwortverhalten der Muskulatur. Es triggert die Erinnerungs-Prozesse an Sprechbewegungen und initiiert Abrufprozesse aus dem Sprechbewegungs-Inventar.

ACHTUNG: Wenn aphasisch Betroffene dazu neigen zu schweigen, laufen sie Gefahr, das Sprechhandeln insgesamt verkümmern zu lassen.

Sollten neue Sprechbewegungen gebahnt werden müssen, dann leiten Sie die mit therapeutischer Hilfe (Therapeut*in, geschulte Partner*innen) ein.

Auch finden Sie videounterstützte Übungsreihen im Handel oder im Internet, z.B. auf YouTube oder bei LogoMedien®.

Wenn Sie mit Ihrer / Ihrem Übungspartner*in z.B. Mundbewegungen bei Vokalverbindungen wie /A/U/, /U/A/, /A/I/, /I/A/, /U/I/, /I/U/, usw. üben wollen und dazu animierende Clips für sinnvoll erachten, dann rufen Sie die aus dem Internet auf oder – vielleicht noch besser - erstellen Sie sich zusammen mit Ihrer/Ihrem Übungspartner*in ein persönliches Mundbewegungs-Videoprogramm auf Ihrem eigenen Handy.

Durch oftmaliges Ausführen und Wiederholen der fehlerfreien Artikulations- und Sprechhandlungs-Muster tragen Sie zunächst diese im neuronalen Sprach- und Sprechnetzwerk (sprech-) motorisch und sprachklanglich ein und verankern sie dann dort.

Das sollten Sie so oft und so lang durchführen, bis sich das Bewegungsmuster im Gehirn als abrufbares ‚neues Lautbildungs-Programm' fest eingeprägt hat und von Ihnen sicher erinnert /abgerufen und angewandt werden kann.

Die fehlerfreien Bewegungen wollen wir uns also einprägen.

Die Resultate eigener Sprechbewegungen nehmen wir nicht nur kinästhetisch aus den Muskel-Bewegungen sondern auch akustisch als Sprach-Klänge wahr.

Wir triggern dabei unsere Kompetenz, zwischen ‚richtigem' und ‚fremdem Sprachklang' zu unterscheiden.

Durch häufiges und konzentriertes Achten auf das Sprech-Klang-Produkt schärfen wir unseren ‚Hörsinn' und unsere ‚Sprachklang-verarbeitung'.

Wir stimulieren neuropädisch unsere Hörwahrnehmung und die zentrale Verarbeitung unseres eigenen Sprachklangs mit dem Fokus auf den ‚richtigen' Klang. Dabei entwickeln wir wieder Fähigkeiten in auditiver Wahrnehmung und Verarbeitung der auditiven Reize. Das Resultat wird sein, dass wir zunehmend besser unser eigenes Sprechhandeln in ‚falsch', ‚fast richtig' und ‚korrekt' differenzieren.

Wir sensibilisieren uns dabei dahingehend, wie wir sprechen sollten und wie das klingen soll und wie es letztlich auch bei uns selbst tatsächlich klingt.

Das sprachklanglich- und sprecherisch-fehlerfreie Handlungsmodell im eigenen Tun, das ist die Fähigkeit, auf die wir hinarbeiten.

Dazu brauchen wir zunächst klare Rückmeldungen hinsichtlich der Unterscheidung zwischen ‚falsch' und ‚richtig'.

Auch zu artikulatorischen Veränderungen benötigen wir korrigierende, lenkende Führung.

Wichtig ist, dass wir uns häufig in externe, fehlerfreie Sprechhandlungen hineinhören, wie selbstverständlich auch in unsere eigenen Sprechklänge.

Wenn wir sprechen, dann wirken akustisch zwei Systeme auf unsere innere Wahrnehmung ein:

Einmal das eigene, kopfintern stattfindende auditive Wahrnehmen der Schallwellen über den Hals und die Schädelknochen, was die Eigenklänge hörbar macht (Innenwahrnehmung).

Das zweite auditive Wahrnehmungssystem (Außenwahrnehmung) ist das Hören der von außen über das Ohr wahrgenommenen Sprachklänge und Geräusche.

Zur Übung der auditiven Wahrnehmungsverarbeitung bewährt sich das trainingsmäßige Hören, laute Lesen und Mitsprechen von Sätzen.

8.4.7.5 Jedes Üben soll der übenden Person Freude bereiten und affektiv wirken

Wenn Sie allein üben, dann beachten Sie bitte, dass Ihnen die Übungsinhalte, also die Aufgaben, die Sie sich selbst stellen, Ihnen weitgehend fehlerfrei von der Hand gehen und Freude bereiten können. Sie sollen Ihnen Spaß machen.

Es geht jetzt überhaupt noch nicht darum, „Leistung" zu erbringen. Es geht jetzt erst einmal darum, allein sprachliches oder sprecherisches Handeln zu probieren und die Abläufe einfacher Sprach- und Sprechhandlungen zu üben.

Ich empfehle Ihnen, laute / leise Stimme auf den Vokalen zu bilden oder Wortreihen, Verse und das, was Ihnen gerade einfällt, weitestgehend fehlerfrei zu sprechen - aber bitte nur mit ‚freudigem Blick' auf die zu erwartende sprachklanglich ‚richtige' Performanz.

Auch diese Übungssitzung begrenzen Sie bitte konsequent auf 15 Minuten. Danach tun Sie etwas anderes. Wenn Sie mit Spaß weiter üben wollen, dann aber bitte nach einer mindestens einstündigen Pause. Und dann wieder nur 15 Minuten lang.

Wenn Sie ein bestimmtes Übungsmaterial einsetzen wollen, dann wählen Sie ein solches aus, was Ihnen beim Übungs-Einsatz ‚leicht' erscheint. Das ist meist etwas, was auf Sie affektiv wirkt, also Ihr Interesse weckt und bei Ihnen ‚Lust' auf ‚mehr' erzeugt.

Wenn das Material Sie ‚auffordert', mit ihm jeden Tag aufs Neue immer wieder zu sprechen, dann sollten Sie dieses positive Momentum nutzen und mit kritischem Ohr und fehlerfrei die anstehende Sprach- und Sprechhandlung durchführen.

Affektiv wirkende Übungsmaterialien haben Aufforderungscharakter. Dazu gehören viele Apps, wovon manche technisch so interessant gemacht sind, dass man als User daran „hängenbleibt" (z.B. Neolexon) und dem innewohnenden Unterhaltungsangebot folgt.

Andererseits sollte der Übungsinhalt aus neuropädagogischer Sicht idealerweise als Text-Bestandteil einem komplexeren Themenbereich entnommen sein. So ergibt sich später die Möglichkeit, eine Erweiterung dieses Details innerhalb desselben thematischen Inhaltskomplexes zu erreichen.

Beispiel:

Vom (Er-)Lesen einiger Wörter aus dem Lesetext ‚Der Wolf' gehen wir später über zum Text-Lesen der gesamten Geschichte ‚Der Wolf'. D.h., die aphasisch betroffene Person erlebt den Wechsel vom Wort-Lesen zum Satz-Lesen innerhalb des gesamten Kontextes ‚Der Wolf'. Die Erweiterung der Sprachhandlung ‚Wort-Lesen' im Wolf-Text zum ‚Satz-Lesen' gibt den Übenden die Möglichkeit, die vorher beim Wort-Lesen kennengelernten und verstandenen Wörter nun in einem größeren Kontext inhaltlich und bedeutungsmäßig wahrzunehmen und auf Satz-Niveau zu verstehen und zu verarbeiten.

Zusätzlich zur Stimulierung des Lese-Sinnverständnisses wird die Graphem-Phonem-Korrespondenz (geistige Umwandlung von Buchstabe in Laut) getriggert.

Ein logisch nachvollziehbar aufgebauter Übungsinhalt hilft der übenden Person, den Inhalt nicht nur besser zu verstehen, sondern auch besser zu behalten. Er hilft ihr auch, dem wachsenden ‚inneren' Anspruch an die eigene Lesefähigkeit gerecht zu werden.

Das Gefühl der sprachlichen Verbesserung hilft der aphasisch betroffenen Person, wieder Freude an Sprachhandlungen und darüber Genugtuung zu entwickeln.

8.4.7.6 Polimodale Logo-Medien stimulieren multisensorisches Wahrnehmen und intelligentes Verarbeiten und bieten ‚Lernfreiheit' für Sprach- und Sprechhandlungen

Sprachfördernde und sprechhandlungsfördernde Logo-Medien sind **polimodale Medien**, die allgemein bekannte Alltagsgeschehnisse in Videoaufnahmen zeigen und diese sprecherisch und schriftlich versprachlichen (sprach- und sprechfördernd).

Polimodale Logo-Medien präsentieren Sprache über die Modalitäten Videohandlung, gesprochene und geschriebene Handlungsbeschreibung (in Satzformat). Auf Seiten der Medien-Nutzer werden die präsentierten Sprachinhalte multisensorisch wahrgenommen: visuell handlungsverstehend, auditiv (hörend) und visuell lesend.

Für die Übenden werden bei Betrachtung der bewegten Handlungsbilder und bei gleichzeitiger Wahrnehmung der Versprachlichung des Handlungsablaufes Assoziationen getriggert.

Die Versprachlichung beschreibt die präsentierte Handlung. Bei wiederholter Präsentation von Handlung und Versprachlichung werden Erinnerungsimpulse an adäquate Wörter, realitäts- und sachbezogene Aussagen und korrekten Satzbau gesetzt.

Gleichzeitige Präsentationen von bekannten Handlungen und der die beschreibenden Versprachlichungen triggern auch die prämorbide narrative Kompetenz (Erzählkompetenz vor der Aphasie) der aphasisch betroffenen Person.

Die Übenden sollen sich durch die Übungsinhalte auch intellektuell angeregt fühlen. Das polimodale, multisensorische Wahrnehmen und Verarbeiten von Sprache setzt das Denken in Gang.

Berücksichtigen wir bei der Übungs-Stoffauswahl auch die intellektuellen Potenziale des aphasisch betroffenen Individuums und die sprachlichen Kompetenzen der aphasischen Persönlichkeit.

Die aphasische Person sollte stets die Gelegenheit geboten bekommen, beim Üben ihrem Wunsch bzw. Bedürfnis gemäß eigeninitiativ intelligent und kreativ üben zu können.

Der für aphasisch Betroffene zur Verfügung gestellte ‚Freiraum' für Übungs-Entscheidungen spielt eine nicht zu unterschätzende Rolle. Bekommen sie z.B. die polimodalen Logo-Medien in die Hand, die das Sehen der Videohandlung und simultane Hören und gleichzeitige Lesen der handlungsbeschreibenden Sätze anbietet, können die übenden Personen selbst entscheiden, welche Sprach- oder Sprechhandlung sie mithilfe des Mediums erarbeiten wollen, wann und in welcher Modalität (Lesen, Mit- oder Nachsprechen, Benennen von Handlungen u.a.) sie sich wie oft beschäftigen, was sie wie üben wollen und was sie letztlich auswählen und mit wem bzw. ohne wen sie zielorientiert arbeiten möchten.

Grundsätzlich empfehle ich jeder aphasisch betroffenen Person zunächst mit ihrer Logopädin gemeinsam abzusprechen, was zu üben ist, ob es das Hör-Wahrnehmen ist oder die phonematisch-graphematische Konversion, ob es das laute Lesen von Wörtern, ob das Hören und Speichern von komplexeren Texten oder beispielsweise das Schreiben diktierter Texte ist, usw.

Wenn der Übungsrahmen abgesteckt ist und die (möglichst kleinen Wochenziele) definiert sind, beginnt die Wahl des Mediums, mit dem am besten das in der Therapie Gelernte dann zu Hause neuropädisch vertieft und abgesichert werden kann.

Überlegenswert ist auch das Potenzial durch Personenwechsel zu nutzen, d.h. bei einer aphasisch betroffenen Person zwei Übungspartner*innen zu engagieren für verschiedene Übungsfelder; beispielsweise die / den eine/n Übungshelfer*in für das „Drill&Practice"-Training, für das Nachsprechen-Üben eine /n andere/n Übungshelfer*in und / oder für das Vorlesen wieder eine andere Helfer-Person.

8.4.7.7 Trotz Langsamkeit des Hirnnerven-Wachstums können wir überzeugende Übungserfolge generieren !

Neuropädagogisch fördern wir das Wachstum neuer Sprachnerven-Systeme durch ‚Mitteilungen an das Gehirn', d.h. durch den ‚Beschuss' der entsprechenden Sprach-Netzwerke.

Therapeut*innen und Übungspartner*innen führen die aphasische Person zu ‚korrekten' Ausführungen der zu lernenden Sprach-Handlungen, die konsequent und in hohen Wiederholungsraten immer wieder fehlerfrei durchgearbeitet werden.

Die so gezielt massiert ablaufenden Handlungs-Prozesse tragen sich im neuronalen Sprach-Netzwerk ein, und die hochfrequenten ‚Beschießungen' (Wiederholungen) lassen Eintragungen zu neuronalen Verankerungen werden.

Das empfinden die aphasisch Betroffenen als ein sukzessives „Geläufiger-Werden" der neuen Sprach- und Sprechhandlungen.

Am Anfang ihres Therapieprozesses werden erste, basale und funktional-basierte Sprach- und Sprechhandlungen erarbeitet z.B. das Wiedererkennen von Buchstaben oder die Graphem-Phonem-Konversion, bevor sie komplexere Lesetexte erfassen können.

Die neuropsychischen und neurofunktionalen Prozesse müssen aufgebaut sein, bevor sprachliche Handlungsfunktionen darauf aufbauen können.

Erfahrungsgemäß müssen wir bei jedem aphasisch betroffenen Menschen von einer vorhandenen Sprachkompetenz ausgehen. Um an das darin schlummernde Potenzial heranzukommen, muss versucht werden, mit polimodal-multisensorischem Stimulus-Material die ‚Rest'-Sprachkompetenzen (‚Fähigkeits-Inseln') zu triggern.

Wenn sich dadurch bei einer aphasischen Person ein ‚Aufleben' sprachlicher Funktionen abzeichnet, dann sollte weiter getriggert und darüber hinaus in dem revitalisierten Funktionsbereich stimuliert werden.

Wir nennen das ‚Fitmachen' des sprachlichen Könnens.

Auch wenn es uns Begleiter*innen / Beobachter*innen „gegen den Strich" gehen möge, das penetrant-gleichförmig zu wiederholende Sprach- bzw. Sprechhandeln anzubieten und abzurufen – es ist genau dieses gleichförmige Üben aus neuropädagogischer Sicht, was sich als geeignetes Mittel zum Zweck eines ergebnisreichen Aufbaus von Sprache bei Aphasie erweist.

Die aphasisch Betroffenen haben dadurch die Möglichkeit, therapeutisch geführt neues Sprach- und Sprechhandeln zu erlernen und fokussiert und konzentriert die fehlerfreien neuronalen Einträge zu trainieren und das neu Gelernte gezielt ‚operativ' auf das persönlich erwünschte Niveau der Sprach- und Sprechhandlungen zu bringen.

Was für viele aphasisch Betroffene ‚unglaublich' erscheint ist die Tatsache, dass sie beim Neu-Lernen der Sprache gleichzeitig auch ihr Sprach-Nervenwachstum betreiben.

Leider erlaubt das geschädigte Gehirn den aphasisch Betroffenen nicht mehr, auf ihre bisher individuelle Weise zu lernen und zu behalten. Aber die aktiven Potenziale in den ungeschädigten Hirnarealen erlauben einen probaten Weg.

Der ist uns allen prinzipiell bekannt. Das ist eine Lernart, die wir zeitweilig in unserer schulischen und beruflichen Ausbildung angewandt haben, zwar nicht gern aber doch wirksam, das Lernen nach dem Prinzip ‚Drill & Practice'.

Dieses Lernen ist nach der Hirnschädigung durchaus noch möglich und bedingt wirkungsvoll. Beim Drill&Practice verengt sich das therapeutische Lernen auf ein sehr strukturiertes Handlungsraster, was beim ersten Hinschauen nur wenig Raum zu bieten scheint für kreative, sprachsystematische Kognitionsarbeit.

Aufgrund der neuronalen Verluste durch den Schlaganfall ist es notwendig, neue neuronale Strukturen in den sprachlichen Netzwerken und über Nervenneuwachstum zu schaffen. Und das kann nur auf dem beschriebenen Weg geschehen.

Und um dem Gehirn dazu den Anstoß in die gewünschte Richtung zu geben ist es wichtig, dass der Mensch höchst fokussiert immer und immer wieder tage- und wochenlang jeweils über einige Minuten hinweg das angezielte Sprach- bzw. Sprechhandeln fehlerfrei ausführt.

Wenn die aphasisch betroffene Person beispielsweise den Satz: „Mach es gut" so sprechen können möchte, dass sie ihn später in jeder passenden Situation sicher aussprechen und anwenden kann, dann wird sie diesen Satz übungsmäßig sehr oft hören und fehlerfrei, also sprechtechnisch sauber reproduzieren müssen.

Das ‚neue' Sprechhandeln baut neuropädisch auf einem neuen Zusammenspiel der elektrobiochemischen Nervenimpulse auf. Die ‚Übung' dieses neuen neuronalen Zusammenspiels der Impulse geschieht durch wiederholten ‚Beschuss der Nerven'. Dadurch findet einerseits die Speicherung der neuen Einträge statt, dadurch wird auch das neue Nerven-Zellwachstum angestoßen.

Dazu steht uns das ‚unangenehme' Drill & Practice als einzig vorstellbare und praktikable Lernform zur Verfügung.

Aus neuropsychologischem Blickwinkel gibt es sehr Interessantes zu beobachten: Bei konzentriert fokussiertem Neuausrichten auf fehlerfreies „Neu-Sprechen" eines vorher nicht gekonnten Satzes generiert die übende Person nicht nur den Neuerwerb der weitgehend fehlerfreien Sprech-Handlung, sie entwickelt auch mitlaufend neuropsychische Stabilisierungen, konkret sind hier positive Gefühle zu nennen.

Weil die Ursache für depressive Verstimmungen im Verlust der Sprache begründet ist, können wir feststellen, dass jeder ‚kleine Rückgewinn von Sprache' zu einer Entspannung der depressiven Lage führt.

Erlebte Erfolge führen zu neuen und positiven Grund- und Aufbruch-Stimmungen sowohl bei der aphasisch betroffenen Person als auch bei ihren Angehörigen.

Wir beobachten bei den aphasisch Betroffenen (siehe die Interview-Aussagen der Co-Autor*innen), dass die negative Grundstimmung ursächlich auch mit einer gewaltigen Erwartungs-Haltung zusammen zu hängen scheint, die die aphasisch Betroffenen der Sprachtherapie gegenüber haben.

Ein weiterer Grund für die Entwicklung negativer Grundstimmung sind sicherlich die frustrierenden Erlebnisse im Zusammenhang mit dem aphasischen Sprachgebrauch in der Kommunikation. (Antworten auf die Interviewfrage 9, 13, 14, 16, 17)

Die Langsamkeit des Hirnnervenwachstums ist der eine Grund, weshalb wegen des Ausbleibens schneller Übungs-Resultate Ungeduld aufkommt.

Wegen der Langsamkeit des neuronalen Wachstums kommen die Erfolgserlebnisse erst recht spät, gefühlt viel zu spät, oft gefühlt gar nicht auf.

Erfolgserwartungen sind eng verknüpft mit ungeduldiger Erwartungs-Spannung. Appelle wie „Haben Sie Geduld" sind wenig hilfreich, weil die Betroffenen perspektivisch noch keinen gesicherten Standpunkt entwickelt haben und sie mit ihrer neuen ‚aphasischen' Situation beschäftigt sind. Sie hoffen natürlich auf eine schnelle Verbesserung der aphasischen Situation, so wie auch die Familienangehörigen und die Freund*innen- und Kolleg*innen-Kreise.

Mir erscheint für die aphasisch betroffene Person es günstiger zu sein, dahingehend aufgeklärt zu werden, dass wir dem langsamen Nervenwachstum einerseits gebührende Geduld entgegenbringen müssen, andererseits aber durch viel Übung versuchen sollten, das Nervenwachstum zu beschleunigen.

Geduld und Ungeduld treten in einen gewissen Wettstreit.

Die Geduld wächst in dem Maße, wie von den Betroffenen Fortschritt erlebt wird und Fortschritte erzeugt werden können.

Wenn die aphasische Person in ihren Logo-Übungssitzungen beispielsweise den Drei-Wort-Satz „Ich liebe Dich" verständlich zu sprechen gelernt hat und diesen Satz zur freudigen Überraschung ihres / seines Gegenübers angebracht hat, dann zeigt dieses Geschehen der aphasischen Person ein praktisches Lernergebnis. Es zeigt ihr auch, dass sich durch ‚neu gelernte' Sprechhandlungen neue ‚Dimensionen' sprachlich-kommunikativer Möglichkeiten auftun, wenn man der Aphasie zu Leibe rückt und Sprache wieder erlernt.

Wenn die aphasische Person im Laufe der Übungs-Programme dann spürt und erkennt, dass doch etwas möglich wird, was für sie vorher in ihrem Verlustschmerz nicht erwartbar war, dann ist zu vermuten, dass die Geduld gegenüber der Nervenwachstums-Langsamkeit wächst und sich Lernmotivation aufbaut und dass erfolgsbasierte Lern-Freude aufkommt und sich Resilienz gegenüber Negativ-Einschlägen entwickelt.

Wir fördern den Prozess des Geduld-Wachstums dadurch, dass wir als Beobachter den aphasisch betroffenen Personen gegenüber intermittierend nur positive Informationen und Meinungen zu ihren Lern- und Übungsfortschritten äußern. Fordern wir sie auch immer wieder auf, sich das vor Augen zu führen, was sie heute können, was sie vor zwei Monaten noch nicht konnten.

Fordern wir sie zeitweilig auf, etwas zu tun, was sie sicher beherrschen, um dann etwas zu ergänzen, was als ‚lösbare' Zusatzaufgabe empfunden und wahrgenommen wird.

Wir nennen das Expansion oder Expandieren. Wir erweitern den Handlungsrahmen.

Beispiel:

Ihre/Ihr aphasisch betroffene/r Partner*in hat den Begrüßungs-Satz „Wir freuen uns, dass Ihr hier seid" in den letzten fünf Wochen erarbeitet. Sie/Er ist in der Lage, eigeninitiativ auf Aufforderung diesen Satz fehlerfrei und gut verständlich zu sprechen. Sie können jetzt an den Transfer der Sprechhandlung in die Realität denken.

Sie einigen sich mit ihr/ihm darauf, dass vor der Sprechhandlung in der Party-Realsituation ein nächster Übungs-Schritt vorgeschaltet wird, in dem Sie den Satz zunächst in einem ‚privaten' Rollenspiel sprechen üben.

Imagination:

Sie stellen sich vor, dass Sie das befreundete Ehepaar Lutz und Inge zum Abendessen eingeladen haben.

Es klingelt, die beiden stehen vor der Wohnungstür, Sie öffnen die Tür, Sie lachen und begrüßen die Freunde mit den Worten *„Wir freuen uns, dass Ihr hier seid"*.

Sie werden spüren, dass Sie Ihr neues sprecherische Handeln in der Begrüßungssituation an der Haustür als zunehmend sicher empfinden. Es klappt zunehmend besser !

Das ist ein weiterer Erfolg ! Einer so bravourös sprecherischen Bewältigung der Begrüßungssituation erwachsen positive Gefühle. Und die sind mit weiterer Zuversicht auf Entwicklungsfortschritte verknüpft.

Diese Gefühle beflügeln die Geduld auf dem Weg Richtung ‚wieder sprechen können'.

Kleine aber stetige Schritte in diese Richtung sind außerordentlich wichtig für die aphasisch betroffene Person, wie auch für die Familienmitglieder.

Aus diesen ergebnisreichen Lern-Schritten entwickelt sich dann bei nicht wenigen lernmotivierten aphasisch Betroffenen ein intrinsisch motiviertes, intensives Weiter-Lernen.

Lernerfolg macht das nächste Lernen effektiver und lässt die Geduld wachsen.

Psychisch belastetes und gestresstes Lernen unter ungeduldigem Erwartungsdruck führt nicht weiter. Im Gegenteil.

Positiv wahrgenommene Sprach- bzw. Sprechhandlungen sind m.E. die einzig hilfreichen Entlastungsimpulse bei der psychischen Bewältigung des Sprachverlust-Traumas. Das mögen kleine Entwicklungs-Schritte sein. Auch wenn sie noch so klein sind - sie sind da. Deshalb müssen wir die Entwicklungsergebnisse sichtbar machen. Dann verflüchtigen sich Skepsis und Trauer.

Positiv konnotierte Entwicklungs-Prozesse halten die aphasische Person in ‚Lern-Stimmung'. Für die übende Person ist es unter ihren aphasischen Lernbedingungen hilfreich, jede Durcharbeitung einer Übungs-Sequenz als bewältigte Herausforderung zu erkennen und sich zu sagen: ‚Auch diese Aufgabe hast du geschafft ! '

Die Erfahrung lehrt, dass bei den meisten aphasischen Übenden erst dann ein positives Sprechgefühl entsteht, wenn im Laufe der Lern- und Übungsarbeit tatsächlich „objektivierbare" und über alle

Zweifel erhabene Verbesserungen im Sprach- und Sprechhandeln wahrgenommen werden.

Zielführend ist, dass die aphasisch betroffene Person ihr Sprache-Üben und therapeutisches Arbeiten als ‚objektiv' wirksam wahrnimmt und die positive Veränderung als Ergebnis eigener Anstrengung interpretieren kann. In diesem Zusammenhang möchte ich auf die Sinnhaftigkeit der Eintragungen im Übungsbuch hinweisen.

Zu beobachten ist, dass viele überaus selbstkritische Betroffene oft den positiven Rückmeldungen der Therapeut*innen auf korrekte Sprach- und Sprechhandlungen nicht so recht ‚trauen'.

‚Beweise' müssen dann her, z.B. Video-Aufnahmen vom Erreichen des korrekten Zielhandelns.

Das Spüren ihres erfolgreichen Bemühens in der konsequenten Übungsarbeit ist für die aphasisch Betroffenen der Nährstoff für weiteres, motiviertes Lernen neuer Sprachhandlungen und für damit einhergehende positive Grundstimmungen.

Über diese „veränderungs-orientierte" Sichtweise zur Verbesserung der persönlichen Grundstimmung hinaus spielen auch Veränderungen im Zusammenspiel divergierender Zufriedenheits-Komponenten eine entscheidende Rolle:

Wie erlebt die aphasisch betroffene Person die emotionale Spannung aufgrund der Divergenz zwischen Therapie-Ziel und der ständig erlebten eingeschränkten aphasischen Sprach-Performanz ?

Wie verarbeitet die aphasisch betroffene Person die in den sprachlich-kommunikativen Begegnungen mit anderen permanent erlebten Frustrationen ?

Wie steht es mit der Aphasie-Akzeptanz ?

Wie stark ist der Wille zur Erreichung des Therapie- und Übungsziels, wieder sprechen zu können ?

Mit welcher Intensität wird dieses Ziel nach wie vor verfolgt ?

Kann die Spannung zwischen 'Exspektanz und Wirklichkeit' abgebaut werden ?

Kann dazu eine gewisse Aphasie-Akzeptanz aufgrund bereits erlernter neuer Fähigkeiten beitragen ?

Oft wurde im Kolleg*innen-Kreis das Thema ‚psychologische oder psychotherapeutische Begleitung' der Lebenspartner*innen der aqphasischen Menschen als sinnvolle und flankierende Bewältigungs-Maßnahme diskutiert.

Im LogoZentrum sind bedarfsgemäß Gesprächsrunden für aphasische Patient*innen und deren Partner*innen unter der Leitung von Sprachtherapeut*innen oder einer Psychologin eingerichtet.

Psychotherapeutische Maßnahmen für aphasisch Betroffene halte ich persönlich deshalb für wenig relevant, weil es bei den meisten nicht um ätiologisch psychogene depressive Verstimmungen handelt sondern verlustbezogene. Meine These:

Mit jeder verbesserten Sprach- und Sprechhandlung findet der sukzessive Abbau der sprachverlustbezogenen depressiven Verstimmung statt.

Früher wurden von mir sogenannte „Psychagogische Einzel- und Gruppengespräche" angeboten.

8.5 Sprach- und Sprechhandlungen selbst erarbeiten

Die in diesem Kapitel vorgestellten Übungsinhalte zielen primär auf die Wiederherstellung (Restitution) des Sprechens und des Lesens. Dazu bedienen wir uns an dieser Stelle des Logovids®

'Sprechen & Lesen 002', eines Übungs-Videos aus der Reihe der LogoMedien®.

8.5.1 Auditives Grundfunktions-Training mit Übungen zur auditiven Stimulierung

Aphasisch Betroffene klagen oft über auditive Wahrnehmungs- und Verarbeitungsdefizite. Oft zeigen sie ein schlechtes Verständnis von gesprochener Sprache, was neben anderen Ursachen mit einer Dekodierungsproblematik (Sprachklang-Entschlüsselung) zusammenhängen kann; auch können sie oft das, was sie hören, nur schlecht wiedergeben (Nachsprech-Schwäche), was u.U. auch auf eine auditive Speicherschwäche zurückgeführt werden kann.

Für sie sind die folgenden Übungen auf alle Fälle von großem Nutzen, weil massierte Hörstimulation durch applizierte gesprochene Sprache neuronal einen intensiven Beschuss der Hör-Sprachnerven mit Dekodierungs- und Sprachspeicher-Funktionen bewirkt und somit Wachstum im Sprachnetzwerk generiert.

Insgesamt wirken sich diese Stimulierungen bei der Sprachverarbeitung gehörter Sprache förderlich aus.

Beispiel einer weiteren Logo-Übung mit Übungs-Intention:

Lassen Sie sich täglich, mehrere Male am Tag, einen Satz zu bewegten Handlungen wiederholt langsam und deutlich vorsprechen (6 bis 9mal je Handlung), und prägen Sie sich diesen Satz fest ein. Dazu merken Sie sich den im Satz beschriebenen Sinn der gezeigten Videohandlung und werfen einen Blick auf den geschriebenen Satz.

Stimulieren Sie Ihre Hörwahrnehmung und die geistigen Prozesse der Hör-Verarbeitung und des Sprache-Verstehens mit Hilfe der Video-Handlung im Video-Clip.

Versuchen Sie bei dem oftmals wiederholten Hören des gesprochenen Satzes den Satzklang wie eine Melodie zu speichern und idealerweise gleichzeitig auch den gehörten Satz „schriftlich“ zu scannen (lesen). Verbinden Sie dazu kognitiv den Satz-,Klang' visuell mit der Schrift, konvertieren (verwandeln) Sie im Kopf die Schrift in das Gesprochene und merken Sie sich das Ganze als sprachliche Beschreibung der im Video zu sehenden Handlung.

Übungs-Sinn und Übungs-Auftrag:

Weil die Hörwahrnehmung und Hörverarbeitung grundlegend sind für eine funktionierende verbalsprachliche Kommunikation, gehören Wiederholungen des Hörens von gesprochener Sprache zum Übungsprogramm.

Auftrag: ,Lassen Sie sich zu einer beobachteten Szenenhandlung den Satz oftmals und noch einmal und wiederholt vorsprechen und prägen Sie sich diesen Satz sprachklangmäßig ein.'

Seien Sie bemüht, diesen Satz mit diesem Sprachklang zu diesem Handlungsgeschehen nicht wieder zu vergessen !

Jetzt ist das neue Einprägen und das neue Behalten des Satzes und das oftmalige Wiederholen des Hörens und Anschauens des neuen Satzes angesagt. Der Eintrag ins neue Netzwerk-Areal muss konzentriert fehlerfrei erfolgen.

Wenn Sie in diesem Übungsschritt auch noch etwas für das Lesen tun wollen, dann scannen Sie gleichzeitig beim wiederholten Hinhören die Schrift des Satzes und beantworten Sie sich diese zwei Fragen:

Wie klingt die Schrift gesprochen ? und

Wie ist das Gesprochene geschrieben ?

Durch die permanente Beantwortung dieser Fragen triggern Sie die Konversionsprozesse, das sind die kognitiven Umwandlungen der Schrift in Lautsprache und umgekehrt die kognitiven Umwandlungen der gesprochenen Sprache in Schrift.

8.5.2 Stimulierung der Graphem-Phonem–Konversion

‚Konversion' ist der Begriff für die geistige Umwandlung der Buchstaben (Grapheme) in Sprachlaute (Phoneme), was als Grundfunktion beim lauten Vorlesen eines Textes ohne Störung funktionieren muss. Umgekehrt findet Konversion statt bei der geistigen Umwandlung der Sprachlaute (Phoneme) in Buchstaben (Grapheme), was beim Diktatschreiben zum Tragen kommt.

Viele aphasisch betroffene Personen haben beim Durchführen der Konversionen Defizite. Um daran zu arbeiten empfehle ich zunächst die Lesefunktion ‚Graphem – Phonem – Konversion' zu stimulieren. Dazu ist es ratsam, mit kurzen aber hochfrequenten Wörtern zu beginnen.

Jedes der (möglichst) in Druckschrift geschriebenen Wörter wird nun einzeln von den Übungspartner*innen deutlich und mindestens 8 bis 10 mal vorgesprochen.

Die Trainees schauen während dessen konzentriert auf die Schrift und erinnern sich an den Sprachklang des 8 bis 10mal mitgelesenen Wortes.

Probieren Sie es auch mit kurzen Sätzen. Dazu schreiben Sie kurze Aussagen auf wie „hallo, wie geht`s ?", „guten Tag" oder „tschüss", „bis später" in Druckbuchstaben auf jeweils ein Din-A-4-Blatt, und gehen Sie wie bei den Wörtern vor.

Sie zeigen der aphasisch betroffenen Person eine dieser Aussagen und sprechen diese 8 bis 10 mal vor.

Dabei rutschen Sie mit Ihrem Zeigefinger unter dem Wort von links nach rechts her und zeigen dabei auf das, was Sie gerade sprechen. Auf diese Weise kann Ihr Trainee die Assoziation zwischen Phonem (Lautklang) und Graphem (Buchstaben-Bild) oder zwischen Wortlaut und Wortschriftbild herstellen bzw. den Satzklang mit dem Satzschriftbild assoziieren.

Mit dieser Übung am Video lernen die Nutzer*innen wieder zu erinnern, dass das gesprochene Wort so geschrieben ist bzw. dass das geschriebene Wort so klingt wie vorgesprochen.

Eine erweiterte Übung der Konversion ist das Hören-Lassen und gleichzeitige Lesen-Lassen längerer Sätze und Lesetexte.

Dazu hat sich in meinen Aphasie-Gruppensitzungen das polimodale Medium Logovid® ,Ultrakurze Geschichten' und auch die Reihe ,Reise-Video' mit Reisetexten zu unterschiedlichen Reisezielen mit Längen bis 240 Sätzen und dazu gestellten Fragen bewährt.

8.5.2.1 Handlung verstehen, dazu den Satz hören und scannen (lesen)

Wenn Ihnen eine Handlungsfolge/oder ein gemeinsames unvergessenes ,Erlebnis' als Foto vorliegt, dann bitten Sie Ihre/Ihren Übungspartner*in, dazu einen passenden Satz klar und deutlich in Druckschrift zu schreiben. Der sollte zunächst möglichst nur aus fünf Wörtern bestehen (Beispiel: ,Da waren wir am Strand').

Sie können diesen gelernten Satz selbstverständlich erweitern zu ,Da waren wir am Strand von Rimini', wo Sie vor Jahren gemeinsam schöne Tage erlebt haben.

Sie finden im Schrank sicherlich weitere Urlaubsfotos von gemeinsamen Reisen. Dann können Sie doch mal ein Fotobuch unter dem Motto *Unter jedem Bild ein Satz mit 5 und mehr Wörtern* zusammenstellen.

Das Erarbeiten des lauten Lesens dieser Foto-Sätze setzt neben dem Leseprozess dann auch vieles andere in Gang, z.B. die Erinnerung an die vergangenen Zeiten, die Sehnsucht nach neuen Reisezielen, das Sprechen über die nächste Reise oder über das nächste Reiseziel usw.

Bieten Sie Ihrer/Ihrem Ehe- bzw. Lebenspartner*in möglichst täglich Einblicke in Ihr Fotobuch/Ihre Foto-Sammlung und auf den dazu geschriebenen Satz, den Sie ihr/ihm Wort für Wort deutlich und wiederholt vorsprechen.

Durch ein so systematisches, tägliches Laut-Lesen der Foto-Unterschriften fokussiert sich Ihr Trainee dann täglich auf das mündlich beschriebene, gesprochene und beschriebene Erlebnis aus früherer Zeit.

Sprachklang und Schrift und Satzbedeutung verschmelzen zu einer Einheit, assoziiert mit emotionalen Erinnerungen.

Und das machen Sie – wenn Zeit und gute Stimmung vorhanden sind - ruhig mehrere Male am Tag jeweils 15 Minuten.

Sich in die Handlung ‚hineinzuversetzen' ist der Schlüssel zum Wiedererkennen und Verstehen des gehörten Satzinhaltes.

Das wiederholte Scannen der Schrift während des oftmaligen Hörens des Satzes triggert die Erinnerung der wechselseitigen Graphem-Phonem-Konversion bzw. Phonem-Graphem-Konversion.

Die übende Person wird sukzessive die assoziative Verbindung von Graphem und Phonem dadurch nach und nach realisieren, dass für die übende Person die Schriftbilder ihre Sprachklänge und die Sprachklänge wieder ihre Schriftbilder bekommen.

Diese prämorbid-assoziative Verknüpfungen von Schriftbildern und Klangbildern kommt der übenden Person wieder ins Bewusstsein. Das zu erreichen ist bei lesegestörten aphasisch Betroffenen das Ziel der Übungen: Die neue Assoziierung von Schriftbild und Sprachklang.

8.5.2.2 Der Zugang zum neuen Sprechhandeln ist das wiederholte Hören und Einprägen des Satz-Klanges

Wir lernen einen kurzen Satz (z.B. „Ich freue mich") sprechen, indem wir ihn zunächst 8 bis 10 mal hören und ihn uns sprach-klanggemäß einprägen.

Dabei beginnt dieser Satz wie eine Melodie in unserem Kopf zu klingen. Nach diesem satzklanglichen Einprägen ist zu erwarten, dass Sie den Satz als Klanggebilde nun in Ihrem Arbeitsgedächtnis eingetragen haben und das Klangbild des Satzes weitgehend modellgetreu wiedergeben können.

Jetzt heißt es, die Sprechhandlung einzuleiten, in dem Sie dem Sprachklang nachempfinden. Denken Sie jetzt beim Sprechen nicht an Artikulation oder Satzinhalt. Konzentrieren Sie sich jetzt beim sprachklang-geleiteten Sprech-Handeln ausschließlich auf die Wiedergabe der Melodie des Satzes, also darauf, genau den Satzklang wiederzugeben.

Hierbei kommt es überhaupt noch nicht auf die Deutlichkeit des Sprechens an.

Wenn Sie sich mit einem Diktiergerät / PC / Handy einen Satz vorsprechen lassen, dann tun Sie sich am besten selbst den Gefallen und achten auch beim selbstständigen Lernen darauf, den Satz zunächst 8 bis 10 Mal nur anzuhören und dann erst den Satz klanggleich und modellgemäß wiederzugeben.

Je öfter Sie dieses sprachklangliche Wahrnehmen und sprachklangbasierte Wiedergeben ausführen, desto mehr triggern Sie gleichzeitig auch Ihre Sprach- und Sprechkompetenzen und realisieren zunehmend die Sprechbewegungen bei den ausgeführten Sprach- und Sprechhandlung.

Das sprachklangliche Aufnehmen und Einspeichern eines Satzes ist das Tor zum klanggeleiteten Sprech-Handeln.

Erkenntnis:

Ein neu gespeichertes Satz-Klanggebilde kann abgerufen / erinnert und in Sprechhandeln umgesetzt werden. Um die Fehlerfreiheit zu erreichen lassen Sie sich am besten von Ihrer Logopädin /

Ihrer/Ihrem Übungspartner*in von Zeit zu Zeit kontrollieren und falls notwendig zeigen, wie es geht.

8.5.2.3 Konvertieren der Schrift, leises Sprechhandeln und das Gelesene verstehen

Das verstehende Lesen entsteht aus dem visuellen, dekodierenden Wahrnehmen und zentralen Verarbeiten der Buchstaben- und Wortgruppen und aus der dabei stattfindenden inneren Konversion der Graphem-Folgen in (stille) Lautsprache.

Erst das innere ‚Aussprechen' der Schrift, also das im Kopf stattfindende laut-klangliche Dekodieren der Schrift ermöglicht den meisten Menschen das Lese-Sinnverständnis. Sie ‚hören' sich dabei das innerlich Gesprochene an und aktivieren so ihr Hör-Sprachverständnis.

Wenn es in der Therapie um das Erarbeiten des verstehenden Lesens geht, dann empfehle ich zunächst die innere Konversion zu triggern und die Schrift ‚sprechen' zu lassen.

Sie kennen wohl sogenannte ‚Viel- und Schnell-Leser.'

Nicht wenige von gesunden Schnell-Lesern sind in der Lage, die Konversions-Zwischenverarbeitung auf dem Weg zum Sinn-Verständnis quasi zu ‚überspringen'. Dabei rufen sie auf direktem Wege die assoziierte Bedeutung des Schriftbildes ab. Dadurch sparen Sie Zeit, die normalerweise für die Dekodierung und Konversion benötigt wird.

Aufgrund der Tatsache, dass das Lese-Sinnverständnis bei vielen von uns Lesern auf der Umwandlung von Schrift in ‚Sprachklang' beruht, bedürfen die leseeingeschränkten, aphasisch betroffenen Menschen zur Restituierung ihrer Lesefähigkeit der sprachklanglichen Kulisse und nicht der Stille. Ihnen sollte man grundsätzlich die geschriebenen Texte zu Gehör bringen.

Die Aussagen vieler aphasisch Betroffener, sie seien nicht in der Lage ‚Hausaufgaben der Logopädin' allein zu lösen, weil sie nicht lesen könnten, zeigt, dass an dem Thema ‚Graphem-Phonem-Konversion' dringend gearbeitet werden muss.

Merke:

Bei aphasiebedingter Lese-Unfähigkeit setzt das Neu-Lesen-Lernen sprachklangliche Stimulationen voraus.

Dazu laden die Übungspartner*innen ihre Trainees ein zum gemeinsamen Lesen (von Zeitungs-Überschriften, einigen Artikel-Absätzen oder einzelnen, farblich markierten Wörtern). Das gemeinsame Hineinschauen in einen Text wird verbunden mit der Aufgabenstellung: ‚Ich lese laut vor, du hörst genau hin und liest Wort für Wort mit und versuchst, dir den Sprachklang jedes einzelnen geschriebenen Wortes / des geschriebenen Satzes zu merken.'

Das führen Sie mit maximal 5 Wörtern oder mit nur einem 5-gliedrigen Satz wiederholt 8 bis 10 mal durch.

Die oftmaligen Übungsdurchgänge verbinden – wie mehrmals beschrieben - assoziativ Schrift und Sprachklang. Bieten Sie der übenden Person an, die Wörter, die sie mit Ihnen gemeinsam liest und von Ihnen hört, beim Hören zunächst innerlich und leise konzentriert mitzusprechen.

Dadurch entwickeln die aphasisch Betroffenen nach und nach Ihre Konvertier-Kompetenz, weil sie ‚die Schrift still lautieren'.

Diese Konvertier-Kompetenz benötigen sie für das verstehende Lesen. Durch weiteres Assoziieren von Schrift, Sprachklang und Bedeutung des schriftlichen Sprachinhalts erweitern die Übenden ihre verstehende Lesekompetenz.

8.5.3 Tägliches, massiertes, fehlerfreies Sprach – bzw. Sprechhandeln triggert Sprach- und Sprechkompetenzen und speichert neu gelernte Sprechhandlungs-Muster

Bemessen Sie die Komplexität der Sprechmenge, die Sie zu sprechen in der Lage sind. Fragen Sie sich auch, wie lang die Sätze ungefähr sind, die Sie jetzt fehlerfrei sprechen können.

Oder sind Sie bereits auf der Mehrsatz-Ebene ?

Hier beschreibe ich Ihnen ein Übungs-Vorgehen, was dazu beitragen kann, Ihre Sprach- und Sprech-Kompetenz zu triggern und neue Sprach- bzw. Sprechhandlungs-Muster neuronal gespeichert zu bekommen.

Begrenzen Sie das Sprechvolumen auf ***einen Satz zu einer Handlungs-/ Urlaubs-Szene.*** Nehmen Sie sich dazu ein Erinnerungs-Foto mit einem Schnappschuss, der eine eindrucksvolle Handlung / ein spezielles Geschehen zeigt.

Sie überlegen sich, zusammen mit Ihrer/Ihrem Übungspartner*in oder allein, einen zu diesem Geschehen passenden Satz und schreiben diesen auf / lassen diesen aufschreiben.

Schreiben Sie ihn, wie alle folgenden Sätze auch, in Ihr Übungs-Buch unter der Überschrift: „Interessante Erlebnisse“.

Diesen Satz lassen Sie sich in Ihrer Übung wieder 8 bis 10mal von Ihrer/Ihrem Übungs-Partner*in vorlesen und nehmen ihn währenddessen auf Ihr akustisches Speichermedium auf.

Später hören Sie sich diesen Satz so oft an, bis Sie ihn fehlerfrei mitsprechen können.

Danach sprechen Sie ihn noch einige Male, konzentrieren sich aber jetzt während des Sprechens auf das ‚Geschehen‘ im Foto.

Sie lassen die Szene vor Ihrem geistigen Auge während Sie sprechen ablaufen und machen sich bewusst, dass Sie mit Ihrem

Satz-Sprechen in diesem Moment die Handlung in der Szene beschreiben. Das machen Sie mindestens 5mal. Sie denken:

‚Ich beschreibe die Szene und spreche dazu jetzt den Satz.'

Was geschieht in diesem Vorgang bei Ihnen neuropädisch ?

Sie bauen dadurch Assoziationen auf zwischen dem Denken des Satzes, dem Sprechen des Satzes und dem Empfinden des Handlungsgeschehens.

Damit Sie den Satz schneller fehlerfrei gesprochen bekommen, nehmen Sie die Schrift zur Hilfe. Scannen bzw. lesen Sie bei Ihrem fehlerfreien Sprechhandeln auch die Schrift. Ebenfalls 5mal.

Mittlerweile haben Sie den Satz fast 20mal gehört und 10mal gesprochen. Er dürfte Ihnen jetzt so geläufig sein, dass Sie ihn im Kopf haben und auswendig sprechen können.

Wenn Sie lernen wollen, den Satz frei zu sprechen, dann blicken Sie immer weniger auf den geschriebenen Satz.

Heben Sie Ihren Blick, schauen zu den imaginären ‚Zuhörern' und sprechen dann den Satz fehlerfrei und stellen sich dabei noch einmal und immer wieder die Handlungs-/Urlaubs-Szene vor.

Das führen Sie am besten mehrere Male anfangs mit nur einem Satz, später, in vielleicht einem oder zwei Monaten, wenn Sie Sprache besser behalten können, mit drei oder sogar vier fehlerfrei gesprochenen Sätzen über den Tag verteilt durch.

Mit einem solch intensiven und konzentrierten In-Gang-Setzen Ihres Sprech-Apparates triggern Sie einerseits Ihre Sprach- und Sprechkompetenzen und andererseits vertiefen Sie neuropädisch die neuen Sprach- bzw. Sprechhandlungs-Muster.

Anders ausgedrückt:

Mit einem solchen Vorgehen beginnen Sie, Ihr komplettes sprachliches und sprecherisches System, was in Ihnen steckt zu triggern und zu stimulieren.

ACHTUNG: Es kann passieren, dass Sie bei häufigen Wiederholungen ins Stolpern geraten. Dann machen Sie die wohlverdiente Pause und nehmen ‚geistigen' Abstand von der Übung. Machen Sie etwas anderes.

Nach 2 oder 3 Stunden haben Sie u.U. wieder Zeit und Lust, das Einprägen des jetzt fehlerfreien Satz-Sprech-Musters fortzusetzen.

Übungs-Intention:

Das fehlerfreie Sprechhandeln eines Satzes erarbeiten und die fehlerfreie Sprech-Performanz sichern:

Einen ‚neuen' (fremden) Satz zu einer erlebten (neuen) Handlung kennen lernen, lesen lernen und fehlerfrei sprechen lernen; 10mal hören und speichern, dann fehlerfrei laut lesen und fehlerfrei nachsprechen und schließlich diesen auswendig fehlerfrei sprechen können.

Übungs-Inhalt:

Stellen Sie eine Urlaubsfoto-Serie mit 10 Fotos und den 10 in Druckschrift geschriebenen Sätzen (später mit 15, dann mit 20 Fotos) zusammen und greifen Sie ein Foto mit geschriebenem Satz heraus und sprechen dazu den Satz ohne Fehler. Zunächst mit Lesehilfe, danach auswendig.

Das Sprach- bzw. Sprechhandlungsziel nach 2 Monaten:

Nach zwei Monaten ziehen Sie aus einer Sammlung von 10 Urlaubsfotos 3 Fotos heraus und sprechen zu diesen 3 Fotos die dazugehörigen Sätze fehlerfrei auswendig.

8.5.4 Einprägen des fehlerfreien Sprech-Handelns durch hochfrequentes lautes und fehlerfreies Lesen

Notieren Sie für die folgende Übung ‚Verankerung des fehlerfreien Sprechens' die letzten 5 Sätze, die Sie vor kurzem einzeln erarbeitet haben.

Lesen Sie jetzt Satz für Satz jeden Satz 5mal hintereinander fehlerfrei mit wohlklingender Stimme laut vor. Der Auftrag lautet: „Prägen Sie sich nun das Satz-Sprechhandeln dieser 5 Sätze ohne Fehler ein."

Dazu schauen Sie wieder auf die Satz-Schriftbilder und triggern die Konversions-Kompetenz. So nutzen wir die Konversionsfähigkeit als Unterstützung für das fehlerfreie Einprägen dieser 5 Satz-Sprechhandlungen.

Das ‚Mitlesen' beim Sprechen sollten Sie als Sprechhilfe auch in Zukunft bei allen Übungssitzungen nutzen.

Wir lesen jeden Satz laut und fehlerfrei vor.

Sollten Sie Bedarf an Sprachklang-Input bei dem einen oder anderen Satz haben, dann hören Sie sich noch einige Male in den Satzklang ein und konvertieren, um wieder eine assoziative Verbindung zwischen Schriftbild und Sprachklangbild herzustellen.

Im Zuge des Wiedergewinnens der Lesefähigkeit durch das Beschießen neuer Nervenverbindungen im neuen Sprach-Nervennetzwerk konzentrieren Sie sich bitte immer wieder auf den „Klang der Schrift" und beantworten Sie sich stets die gestellte Frage, wie die Schrift „gesprochen" wird.

Bitte erinnern Sie sich. Die Schriftbilder kommen Ihnen doch sicherlich irgendwie bekannt vor. Sie erkennen wahrscheinlich auch, welches Satz-Klangbild zu welchem Schriftbild gehört.

Deshalb lassen Sie sich aus Trainingsgründen die 5 Sätze noch einmal vorsprechen, und Sie zeigen auf den geschriebenen Satz, den

Sie gerade hören. Dabei kontrollieren Sie auch Ihre wachsende Lese-Fähigkeit, die Ihnen ermöglicht, sich über das Schriftbild an das Satz-Klangbild zu erinnern und den Satz mit jedem Übungsdurchgang fehlerfrei zu sprechen.

Aktivieren Sie mit täglichen Lautlese-Übungs-Sitzungen Ihr sprecherisch-leserisches System so intensiv wie möglich und nutzen Sie den Zugriff auf Ihre frühere Lese-Erfahrung, denn die steckt in Form Ihrer Lesekompetenz in Ihnen.

Die fehlerfreien Laut-Lese-Handlungs-Wiederholungen sind der Weg, über den Sie neue neuronale Verbindungen zwischen dem lauten fehlerfreien Satz-Lesen und der fehlerfreien Sprechhandlung verankern.

Praktisches Übungs-Vorhaben:

Übungs-Intention:

Drei Sätze fehlerfrei sprechen lernen, dann fehlerfrei laut lesen und schließlich diese fehlerfrei auswendig sprechen können.

Die zur Verfügung stehende Zeit:

Je fünf Übungssitzungen für jeden Satz, insgesamt 15 Übungssitzungen für die drei Sätze.

Übungs-Durchführung

Stell eine Urlaubsfoto-Serie mit 3 Fotos (später mit 5, 8 und 12 Fotos) zusammen. Leg diese Fotos nebeneinander aus, lies die dazu geschriebenen Sätze hintereinander deutlich und fehlerfrei.

Wenn Sie es jetzt schaffen, nach diesem oftmaligen Durcharbeiten der Lese- und Sprechhandlungen einen, zwei oder drei Sätze auswendig und fehlerfrei zu sprechen, dann geben Sie sich einen Ruck und lernen so lange weiter, bis Sie alle fünf Sätze auswendig schaffen. Akzeptiert ist dabei auch der eine oder andere Blick auf die geschriebenen Sätze.

8.5.5 ‚Überlernen' (intermittierendes Lernen) - immer mal wieder dasselbe fehlerfreie Sprechhandeln wiederholen und es auf diese Weise langzeit-speichern

Wenn Sie sich das Übungs-Thema ‚Aufbau neuronaler Sprech-Handlungsfunktionen' vorgenommen haben, dann sprechen Sie in jeder 15-minütigen Übungs-Sitzung mehrere Male einen von 5 Sätzen ihrer Wahl fehlerfrei - zunächst laut vorlesend.

Versuchen Sie beim Sprechen dieser Sätze – die idealerweis in Ihrem Übungs-Tagebuch aufgeschrieben stehen - immer weniger oft auf die Schrift zu blicken und jeden Satz immer öfter auswendig und fehlerfrei zu sprechen.

Wenn das laute Lesen der Sätze fehlerfrei klappt oder Sie die Sätze bald auswendig sprechen können, dann versuchen Sie sie „frei" und ohne Lese-Hilfen aus dem Kopf zu sprechen.

Um dorthin zu kommen konzentrieren Sie sich auf die auf Ihr Speicher-Medium vorgesprochenen Sätze und gehen Schritt für Schritt vor und bearbeiten Satz für Satz mit höchster Konzentration.

D.h., Sie hören sich einen Satz zweimal, dreimal an und prägen sich den Satz-Klang wieder so gut ein, dass Sie es schaffen, ihn klanglich sauber wiederzugeben. Dann machen Sie das Gleiche mit weiteren Sätzen.

Nehmen Sie sich Zeit. Es ist besser, nur einen Satz gründlich durchzuarbeiten und dann fehlerfrei zu schaffen, als 5 Sätze nur halbkorrekt zu sprechen.

‚Schummeln' gilt nicht. Wozu auch schummeln ?

Da auch Sie dem Vergessen neuropädisch ‚ausgeliefert' sind, möchte ich auf ein Lernverfahren zum ***nachhaltigen Einprägen von Gelerntem*** hinweisen: Das ist das ***Überlernen zur Sicherung des Gekonnten.***

Lesen Sie dazu täglich mindestens einmal 5 Minuten lang laut und fehlerfrei vorher gelernte Sätze, die Sie mittlerweile weitgehend beherrschen.

Wir nennen das ‚*Überlernen*' (‚over-learning').

Unter *Überlernen* verstehen wir das Wiederholen ‚neu' gelernter Sprach- oder Sprechhandlungen in zeitlich größeren Abständen.

Durch dieses intermittierende (unregelmäßige) Wiederholen sollen die neu gelernten Sprach- bzw. Sprechhandlungsmuster neuropädagogisch noch weiter eingetragen und sicherer abrufbar gemacht werden, also in das Langzeitgedächtnis transportiert und dort verankert werden.

Intention der Übung ist hier das ***Training des auditiven Kurzzeit-Speichers, des Sprechhandlungs-Abrufs und des Nach-Sprechhandelns.***

Übungs-Durchführung

Dazu rufen Sie einzelne SPO-Sätze aus einer Reihe von etwa fünf (acht, zehn usw.) bereits erarbeiteten Sätzen auf. Die von Ihnen auf Ihrem Handy gesammelten Sätze hören Sie sich Satz für Satz an, stoppen nach jedem Satz die Wiedergabe und sprechen den gehörten Satz auswendig nach, ohne mitzulesen.

Sie hören sich jeden einzelnen Satz so oft an und lesen ihn so oft mit, bis Sie den Satz im Kopf haben, ihn erinnern und dann ohne Lesehilfe fehlerfrei sprechen können.

Intermittierendes Wiederholen ist zum ‚Auffrischen' von Gelerntem auch äußerst hilfreich.

ACHTUNG: Wer an diesem Punkt meint, die gekonnten Sätze könne er sicher abrufen und bräuchte sie nicht täglich zu sprechen, der läuft Gefahr, schnell wieder in das pathologische (aphasische) Sprechhandeln zurück zu fallen.

Erst das intermittierend-wiederholende Sprechen gekonnter Sätze sichert und vertieft deren fehlerfreies Sprechen-Können.

Wir sind gut beraten, wenn wir etwas nicht schnell wieder vergessen wollen, das „Gekonnte“ von Zeit zu Zeit gründlich zu wiederholen. Erst dann spüren wir, wie sich das fehlerfreie Sprach- bzw. Sprech-Handeln langsam einschleift und sich automatisiert.

Je besser das in Übungs-Sitzungen klappt, desto sicherer können Sie es später in Unterhaltungen mit anderen Gesprächspartnern abrufen.

Viele therapeutisch Fortgeschrittene schaffen es aufgrund des unermüdlichen Lesen-Übens mittlerweile, sich auch durch komplexere Texte durchzuarbeiten.

Dabei wachsen die Lautlese-Fähigkeiten, das Lese-Sinnverständnis wird zunehmend besser und der Erzähl-Wunsch wird stärker.

Diejenigen aphasisch betroffenen Leser*innen, die ihre sprachlich-sprecherische Kompetenz erweitern wollen, die finden an anderer Stelle einen Blick in das praktische Üben mit dem Logovid® ‚Sprechen & Lesen 002‘ und in den didaktischen Aufbau dieses polimodalen Mediums sowie in das Portfolio der LogoMedien®.

Ich empfehle beim Lesen immer den Zusammenhang zwischen ‚lautem Lesen‘ und ‚Sprechhandeln‘ zu reflektieren. Wenn Sie ca. 3 Minuten lang fehlerfrei laut gelesen haben, dann haben Sie dabei und dadurch auch 3 Minuten lang laut und fehlerfrei gesprochen.

Wegen der Möglichkeit der „Doppel-Nutzung“ des Lesens empfehle ich Ihnen, wenn Sie allein sind, grundsätzlich laut zu lesen und dadurch Ihr leserisch-sprecherisches System zu triggern und Funktionen gezielt abzurufen.

Mit komplexer werdenden Texten können Sie das dann zu Vortrags-Lesungen ausweiten. Sie trainieren Ihr lautes Lesen kombiniert mit Fehlerfreiheit beim Sprechen.

Weitergehende Übungen: ***Training der narrativen Fähigkeiten***

Wenn Sie es schaffen, einige Sätze weitgehend fehlerfrei hintereinander zu sprechen, dann sollten Sie sich einmal an eine spezielle Übung ranmachen, z.B. drei (fünf, acht, …) SPO-Sätze zu einem Foto (oder zu mehreren Fotos) aus einem früheren Urlaub aufzuschreiben, diese dann fehlerfrei sprechen zu lernen und diese nach dem Auswendiglernen auswendig zu sprechen. Wenn Sie das schaffen, dann haben Sie sich befähigt, nun nacheinander die Sätze zu einer kleinen Geschichte zusammenzusetzen.

Neuropädisch zeigen Sie dadurch, dass Sie sich befähigt haben, durch Satz-Speicherung (Memorierung) und Satz-Abrufe Satz für Satz fortlaufend fehlerfrei, quasi ‚geschichtserzählend' zu sprechen.

Damit triggern Sie nicht nur Ihre Erzählkompetenz. Sie trainieren auch äußerst effektiv Ihr Sprach- und Sprechhandlungs-Gedächtnis und triggern damit Ihre Sprachgestaltungs-Kompetenz.

Meine Empfehlung lautet:

Nutzen Sie das ***intermittierende Lernen.***

8.5.6 Operatives Üben

8.5.6.1 Fragen stellen und fehlerfrei antworten

Wenn Sie Ihr neu gelerntes, fehlerfreies Sprech-Handeln in interessanten Sprach-Produktions-Formaten üben wollen, dann empfehle ich ihnen, mehrere Male am Tag in unterschiedlichen Frage-Antwort-Dialogen oder in dialogisch angelegten Aktivitäten / Interaktionen zu sprechen.

Beispiele für Frage-Antwort-Dialoge:

Sie wählen einen Satz für Ihre jetzige Übung aus und sprechen ihn sich fehlerfrei vor. Dann stellen Sie sich die Fragen nach dem Subjekt, dann nach der Handlung und schließlich nach der Satz-Ergänzung. Z.B. „Wer macht das ... ? Was macht die Person da? Wozu geschieht das da ?

Auf diese oder ähnliche Fragen antworten Sie dann stets im Wortlaut des Ausgangssatzes (Anregungen dazu finden Sie in Kapitel 8.4.6.2.1.1 ff.).

Beispiele für dialogisch angelegte Aktivitäten/Interaktionen:

Sie wollen das fehlerfreie ‚spontane Sprech-Handeln' trainieren. Gestalten Sie die Situation z.B. so, dass Sie auf ‚Zuruf' fehlerfrei sprecherisch reagieren ‚müssen'.

Dazu nehmen Sie z.B. Definitionen von Objekten, die Sie kennen und deren Bezeichnung Sie ohne Schwierigkeiten sprechen können.

Die Definition formulieren Sie sinnvollerweise nach dem Über-Unter-Ordnungsprinzip.

Beispiel: Lassen Sie sich fragen: ‚Was ist ein Auto ?'

Als Antwort könnten Sie folgende Definition wählen:

‚Ein Auto ist ein motorisiertes Fahrzeug auf vier Rädern. Es dient dem Transport von Menschen und Waren aller Art.'

Sie ordnen das Objekt ‚Auto' der übergeordneten Kategorie ‚Fahrzeug' zu und nennen spezielle Merkmale und Funktionen des Fahrzeugs, mit denen Sie dieses Objekt eindeutig kennzeichnen. Die genannten Charakteristika lassen das ‚Bild' des Autos in Ihnen entstehen und triggern den passenden Begriff.

Meine Übungs-Empfehlung: Wenn Sie mit dieser Definitions-Idee in der Übung beginnen, dann wählen Sie am besten zuerst die übergeordnete Kategorie.

Bleiben wir beim Beispiel ‚Fahrzeug'.

Suchen Sie ein anderes Objekt, was der Kategorie *Fahrzeug* zugeordnet werden kann.

Das können 'Bus', ‚Motorrad', ‚Fahrrad' oder ‚Traktor' usw. sein.

Beginnen wir mit der Kurz-Definition, die eine Zuordnung zur übergeordneten Kategorie beschreibt.

„Ein Bus ist ein Fahrzeug." Oder für Motorrad: „Ein Motorrad ist ein Fahrzeug". „Ein Fahrrad ist ein Fahrzeug".

Sie spüren, dass zur Präzisierung der Beschreibung nun noch Ergänzungen hinzugefügt werden müssten.

Aber wichtig ist, dass wir dem Übungsauftrag folgen. Deshalb üben wir anfangs die Definition im SPO-Format fehlerfrei zu sprechen, „Ein Bus ist ein Fahrzeug".

Und nach diesem Satzmuster werden dann 5 weitere Objekt-Definitionen fehlerfrei gesprochen für z.B. Bagger, Moped, Trecker, Bus, Tieflader.

Auch wenn auf diese Weise in der aphasischen Person kognitive Prozesse der Wiederherstellung sprachlicher Systemordnung angeregt werden, diese Definitionsübungen verstehe ich im Wesentlichen als operative Sprech-Übungen zur neuronalen Vertiefung und Festigung des fehlerfreien Sprech-Handelns.

Ein weiteres Definitionsbeispiel:

‚Was ist ein Hammer ?'

‚Ein Hammer ist ein Hand-Werkzeug, mit dem Nägel oder spitze Gegenstände oder Löcher in Wände oder Holz geschlagen werden.'

Den Schwierigkeitsgrad und die Thematik der Definitionsübungen legen Sie selbst fest.

Ich empfehle Ihnen, bei diesen Übungen zunächst immer unter Ihrer Fähigkeitsgrenze zu bleiben und in jeder Definierungs-Übung am besten zunächst auf dem niedrigsten Leistungsniveau Ihres fehlerfreien Sprechens zu verbleiben.

Das niedrigste Niveau bei Definitionen haben Sie in der Objekt-Zuordnung zum ‚Oberbegriff' (übergeordnete Kategorie) ohne weitere Nennung.

Beispiele:
‚Ein Sessel ist ein Möbelstück', ‚ein Schrank ist ein Möbelstück', ‚ein Bett ist ein Möbelstück' usw.

‚Ein Haus ist ein Gebäude', ‚eine Turnhalle ist ein Gebäude', ‚eine Brücke ist ein Gebäude' usw.

Nach vielen solcher Definitions-Übungen bekommen Sie wieder ein Gefühl für die Kategorien, Gattungen oder Oberbegriffe.

Diese Definitions-Übungen können Sie leicht mit Ihrer / Ihrem Übungspartner*in planen und durchführen.

Empfehlung für eine operatorische Variation:

Wählen Sie eine andere Kategorie z.B. ‚Natur' und daraus dann eine Gattung z.B. ‚Pflanzen'. Aus dieser Gattung (Oberbegriff) wählen Sie nun ein Objekt, z.B. Rose.

Dann können Sie auf eine Was-Ist-Frage (‚Was ist eine Rose ?') die folgende Definitions-Antwort aufrufen: *‚Eine Rose ist eine Pflanze.'*

Was ist eine Nelke? *‚Eine Nelke ist eine Pflanze.'*

Was ist ein Kaktus ? *‚Ein Kaktus ist eine Pflanze' usw.*

Das ‚penetrierende' Wiederholen dieser Satzstruktur dient der Vertiefung des neuropädischen Sprechhandlungs-Musters sowie dem flexibler werdenden Wechsel des Subjekts innerhalb der gleichen Satzstruktur.

Ideen zu Definierungs-Übungen können wir uns schnell aus der Umgebung, dem Lexikon oder dem Internet holen.

Definitorische Kognitions-Übungen zum fehlerfreien Sprechen lassen sich auch mit Hilfe von Eigenschafts-Nennungen aufbauen.

Lassen Sie sich einmal ein Adjektiv (Eigenschaftswort) zurufen, z.B. „klein", und Sie lassen sich das Gegenteil „groß" dazu einfallen.

Das sprechen Sie nun deutlich aus und bilden jetzt einen Satz mit diesem Adjektiv. Wenn das geklappt hat, dann greifen Sie das andere gegenteilige Adjektiv auf und bilden damit einen passenden Satz. Beispiel: ‚Die Meisen sind klein' und ‚Die Freude ist groß" !

Sie können diesen Übungsinhalt kreativ erweitern, Schritt für Schritt, indem Sie beispielsweise Eigenschaftswörter zur Charakterisierung von Personen (schön, lieb, groß usw.), Lebewesen (wild, geheimnisvoll, farbig, usw.), Dingen (weich, rund, lang, usw.), Vorgängen (langsam, blitzartig, geruhsam, usw.) oder Tätigkeiten (anstrengend, kreativ, eintönig, usw.) äußern.

Wenn Sie selbst oder Ihr Trainee kleine Sprachkünstler sind, dann können Sie auch Sprech-Sprachspiele in der Form durchführen, dass Sie Adjektive in ihren drei Steigerungsformen (Positiv, Komparativ, Superlativ) anwenden.

Beispiel: ‚klein, kleiner, am kleinsten' ‚Die Meisen sind klein, Fliegen sind kleiner, Ameisen sind am kleinsten.'

Wenn Sie auf weitere Adjektiv-Suche gehen, dann vergessen Sie nicht aus lauter Begeisterung das Satzsprechen. Ziel ist das verständliche und fehlerfreie Sprechen der Sätze.

Solche oder ähnliche operative Übungen sind wenig aufwändig. Die können Sie gut täglich trainingsähnlich innerhalb und außerhalb der 15-minütigen Übungs-Sitzungen durchführen.

8.5.6.2 Das Reihen-Sprechen

Das neue und fehlerfreie Sprech-Muster soll im neu angelegten bzw. neu anzulegenden Sprach-Netzwerk eingetragen und neuronal verankert werden.

Dazu sind aus neuropädagogischer Sicht selbstverständlich wieder konsequentes und weiterführendes operatives Üben des Sprechhandelns (geordnet, initiativ, trainingsmäßig gestaltet) notwendig.

M.E. können Sie nur dadurch Stabilisierung und Automatisierung Ihrer neuen Sprach- und Sprech-Handlungsmuster erreichen.

Dazu bietet sich wiederholtes, bewusstes und fehlerfreies Reihen-Sprechen an, bei dem Sie nicht groß über den Sprachinhalt nachdenken müssen.

Da sprechen Sie die Wochentage, Monatsnamen, das Alphabet und oder andere seriell angeordnete Wortreihen relativ flüssig und verständlich aus.

Dieses für Sie (jetzt vielleicht) überraschend flüssige Sprechhandeln resultiert neuropädisch verstanden aus der Tatsache, dass Sie die Reihensprech-Handlung aus einem unbeschädigten Hirn-Bereich abrufen und nicht aus dem Areal mit dem neuronalen Loch, vielleicht aus der gegenüberliegenden verschont gebliebenen rechten Hirnhälfte.

Beim Reihensprechen rufen wir die Sprechhandlungen aus dem Inventar des ‚automatisierten Sprechens' ab. Das sind tief verankerte, früher tausendmal gesprochene Texte, die so fest neuronal eingeprägt sind, dass sie wie automatisiert abgerufen werden können und über die nicht groß nachgedacht werden muss.

Das ‚unbehinderte' Sprechen erleben wir oft beim Aufrufen des Alphabets oder beim Aufzählen von Zahlen oder beim Rezitieren eines Gebets. Das klappt meist ‚wie am Schnürchen'.

Sobald wir aber die Reihenwörter ‚vereinzelt', also einzeln und bewusst-kontrolliert fehlerfrei sprechen wollen, stockt der Sprechfluss. Denn jetzt greifen wir ungewollt wieder auf den Neuro-Bereich des „neuronalen Lochs' zu.

Machen Sie nun ein kleines Experiment:

Sprechen Sie die Monats-Namen der Reihe nach 3mal zügig und flüssig, aber nicht zu schnell, Sie sollten sich nicht überschlagen. Die Monatsnamen müssen schon noch verständlich sein.

Beim 4. Durchgang schalten Sie bitte einen Gang zurück und fokussieren sich auf ‚ein fehlerfreies und deutliches Sprechhandeln'. Sie wollen jetzt keinen Fehler zulassen.

Was spüren Sie und was erleben Sie ?

Vermutlich verliert jetzt das Sprechhandeln seinen Sprechfluss und fängt sogar an zu stocken. Das erklärt sich dadurch, dass Sie sich in diesem Moment gedanklich auf Fehlerfreiheit fokussieren und sich bewusst auf die „Fehlervermeidung" konzentrieren und damit wahrscheinlich Funktionen aus dem ‚alten', löchrigen Sprachnetzwerk, aus dem ‚neuronalen Loch' abrufen und deshalb ungewollt zu früher gewohnten, heute aber zu pathologischen Mustern zurückkehren.

Das aber sollten wir unbedingt vermeiden. Ich schlage folgendes Vorgehen vor:

Übungs-Intention

Wir erarbeiten uns jetzt ein ***fehlerfreies Wort-für-Wort-Reihensprechen, eine Verbindung von ungestörtem Abruf aus dem intakt gebliebenen Reihen-Sprechnetz und einer neu aufzubauenden fehlerfreien Sprechhandlung in einem neuen Sprachnetzwerk abseits vom neuronalen Loch.***

Dazu behelfen wir uns mit dem ‚kontrollierten' Ablesen der Wortreihe, weil das Ablesen – so setze ich hier voraus – fehlerfrei gelingen kann.

Drucken Sie sich eine Liste mit den Monatsnamen in großen Lettern aus.

Lesen Sie nun die Reihe der Monatsnamen so vom Blatt, dass Sie das Reihensprechen flüssig und ohne Stocken im Fluss hinbekommen.

Sie konzentrieren sich nun auf die Konversion (Umwandlung) der Buchstaben der Monatsnamen in Laute. Das sollte jetzt unbedingt fehlerfrei und recht flüssig möglich sein.

Lesen Sie die Monatsnamen-Reihe nun 5 bis 10 mal langsamer und noch langsamer, fast Wort für Wort und fehlerfrei.

Sie gehen dabei immer mehr in auswendiges Sprechen über. Dabei lösen Sie öfter den Blick vom Blatt und sprechen die Reihe zunehmend auswendig und fehlerfrei.

Was geschieht in diesem Moment in Ihrem Sprach-Netzwerk ?

Sie kombinieren nun die beiden intendierten Sprachhandlungen:

Sie rufen das bewusst fehlerfreie, neu gelernte Sprechhandeln bei gleichzeitigem Abruf der ‚automatisierten Monatsreihe' aus dem Inventar des ‚automatisierten Sprechens' ab.

Bei dieser ‚kombinierten' Sprach- bzw. Sprechhandlung, die sich funktionell aus dem fehlerfreien lauten Lesen und dem Reihensprechen zusammensetzt, aktivieren Sie die beiden in diesem Moment aufgerufenen Nervenimpuls-Gruppen und lenken sie so, dass sie zu einer neuen Gesamtbewegung kombiniert werden.

Durch ein solches ‚kontrolliert-fehlerfreies Reihensprechen' verlagern Sie den Beschuss der Sprachnerven folglich in Richtung ‚neues Sprachnetzwerk.'

Das ‚automatisierte Reihensprechen' kombiniert mit dem neu gelernten ‚fehlerfreien Sprechhandeln' zielt auf ein gekonntes Reihensprechen aus dem Kopf kombiniert mit dem gleichzeitig langsameren fehlerfreien Sprechen der Monatsnamen.

Wiederholtes Ausführen dieser kombinierten Sprechhandlung vertieft die neuropädische Neu-Verknüpfung .

Das fehlerfreie ‚Wort für Wort'- Sprechen einer ‚automatisierten Reihe' kann somit ein probater Einstieg in die ‚kombinierte Sprechhandlung' werden.

Versuchen Sie das gern bei den Wochentagen, beim Alphabet, beim Zählen von 10 bis 30, usw.

Eine erweiterte Übung mit ‚kombinierter Sprechhandlung'

Übungs-Intention

„Ich werde eine (‚automatisierte') Reihensprech-Handlung in aufzählender Form in eine konzentriert-kontrollierte und fehlerfreie Wort-für-Wort-Sprechhandlung umwandeln."

Erarbeitungs-Schritte

1. Lesen Sie die Wochentags-Reihe auf folgende Weisen vor:
   a. Langsam, deutlich, verständlich und fehlerfrei. Wenn das 5 mal fehlerfrei geklappt hat, dann lassen Sie nun

2. zwischen den Wochentagsnamen ca. 2 Sekunden Pause (*Montag* – Zwei Sekunden Pause – *Dienstag*– zwei Sekunden Pause - *Mittwoch* – zwei Sekunden Pause – *Don*…..). So führen Sie das ‚Pausen-Sprechen' (Wort-für-Wort-Sprechen) der Reihe fünfmal durch.

3. - Eine operative Ergänzung: Von Ihrer/Ihrem Übungspartner*in hören Sie den Satz: „Nach dem Montag kommt der Dienstag." Den Satz sprechen Sie fehlerfrei nach. *„Nach dem Dienstag kommt der Mittwoch."* Den sprechen Sie auch fehlerfrei nach. *„Nach dem Mittwoch ……..“*

   a. Sprechen nun Sie den Satzbeginn:

   „Nach dem Mittwoch" und ergänzen aus dem Kopf (*„kommt der Donnerstag"*). Und setzen Sie entsprechend fort.

Sie werden feststellen, dass Sie Ihr bisheriges Reihensprechen deutlich erweitert haben in Richtung Satz-Sprechen. Damit haben Sie Ihren bisherigen sprechsprachlichen Rahmen erweitert.

Nach ähnlichem Muster können wir auch das Satz-Sprechhandeln mit operatorischen Umstellungen der Wortreihenfolge verknüpfen:

„Heute ist Montag, morgen ist Dienstag".

„Heute ist Montag, übermorgen ist Mittwoch",

„Heute ist Donnerstag, gestern war Mittwoch" usw.

Das ‚kontrolliert-fehlerfreie Reihensprechen im Satz-Format' verlagert neuropädagogisch den Beschuss der Sprachnerven in Richtung ‚Sätze-Sprechen in Verbindung mit dem Reihen-Sprachinhalt im ‚neuen Sprachnetzwerk.'

Das wird initiiert durch ein wiederholtes Ausführen dieser kombinierten Sprechhandlung. Es vertieft die beiden Sprachhandlungen und deren neuropädisch-neurologische Verknüpfung, was zu fehlerfreier Verflüssigung des ‚neuen' Reihensprechhandelns führt.

REGEL: Nutzen Sie in Ihren Sprech-Übungen grundsätzlich Ihre vorhandene Reihensprech-Kompetenz, um sich darüber an verloren gegangene Sprechhandlungs-Funktionen/ Fähigkeiten anzunähern.

Dabei transferieren wir das fehlerfreie Sprechhandeln in das neu angelegte Sprachnetzwerk.

AUSBLICK: Stützen wir uns auf die uns zur Verfügung stehenden Sprach-Handlungsfunktionen wie des lauten Lesens oder der fehlerfreien Durchführung von (mittlerweile) fehlerfreien Sprechhandlungen. Und eruieren wir von Zeit zu Zeit unsere ‚Fähigkeits-Inseln' und triggern wir unsere Sprach-Kompetenzen.

Ein Beispiel aus dem Bereich der Therapie des ‚Zahlensprechens';

Im Therapiegeschehen zeigen aphasisch betroffene Personen oft, dass Sie den Zugriff auf die Zahlwörter vermissen lassen und sich kompensatorisch mit dem ‚inneren Zahlreihen-Sprechen in Kombination mit den Fingern' behelfen.

Wenn Sie lernen wollen, eine bestimmte einstellige Zahl in ihren Erzählungen zielgenau und sicher nennen zu können, dann empfehle ich Ihnen zwei Lernschritte zu machen.

Der erste Schritt:

Lassen Sie sich eine Ziffer zeigen oder schauen Sie auf eine Ziffer, sagen wir ‚7', dann zählen Sie die Einer-Reihe mit den Fingern hoch, stoppen bei 7 und sprechen dann das Zahlwort /sieben/ fehlerfrei aus.

Wenn Sie das Zahlenlesen und Zahlensprechen sicher beherrschen und auf jedes einzelne Zahlwort bei Bedarf direkt und sicher zugreifen können wollen, dann empfehle ich Ihnen operativ vorzugehen und die einzelnen Zahl-Wörter neuropädisch im neuen Sprachnetzwerk einzutragen.

Dazu gebe ich Ihnen den folgenden Übungstipp zum repetitiven und massierten Einspeichern der Einer-Zahlwörter mit Abfragen.

Der zweite Schritt:

Übungs-Intention:

Sie lassen sich abwechselnd jeweils eine Ziffer der einstelligen Zahlreihe zeigen, die Sie dann korrekt und fehlerfrei benennen.

Übungs-Ablauf:

Ihre/Ihr Übungspartner*in zieht aus einer vorbereiteten Ziffern-Kartenreihe (1 bis 9) beispielsweise die / 7 / und zeigt sie Ihnen.

Ihre Aufgabe ist nun, das Zahlwort /sieben / zu sprechen. Sie zählen innerlich die Reihe der einstelligen Zahlen im Kopf also leise hoch und stoppen bei der ‚sieben'. Auch jetzt sprechen Sie nur innerlich das Wort /sieben/. Klappt das ? Wenn noch nicht, dann versuchen Sie das noch einmal. Denn es ist wichtig, dass Sie das Zahlwort /sieben/ gedanklich in assoziative Verbindung bringen mit dem Bild der Ziffer 7.

Wenn Sie beim Hochzählen bei der 7 nun sicherer stehenbleiben, dann denken Sie zuerst das Zahlwort /sieben/, um es dann laut und deutlich auszusprechen.

Das führen Sie in der 15-minütigen Übungssitzung auch mit zwei anderen einstelligen Zahlen genauso durch und in den nächsten Tagen mit den übrigen 6 Ziffern der Einer-Reihe.

Wiederholen Sie das Ziffern-Lesen und Wort-Sprechen in der Sitzung so oft, bis die 15 Minuten um sind oder bis Sie es schaffen, das

Ziffern-Zahlwort wie aus dem Eff-Eff ohne die Zahlreihe hochzuzählen fehlerfrei zu sprechen.

Danach wiederholen Sie diese Aufgabe der Nennung der drei fehlerfrei gesprochenen Zahlwörter zu den gezeigten drei Ziffern.

Erst danach empfehle ich die Erarbeitung der übrigen Ziffern in Dreiergruppen (1/6/8); (2/3/7); (4/9/5), bei denen Sie die Zahlenkombinationen wechseln.

Wenn Sie die Erarbeitung des Aussprechens der Zahlwörter zu den gezeigten einstelligen Ziffern weitgehend abgeschlossen haben und diese immer wieder zwischendurch abrufen und sicher genannt bekommen, dann kann der Übergang zu den zweistelligen Zahlen bis 100 möglich werden.

Bei den zweistelligen Zahlen können Sie auf ähnliche Weise vorgehen, wobei ich empfehle, zunächst die vollen Zehner als ‚neue' Zahlwörter einzeln zu erarbeiten und erst dann, wenn die sicher ausgesprochen werden können, dann die Einer-Zahlen in ‚umgekehrter Reihenfolge' mit den Zehnern zu kombinieren (35 /fünf-und-dreißig/) und dann das Aufrufen der Zahlwörter beim Ziffern-Lesen zu trainieren.

8.5.6.3 Tägliche Hörwahrnehmung, tägliches Speichern und tägliches Wiedergeben der gehörten Sprache

Wer meint, sein wichtiger auditiver Kanal habe (noch) keine volle Leistungsfähigkeit, der sollte seinen auditiven Arbeitsspeicher fordern und durch intensive Stimulierungen in seiner Funktionalität aktivieren.

Führen Sie nach wie vor täglich Übungen zum Hören von (kurzen, später längeren) Sätzen und zur sprachklanggemäßen Speicherung und Wiedergabe der Sätze durch. Das erreichen Sie schon, wenn Sie eine kleine Übung täglich mehrmals durchführen.

Hier habe ich einen Übungs-Vorschlag für das ***tägliche Üben der auditiven Wahrnehmung, Speicherung und modellgetreuen Wiedergabe von Sätzen.***

- Jeden Satz 3mal hören und dann aus der Erinnerung fehlerfrei wiedergeben.

Wenn Sie das im Rahmen der 15-minütigen Übungssitzungen zusätzlich als ad on neben dem aktuellen Übungsthema machen, dann empfehle ich, zunächst nicht mehr als drei Sätze in der Übungszeit zu sprechen.

Wenn Sie den Computer / das Handy als ‚Sprecher' einsetzen, dann empfehle ich, eigene Sätze, die Ihnen in Ihrem Alltag für Ihre sprecherische Kommunikation wichtig sind, in Ihrem Übungs-Tagebuch aufzuschreiben und in die Tonträger einsprechen zu lassen.

Aus Gründen zukünftiger Übungsüberlegungen und Anwendungsmöglichkeiten rate ich Ihnen, die auf diese Weise entstehenden Ton-Dateien nach Datum in einem Archiv zu sortieren und abzuspeichern.

Die Qualität der Computer-Stimme und der Klang der Prosodie sind mittlerweile so akzeptabel, dass das Maschinen-Gesprochene durchaus gut als Sprech-Modell zu gebrauchen ist.

Für das tägliche Hör- und Nachsprechtraining lassen Sie sich dann den Text vorlesen, den Sie nun Satz für Satz fehlerfrei nachsprechen.

Mit diesen konsequent-regelmäßigen Hör- und Wiedergabeaktionen erarbeiten Sie sich einen höchst wichtigen Schritt in Richtung fehlerfreies Sprach- und Sprechhandeln.

8.5.6.4 Entwickeln Sie Ihr eigenes Konzept für das „Nicht-Vergessen", also für Ihr ‚Behalten' des neu Gelernten

Sie haben bemerkt, dass Sie nach der Hirnschädigung all das, was sie neu erlernt haben, wieder ganz schnell vergessen, viel schneller als früher.

Weil das Vergessen der neuen organischen Funktionalität des Gehirns nach dem Ereignis geschuldet ist, empfehle ich aus neuropädischem Blickwinkel einen Weg einzuschlagen, der das Vergessen zu vermindern in der Lage ist.

Hierbei spielt auch das „Drill and Practice-Konzept" eine problemlösende Rolle.

Das erfolgreiche „Drill and Practice-Konzept" setzt bei den Übenen eine gewisse Grundhaltung voraus, die besagt: Zum effektiven Sprachnerven-Neuaufbau braucht es Zeit, Geduld, Durchhaltevermögen und einen gewissen Ehrgeiz, um die Übungen wohlbedacht und konsequent oftmals in immer gleichem Format durchzuführen.

Im Zusammenhang mit dem Thema ‚Verhüten des Vergessens' sehe ich eine Verbindung zwischen den Prinzipien des intermittierenden Überlernens und des „Drill and Practice".

Vergessen von neu gelernten Sprach- und Sprechhandlungsmustern bedeutet den Verlust neuer, vor kurzem neuronal eingetragener Informationen. Dieses Vergessen ist eine Tatsache, die sich verallgemeinern und auf alle Schlaganfallgeschädigte übertragen lässt.

Dem Verlust, sprich dem Vergessen, kann Einhalt geboten werden, wenn das ‚Erinnern an das zu lernende sprachliche Handlungsmuster' durch Aktivierungen von Speicherfunktionen gesteigert wird. Die von Zeit zu Zeit wiederholten Neu-Eintrags-Handlungen bewirken eine Verstärkung der Eintrags-Tiefe.

Es entsteht im Folgenden ein sich komplettierendes Bild:

Die Wiederholungen der Neueinträge bewirken die Intensivierung der neuronalen Beschießungen der entsprechenden Sprachnerven.

Mit den Ergebnissen aus zahlreichen intensivtherapeutischen Projektstudien weisen wir nach, dass aphasisch Betroffene mit Hilfe eines methodisch-didaktischen Lern-Verfahrens, des PmL-S-Verfahrens, signifikante Verbesserungen in ihren Sprach- bzw. Sprechhandlungen erzielen können.

Und das sogar in relativ kurzen zwei bis drei Wochen (Logo-Zentrum Lindlar, 2006, 2014).

Die Durchführungs-Verfahren dieser Therapie-Studien hatten alle das Design der Intensität, d.h. der Hochfrequenz. Mindesten vier Lern-Sitzungen a 45 Minuten plus eigenes Üben pro Tag über zwei bzw. 3 Wochen.

Im Verlauf der durchgeführten Therapie-Wirksamkeitsstudien waren neben sprachheilpädagogischen, neuropädagogischen und neuropädischen Fragestellungen auch erkenntnisleitende Fragestellungen nach den Möglichkeiten des selbstständigen Lernens / Übens mit Blick auf ein effizientes und nachhaltiges Ergebnis.

Als bester Weg erweist sich die Mischung aus kreativer und flexibler Denk- und Lösungsaufgabe und konsequenter Lernanstrengung in Anlehnung an das Lern-Prinzip „Drill and Practice".

„Drill and Practice" ist für viele Menschen ein zunächst wenig sympathisch empfundener methodischer Therapie-Ansatz.

„Drill and Practice" meint ein konsequent fehlerfreies, zielgerichtetes, intensives, konzentriertes und oftmaliges Ausführen bzw. Wiederholen ein und derselben Sprach- bzw. Sprechhandlung mit dem Ziel der festen neuronalen Verankerung.

Bei diesem Lern-Prinzip kommt es aus motivationalem Blickwinkel stark darauf an, dass die übende Person das Übungsziel genau kennt, auf das sie ergebnisreich hinarbeitet.

Das Plus dieser Methode ist, dass sie die Lern-Leistungen der Probanden quantifiziert und die Leistungs-Daten nach bestimmten Kriterien im empirischen Sinne vergleichbar macht.

Aufgrund dieser Tatsache sind nicht nur systematische, geordnete Planungen und Evaluationen in den Sprach- und Sprechhandlungs-Lernprozessen möglich.

Dadurch können auch konkrete Schritte gegen das Vergessen mit ‚empirischen' Instrumentarien unternommen werden. Das macht dann Drill & Practice sympathischer.

Letztlich kommen wir aber nicht um den uralten Grundsatz herum, der da sagt: „Übung macht den Meister."

8.5.6.5 Der neuronale Erst-Eintrag bringt noch keine Stabilität – ohne Übung vergessen wir ihn

Schauen wir uns das Problem des schnellen Vergessens näher an. Neuropädagogisch betrachtet haben Sie mit der Logopädin die Sprach-Funktion, die im sprachlichen Netzwerk durch das Absterben der Sprachnerven-Zellen ‚gelöscht' wurde, neu erarbeitet.

Aber wo hat sich das neuropädisch im Gehirn abgespielt ?

Nicht in dem Bereich des neuronalen Lochs, sondern in einem gesund gebliebenen Hirnabschnitt, dort, wo die mit der Logopädin erarbeitete ‚neuronale Eintragung' der neugelernten Sprach- bzw. Sprechhandlung stattgefunden hat.

Diese soeben mit Ihrer Logopädin therapeutisch erarbeitete ‚neuronale Eintragung' möchte ich vergleichen mit diversen weißen Markierungen in einer Baugrube.

In der Baugrube sehen wir die weißen Umrisse des zu erstellenden Haus-Fundaments. Ähnliches sehen wir bei der ‚neuronalen Eintragung' durch die Handlungsführung der

Logopädin. Sie zeigt ebenfalls ‚Umrisse' z.B. in Form der ersten gemeinsamen Durchführung der zu erlernenden Sprachhandlung oder in Form einer schriftlichen Beschreibung der zu lernenden Handlung, die dann zu Hause nachvollzogen werden soll.

Wie die Fundamentmarkierung selbst keine in Beton gegossene, stützende Funktion des Fundaments hat, bietet der ‚Nerven-Eintrag' aufgrund der professionellen Führung durch die Logopädin bei der ersten Erarbeitung der neuen Sprachhandlung auch nicht die notwendige Stabilität.

Der erste Eintrag ist ein Kennenlernen und dient dem ‚Ausprobieren' bzw. ‚Erproben' des neuen Sprachhandelns. Dieser Ersteintrag ist wohl der Beginn eines neuen Sprachaufbaus, er ist aber neuropädisch betrachtet noch so wenig fundiert, dass in diesem Arbeits-Stadium an ein Abrufen der eingegebenen Informationen noch keinesfalls zu denken ist. Die eingegebenen neuronalen ‚Daten' sind noch viel zu schwach für erwünschte abrufbare Einträge.

Das erfolgreiche Erlernen eines neuen Sprach- bzw. Sprechhandelns hängt eng mit dem Wachstum der erforderlichen Nerven-Neuverbindungen außerhalb des neuronalen Lochs zusammen (siehe Kapitel 2.6.6 ff). Wie dort näher beschrieben entsteht ein neues Sprach-Nervennetzwerk durch Nervenwachstum, was durch Neulernen geschieht.

Das Neulernen ist der Initial-Impuls für den Beschuss der neuen Sprachnerven, also für das Sprache-Lernen insgesamt. Das gezielte und „penetrant-wiederholte" Einprägen der Sprachhandlungen liefert Impulse für das Neuronen-Wachstum im Kopf.

Neulernen und Nervenwachstum bedingen einander. Das Lernen bewegt das Neuronen-Wachstum, gewachsene Sprachnerven ermöglichen neue Sprache.

Für ein „gutes Neulernen" sind neuropädisch geeignete Wahrnehmungs-, Verarbeitungs- und Speicherprozesse sowie beschleunigte Sprachnervenzell-Wachstumsprozesse erforderlich.

Vom neuronalen Ersteintrag bis zum belastbaren Abrufenkönnen, Erinnern und sicheren Ausführen neuer Sprachhandlungen ist es zwar ein längerer Weg, aber es ist ein möglicher, auf dem das Erlernen eines alltagstauglichen Sprachgebrauchs möglich wird.

Dazu sind wiederholte übungsmäßige Durchführungen der neu gelernten Sprach- bzw. Sprechhandlungen und in deren Folge der Beschuss der entstehenden Nerven erforderlich. Der permanente Beschuss bringt Stabilität in ein sicheres Abrufen / Erinnern der Sprachhandlung.

Wenn diese Stabilität nicht gewährleistet ist, gehen die ‚eingetragene Information' im Laufe der Zeit wieder verloren.

Die Folge ist, dass Sie sich dann nicht mehr an das ‚neu Gelernte' erinnern können - Sie haben es vergessen.

8.5.6.6 „Drill & Practice" stabilisiert und erweitert den Nerven-Erst-Eintrag und verbessert den Abruf / das Erinnern und das Wiedergeben der eingetragenen / gespeicherten Informationen

Ich möchte Ihnen das Lern-Prinzip Drill&Practice näher beschreiben und hoffe, dass Sie nach dem Kennenlernen der Vorzüge dieses Prinzips alle Ihre negativen Vorurteile - manche habe ich auch von Kolleg*innen beschrieben bekommen - verwerfen und den großen Nutzen für die aphasisch Betroffenen sehen.

Aus neuropädagogischer Sicht heißt es: Kurz nach dem Neu-Eintrag hat der Nerven-Ausbau zu erfolgen. Dazu wenden wir das (nach meiner Meinung ‚alternativlose') Prinzip ‚Drill and Practice' an.

Wir zielen an, dass wir dadurch die beschossenen Nerven stärken, die Bewegungen der Nervenimpulse beschleunigen, das neue Zusammenspiel der Nervenimpulse im neuen Sprach-Netzwerk zunehmend verfeinern und erreichen, dass die neu gelernten Sprach- und Sprechhandlungen durch hochfrequente Übung weniger fehleranfällig werden und die Übenden zunehmend Sicherheit in der Ausführung ihrer zu erarbeitenden Sprachhandlungen gewinnen.

Nerven-Neuaufbau folgt neuronalen Wachstumsimpulsen, die von Lernprozessen initiiert werden.

Durch stets gleichförmiges Wiederholen einer speziellen Sprachhandlung prägt sich diese Handlung in dem wachsenden Nerven-Netzwerk ein.

Insofern entwickelt sich aus dem ‚neuronalen Eintrag', der in der Therapiesitzung mit der Logopädin generiert wird, durch konsequentes und konzentriertes Wiederholen derselben Handlung eine neuronale, stabilere Informations- bzw. Datenspeicherung. Dabei wachsen die beschossenen Nerven und werden stärker. Die Inhalte der Sprachhandlung, z.B. das neue ‚laute Lesen', speichern sich mit jeder bewussten Handlung neuropädagogisch tiefer ein.

Lerntechnisch ausgedrückt:

Jedes wiederholtes gleichförmiges Tun prägt sich als Handlungsmuster ein. Jedes Einprägen bedeutet Speicherung.

Nach der Speicherung kann überhaupt erst erinnert, abgerufen und ausgeführt werden.

Gut und intensiv gespeicherte Sprach- und Sprechhandlungen lassen sich leichter erinnern, abrufen und ausführen als schlecht gespeicherte.

8.5.6.6.1 Prinzip der kleinen Schritte - oft ist weniger mehr

Um das Traumziel ‚Wieder-Sprechen-Können' zielstrebig anzugehen, sollten wir uns noch einmal die zunächst ernüchternde Erkenntnis bewusst machen, dass das jetzige Lernen gegenüber dem früheren, ‚gesunden', prämorbiden Lernen ein erheblich anderes ist und keinesfalls mehr so wie früher funktioniert.

Damit die aphasisch betroffene Person trotz dieses Befundes aber zu einer sinnvollen und mutmachenden Perspektive gelangt, brauchen wir für sie unbedingt eine thematisch-inhaltliche Festlegung dessen, was wir mit ihr lernen wollen. Jedes Lernvorhaben sollten wir ihr so erklären, dass sie es weitgehend nach- und mitvollziehen und verstehen kann.

Wir wissen, dass die Zielsetzung unsere Kognition beeinflusst und bestimmt. Sie gibt uns die Richtung, in der wir uns auf den Lernweg machen. Auf dem Lernweg zum Ziel schlagen wir markante Lern-Pflöcke ein, die wir unbedingt erreichen wollen, die wir intellektuell und sprachlich zu bewältigen gedenken.

Aphasisch Betroffene haben anfangs die größte Erwartung an die Wirksamkeit der Sprachtherapie. Sie würden aus alter Gewohnheit am liebsten viel tun, um schnellstmöglich voranzukommen. Anfangs formulieren sie große Ziele, die sie in kurzer Zeit erreichen wollen.

Doch die Realität lehrt sie eines anderen.

Das Sprachnerven-Netzwerk ist beschädigt, es zeigt sich aphasisch.

Aber es lässt sich von uns Außenstehenden noch einiges Unbeschädigtes erkennen (z.B. ‚Fähigkeits-Inseln', Sprach-Kompetenz, abrufbare Funktionen wie Nachsprechen-Können, das Denken, usw.)

Diese offensichtlich vorhandenen intakten Funktionen wollen und müssen wir zum Lernen nutzen, weil sie da sind und wir auf ihnen und mit ihnen das Fehlende aufbauen können.

Wie einleitend gesagt funktioniert das jetzige Lernen gegenüber dem früheren, ‚gesunden', prämorbiden Lernen erheblich eingeschränkter. Auffällig ist die Eingeschränktheit in den neuropsychischen Funktionsbereichen Konzentration, Wachheit, Ausdauer.

Eingedenk dieses Umstands empfehle ich, die Lernschritte grundsätzlich quantitativ so klein wie möglich aber gleichzeitig qualitativ, d.h. lerneffektiv so stark wie möglich zu gestalten.

Beide Aspekte, Quantität in Form der Übungs-Inhaltsmenge oder des *zeitlichen Übungs-Aufwandes* einerseits und Qualität in Form von Inhalts-Auswahl und *‚Leichtigkeit des Bearbeitens'* andererseits sind für die wirkungsgerechte Gestaltung des ‚geordneten Übens' von großer Bedeutung.

Wir dürfen die aphasische Person nicht überfordern, wir dürfen sie aber auch nicht unterfordern.

Das Geheimnis einer lerneffizienten Übung liegt darin, dass der Übungsinhalt die übende Person „fesselt" und sie so begeistert, dass sie die Übungsinhalte intrinsisch motiviert aus sich heraus wiederholt durcharbeiten möchte.

Je nach der Stärke der subjektiv von der übenden Person empfundenen psychisch-emotionalen Bedeutung der Übung (affektiv) und der tatsächlichen Lern-Wirkung zur Wiedergewinnung von Sprache (Effizienz) können wir vermuten, dass trotz der eingeschränkten neuropsychischen Bedingungen die aphasisch betroffene Person sehr deutlich und wach die Lern-Erfolge empfindet und in Erinnerung behält.

Es ist äußerst wichtig bei jeder aphasietherapeutischen Maßnahme vorauszusetzen, dass das nur in kleinen Schritten stattfindet.
Ein kleinschrittiges Vorgehen beim sprach- bzw. sprechhandlungsorientierten Neulernen steigert die Wahrscheinlichkeit, dass bei der aphasischen Person persönliche Erfolgserlebnissen generiert werden.

Lernpsychologisch ist in diesem Zusammenhang zu erwähnen, dass mit Erfolgsgefühlen konnotierte Sprach- und Sprechhandlungen besser behalten werden als negativ eingestufte.

Wie bereits an anderer Stelle festgestellt gehen wir nach dem uralten Grundsatz vor, der auch hier gilt: „Übung macht den Meister."

Aphasisch betroffene Menschen beginnen erfolgreich mit kleinen ‚Lern-Happen'. Das möchte ich am Beispiel des ‚Lauten Lesens' in der Arbeit mit aphasisch Schwerstbetroffenen verdeutlichen.

Übungs-Intention

Wir streben die Restitution der Lesefähigkeit an; dazu gehen wir grundsätzlich basal vor, auf der Ebene der niedrigen Komplexität und einzelheitlich. Zunächst beginnen wir mit Wahrnehmungs-Übungen zum Verarbeiten und Wiedererkennen der Grapheme und Phoneme, dann von kleinen, hochfrequent gebrauchten geschriebenen und gesprochenen Wörtern. Schließlich wechseln wir auf die Satzebene und beginnen, die schriftlichen Satzglieder (Wörter) einzeln und im Verbund als sinntragende Graphem-Komplexe zu erkennen, diese wahrzunehmen, zu verarbeiten und zu erinnern.

Die Wahrnehmung und Verarbeitung der Grapheme) kopple ich grundsätzlich mit der Konversion in Phoneme.

Übungstechnisch:

- Wahrnehmen von Buchstaben (Grapheme), sie als solche wiederkennen und ihre Lautklänge (Phoneme) erinnern und wiedergeben
- Aus kombinierten Graphem- und Phonem-Gebilden geläufige geschriebene und gesprochene Wörter entwickeln und diese hochfrequent gleichzeitig präsentieren, damit diese bei den aphasisch Betroffenen zu simultanen Graphem-Phonem-Wahrnehmungen führen
- Sinntragende Wort-Schriftbilder und deren Wortklang-Bilder wahrnehmen, wieder erkennen und verstehen; diese müssen

aphasisch Betroffene zielstrebig wieder erkennen lernen, um sie später in größeren Kontexten erkennen, verstehen und sprechen zu können.

Dabei geht es anfangs um das Wiedererkennen von Buchstabengruppen (Wörtern) und um das Einspeichern der fehlerfreien Lese-Handlung, später dann um das laute Lesen von kurzen dreigliedrigen SP- Sätzen wie z.B. ,*Der Hund bellt*' oder ,*Die Party steigt*' oder ,*Sprechen ist möglich*' usw.

Das erarbeitet die Logopädin mit Ihnen. Sie nehmen das Gelernte mit nach Hause und arbeiten das zunächst mit Ihrer / Ihrem Übungspartner*in in wohldosierten Übungsschritten durch.

Später, wenn Sie sich sicherer fühlen und auf die Assistenz Ihrer Übungspartnerin bzw. Ihres Übungspartners verzichten können, suchen Sie sich ein passendes Medium aus, was Ihnen dabei hilft, eine große Zahl ausgewählter Drei-Wort-Sätze immer wieder aufs Neue zu hören, zu lesen und fehlerfrei mitzusprechen.

Meine Empfehlung ist, die Menge der zu lesenden Wörter zunächst gering zu halten (z.B. drei / fünf / acht Wörter). Wenn Sie in jeder Übung zwei bis drei kurze Wörter neu ,entdecken' und diese sprechen, dann ist Ihre Restitutionsquote sehr gut.

VORSICHT: Auch wenn Sie der Meinung sind und das Gefühl haben, dass Sie durchaus mehr schaffen könnten – gehen Sie zunächst nicht höher als 20 Wörter innerhalb einer oder zwei Wochen.

Dafür trainieren Sie das laute Lesen dieser 20 Wörter durch immer weitere Wiederholungen und gesteigerte Fehlerfreiheit und Sicherheit. Weil Sie sich zunächst auf die Fähigkeit fokussieren, dieses begrenzte Lesequantum fehlerfrei lautsprechend zu bewältigen, wird Ihnen das immer ,leichter' fallen.

Folgen Sie dem Grundsatz und tendieren Sie dazu, in der Übungssitzung die Komplexität der Sprachhandlung so klein wie möglich zu halten, um damit die Fehlerfreiheit beim Sprechhandeln zu ‚gewährleisten'. Je weniger Fehler desto besser !

Und je sicherer und geläufiger Sie zig verschiedene Drei-Wort-Sätze erlesen können, desto leichter wird es Ihnen nach gewisser Zeit fallen, auch etwas längere Sätze gekonnt zu erlesen.

Unsere Erfahrung lehrt uns, dass Sie schneller Laut-Lese-Sicherheit gewinnen, wenn Sie vergleichsweise kurze Texte mit geringer Komplexität oft fehlerfrei laut sprechend lesen und auf diese Weise nicht nur den Leseprozess neuropädisch restituieren, sondern dass Sie auf diese Weise auch das Sprechhandeln sprechmotorisch und sinnverarbeitend trainieren.

Zum selbstständigen Üben

Denken Sie hier daran, Ihre/Ihren Übungspartner*in zu bitten, Ihnen eine Sammlung sehr kurzer Sätze in Ihr Handy / Tablet zu schreiben und diese auch einzusprechen. Bitte lassen Sie sich erklären, wie Sie sich diese Sätze dann von Ihrem Gerät vorsprechen lassen können.

Obwohl Sie gegebenenfalls schon größere Sicherheit beim lauten Lesen der Drei-Wort-Sätze gewonnen haben, stehen längere Sätze in Ihren Übungssitzungen zu Hause erst dann auf Ihrem Programm, wenn Sie mit Ihrer Logopädin vorher das laute Lesen längerer Sätze thematisiert und gemeinsam erarbeitet haben.

8.5.6.6.2 Basics (basale Sprach- und Sprechhandlungen), die Sie tagtäglich trainieren sollten, so regelmäßig, wie Sie Ihr Zähne-Putzen pflegen auszuführen

Wer von Ihnen zur Zeit kein spezielles Übungsprogramm mit einem bestimmten Thema durchläuft, dem möchte ich dringend einige Sprachhandlungs-Basics ans Herz legen. Das sind Sprachübungen vergleichbar mit gymnastischen Übungen, die tagtäglich wie das Zähneputzen zum Alltag gehören können. Die sollten Sie durchführen, um fit zu bleiben oder besser zu werden.

Zusätzlich möchte ich Ihnen dringend raten, auf den Ihnen verbliebenen bzw. Ihnen momentan zur Verfügung stehenden Fähigkeiten weitere sprachliche Fähigkeiten aufzubauen. Bitten Sie Ihre Logopädin, Ihnen Vorschläge zu machen, wie Sie Ihre Fähigkeiten weiter ausbauen können.

Ist das Lesen grundsätzlich möglich, aber hapert es noch an der einen oder anderen Stelle, dann können Sie vermutlich mit Hilfe weiterer Leseübungen (z.B. mit dem sprechenden Logovid® ‚Sprechen&Lesen 002‘ von LogoMedien®) Ihre Sicherheit beim Graphem-Phonem-Konvertieren ausbauen.

Eine operatorische Phonem-Graphem-Stimulierungsübung mit Übungspartner*in kann so aussehen, dass Sie sich von Ihr / Ihm Einzelwörter vorsprechen lassen, die Sie auf einem Wörter-Blatt wiederfinden sollen.

Sie hören – Sie suchen, zeigen auf das gefundene geschriebene Wort und sprechen dieses Wort fehlerfrei. War es fehlerfrei, dann wechseln Sie zum nächsten Wort und führen Sie das mit ca. sechs bis zehn Wörtern pro Übungs-Sequenz durch.

Ich empfehle Ihnen, diese 5-Minuten-Konversionsübung ruhig über mehrere Wochen durchzuführen.

Hiermit stimulieren Sie das Zusammenspiel der auditiven Wahrnehmung des Gehörten mit dem Wiedererkennen des „gehörten" Schriftbildes.

Sie stimulieren im Sinne der Phonem-Graphem-Konversion die geistige Wandlung von gehörten Lautfolgen bzw. Wörtern in die zugehörigen Buchstabenfolgen bzw. geschriebenen Wort-Schriftbilder. Das Üben der Phonem-Graphem-Konversion fördert die Schreibkompetenz und ist förderlich bei der Restitution des Schreibens.

Wer diese Übungsart ausweiten möchte begibt sich auf die Suche nach fünf interessanten Sätzen, legt sich diese geschriebenen Sätze der Reihe nach vor sich hin.

Dann liest die/der Übungspartner*in aus dieser 5-Satz-Reihe einen beliebigen Satz vor, Sie hören diesen Satz, dekodieren / ‚verstehen'/erinnern den Klang des Satzes/der Laute, konvertieren im Kopf diese akustischen Signale in Schriftbilder, sehen die Schrift in einem der 5 vor Ihnen liegenden Sätze und zeigen auf den gesuchten Satz und sprechen ihn dann fehlerfrei.

8.5.6.6.3 Mobilisierung des Sprechapparates

Ich empfehle denjenigen aphasisch betroffenen Personen, die im Augenblick wenig oder gar nicht sprechen, zwecks Stimulierung und Mobilisierung des Sprechapparates täglich folgende Übungselemente durchzuführen, idealerweise vor einem Spiegel:

-Bewegen Sie Ihren Mund ganz ausgeprägt ohne Stimme 1 Mi nute lang: Kussmund, Breitziehen der Lippen, weites Öffnen des Mundes, Zusammenpressen der Lippen - usw. alles im Wechsel.

- Bewegen Sie Ihren Mund wieder ganz ausgeprägt jetzt mit Stimme, 1 Minute lang: Runder Mund, Breitziehen der Lippen, weites Öffnen des Mundes.
- Pusten Sie zunächst mehrmals ohne Stimme Luft gegen die zusammengepressten Lippen (Lippen-Flattern),
- dann machen Sie das Gleiche mit Stimme (Kutscher–Schnalzen) usw.,
- dann alles noch einmal im Wechsel.
- Führen Sie nun ausgeprägte Sprechbewegungen beim Sprechhandeln ohne Stimme durch (***z.B.*** *„stumm", „Auerhahn", „Auto"*)
- Lesen Sie fünf für Sie einfache Sätze stimmlos/flüsternd vor, 2 Minuten lang.
- Führen Sie wieder ausgeprägte Sprechbewegungen aber jetzt mit Stimme durch und tragen Sie dazu fünf für Sie einfache Sätze mit mutiger Stimme weitgehend fehlerfrei vor, 2 Minu ten lang.
- Führen Sie dabei bewusst auch mal sehr langsame und überdeutliche Sprech-Bewegungen durch, dann wieder schnellere usw. im Wechsel, mit ausdrucksstarker Stimme, übertreiben Sie dabei Ihre Mundbewegungen.

Erweitern Sie jetzt Ihr Sprechhandeln und denken Sie an das ‚automatisierte Reihensprechen', indem Sie auf die sprachlichen Inventare zurückgreifen, deren Inhalte Ihnen recht einfach über die Lippen kommen wie

- Ihnen bekannte Verse, Gedichte, Liedertexte, Gebete oder Wortreihen wie die Wochentage, Zahlen-Reihen u.ä.,
- oder Ihnen geläufige Aussagen wie Alltags-Floskeln, Redensarten, Flüche oder andere auswendig gekonnte Sprachhandlungen wie das Sprechen von Texten aus eigenen Veröffentlichungen, Fachbegriffe, Definitionen, mathematische Formeln u.ä.

Wenn Sie Gefallen daran finden, dann ‚spielen‘ Sie doch beim Sprechen zusätzlich noch mit Ihrer Stimme. Variieren Sie während des Sprechens zwischen lautem Sprechen und Flüstersprechen oder heben und senken Sie beim langsamen Sprechen Ihre Stimme. Damit tun Sie etwas für die „Prosodie", für den ‚musikalischen Klang‘ während Ihres Sprechhandelns durch Stimmhöhen-Variationen.

8.5.6.6.4 Aktivierung des Frage-Verständnisses und des Sprechens passender Antworten

Wir treffen immer wieder auf Menschen, die uns beiläufig oder interessiert Fragen stellen, im Hausflur, auf der Straße, im Bus oder am Telefon.

Wir hören Fragen nach unserem Befinden wie „Wie geht`s ?" oder nach dem beabsichtigten Vorhaben wie „Wo gehst du hin ?" oder „Was hast du vor ?"

Wir finden bei nahezu allen Treffen mit Menschen uns mehr oder weniger gewollt in Situationen wieder, in denen uns diese Menschen ähnliche Fragen stellen.

Und um diese z.T. schnell gestellten Fragen nicht nur als Belastung zu empfinden, sondern sie besser zu verstehen und beantworten zu können, was vielen aphasisch betroffenen Menschen sehr schwerfällt, empfehle ich über einen Zeitraum von 3 Monaten täglich ‚fünf Frageminuten‘ zu veranstalten.

Eine wichtige, für jede aphasische Person zwingend notwendige Fähigkeit ist m.E., auf Fragen nach persönlichen Daten fehlerfrei antworten zu können.

Übungs-Vorschlag

Der Übungsplan sieht deshalb vor, dass Ihre / Ihr Übungspartner*in Ihnen in den nächsten 4 Wochen zügig Fragen nach Ihren persönlichen Daten stellt, auf die Sie lernen ebenso zügig zu antworten.

Sie wissen, dass Sie bei Anträgen oder Amtsgängen immer wieder aufgefordert werden, Ihren eigenen Vor- und Familiennamen zu nennen („Wie heißen Sie ?“ oder „Wie ist Ihr Name ?“ und darüber hinaus den Geburtsort („Wo sind Sie geboren ?“), das eigene Geburtsdatum („Wann sind Sie geboren ?“ „Ihr Geburtsdatum ?“), die eigene Adresse mit Wohnort, Straße und Hausnummer, („Wo wohnen Sie ?“ „Wie ist Ihre Adresse ´?“), die eigene Telefonnummer und E-Mail-Adresse „Welche Telefon-Nummer / E-Mail-Adresse haben Sie ?“ mitzuteilen.

Lassen Sie Ihre / Ihren Übungspartner*in eine Fragen-Liste nach diesem Muster erstellen und Ihre Daten zur Beantwortung dahinter aufschreiben.

„Wie heißen Sie ?“ oder „Wie ist Ihr Name ?“ …………………

„Ihr Geburtsort ?“ „Wo sind Sie geboren ?“ ……………………

„Ihr Geburtsdatum ?“ „Wann sind Sie geboren ?“ ……………

„Ihre Adresse ?“ „Wo wohnen Sie ?“ „Nennen Sie bitte Ihren Wohnort, die Straße und Hausnummer.“ …………………………

„Unter welcher Nummer kann man Sie telefonisch erreichen ?“ „Ihre Telefonnummer ?“ ……………………………………………...

„Haben Sie auch eine E-Mail-Adresse ?“ „Welche E-Mail-Adresse haben Sie ?“ …………………………………………………

Diese Ihre „Stammdaten“ empfehle ich konsequent auswendig zu lernen. Lassen Sie sich dazu die obigen Fragen stellen, auf die Sie dann mit Ihren Daten antworten.

Es ist sinnvoll, dieses Frage-Antwort-Geschehen auf einen Ton-Träger zu sprechen. Dann können Sie das zur Übung des Gefragt-Werdens und des zügigen Antwortens nutzen, wann und wenn Sie es möchten.

Daneben werden wir oft nach unseren persönlichen Erlebnissen befragt („Wo warst Du noch mal im Urlaub ? Und wann ?"), oder man interessiert sich nach unserer früheren Berufstätigkeit („Was haben Sie beruflich gemacht ?"), nach unserem Auto („Welchen Wagen fahren Sie ?"), nach unserem Familienstatus („Haben Sie Familie ?") usw.

Auch am (Mobil-) Telefon hören wir Fragen nach unserem aktuellen Aufenthaltsort, den eigenen Befindlichkeiten, den Vorhaben und anderen Dingen. Wir hören: „Wie geht es Dir ?" „Wo bist du gerade ?" „Bist Du allein ?" „Hast Du heute etwas vor ?" usw.

Auf solche oder ähnliche Fragen sollten wir gut vorbereitet sein und sicher reagieren / antworten können. Das Üben des Antwortens auf solche Fragen empfehle ich in folgender Form zu trainieren:

Wählen Sie *fünfzehn, zwanzig gängige Frageformulierungen*, schreiben Sie diese in Ihr Übungs-Tagebuch und daneben Ihre Antworten und lassen Sie dann die Fragen und die Antworten in den Tonträger einsprechen.

Übungs-Intention

„Ich möchte auf diverse Fragen passende Antworten geben können."

Empfehlung zur Übungs-Durchführung

1. Zunächst hören Sie sich zigmal jede Frage zusammen mit der Antwort an. Dabei prägen Sie sich Frage und Antwort ein.
2. Im zweiten Schritt hören Sie sich nur jede Frage an (stoppen nach jeder Frage das Gerät) und sprechen dann die Antwort

auswendig und fehlerfrei. Zur eigenen Kontrolle können Sie die gestoppte Aufnahme weiterlaufen lassen und das selbst Gesagte mit dem Modell auf dem Band vergleichen.

3. Jetzt lesen Sie sich die Fragen auf dem Blatt laut vor, und nach jeder gelesenen Frage antworten Sie mit dem auswendig gelernten Satz.

4. Übung des ‚realen Frage-Antwort-Geschehens'

   Bitten Sie Ihre / Ihren Übungspartner*in, Ihnen diese Fragen zu stellen, und zwar an verschiedenen Orten und zu unterschiedlichen Zeiten:

   Am Frühstückstisch, auf dem Spaziergang, während der Autofahrt, im Restaurant, kurz vor dem Einschlafen usw.

Sie werden spüren, dass Sie das Frage-Antwort-Geschehen zunehmend ‚unter Kontrolle' bekommen.

Sie lernen, auf geläufige Fragen der anderen Ihre Antworten verständlich zu formulieren. Die anderen bekommen von Ihnen ihre Antworten auf ihre Fragen.

Aus diesem Frage-Antwort-Geschehen kann sich durchaus eine interessante Unterhaltung ergeben, besonders dann, wenn Sie die Rollenumkehrung vornehmen und selbst zur fragenden Person werden.

Auch wenn Sie sich momentan auf Wort-Ebene bewegen solltenversuchen Sie, die Antworten auf die Ihnen gestellten Fragen in Zukunft in Form kurzer aber kompletter Sätze auswendig zu sprechen.

Das wiederholte Befragt-Werden und das Antworten darauf trainiert einerseits das Frage-Verständnis und andererseits die geistige Flexibilität beim „Umschalten" von einer in der Frage angesprochenen Thematik zur nächsten.

Umgekehrt können auch Sie mit den ***fünfzehn, zwanzig gängigen Frageformulierungen*** ein Gespräch mit einem gesprächsfreudigen Menschen in Gang bringen.

Wenn Sie sich darauf vorbereiten wollen, dann empfehle ich Ihnen, zunächst sprechsprachlich die ***fünfzehn, zwanzig Frageformulierungen*** gezielt in Eigen-Übungen so intensiv und konzentriert auswendig zu lernen, dass Sie sie dann in der Übungssitzung mit Ihrer / Ihrem Übungspartner*in fehlerfrei und nahezu flüssig als Fragen stellen können.

Gehen wir davon aus, dass Sie bei diesem Fragen-Sprechtraining in Ihren Übungssitzungen auch auf die Deutlichkeit und Verständlichkeit Ihres sprachlich-sprecherischen Ausdrucks geachtet haben und dass Sie diese Fragesätze nun sicher auswendig und weitgehend ohne Fehler sprechen können.

Das lässt dann erwarten, dass Sie jetzt durchaus in der Lage sein dürften, diese Fragen in Unterhaltungen auch mit anderen auswendig stellen zu können. Gehen Sie dann ‚mutig' in die reale Gesprächssituation hinein. Sprechen Sie dabei mit kräftiger Stimme.

Das Befragt-Werden und Fragen-Stellen kommt oft vor, besonders bei Zusammenkünften auf Parties, bei Geburtstagsfeiern, auf Jubiläen oder beim Konzertbesuch im Foyer.

Da entwickeln sich meist kurze Small-Talks, also meist belanglose Satz-Wechsel, denen wir i.a. aus reiner Freundlichkeit folgen.

Dabei ist zu beobachten, dass als basale Voraussetzung zum Beispiel die Fähigkeit gehört, auf „fremde, spontane Fragen anderer Menschen" hinreichend angepasst nonverbal oder verbal reagieren und sinnvoll antworten zu können.

Um das als aphasische Person später zu schaffen, sollten Sie stets konzentriert und fokussiert hinhören und wenigstens einige „Satzfetzen" verstehen, damit Sie erahnen können, worum es sich gerade in der Unterhaltung handelt.

Sollten Sie eine klare Meinung zu dem gehörten Thema haben und diese der Runde mitteilen wollen, dann antworten Sie nonverbal mit ***„Mmmm"*** oder verbal mit ***„Ja"*** oder ***„Nein"*** u.a.

Wenn Sie weitere Dialog-Fähigkeiten erreichen wollen, dann sollten Sie mit Ihrer Logopädin tiefer einsteigen in die Frage-Antwort-Interaktion. Vergessen Sie nicht, diese Dialoge zu notieren / aufzunehmen, damit Sie diese in Ihren privaten Logo-Übungssitzungen fortführend einüben und trainieren können.

Wenn für Frage-Antwort-Übungen Ihre/Ihr Übungspartner*in oder Familienmitglieder im Moment nicht zur Verfügung stehen können, empfehle ich Ihnen, Ihre Frage-Kompetenz mit ‚dialogischen Übungen' z.B. in der Logovid®-Reihe ‚Fragen & Antworten' zu üben.

Dieses polimodale Sprach-Material mit operativen Frage-Antwort-Dialogen wird an anderer Stelle näher beschrieben, z.B. in Middeldorf, V. (2024).

Fragenstellen-Können ist m.E. die wichtigste der zahlreichen Voraussetzungen für eine aktive, weitgehend lebhafte und zufriedenstellende Unterhaltung.

Erfahrung aus der Intensiv-Aphasie-Therapie:

Die Dauer der Frage-Antwort-Übungssitzung sollte nicht mehr als 15 Minuten betragen. Die Logo-Übungssitzung sollte täglich erfolgen. Um Beschleunigungen der Lernprozesse, der neuropädischen Eintragungen und deren Verankerungen zu erreichen, sollten wir die 15minütigen Frage-Antwort-Dialog-Übungen ruhig öfter als einmal am Tag durchführen.

Wollen Sie Ihre Frage-Fähigkeiten nun in der Realität auf die Probe stellen, dann rate ich Ihnen, zunächst mit nur einem Gegenüber Ihre Frage-Antwort-Interaktionen zu beginnen.

Gespräche unter vier Augen sind für aphasisch Betroffene generell angenehmer als in der größeren Gruppe. Man denke nur an die vielen akustischen Eindrücke, die ablenken.

8.5.7 Jede Logo-Übung zeigt Lernwirkung, wenn bestimmte Übungsschritte beachtet werden

Sie wissen, dass ein wirksames Üben aus einer gewissen Aktivitätenfolge resultiert, die nach bestimmten Vorgehensregeln geplant und durchgeführt wird.

Wenn in der Logo-Übung durch sich wiederholende, gleiche Aktivitäten bestimmte Fähigkeiten eingeübt werden (z.B. das auditive Wahrnehmen und Speichern von gesprochenen einsilbigen Wörtern, die die übende Person nachsprechen soll oder das oftmalige Sprechen nur eines Satzes zu einer bestimmten Handlung) dann ist die Wahrscheinlichkeit groß, dass die Erarbeitung der angezielten Sprach- und Sprechhandlung wirkungsvoll und erfolgreich abgeschlossen werden kann.

Und dieses Erlebnis erfreut jede aphasisch betroffene Person.

Das Erlernen neuer, angezielter Sprach- und Sprechhandlungen ist erfahrungsgemäß dann erreichbar, wenn die aphasische Person motiviert an das Lernen denkt und bereit ist, die erlernten neuen Sprach- und Sprechhandlungen sukzessive Schritt für Schritt geordnet zu üben.

Damit Ihre Übungs-Bemühungen und die Ihrer Angehörigen und Freund*innen nicht nur kurzfristig positive Effekte, sondern nachhaltige Wirkung zeigen, empfehle ich, zur Durchführung der Übungsarbeit folgende 5 Punkte zu bedenken:

1 **Der Weg zum ‚Sprechen-Können' führt nur über das *eigene* Lernen. Die Logopädin zeigt Ihnen, was und wie Sie lernen können, Ihre/Ihr Übungshelfer*in unterstützt Sie dabei.**

2 **Das ‚Sprache-Lernen bei Aphasie' ist grundsätzlich ein *aussichtsreiches Unterfangen*. Damit das für Sie und Ihre Familie zu einem *‚erfolgreichen' Projekt* wird, erfordert es von Ihnen *konzentrierte Lern-Anstrengung*.**

3 **Sie allein entscheiden, ob Sie sich auf den recht *langen Weg zur Sprache* machen werden oder nicht.**

4 **Nur wenn Sie sich dafür entscheiden, können Sie die *gravierende Erfahrung* machen, dass Sie *Sprache spürbar wieder erlernen* können, trotz der existierenden Aphasie. Dazu ist neben der Therapie bei der Logopädin das *zusätzliche private Üben unumgänglich*.**

5 **Damit Sie *freudvoll und erfolgreich üben* können, suchen und gewinnen Sie eine Person Ihres Vertrauens als Ihre / Ihren Übungspartner*in, die/der Sie eine gewisse Zeit lang bei Ihren 15-Minuten-Übungen unterstützt.**

8.5.7.1 Der Umgang mit den Zahlen

In den vorhergehenden Kapiteln sind viele Aspekte im Zusammenhang mit geordnetem Üben besprochen worden.

Doch ein wichtiger Punkt ist bisher unberücksichtigt und unerwähnt geblieben. Das ist der ‚Verlust' der Fähigkeit, Zahlen und Zahlwörter zu erkennen und zu benennen, Ziffern und Zahlwörter lesen und Zahlwörter sprechen zu können.

Die Thematik ‚Zahlen' ist lebensbedeutsam. Wir leben in einer Welt der Zahlen. Wer mit den Zahlen nicht umgehen kann, ist auf Hilfe von Zahlen-Kundigen angewiesen.

Viele aphasisch betroffene Menschen beklagen den schwerwiegenden Verlust der Fähigkeit, mit Zahlen etwas anfangen zu können.

Mit Blick auf die Fähigkeits-Inseln sollten wir zuversichtlich auf die Kompetenzen schauen, die sich in den sogenannten ‚Rest-Fähigkeiten' auch im Umgang mit den Zahlen ausdrücken.

Ich gehe davon aus, dass alle aphasisch betroffenen Personen bis zum Zeitpunkt ihrer Hirnschädigung des Umgangs mit Zahlen im alltäglichen Leben hinreichend mächtig waren.

Das heißt für uns, dass wir Kompetenzen im Zusammenhang mit dem alltäglichen Umgang mit Zahlen voraussetzen können.

Deshalb heißt es jetzt für die aphasisch Betroffenen, den verständigen und operativen Umgang mit den Zahlen wieder zu erarbeiten.

Im Themenbereich „Zahl-Verarbeitung" habe ich folgende Beobachtungen machen können, dass viele aphasisch Betroffene beim Reihen-Sprechen die einstellige Zahlenreihe von eins bis neun durchaus verständlich äußern können, aber unfähig zu sein scheinen, diese Zahlwörter einzeln auszusprechen. Nach meiner Beobachtung haben auch viele noch ein Feingefühl für die Mächtigkeit der Zahlen und spüren, dass 8 mächtiger / ‚mehr' bedeutet als die 5.

Daher empfehle ich, bestehende neuronale Verbindungen bei den Zahlen analog zum sprachklangbasierten Sprechhandeln zu aktivieren, den Übenden die Zahlwortklänge gleichzeitig mit den Ziffern und den Zahlwort-Schriftbildern zu präsentieren und über diese simultane, Assoziationen aufrufende Präsentation von Zahl-Klang und Zahl-Bild das zahlenorientierte Basiswissen zu triggern.

Damit aktivieren wir die assoziativen, in der Kindheit und in der Schule gelernten Verknüpfungen zwischen Zahlwort-Klang, Zahlbedeutung und Zahl-Bild.

Um die aphasisch Betroffenen zur Zahlverarbeitung und zu Zahlverständnis zu führen, empfehle ich eine Reihe von Übungen durchzuarbeiten.

Übung: Einer-Zahlen lesen und hören

„Geschriebene Einer-Zahlen zu Gehör bringen und konvertieren"

1. Einstellige Zahlen der Reihe nach aus dem Kopf sprechend aufzählen
2. Einstellige Zahlen der Reihe nachsprechen und diese in einer Liste den geschriebenen Zahlwörtern und Ziffern zuordnen
3. Die einstelligen Zahlen / Ziffern (1 bis 9) einzeln laut lesen und fehlerfrei sprechen und dann z.B. für /5/ sagen: „Das ist eine Fünf", für /8/: „Das ist die Acht" usw.
4. Dem gehörten einstelligen Zahlwort die Ziffern zuordnen
5. Zu jeder einzeln gezeigten Ziffer das Zahlwort korrekt sprechen
6. Einstellige Zahlwörter / Ziffern in ungeordneter Reihe laut lesen
7. Drei vorgesprochene einstellige Zahlwörter in der gehörten Reihenfolge wiedergeben
8. Kleine Additions-Operationen wie /5/+/3/= 8 lesen und lösen (/fünf/ plus /drei/ gleich acht.)
9. Kleine Subtraktions-Operationen wie /5/-/3/= lesen und lösen (/fünf/ minus /drei/ gleich zwei.)

Operatorische Übungen

„Am Zahlenwürfel die Punkt-Menge ‚lesen' und die Kardinalzahl sprechen"

Nehmen wir an, dass Sie mit den Zahlen große Probleme hatten und in der Therapie wieder einen Zugang zu ihnen gefunden haben.

Jetzt wollen Sie den Umgang mit den einstelligen Zahlen operativ üben, d.h. die Zahlen lesen, die Zahl-Wörter sprechen, die Zahl-Werte addieren, vielleicht auch multiplizieren usw.

Sie haben wieder gelernt, die einstelligen Zahlwörter weitestgehend korrekt zu sprechen. Sie können sie auch recht sicher (laut) lesen. Und Sie haben wieder (oder immer noch) eine Vorstellung von der Menge, die die Kardinalzahl vorgibt.

Die Aufgabe besteht nun darin, dass Sie sich einen Zahlen-Würfel nehmen, ihn werfen und die Zahl, die Sie gewürfelt haben, sprechen. Das machen Sie fehlerfrei zehnmal und öfter.

Übungs-Ziel: Nennung der korrekten Zahl nach jedem Würfeln.

In einer anderen Würfelaufgabe weiten Sie die Aufgabe auf zwei Würfel aus. Mit einem Wurf beider Würfel erhalten Sie zwei Punktangaben. Addieren Sie die beiden geworfenen Würfel-Punkte und nennen Sie die errechnete Zahl fehlerfrei. Zur Hilfe dürfen Sie die Zahlentafel heranziehen und das Zahlwort ablesen.

Die Aufgabenstellung bezieht sich auf den Zahlbereich von „2" bis „12",

Übungs-Intention

Der Sinn dieser Übung ist, nach jedem Würfeln die korrekte, summierte Punktzahl zu erfassen und korrekt benennen zu können.

Im nächsten Beispiel einer solchen Würfel-Zahlsprech-Aufgabe weiten Sie die Aufgabe mit zwei Würfeln auf drei Würfel aus.

Mit einem Wurf der drei Würfel erhalten Sie drei Punktangaben. Addieren Sie die geworfenen Würfel-Punkte und nennen Sie die errechnete Zahl fehlerfrei.

Zur Hilfe dürfen Sie wieder die Zahlentafel heranziehen und das Zahlwort ablesen. Die Aufgabenstellung bezieht sich in diesem Beispiel auf den Zahlbereich von „3" bis „18".

Sie üben die Summenbildung, die Addition von drei Zahlwerten, Sie üben das Finden des korrekten Summen-Zahlwortes und dessen fehlerfreie Benennung.

Der Übungsinhalt aktiviert bzw. triggert Ihr Zahlensystem, die Zahlwert-Erfassung, die Summenbildung im Kopf, die ‚Konvertierung' der ‚Punkt-Mengen' in Zahl-Wörter und das fehlerfreie Zahlwort-Aussprechen.

Dieses Übungsformat können Sie praktisch bis zu 10 Würfeln ausweiten. („10" bis „60") oder sogar noch weiter.

Laden Sie Ihre Familienmitglieder zu diesem Würfel-, Rechnen- und Sprechspiel ein.

8.5.7.2 Beschreibung der Geschehnisse in der Umgebung

Was können wir der aphasisch betroffenen Person weiter anbieten, was ihr Freude bereiten kann ?

Die Übungsinhalte sollten möglichst realitätsnah und teilhabegemäß gestaltet sein, so dass die Übenden in ihrem Übungshandeln reale Bezüge erleben und stets Perspektiven für zukünftige Sprachanwendungen und weitere Übungs-Ziele sehen können.

Die Übenden sollen sich durch Übungen / Übungsmedien intellektuell und emotional angesprochen fühlen und durch die methodische Gestaltung der Übung angeregt werden, in Zukunft mit zunehmendem Selbstvertrauen mehr und öfter selbständig zu üben. Wir wissen, dass größere Freiräume für Eigeninitiative und Eigenaktivität in der aphasischen Person selbstgestalterische Kräfte freisetzen.

Wenn wir uns umschauen, dann sehen wir unendlich viel, was wert ist für die Logo-Übung versprachlicht zu werden.

Übungs-Beispiel:

Ausgangsgefühl: „Ich kann Sätze sprechen, bin aber noch unsicher und tu es deswegen ungern - und im Alltag gar nicht."

Übungs-Intention: Ich werde Initiative und Sicherheit im Satzsprechen und in der Satzbildung gewinnen.

Übungsinhalt: Geschehnisse bzw. Handlungen, die ich sehe, versprachliche ich (auf Wortebene/ auf Satzebene).

Ort: Ich sitze auf der Bank (auf dem Fahrrad, im Auto usw.) und versprachliche das, was ich wahrnehme, in der gewählten Form auf Wort-Ebene oder Satz-Ebene.

Beispiel:

(Wortebene): „Mann" - „laufen" - „schwitzen" - „ist schlapp"

(Satzebene): „Ich sehe einen Jogger" - „Der ist schweißgebadet" - „Er macht gleich schlapp".

Anderes Beispiel:

(Wortebene): „Frau"- „Hund"- „sportlich" - „lachen"
(Satzebene): „Die Frau hat einen kleinen Hund an der Leine" - „Sie geht strammen Schrittes" - „Ihr Outfit ist sportlich" - „oh, sie lächelt mich an und grüßt", ...usw.

9.0 Schlaglichter auf das ÜBEN

9.1 Logopädische Therapie plus supervidiertes Üben

Intensivere Therapie aufgrund quantitativer Erhöhung der Sitzungszahlen auf mehr als 3 Sitzungen pro Woche ist in der momentanen gesundheitspolitischen Lage auch nach den jüngsten Veränderungen des Heilmittel-Gesetzes nicht zu erwar-

ten. Den Ärzten sind nach wie vor bei der Verschreibung der Aphasie-Therapie-Sitzungen durch die Heilmittelverordnung gewissermaßen die Hände gebunden.

Was können aber die Profis, die Praktiker tun, um den aphasischen Patient*innen deutliche Effizienzsteigerungen in ihrer Therapie in Aussicht zu stellen ?

Jede/r Patient*in und ihr/sein Umfeld sind vernünftig genug um zu verstehen, dass sie/er selbst einen Großteil an Verantwortung für ihr/sein eigenes therapeutisches Fortkommen trägt.

In der Aphasie-Therapie geht es im weitesten Sinne um die Ingangsetzung eines neuen, individuellen Umgangs mit der Aphasie und darüber hinaus um die Abkehr von landläufigen Vorstellungen des Sprache-Lernens sowie um den konkreten Aufbau neuer Sprach- und Sprechhandlungen beim aphasischen Lernen.

Kein Rätsel, aber ein Faktum ist, dass die aphasischen Patient*innen mit 1-3 Sitzungen pro Woche i.a. für eine ergebnisreiche bzw. wirksame Sprachverbesserung zu wenig Therapie erhalten, worin eine strukturelle Ursache für die schwache Wirkung der ambulanten Aphasie-Therapie zu finden ist.

Eine bedeutende Verbesserung der therapeutischen Mangel-Lage könnte eine neue Form therapie-partnerschaftlicher Zusammenarbeit bewirken, und zwar basierend auf mehr und gezielter Eigenaktivität auf Seiten der Patient*innen und ihres Umfeldes und - das ist äußerst wichtig festzustellen - ohne nennenswerte, zusätzlich bezahlte Mehrarbeit für die Logopädin.

Ich stelle mir so etwas wie ‚supervidiertes Üben der Patient*innen' vor.

Darin sähe ich für die Patient*innen eine gute Chance, eine Lernintensitätssteigerung zu generieren.

Mit dem Üben können Sie Ihre Vergessens-Prozesse abbauen, zumindest stoppen, und durch konsequentes Üben zu Hause Ihre neu gelernten Sprach- und Sprechhandlungen neuronal tiefer verankern und zielführend in Gang halten.

Dadurch, dass die Patient*innen durch Üben erfolgreich ihrem Vergessen entgegenarbeiten, erleichtern sie die qualifizierte Arbeit ihrer Logopädin.

9.2 Die/der Übungspartner*in in ihrer/seiner Rolle als Trainer*in

Die aphasisch betroffenen Menschen werden akzeptieren müssen, dass sie ihren Übungs-Partner*innen während der angesetzten Übungs-Sitzung in ihrer Rolle als ‚Trainer*innen' voll und ganz folgen müssen.

Denn es sind sie, die sprechen können und die nach diversen Schulungen wissen, was an den Sprach- und Sprechhandlungen ihrer aphasischen Trainees zu kontrollieren und dann ggf. zu korrigieren ist.

Die logopädischen Profis rufe ich auf, daran mitzuwirken, dass die aphasisch Betroffenen und deren Partner*innen Mut und Initiative dahin entwickeln, mehr und mehr Sprach- und Sprechhandeln gemeinsam zu üben.

9.3 Thesen zu einem therapiewirksamen Übungskonzept

Im Folgenden beschreibe ich Ihnen ein therapiewirksames Übungskonzept in Thesenform, was die Zuarbeit in Richtung Logopädin unterstützen kann.

9.3.1 These 1: Aphasie-Therapie ist keine „Behandlung" !

Die Aphasietherapie wird landläufig und traditionell noch als ‚Behandlung' fehlverstanden.

Der Terminus ‚Behandlung' ist als Bezeichnung für die aphasietherapeutische Sitzung überholt, weil die „Hand" in der Aphasie-Therapie eine nur noch marginale Rolle spielt.

Besser wäre der Begriff ‚Aphasie-*Therapie*', der benennt das, was die Logopädin mit ihren aphasisch betroffenen Patient*innen tut, nämlich ihnen neue Sprach- und Sprechhandlungen beizubringen mit dem Streben, sie mit neuen Verstehens- und sprachlichen Ausdrucksmöglichkeiten auszustatten.

Für die dazu notwendigen Lernprozesse gibt die Logopädin ihrer/ihrem Patient*in beraterisch Lern- und Verhaltensimpulse zur praktischen Umsetzung und diverse Übungsmaterialien an die Hand.

Die Logopädin erwartet, dass ihre/ihr Patient*in ihrem Rat folgt.

9.3.2 <u>These 2</u>: Mit einmaligem Neulernen von Sprachhandlungen ist es nicht getan – ein zusätzliches logopädisches Üben zu Hause ist unbedingt erforderlich

Neben der In-Gang-Setzung von therapeutisch neuen und notwendigen fehlerfreien Sprach- und Sprechhandlungen muss das logopädische Üben zur gezielten und wirkungsvollen Sicherung des neu Gelernten eingebaut werden.

Das neu gelernte Sprach- und Sprechhandeln muss neuronal verankert, d.h. gespeichert werden, damit es überhaupt geläufig, d.h. später nahezu „automatisch" werden kann.

Und das erreichen wir neuropädisch durch repetitives Üben, über zigmaliges Wiederholen derselben fehlerfreien Sprach-bzw. Sprechhandlung, z.B. das 8 bis 10malige Anhören eines Satzes, um dessen Sprachklang-Bild einzufangen /wahrzunehmen und zu speichern, um danach dann das Sprachklangbild sprecherisch wiedergeben zu können.

Mit Blick auf die heutige meist nichtintensive Aphasie-Therapie-Realität sehe ich deshalb das *logopädische Üben zu Hause als unbedingt erforderlich* an.

9.3.3 <u>These 3</u>: Der wichtigste Aspekt der Aphasie-Therapie ist die *Lern- und Behaltens-Effizienz.*

Die nach m.E. größte Misere in der Aphasie-Therapie sind die bei jeder aphasisch betroffenen Person auftretenden Vergessens-Prozesse, die das Behalten der neu gelernten Sprach- und Sprechhandlungen konterkarieren.

Das ist, wie wir wissen, der Hirnschädigung geschuldet. Doch was tun wir dagegen ? Gibt es Wege, aus dem Vergessen heraus zu kommen ? Gibt es Vergessens-Verhinderer ?

Ich empfinde mich zeitweilig unter den Suchern nach einem Königsweg, auf dem wir mit therapeutisch wirksamen Stimuli das Neurowachstum so anregen und steuern können, dass die aphasisch betroffene Person die neu gelernten Sprach- und Sprechhandlungen behält und nicht sofort wieder vergisst.

‚Evidenzbasiert' – ich habe den Eindruck, dass dieser ‚moderne' Begriff uns suggeriert, dass das Gelernte wünschenswerterweise auch längerzeitig und nachhaltig „hängen bleibt".

Nüchtern betrachtet sind ‚evidenzbasierte Maßnahmen' im Wesentlichen aber nur kurzzeitige, methodisch relevante Lerneinstiegs-Maßnahmen zur effektiven Erlernung bestimmter Sprach- und Sprechhandlungen bei Aphasie. Leider gibt es noch keine Langzeit-Wirkungsstudien (z.B. über zwei Jahre) bezüglich durchgeführter ‚evidenz-basierter' Aphasie-Therapiemaßnahmen. Es fehlen fundierte Hinweise auf solche Maßnahmen, die gezielt das Vergessen des „soeben Gelernten" verhindern können.

Mir ist keine Studie bekannt, die die Wirksamkeit der Aphasietherapie im Zusammenhang mit der Vergessensrate näher untersucht hätte. Die wäre dringend notwendig, zumal die therapeutische Erfahrung besagt, dass der wichtigste Aspekt der Sprachtherapie die ***Lern- und Behaltens-Effizienz*** ist.

Die Frage nach den besonderen Wirkfaktoren für größere Effizienz in der Aphasietherapie beantworten wir mit Daten aus unserer über 30jährigen praktischen Intensiv-Arbeit.

Die hohe Frequenz der täglichen Sitzungen in Lindlar (ca. 4-5 logopädische Sitzungen pro Tag) impliziert nicht nur den Aspekt des wiederholenden Lernens. Sie beeinflusst auch das mentale, psychische und emotionale Schema des aphasischen Menschen und seiner ihn begleitenden Familienangehörigen.

Die Lindlarer Intensiv-Aphasietherapie generiert einen interessanten Lern- und Übungseffekt bei den aphasischen Intensiv-Patient*innen. Mit jeder Minute des Dortseins festigt der aphasische Gast die überzeugte Einstellung, dass ihn diese Art des intensiven Arbeitens am Neuerwerb seiner Sprachfunktionen näherbringt. Er genießt neben den Lernerfolgen auch die angenehme Atmosphäre der Wohnunterbringung und der Infrastruktur des Zentrums.

Gegen Ende der Intensiv-Therapiephase in Lindlar wissen die aphasisch Betroffenen, was sie geschafft haben und dass sie durch engagierte und systematische Lernanstrengungen ihre sprachlichen Lernprozesse beschleunigen konnten.

Wir wünschen jeder aphasischen Person positive Lern- und Übungserfahrungen, damit sie nach der radikalen psychischen Verunsicherung durch den Sprachverlust ein neues, positiv gestimmtes Selbstbewusstsein aufbauen kann.

9.3.4 These 4: Die Suche nach dem besten Weg zum nachhaltigen Lernen der Sprache bei Aphasie

Wir müssen eingestehen, dass wir kaum verlässliches Wissen besitzen über die durch Therapiemaßnahmen ausgelösten Vorgänge in unserem Gehirn.

Trotzdem fühlen wir uns aus langjähriger Erfahrung berufen, in der Aphasie-Therapie unsere Patient*innen zu motivieren das zu tun, was wir nach bestem Wissen und Gewissen für sie für richtig und wichtig halten. Wir geben ihnen Anleitungen in bestimmten Sprach- und Sprechhandlungen, wir begleiten sie beraterisch von Anbeginn des Therapieprozesses bis hin zur (hoffentlich erfolgreichen) Erreichung des persönlich definierten sprachtherapeutischen Ziels.

Während der gesamten Therapie-Zeit sind die therapeutisch Tätigen bemüht, immer wieder positiv wirkenden Einfluss zu nehmen auf die Wahrnehmungs-, Denk- und Lernprozesse der aphasisch betroffenen Personen.

Dabei ‚behandeln' wir nicht, - wie bereits erwähnt - sondern wir wecken durch unser Tun kognitive und motorische Aktivitäten bei der aphasisch betroffenen Person. Wir zielen auf gewünschte Reaktionen auf unsere stimulativen Therapiehandlungen

9.3.5 These 5: Evidenzbasiertheit an sich hat dann keinen Wert, wenn das Vergessen ihre Wirksamkeit konterkariert

Es fällt mir auf, dass sich in der Aphasie-Forschung seit Beginn der Evidenzheits-Debatte eine gewisse Tendenz zu Pseudo-Objektivitäten (z.B. sogenannte Evidenzbasiertheit bestimmter logopädischer Therapiemethoden) breit gemacht hat.

Evidenzbasiert heißt:

Abgeleitet aus dem medizinischen Denken ist eine logopädische Maßnahme/eine logopädische Methodik/ein logopädisches Medium dann evidenzbasiert, wenn in einer großen Population genau diese Maßnahme/Methodik/dieses Medium als förderlich / wirksam im Sinne des Neuerwerbs von Sprachhandlungen empirisch nachgewiesen ist.

M.E. sind die Evidenzgedanken grundsätzlich richtig, da wir den Patient*innen therapeutisch nur Wirksames applizieren wollen.

Ich habe jedoch den Verdacht, dass sich manche sprachtherapeutisch Tätigen hinter der Pseudo-Objektivität ‚Evidenz' verschanzen und gewisse Pseudo-Standards aufstellen, die nicht ‚zwingend' zielführend sind.

Die sogenannte Evidenzbasiertheit eines therapeutischen Verfahrens beispielsweise sagt nur etwas über dessen errechnete Wirksamkeit im Moment des Einsatzes aus. Langzeitstudien zur Langzeitwirkung und zur Evidenz von bestimmten Verfahren über Jahre existieren nicht.

Ich vermisse Betrachtungen der Wirksamkeit von bestimmten Lernprozessen oder Lernmodellen bei aphasischen Patient*innen hinsichtlich nachhaltiger Lernwirkung.

Es ist methodisch wahrscheinlich ein nahezu aussichtsloses Unterfangen, die Wirksamkeit der therapeutisch initiierten menschlichen Interaktionen unter dem Aspekt der Evidenz zu erfassen. Ich möchte in dem Zusammenhang nur den kaum messbaren Einfluss der gegenseitigen starken oder geringen Sympathie zwischen Therapeut*in und Patient*in auf den Lernprozess und Lernerfolg kritisch erwähnen.

Die spezielle Besonderheit und Qualität der Interaktion zwischen den logopädischen Profis und deren Patient*innen ist m.E. eine therapiewirkungsentscheidende Größe.

Auf diesem Gebiet müsste geforscht werden, was es mit dem Therapeuten-Verhalten auf sich hat und welche Interaktions-Formen die effektivsten sind, oder welche Übungs-Felder neben der Therapie-Sitzung aufgemacht werden können oder wie Übungsplattformen idealerweise aussehen könnten oder wie die KI sinnvoll in die Therapie-, Interaktions- und Übungsprozesse integriert werden kann.

Die Aphasiologie sollte dringend mehr über das zielgerichtete, ‚wirkungsvolle Lernen' heute und in der Zukunft nachdenken und sich von dem medizinisch- pseudoobjektivierenden Paradigma der Evidenz in der Aphasie-Therapie verabschieden.

Nicht die ‚evidenzbasierte Methode' sondern das ‚evidenzbasierte Lernen neuer Sprach- und Sprechhandlungen' – das wäre m.E. der anstehende Forschungsschwerpunkt.

‚Lernen' bei und mit Aphasie ist die geistige Aktivität, die während der therapeutischen Geschehnisse bei der aphasischen Persönlichkeit zu initiieren gilt.

Dabei wird die aphasisch betroffene Person in ihrer Mitarbeit zunächst von der Logopädin ‚fremdgesteuert'. Diese zeigt, erklärt, stimuliert, fordert und führt engagiert ihre / ihren Patient*in von Therapieschritt zu Therapieschritt.

Mit Zunahme der Therapie-Sitzungen wächst idealiter in der aphasisch betroffenen Person Einsicht in die therapeutischen Inhalte und in die Notwendigkeiten, die zur Verbesserung der Sprachhandlungs-Prozesse beachtet werden müssen.

Wenn die aphasisch betroffene Person dies akzeptiert, dann ist die Wahrscheinlichkeit groß, dass sie sich an die Sicht- und Handlungsweisen der Logopädin anpasst und sich deren Erwartungen sogar zu eigen macht.

Im Laufe der diversen Therapiesitzungen wächst bei der / dem Patient*in das Wissen über Therapieinhalt, Lernschrittfolge und das Therapieziel.

Jetzt scheint der Moment gekommen zu sein, ihr/ihm mehr und mehr Übungsaufgaben in Eigen-Regie zu übertragen.

Wir sehen, dass die Aphasie-Therapie psychologische, pädagogische, neurowissenschaftliche, sprach- und sprechwissenschaftliche und lernpsychologische Elemente enthält und diese verfolgt, wenn sie gut sein will.

Auf dem Weg zum Therapieziel sind zahlreiche Begleitumstände entscheidend für Erfolg oder Stillstand des Therapieprozesses.

Entscheidende Rollen spielen dabei z.B.

- die Qualität des zwischenmenschlichen Interaktions- und Austauschprozesses,
- die Lernwirkung eines abgestimmten, methodischen Vorgehens bei dieser/m oder bei jener/m speziellen Patient*in bzw. bei dieser oder jenen übenden Person,
- die Gestaltung des Therapie-Rhythmus / Übungsrhythmus, (Intervall-System, Pausensetzung usw.),
- die fachliche Relevanz der Maßnahme in dieser oder jener speziellen Therapie-Situation,
- die individuelle Wirkung einer bestimmten Lernform (Observationales Lernen, Kognitives Lernen, Probatorisches Lernen, Memorierendes Lernen, Repetitives Lernen) bei dieser oder jener aphasischen Person oder
- die Frage, welche didaktische Therapie-Inhalts-Entscheidung ist für die eine oder andere aphasische Person die passende.

Dummerweise erleidet die Bedeutung der geleisteten Aphasie-Therapie Abbruch dadurch, dass sich die positiven Lernergebnisse durch Vergessen schon nach kurzer Zeit wieder verflüchtigen.

Deshalb mein Appell:

Ermuntern Sie die aphasisch betroffene Person, Übungsprozesse aktiv mitzugestalten und so ihre Kreativitätspotentiale im Sinne nachhaltigen Lernens zu nutzen.

10.0 „Wir haben Aphasie und leben damit" – Persönliche Geschichten von den Co-Auror*innen – erzählt entlang der 30 Fragen

10.1 Frau Anna Orthofer-Tihanyi erzählt:

„Wie man sich in der U-Bahn verlaufen kann, wenn man nicht schreiben und lesen kann."

Ich lebe in der Nähe von München. Meine Therapien mache ich normalerweise mit der S-Bahn. Dann habe ich eine zusätzliche Therapie angefangen, wobei ich mit der U-Bahn fahren muss. Ich lebe zwar schon seit Geburt in München, aber mit der U-Bahn bin ich ganz selten gefahren.

Ich hatte einen Schlaganfall mit Aphasie, ich konnte nicht schreiben, lesen und Zahlen verstehen. Ich hatte einen minimalen Wortschatz und die Schwierigkeit, mich auszudrücken.

Der „Stachus" im Zentrum Münchens ist ein Drehkreuz für die Innenstadt.

Von dort aus verzweigen sich die U-Bahnen, und dort gibt es mehrere Ebenen, wo sich die U-Bahnen treffen. Ich habe nicht gewusst und nicht verstanden, dass ich diese zweite Ebene benutzen muss.

Und so haben meine Schwierigkeiten angefangen.

Trotzdem habe ich versucht Menschen anzusprechen, wie man auf diese andere Ebene kommen soll. Der erste hat gesagt er wüsste es nicht, der zweite hat gar nicht reagiert und der dritte hat mir einen Weg gezeigt, der falsch war.

Also fuhr ich weiter hin und her hin und her hin und her - und dieses Spiel hat sich mehrmals wiederholt.

Dann versuchte ich eine Freundin anzurufen, die in München wohnt, um mir zu helfen. Aber sie war nicht am Telefon.

In der Zwischenzeit war ich schon so verwirrt, dass ich nicht mehr klar denken konnte.

Und ich hatte doch einen Termin!!

Glücklicherweise bin ich ein Mensch, der dann sagt „stop, neu denken".

Ich wusste, wie ich zum Marienplatz kommen kann, um dann mit der S-Bahn wieder nach Hause zu kommen, ich wäre nicht verloren gewesen.... Ich hätte den Termin abgesagt!

Kurz bevor ich aufgeben wollte, hat meine Freundin angerufen die mich dann lotste - und das hat funktioniert.

Ich könnte sogar meinen Termin pünktlich erreichen.

Die Konsequenz aus dieser Situation war, dass ich immer wenn ich Zeit hatte, „U-Bahn fahren geübt" habe. Ich habe die Strecken und vor allem diese Drehkreuze erkundet, In München kann man sich sehr gut verlaufen.

Inzwischen sind viele Jahre vergangen. Ich habe einen größeren Wortschatz, und mehr Überblick. Ich kann mit den öffentlichen Verkehrsmitteln „spielen". Doch die U-Bahn ist immer noch eine Herausforderung, weil sie nur Ziffern ansagt, und nicht den Zielbahnhof.

10.2 Karin Ot. erzählt :

Spießrutenlaufen – meine bisher schlimmste Erfahrung mit der Aphasie – Wenn im Krankenhaus „Globale Aphasie" falsch verstanden wird.

Am Abend des 12. Junis 2012 verlor ich meine Sprache. Ich wollte meinem Mann gute Nacht sagen und brachte plötzlich nur unartikulierte Sätze hervor.

Aber wie konnte ich es meinem Mann erklären, der dachte, ich scherze und rede Unsinn. Als mir dann auf einmal übel wurde, ich mich erbrach, war auch mein Mann im Bilde und es ging nach Zittau ins Krankenhaus.

Von dort sprach ich mit einem Neurologen aus Dresden per Pc, der scheinbar den Ernst der Lage nicht erkannte, da ich noch alle Extremitäten voll bewegen konnte. Jedenfalls wurde ich erst am darauffolgenden Tag in die stroke unit nach Dresden geflogen, was sich jedoch meiner Kenntnis entzog.

Nun war ich auch somnolent und rechtsseitig gelähmt, was mir erst nach einigen Tagen zu Bewusstsein kam. Ich nahm es zwar wahr, hat mich aber nicht so beeindruckt, wie die Sprache.

Nach ca. einer Woche wurde ich auf eine andere Station verlegt, wo dann das Spießrutenlaufen begann und ich die für mich bisher schlimmsten Erfahrungen mit der Aphasie machen musste. Zuerst freute ich mich noch, dass es nun endlich mit der Logopädie los gehen würde.

Eine Sprachtherapeutin kam zu mir in's Zimmer, die wohl erst mal wissen wollte, wie ich geistig beschaffen sei. Sie entschied anscheinend: Globale Aphasie, nichts mehr da, Hopfen und Malz verloren.

Anders kann ich es mir nicht erklären, die Sprachtherapeutin nie wieder gesehen zu haben. Ich konnte nämlich die Farben nicht mehr zuordnen, z.B. dass die Rose rot und die Gurke grün ist. Auch die Ziffern konnte ich mit den dazugehörigen Worten nicht benennen. Einige Buchstaben waren mir fremd und die Zahlen sowieso. Aber ich könnte es wieder lernen, so dachte ich mir.

Tag und Nacht, bis mir der Kopf rauchte, lernte ich und bemerkte auch langsame Fortschritte. Ich wusste, beim nächsten Mal würde es mir gelingen. In meiner Naivität wartete ich vergebens auf die Logopädin.

Das war entmutigend und ernüchternd. Aber nicht genug damit, man hat mich dort eines Diebstahls bezichtigt. Ich war in einem 2- Bettzimmer mit einer älteren Frau untergebracht, die versuchte, mir das Leben zur Hölle zu machen (als wäre es das nicht schon).

Diese Person hatte das Bett am Fenster. Wenn sie zur Toilette ging, musste sie an meinem Stuhl, auf dem meine Tagessachen lagen, vorbei. Frühmorgens vermisste ich mein grüngeringeltes Shirt, dachte mir wenig dabei und nahm ein Neues aus meinem Schrank.

Am Nachmittag kam die Enkelin dieser impertinenten Person zu Besuch. Zu meinem Entsetzen schenkte meine Nachbarin ihr, es war kaum zu fassen, MEIN Shirt. Bei dem schönen Wetter gingen sie dann in den Garten und ließen mein Shirt auf der Fensterbank liegen, was ich natürlich ohne Worte wieder an mich nahm und in meine Tasche legte.

Ich war mir sicher, dass damit war die Sache erledigt sei. Weit gefehlt. Meine Nachbarin beschwerte sich abends bei der Schwester, ich hätte ihr ein Shirt gestohlen, sie solle doch mal meinen Schrank durchsuchen. Die Schwester verneinte dies natürlich, sie dürfe es nicht. In der Frühschicht ging das Spiel mit den Verdächtigungen weiter und ein Pfleger, den sie nun fragte, durchsuchte meinen Schrank, ohne mich zu fragen. Er wurde jedoch nicht fündig.

Niemand hielt es für nötig mich zu fragen. Niemand holte ein Einverständnis von mir ein, ich wurde vollkommen ignoriert. Es war schlimm, diese Hilflosigkeit zu ertragen!

Ich versuchte mit allen Mitteln es meinem Mann und meiner Tochter zu erklären, die mich täglich besuchten. Aber auch sie wurden nicht schlau aus meiner Darstellung. Wie auch, konnte ich doch nicht sprechen und mich auch mit Gesten nicht verständlich machen.

Es war mehr als bitter, sich nicht verteidigen zu können. Übrigens musste ich dann mehrere Nächte büßen, in dem sich diese Person die abartigsten Dinge einfallen ließ. Sie legte ihre durchnässten Pampers ausgebreitet auf den Nachtstuhl, den sie neben mein Bett schob. Ein anderes

Mal schlug sie mir im Schlaf heftig ins Gesicht. Man konnte dort mit mir alles machen was man wollte, es interessierte keinen.

Selbst bei den Visiten richtete man kein Wort an mich, weil ich angeblich nichts verstehen würde. Auch wenn ich mit gepackter Tasche auf dem Flur stand und sagen wollte, dass ich nicht länger in diesem Zimmer bleiben konnte, verstand man mich nicht, gab sich auch keine Mühe.

Eine Schwester riss mir die Tasche aus den Händen und schob sie abrupt wieder ins Zimmer und ich sah die hämische Freude meiner Nachbarin. Ich konnte das alles nicht fassen, war ich nicht in einem Krankenhaus, wo man liebevoll mit Patienten umgeht? Man belehrte mich eines Besseren. Dies alles wurde begünstigt, weil eine erste Diagnose aus meiner Sicht voreilig gestellt war. Ein paar traurige Episoden nach und mit meiner Aphasie möchte ich noch niederschreiben, die dann doch noch in einem freudigen Ereignis endete.

Als ich gerade von meiner Reha kam, musste ich von meiner lieben Mutter Abschied nehmen. Wenn sie auch ein gesegnetes Alter erreicht hatte, war es doch meine Mutti. Als ich mich gerade mit meinem Schicksal aussöhnen wollte, kam die niederschmetternde Diagnose meines Mannes, den ich ein Jahr später an seiner Erkrankung verlor.

Nun war ich ganz allein in meinem Haus und ohne sprechen zu können, mit meinem Schweigen musste ich allein zurechtkommen. Zum Glück wohnt meine Tochter im Nachbarort. Auch wenn Sie berufstätig ist, war und ist sie immer noch für mich da, wenn ich sie brauche.

Sie hat anfangs meinen Schriftverkehr geführt, nachdem mein Mann im Internet Ihre Einrichtung in Lindlar ausfindig gemacht hat. Und so kam ich endlich 2016 nach mehreren Anläufen nach Lindlar, was mir sehr geholfen und vor allen Dingen auch super gefallen hat. Die fachliche Kompetenz und die Freundlichkeit waren frappierend.

Ebenfalls übers Internet und im gleichen Jahr lernte ich meinen jetzigen Partner kennen, dem ich sehr viel zu verdanken habe. Gleich in der ersten Mail schrieb ich ihm von meinem Handicap. Wir trafen uns trotzdem und er besuchte mich während meiner Therapie in Lindlar. Es war ihm sehr wichtig. Wir sprechen sehr oft miteinander. Und es kommt in uns immer öfters der Eindruck auf, als würden wir ganz normal kommunizieren.

Die Aphasie ist schon lange nicht mehr das bestimmende Element in meinem und unserem Leben. Von ihm habe ich auch erfahren, dass es wichtig ist, in den Aphasiebetroffenen hineinzuhorchen.

Sprache zu verstehen, auch wenn sie nicht perfekt ausgesprochen ist. Die eigenen Sinne mit viel Empathie wachhalten, hilft uns, den anderen zu verstehen. Noch mehr, es hilft, dem anderen zu signalisieren, dass wir ihn verstehen…

10.3 Thomas Jera: Üben, üben, üben

Mein Name ist Thomas Jera ich ware vor knapp 10 Jahren bei Ihnen in Lindlar und habe kaum gesprochen.

Ich war 2mal da - vom Februar und im Mai 2012. Da kam auch noch 2mal Epilepsie während ich zu Hause war. Mit dem Schlaganfall und Epilepsie kann ich nichts mehr machen. Ich wollte Auto fahren mit umgebaute Auto natürlich. Aber mit der Epilepsie kann ich mindestens ein Jahr geht gar nichts machen. Und dann kommt eine Überprüfung mit dem Neurologen ob ich dann fahren darf. Damals war ich mit Elektro-Scooter noch gefahren.

Ich hatte Kur(en) und ich habe Praktikum gemacht weil ich arbeiten gehen wollte. Zum Teil von der Rente unterstützend habe ich alles gemacht. Ich war sogar im Ausland weil ich mein Leben trotz meiner Behinderung unbedingt wollte. Das war ein schwerer und brutaler Weg. Um es kurz zu machen:

Seit 5 Jahren fuhr ich ein Moped Auto und 2 Jahren fahr ich ein smart. Da bin ich überglücklich.

Vor gut 3 Jahren bekam ich ein Job im Behinderten Werk der am Anfang auch blöd war aber je mehr ich gefordert werde das so mehr leisten ich auch.

Ich bin versetzt worden in einer Gruppe die außerhalb arbeitet. Vor 2 Jahren sitz ich am Computer und bin glücklich.

Obwohl mein Zustand körperlich nicht bedeutet besser wurde. Meine rechte Seite funktioniert nicht richtig.

Aber das macht nichts. Ich gehe und das ohne Stock. Gott sei Dank. Und meine Sprache ist besser geworden noch lange nichts so gut wie vorher. Hauptsache ich kann mich ausdrücken das Sie mich verstehen.

Wortschatz ist eigentlich gut aber ich verwechselt noch nach wie vor Personalpronomen die Deklinationen oder Verben sie richtig zu schreiben.

Dr. Middeldorf hat 2 Dinge gesagt die ich nie vergessen habe: Üben üben üben... allein geht es nicht.

Und Pro Jahr sind etwa 200000 Menschen in Deutschland von Schlaganfall betroffen manche mehr und manche weniger schwer. Das macht mich betroffen - damals wie heute.

Den Vorschlag ein Buch zu schreiben finde ich hervorragend. Zu dem weil ich denke wer einen Schlaganfall hatte soll nicht verzweifelt sein.

Es gibt immer einen Weg auch wenn der Weg mit Sicherheit nicht einfach ist.

Wenn ich die 30 Frage ansehe kam kann jede Frage auf Grund der langen Zeit von mir praktisch jeden vom positiv bis negativ beantworten.

Das macht keinen Sinn für mich.

Ich lebe alleine. Meine Ex- Frau und ich sind geschieden. Und ich habe eine Hündin. Lotte heißt sie und das macht richtig Spaß und ich gehe spazieren was sehr wichtig ist auch für mich.

Ich kann erzählen meine Erfahrungen über den Schlaganfall-wenn es sein muss. Wenn ich Menschen sehe die in Rollstuhl sitzen und nicht lachen sondern traurig sind und Sie im Leben keinen Sinn sehen dann weiß ich diese Menschen einen Schlaganfall hatten.

Das macht mich sehr traurig. Ich will lachen und Spaß haben. Und das gelingt mir.

Soweit in kurzen Zügen von mir. Gerne gebe ich ihnen meine Telefonnummer 015734679359.

Ich wurde gerne helfen.

Mit freundlichen Grüßen Thomas Jera 4.10.2021

10.4 Thomas Stützle: „Sprachrückgewinnung in vier Sprachen: Deutsch, Englisch, Spanisch und Französisch“

Ich habe den Schlaganfall und die Aphasie seit drei Jahren und 5 Monaten. Genauer gesagt seit der Nacht von dem 27. Juni auf den 28. Juni 2018. Mein Alter in Jahren ist 52 Jahre. Mein Familienstatus ist verheiratet mit Josefina Santangelo, die gebürtig eine Spanierin ist. Wir haben zwei Kinder, die 17 und 20 Jahre alt sind. Meine berufliche Tätigkeit ist als Research Director an der Universite libre de Bruxelles im Fachgebiet Artificial Intelligence. Ich arbeite im Moment wieder bei 80% meiner Tätigkeit und werde irgendwann wieder auf 100% gehen. Im LogoZentrum Lindlar war ich im Jahre 2018 im November und Dezember für fünf Wochen und dann nochmals im Mai 2019 für drei Wochen.

Was ich wichtig finde, ist etwas über die Schwerheit der Aphasie und des Schlaganfall zu sagen.

Bei mir ist es nicht zu schwer, was immer das heißen mag. Mir fehlen auf der linken Hälfte des Gehirns ungefähr 20 bis 30% der Gehirnmasse. (Kann auch weniger sein, aber es erschien mir beim einem CT ungefähr zu stimmen.) Das ist einmal der Sprachgebrauch, der als erstes dran ist. Dazu kamen bei mir noch der rechte Teil des Körpers in der rechten Schulter und des Armes und das rechte Bein. Über ein Jahr hinweg ist das mit dem rechten Teil des Arms und des Beins einigermaßen gut geworden, so dass ich jetzt wieder fast 100% normal laufen und den rechten Arm wieder normal bewegen kann. Was am schlimmsten war und auch noch ist, ist der Sprachbereich zum Sprechen. Man kann aus der Beschreibung schon sehen, dass es bei mir einige Unterschiede zu einer normalen Behandlung in Deutschland gibt.

Welche Unterschiede meine ich? Man ist Belgien entweder französischsprachig oder flämisch (d.h. niederländisch, was das gleiche ist). Bei meiner Tätigkeit war ich bei einer französischsprachigen Universität, aber mein Französisch war wirklich nicht sehr gut. Als wir nach Belgien kamen, konnte ich kein Französisch, sondern nur Deutsch (Muttersprache), Englisch (Arbeitssprache) und Spanisch (Arbeits- und Haushaltssprache). Englisch und Spanisch waren ungefähr gleich gut. Englisch hatte ich mit ca. 13 Jahren angefangen (in der siebten Klasse) und das Spanische hatte ich bei meiner Bundeswehrzeit mit 20 Jahren angefangen. (Latein gabs auch, das ich als erstes in der Schule anfing, aber es ist mir fast alles entfallen unabhängig vom Schlaganfall.) Das Französisch habe ich erst angefangen als ich nach Brüssel, Belgien kam. Ich habe es nie in meiner ganzen Zeit ausführlich gelernt und nach 13 Jahren konnte ich es zwar ein bisschen, aber es war wirklich viel schlechter als Englisch oder Spanisch. Naja, keine Ruhmespalette mit Französisch. Nun hat man einen Schlaganfall am 27/28.6.2018.

Der Schlaganfall kam eigentlich durch einen Sportunfall. Ich hatte gerade vor ca. 5 Monaten mit Jui Jitsu angefangen, da ich meinen großen Sohn unterstützen wollte etwas anderes auszuprobieren als den Kampfsport den er machen wollte. (Vorher hatte ich noch keinen Kampfsport gemacht, aber es hatte mir dann schon gefallen.) Wie dem auch sei, nachdem ich von dem Sport nach Hause gefahren bin, hat es mich im Auto erwischt. Am Anfang musste ich bei einer Ampel fünf oder sechs Mal umschalten lassen von grün auf rot. Es war aber noch nicht so schlimm, so dass ich noch nach Hause fahren konnte (aber mit Behinderungen). (Dazu muss man wissen, dass ich gar nicht wusste was ich da hatte: mir war zu dem Zeitpunkt ein Schlaganfall vollkommen unbekannt.)

Zu Hause war nur mein kleiner Junge. Meine Frau war in Luxemburg auf Arbeit und der große Bruder war in Polen mit einem Freund (er hatte in diesem Jahr in der letzten Woche schulfrei). Mit einer deutschen Nachbarin bin ich dann in das Krankenhaus (CHU Saint-Pierre, eigentlich ein ganz gutes Krankenhaus) gekommen. Mir ging es nach und nach besser bis ich um 1 Uhr nachts auf einen Schlag nach einem CT das Bewusstsein verloren hatte. Was dann passiert ist war dass ich in das Erasme Krankenhaus, das Uniklinikum der Universite libre de Bruxelles, transportiert wurde und ich dort so ungefähr um 3 Uhr morgens notoperiert wurde. Damit muss man auch verstehen, dass ich ziemlich viel Glück hatte. Das erste schon mal ist, dass solche Operationen erst seit ungefähr drei Jahre (also seit ungefähr 2015) durchgeführt werden können.

Das andere ist natürlich, dass ich in solchen einem Krankenhaus war als der Schlaganfall dann wirklich heftig wurde (das CHU Saint-Pierre und das Erasme Krankenhaus sind von der gleichen Universität). Weiterhin hatte ich eine deutsche Nachbarin bei mir, die auf Operation entschieden hatte.

Und ausserdem hatte meine Frau Luxemburg verlassen um mit dem Auto schon nach Brüssel zu kommen und auch vom Auto immer wieder anrief. Naja, ich hab's überlebt! ¨ Ich kam dann nach ungefähr zwei Tagen wieder in das eigentliche Krankenhaus zurück und bin dort noch ca. 14 Tage geblieben.

Mein Zustand war ziemlich ernst in jeder Hinsicht. Was die Sprache angeht, konnte ich so drei bis vier Tage nach der Operation gerade mal 10 oder 20 Wörter auf Deutsch herausbringen. Nach der Zeit im Krankenhaus bin ich dann zwei Monate nach Deutschland gekommen. Ich war im Zentrum von Burgau (Bayern), was auch in der Nähe (70 km) meiner Eltern war. Nach diesen zwei Monaten bin ich nach Brüssel zurückgekehrt von ich ca. 5-6 Wochen geblieben bin. Danach war mein erster Besuch von 5 Wochen in Lindlar.

Im neuen Jahr 2019 war dann noch fast ein Jahr Zeit mit Krankengymnastik mit 5 Stunden wöchentlich an der Uniklinik (Uniklinik der Universite libre de Bruxelles). Dies war auf zweimal 2,5 Stunden aufgeteilt. Es beinhaltet 2 Stunden Sport, 2 Stunden Ergotherapie und 1 Stunde Französischunterricht (zwei Mal eine halbe Stunde)! Da sieht man mal wie unterschiedlich Sprache genommen wird! Mehr gibt es nicht als Sprache im default. Wie ist die Situation mit den Sprachen bei mir jetzt im November 2021 ? Jetzt, fast dreieinhalb Jahre nach dem Schlaganfall, gibt sich bei der Sprache folgendes Bild.

Bei mir ist die Muttersprache Deutsch inzwischen wieder bei 95% bis 98% angekommen. Auf die 100% Prozent fehlt immer noch ein wenig und es ist mir nicht klar ob es jeweils wieder 100%ig wird. Waren vor dem Schlaganfall Englisch und Spanisch ungefähr gleich gut, ist das Englisch nach dem Schlaganfall deutlich besser als das Spanisch gewesen. Das kann damit zu tun haben dass ich Englisch vor Spanisch lernte; anderseits könnte es auch sein dass Englisch halt mehr vom Deutschen hat. Es ist mir nicht klar, was den Ausschlag gibt. Wenn ich es mit einem Prozentsatz angeben will dann ist das Englisch bei ca. 90% bis 95% und das Spanisch bei ca. 85%. Bleibt noch das Französisch, was allerdings wirklich sehr schlecht ist. Das Ganze bezieht sich aber auf Sprechen; das Verstehen ist, wie wahrscheinlich üblich, bei allen Sprachen gleich auf, also ungefähr 100% von dem was es vorher war.

Noch etwas: Corona. Es war und ist noch eine schwierige Zeit um mit dem Coronavirus fertig zu werden und man hat ja auch noch einen Schlaganfall! Meine Erfahrung ist, dass sich das bei der Bevölkerung mit den Sprachproblem nach einem Schlaganfall noch deutlicher bemerkbar macht. Bei mir war es ziemlich lange der Fall, dass ich nicht viel mit anderen Leuten sprechen konnte, einfach weil die Leute nicht da sind. Es stimmt, dass viel durch das laute Lesen eigentlich kommt. Aber es ist wahrscheinlich auch nicht alles.

Frage 2: Ich bin eigentlich vollständig von dem Schweigen heraus, aber das hat ganze zwei bis fast drei Jahre gedauert.

Zu Frage 3: Am meisten hilft aus dem Schweigen (1), jemanden zu haben mit dem ich sprechen kann, (2) die Übungen mit denen ich das sprechen wieder übe, (3) mit jemandem "über" einen Brief, Zeitungsartikel, Artikel zu sprechen und natürlich, vor allem am Anfang, mit der Sprachtherapie.

Frage 4: Aus eigener Initiative habe ich (1) inzwischen einige Bücher (so zwischen 30 bis 40) und Artikel laut gelesen, (2) inzwischen gehe ich mehr auf Leuten zu auch wenn es schwierig ist aufgrund der Sprache (die meisten verstehen kein Deutsch hier in Brüssel deshalb ist es meistens Englisch). Von der Arbeit her habe ich auch Artikel und ähnliches auf Englisch gelesen (bzw. das mache ich immer noch, weil es ja Teil der Arbeit ist), aber das war oft ohne laute Sprache.

Sprachverlust kompensieren: Ich habe einfach geredet, was am Anfang wirklich sehr lange gedauert hat. Manchmal habe ich auch bei konkreten Sachen mir ein paar Sätzen vorgemerkt. Heute geht das am ehesten noch in Französisch, das ja am schlechtesten geht. Das Beispiel was sich da ergibt das ist beim Frisör anzurufen um einen Termin auszumachen.

Frage 6: Am hilfsreichsten den Sprachverlust zu überwinden waren bei mir folgenden Sachen.

6.1. Lesen, lesen, lesen und zwar laut. Ich war eine bis gelegentlich vier und mehr Stunden am laut lesen. Meistens waren das Bücher zuerst auf Deutsch und dann auch auf Englisch.

6.2. Am Anfang war das auch das zweimalige laute Sprechen mit meiner deutschsprachigen Nachbarin bei Treffen wo wir deutschsprachige Nachrichten gelesen haben. Das war so ungefähr ein halbes Jahr lang.

6.3.Nachdem ich anfangs (vielleicht das erste halbe Jahr hinweg) nur Deutsch geübt hatte, ist nach und nach auch Englisch bzw. Französisch dazugekommen. Inzwischen ist auch Spanisch wieder ein bisschen da und zwar um einiges besser als das Französisch, obwohl ich es nicht so stark geübt hatte.

Frage 7: Aphasie, Zurechtkommen: Aphasie belasten das Leben, aber das ist es halt. Am Anfang war es meine Frau die Behördengänge, Krankenhausgänge oder anderes mit erledigt hatte. Aber das ist immer weniger geworden und jetzt mache ich das selbst.

Frage 8: Grundsätze: Seit dem Schlaganfall bin ich ein wenig grundsätzlicher geworden. Das stimmt zum Beispiel mit dem Einhalten von der Schlafgewohnheit. Heutzutage brauche ich acht bis neun Stunden Schlaf die ich immer so zwischen 23 Uhr und 8 Uhr früh nehme plus oder minus eine Stunde. (Nach dem Schlaganfall waren das so ca. 11 bis 12 Stunden, aber das nimmt ab.) Grundsätze beim Lernen: Ich kann heute nicht mehr so spät am Tag lernen. Aber das muss ich halt dann früher machen und dann geht es gut.

Zu Grundsätzliches Einhalten von Regeln oder Routinen im Tagesablauf sage ich, es sind die Routinen die vom Schlaganfall her kommen. Bei mir ist es dass ich im Vergleich zu vorher eine bis zwei Stunden weniger etwas tun kann, da ich halt müder werde. Aber das ist es halt. Am ehesten ist die Nahrungsaufnahme anders als zuvor. Da geht es nicht um was ich esse, das ist so ungefähr dasselbe, sondern wie viel ich esse. Ich esse viel weniger als früher, weshalb ich jetzt ca. 12 Kilogramm abgenommen habe. Auch esse ich jetzt viel zum Frühstück und am Abend deutlich weniger als früher. Aber das ist glaube ich eher normal bei Leuten mit Schlaganfall. Ansonsten, im wesentlichsten, ist der Tag wie vorher modulo Corona.

Grundsätze in der Art und Weise der Kommenikation mit anderen Menschen: Ich bin mir keiner Grundsätze bewusst die hier vonnöten sind.

Frage 9: Eigentlich kann ich mich an kein wirklich schlimmstes Erlebnis erinnern. Es braucht Zeit, aber das ist es halt einmal. Ich weiß auch, dass es etwas seltsam klingt, da meine Frau da einen ganz anderen Eindruck hat: Wie kann es denn sein, dass bei einem solch schweren Vorfall da kein schlimmstes Erlebnis vorkommt. Da ist was wahres dran. Aber so war mein Eindruck von mir. Was aber auch wahr ist ist, dass es bei schönen Seiten auch nicht mehr so schön erscheinen wie es vor dem Schlaganfall war.

Frage 10: Das schönste Erlebnis mit der Zeit der Aphasie war eigentlich dass Sie nach ungefähr drei Jahren von mehreren Menschen (nicht aus meiner Verwandtschaft) gar nicht mehr wahrgenommen wurde. Da hat man keine Aphasie mehr.

Frage 11: Es war mir erst gar nicht bewusst, was ein Schlaganfall ist und ich hatte noch nie jemand mit einem Schlaganfall bewusst kennengelernt. Mir war es erst nach so 5 bis 7 Tagen klar was ich da hatte. Seitdem (und auch vorher schon in den ersten Tagen) denke ich eigentlich immer voraus und hoffe dass es weiter besser wird. Letztlich hatte ich diesen Gedanken dass es nach einem Jahr vorbei sein wurde. Daraus wurde zwar nicht wirklich etwas, da ein richtiger Schlaganfall wohl viele Jahre braucht bis er einigermassen vorbei ist. Aber ich habe gelernt, dass man immer weiter kämpfen muss.

Frage 12 Gedanken danach: Ich war mir immer bewusst dass ich noch eine Chance hatte diese Aphasie wenigstens auf Deutsch zu meistern und heute würde ich sagen dass ich es auch geschafft habe. Insoweit kamen da keine besonderen Gedanken. Es geht halt immer weiter!

Frage 13, Wie lebt es sich mit der Aphasie? Ganz am Anfang, als die Aphasie ausgeprägter war, ist der „Kampf" mit sich klar, da man ja auch wirklich nicht die Gedanken richtig ausdrucken kann. In dieser Zeit fühlt man sich auch nicht mehr auf der gleichen Augenhöhe mit den anderen, weil diese ja viel schneller und vor allem ohne Mühen auf die Sprache reagieren können. Aber man lernt schnell kennen, dass es mit weniger Sprachfähigkeiten auch ganz gut geht, weil vieles mit weniger Sprache ausgedruckt werden kann – aber leider nicht alles. Bei mir ist die Aphasie immer weiter zurückgegangen, so dass sich die Einschränkungen dadurch gebessert haben bzw. zu einem Gutteil aufgehoben sind. Dies gilt auf Deutsch. Aber mit den anderen drei Sprachen war das ein weniger später dran. Es geht jetzt so einigermassen ohne Aphasie auf Englisch und auch auf Spanisch. Am stärksten ist es noch auf Französisch, was aber auch am schlechtesten war.

Frage 14: Mir drängen sich keine Fragen auf, da ich weiss dass bei mir die Aphasie zurückgeht bzw., je nach Sprache, sich praktisch aufgelöst hat. Die einzige Frage die ich habe, ist wie das mit anderen Sprachen geht. Ich wollte irgendwann nächstes Jahr mit Flämisch anfangen. Ist es dann wie eine neue Sprache oder muss man sich das noch schwerer vorstellen aufgrund des Schlaganfalls?

Frage 15 Positive und negative Gefühle: Nur ist es wenigstens bei mir so, dass nach dem Schlaganfall diese Gefühle nicht mehr so stark sind. Sogar wenn man es in der Zeit sieht, dann waren die Gefühle um so schwächer je näher man an den Schlaganfall kommt. Was ich aber sagen kann ist, dass die positiven Gefühle deutlich stärker als die negativem Gefühle sind.

Frage 16 - 19, zu negative Gefühle: Nach dem Schlaganfall hatte ich keine negativen Gefühle mehr so wie sie dort beschrieben sind. Inzwischen geht das wieder ein bisschen mich mit auch negativen Gedanken zu beschäftigen, das heisst ich sehe diese Gefühle. Aber es ist nicht mehr (bei weitem?) so stark wie vor dem Schlaganfall. Irgendwie muss ich bei diesen Gefühl sagen, dass sie mir ja schon klar sind, was das alles ausmacht. Insoweit sind sie mir schon bewusst, aber sie sind mir nicht mehr so ausschlaggebend wie sie vor dem Schlaganfall waren. Wie gesagt, die Gefühle werden auch wieder stärker, aber nicht mehr so stark wie sie einmal waren.

Frage 20 Verbesserung Sprachtherapie: Es gibt jetzt eine Aphasie-App von neolexon. Mit dieser App, kann man noch viel mehr machen und die wäre eine tolle Unterstützung und Erweiterung der Apashie-Sprachtherapie.

Frage 21 Gesamturteil Sprachtherapie: Ich habe bereits gute Erfahrung mit der Sprachtherapie gemacht und ich bin damit zufrieden. Was besonders gut daran ist, ist dass man dadurch auch eine paar Wochen auf "Urlaub" ist.

Frage 22 Erfolg Sprachtherapie: Für mich sind die zwei ersten Punkte die bei der Antwort gekennzeichnet sind wichtig, also eine deutlich bessere

Sprache und deutlich bessere Sätze sprechen. Die beiden anderen Punkte waren bei mir nicht so das Problem (denke ich).

Frage 23 Intensität der Sprachtherapie: Bei mir war es schwierig mit der Sprachtherapie, wie man sich aus der Beschreibung der Situation vorstellen kann. Im Prinzip sollte es mehr Sitzungen geben, sofern man sie sich leisten kann. Es gibt aber doch auch andere Möglichkeiten und die neueste auf Deutsch ist die neolexon Aphasie. Ich habe leider bisher nur wenig Erfahrung damit, aber es ist eine sehr gute Unterstützung. Die kann auch über einen Therapeuten bedient werden, was normalerweise der default (Vorzug) ist. Ich habe mir Aphasie von neolexon jetzt installieren lassen und kann es als mein eigener Therapeut benutzen.

Frage 24 Sprachtherapie oftmals: Ich denke dass ich Sprachtherapie ein- bis zweimal täglich sehr gerne angenommen hätte. Ich würde es auch lange in Anspruch nehmen wenn es nichts oder sehr wenig kosten würde. Man sollte dabei beachten dass die Sprachtherapie vor allem am Anfang stark gebraucht wird, unabhängig wie stark der Schlaganfall wirklich ist. Mir ist es deshalb eigentlich zu spät, wenn viele Leute (so ist mein Eindruck) erst nach einem Jahr zu Lindlar oder ähnliches gehen. Mein erster Einsatz war nach ungefähr 5 Monaten in Lindlar, was ich deutlich besser finde.

Frage 25 Üben: Üben, üben, üben!! Üben macht den Meister und ich mache das auch ziemlich regelmässig. Nunja, regelmässig: Ich mache schon regelmässig die meiste Zeit im Jahr. Dabei waren auch immer mal ein oder zwei Wochen in denen ich nichts getan habe. Schwer zu sagen, aber in einem Jahr waren das vielleicht insgesamt ein oder zwei Monate. Was ich dann bemerke ist, dass es schon ein bisschen einrostet, was auch an der Corona liegen kann. Jedoch ist es wieder nach ein oder zwei Tagen beim Alten wenn man wieder regelmässig übt.

Frage 26 Eigene Sprach- und Sprechübungen sinnvoll ? : Ja, ich halte das für sehr sinnvoll und sehr notwendig wenn man unter Sprach- und Sprechübungen vor allem das laute Lesen versteht. Unbedingt machen!!

Frage 27 Machen Sie eigene Sprach- und Sprechübungen: Ich führe fast jeden Tag Sprach- und Sprechübungen durch, vor allem das laute Vorlesen von Texten in Deutsch und in Englisch. Inzwischen auch auf duolingo das Englische, Spanische und das Französische (sh. unten). Was ich dabei auch mitbekomme ist dass das Spanische auch dadurch weiterkommt, auch bevor ich Spanisch selber wieder lernte.

Frage 28 Was und wie ich übe: Ich selbst habe keine Logopädin oder Logopäde mehr. Insgesamt hatte ich eine Logopädin in Brüssel auf Deutsch ca. 6 Wochen. Ich hatte auch eine Logopädin auf Französisch für ein Jahr, aber nur zweimal eine halbe Stunde in der Woche. Die Logopädin war auf Französisch, weil ich diesem Sprachteil zugeteilt war, ansonsten wäre es Flämisch. Zweimal eine halbe Stunde ist (fast) nichts, vor allem wenn man die Sprache nicht wirklich spricht. Es wurde ein bisschen besser da ich duolingo (https://www.duo-lingo.com/learn) mit Französisch während der Sprachtests gemacht habe. Trotzdem, lerne ich vor allem durch lautes Lesen. Dabei kann ich auf Deutsch und Englisch üben und auch, wenn es sein muss, auf Spanisch und Französisch, die manchmal dazu kommen. Aber ich bin ziemlich auf Deutsch und Englisch festgelegt. Üben macht Sinn, es hilft mir weiter.

Frage 29 Erfahrungen mit Sprachprogrammen: Im Deutschen habe ich bisher das neolexon ausprobiert. Dabei fand ich das Programm ziemlich gut, auch wenn ich es nicht richtig ausgetestet habe. Mit den Sprachen habe ich vor allem viel mit duolingo gemacht, und das vor allem in dem letzten halben Jahr. Dadurch ist auch mein Sprachenschatz nochmal deutlich gestiegen. Allerdings, bin zu Ende mit Englisch angekommen und ich mache damit 20 bis 30 Minuten am Tag zur Auffrischung. Ich bin jetzt auch auf Spanisch (soweit einfach) und wieder auf Französisch (schwer) gekommen. Französisch wieder da; ich es schon einmal vor ca. 2 Jahren gemacht hatte wegen der Logopädin auf Französisch. (Schulnote 3)

Frage 30 Übungsempfehlung: Ich habe hier nur einen Übungsvorschlag: Was immer es auch sei beim „Üben¨ wichtig dabei ist es laut sprechen soweit man eine Aphasieübung macht.

Ende Bericht von Thomas Stützle.

10.5 Bericht von Anke S.

Mein Name ist Anke S., ich bin 60 Jahre alt und habe seit etwa 16 Jahren und 2 Monaten Aphasie und somit Probleme mich sprachlich in meiner Umwelt zurechtzufinden. Das heißt, ich war 44 Jahre jung, als ich einen Schlaganfall erlitt. Zu diesem Zeitpunkt war ich verheiratet und hatte bereits zwei Söhne (18 & 16), ich arbeitete als Verwaltungsfachangestellte auf der Gemeinde. Inzwischen bin ich schon Oma.

Seit Oktober 2005 erhalte ich ambulant Sprachtherapie und war von 2006-2011 jährlich einmal im Logozentrum Lindlar.

Habe ich das Gefühl „aus dem Schweigen herausgekommen zu sein"? Ich stecke immer noch drin fest, bin nur in bestimmten Situationen ein wenig rausgekommen. Hierbei halfen und helfen mir meine Enkeltochter, die wöchentliche Sprachtherapie, Urlaube mit meinem Mann sowie unseren Freunden und zu Beginn auch die Aufenthalte in Lindlar – diese aber später weniger.

Was habe ich aus eigener Initiative dazu beigetragen? Meine Therapiepausen vorzeitig beendet, ich arbeitete ehrenamtlich in der Kirche mit und betreue meine Enkeltochter ein- bis zweimal in der Woche.

Zudem versuche ich meinen Sprachverlust nicht zu offensichtlich werden zu lassen, indem ich öfter zur Schriftsprache greife (z.B. whatsapp-Nachrichten oder einzelne Wörter aufschreibe, die ich nicht aussprechen kann) und ich erstelle Fotobücher. Und gerade das Schreiben ist für mich sehr wichtig, um im Leben zurechtzukommen. Hilfreich waren und sind mir die Sprachtherapie (2-3x wöchentlich), Spiele wie „Tabu" und „Scrabble" sowie die Anwendung bzw. das Erinnern an TAKTKIN.

Sicherlich ist regelmäßiges leises Zeitungslesen eine Hilfe beim Lernen von Sprachverständnis und der Merkspanne. Dies gelingt mir aber nicht immer. (Bei längeren Texten, fällt es mir schwer, den Zusammenhang zu behalten bzw. zu verstehen.)

Es gibt allerdings keine Regeln oder Grundsätze für meinen Tagesablauf oder Treffen und Gespräche mit anderen Menschen (wie Freunde und Nachbarn). Allerdings telefoniere ich NUR mit bekannten „Nummern" bzw. Anrufern.

Mein bisher schlimmstes Erlebnis im Laufe meiner Erkrankung war im Krankenhaus direkt nach dem Schlaganfall gewesen: Zuerst war da der Schock und die Panik, als ich von zuhause mit der Trage im Krankenwagen abgeholt worden bin. Dann war im Krankenhaus selber alles so LAUT und dennoch konnte ich NICHTS VERSTEHEN und auch NICHTS SPRECHEN. Sowie NICHTS ZUORDNEN. Meine rechte Seite war komplett gelähmt – Gott sei Dank löste sich diese Lähmung nach ein bis zwei Tagen wieder auf. Mein erster Gedanke und gleichzeitig mein erstes Wort war einfach nur „SCHEIßE" und ich war total verunsichert, was meine Zukunft betraf. Was sollte ich nun tun? Was kann ich tun?

Meine Eltern waren mir zu dieser Zeit auch eine sehr große Stütze. Sie haben mich z.B. immer zu den Therapien und Ärzten gefahren und für mich eingekauft, als ich noch nicht selber fahren konnte.

Meine schönsten Erlebnisse hingegen waren unsere Silberhochzeit und in dem Jahr als ich 50 wurde der Erhalt meiner Erwerbsunfähigkeitsrente, die Geburt meiner Enkeltochter sowie der Umzug in unser neues Haus. Zudem genieße ich die Zeiten mit meinem Enkelkind sehr!

Aktuell fühle ich mich mit meiner Sprachstörung weiterhin noch unsicher und es schmerzt mich – vor allem wenn ich reden soll oder möchte. Da hilft mir auch nicht immer das Schreiben weiter. Jeder Tag ist ein Kampf mit meiner fehlenden Sprache und dem, was ich eigentlich ausdrücken möchte. Es ist unangenehm, wenn es (für mich zu) laut ist und viele gleichzeitig reden. Dann schalte ich ab, - weil ich zudem ansonsten auch noch schneller Kopfschmerzen kriege. Ich werde eigentlich immer wütend, bin verzweifelt oder traurig, wenn ich etwas sagen will und die anderen mich nicht verstehen, oder wenn ich mal wieder telefoniere und ich mich der Person am anderen Ende der Leitung nicht mitteilen kann. Dann muss ich auf meinen Mann warten, bis er das für mich erledigen kann. Ich fühle mich dann einfach nur traurig.

Halt geben mir da meine alten Freundschaften, die Gott sei Dank weiterhin bestehen.

Ich kann zwar meine Aphasie nie ganz vergessen oder ausblenden, aber es fällt mir leichter damit zu leben, wenn ich meine Familie um mich habe. Ich erfreue mich an Urlaubsreisen und Geburtstagen und erlebe meine eigenen Erfolge daheim bei der Gartenarbeit.

Drängen sich mir noch weitere Fragen für mein Leben auf? Ich weiß es nicht. Auch weil ich nicht darüber nachdenken möchte. Aber ich fühle besonders starke Trauer, wenn jemand Bekanntes stirbt, ich bin wütend und frustriert, wenn meine Sprache nicht so richtig funktioniert, fühle mich verzweifelt, wenn ich etwas machen will und es geht nicht aufgrund meiner Sprachprobleme und ich habe Angst, wenn ich daran denke, dass mein Mann stirbt und ich allein bleibe.

Sind diese negativen Gefühle absehbar, trifft es mich weniger stark. Sie verlieren sich nahezu gänzlich, wenn meine Enkeltochter es wieder schafft mich abzulenken.

Wie sehe ich meine Sprachtherapie? Ich habe weiterhin das Ziel, besser reden zu können und erwarte, dass die Therapie mir dabei hilft. Dazu würde ich gerne regelmäßig 3x die Woche und ohne Pausen die Logopädie in Anspruch nehmen. Generell habe ich große Hoffnungen in die Sprachtherapie, auch weil ich bisher gute Erfahrungen gemacht habe und mit den Therapeuten zufrieden bin. Dabei haben wir festgestellt, dass Pausen eher zu Rückschritten führen. Und meine Therapeuten haben sich hierzu auch von mir korrigieren lassen. Für mich zeigte und zeigt sich der Therapieerfolg darin, dass ich im Vergleich zum Beginn meiner Erkrankung Sprache schon deutlich besser verstehen kann, sowohl einzelne Wörter, als auch ganze Sätze und dies in mündlicher sowie in schriftlicher Form.

Erfolg ist es auch, wenn ich durch die ständigen Wiederholungen das Erlernte besser behalten und wiedergeben kann. Zudem ist es mir wichtig, dass ich meine Gedanken, Bedürfnisse und Erlebnisse mündlich mitteilen kann.

Für diese Erfolge wäre es aus meiner Sicht sicherlich fördernd, wenn die Therapie nicht nur in der Regel zweimal die Woche stattfindet, sondern dreimal pro Woche regelmäßig durchgeführt werden könnte.

Öftere Behandlungseinheiten wären für mich eher kontraproduktiv, da ich auch andere Termine habe, meine Freizeit nicht gänzlich verplanen möchte und mich nicht von meiner Sprachstörung und somit der notwendigen Therapie noch weiter einschränken lassen möchte. Für maximal 2 Wochen wäre eine Intensivtherapie von 5-10x die Woche aber noch okay.

Für meine Übungen ist es sicherlich gut, dass meine Therapeuten mich anleiten und manchmal auch alltagsnahe Tipps geben. Denn nicht immer weiß ich, wie ich üben soll, da ich auch nicht so gut laut und leise lesen kann. Hier fehlt mir die Kontrolle bzw. die Eigenwahrnehmung.

Eigenübungen sind sinnvoll, weil sie trainieren und notwendig, damit es haften bleibt. Ich halte sie nicht für überflüssig, weil es ansonsten schlechter werden würde oder stagniere (siehe meine Meinung und meine Erfahrungen zu Therapiepausen). Die meisten „Hausaufgaben" erachte ich auch nicht für zu schwierig, da sie auf mich abgestimmt sind. Meistens sieht es bei mir eher so aus, dass mir die Motivation zu den Übungen fehlt und ich diese nur sporadisch, wenn ich Lust habe, durchführe.

Durch die Aphasie bin ich eher etwas antriebslos geworden.

Ebenso ist es demotivierend für mich, dass ich vieles, was ich üben soll schnell wieder vergesse. Das ist ein Teufelskreislauf für mich, weil ich zum besseren Verinnerlichen mehr Wiederholungen benötige, aber ich nicht motiviert bin, weil es so lange dauert.

Und ich schaffe es einfach nicht alleine, weil ich niemanden daheim habe, der mich motiviert und meine Übungen direkt kontrolliert. Die Vorschläge, laut zu sprechen sind sicherlich nicht verkehrt, aber wenn man alleine ist, wäre vielleicht noch eine Audioaufnahme der eigenen Sprache hilfreich. Auf der anderen Seite gestaltet sich dieses laute Sprechen schwieriger, wenn man, wie ich, zusätzlich noch mit einer Sprechapraxie zu kämpfen hat. [Red.: auditive Stimulation sinnvoll]

Gut finde ich Übungen, bei denen ich weiß, dass ich sie alleine schaffen und ich diese auch spielerisch – z.B. mit meiner Enkeltochter – machen kann.

Übungen mit Lernprogrammen aus dem Internet habe ich keine – aber es wäre sicherlich mal einen Versuch wert. Neues Zwischenziel für die Sprachtherapie ;-) Meine bisherigen zu empfehlenden Übungsinhalte wären, daheim es zu schaffen täglich etwa 15 Minuten zu üben. Hierzu sind meine Vorschläge bzw. Empfehlungen:

Arbeitsblätter - auf individuellem Niveau – ausfüllen

Scrabble und Tabu (und ähnliche Spiele), VIEL REDEN

Vielen Dank für die Möglichkeit, mich selber und meine Sprachtherapie bei der Mithilfe an diesem Buch noch einmal zu reflektieren. Es war interessant, hat mir neue Impulse und Motivation gegeben.

Ich wünsche allen Betroffenen und allen Angehörigen Motivation und Ausdauer, um mit dieser Störung durchs Leben zu gehen, immer wieder (kleine) Fortschritte und Erfolgserlebnisse, Freude am Lernen sowie mit der Familie und guten Freunden. Und Sprachtherapie, die einen unterstützt.

ALLES GUTE

Anke S. Diesen Fragebogen habe ich zusammen mit meiner Sprachtherapeutin erarbeitet, und sie hat ihn für mich getippt.

10.6 Bericht Ralph Simon, geschrieben von seiner Frau

Als ich, Ralph Simon, am 8.10.2014 vormittags in meiner Schule, in der ich als Sprachheil- und Geistigbehinderten-Pädagoge tätig war, einen äußerst schweren Schlaganfall bei einem kompletten Carotis-Verschluss auf der linken Seite erlitt, traf dieser Schlag die ganze Familie. Diesen Bericht schreibt meine Frau für mich, nachdem wir uns darüber ausgetauscht haben, mit Wortkarten, Satzkarten und im Gespräch, das ich durch Nicken und Schütteln des Kopfes und den Wörtern JA und NEI für „nein“ mitführen kann.

Mir ging es schon vor dem Schlaganfall eine längere Zeit schlecht. Ich hatte häufig Kopfschmerzen, mein Seh- und Hörvermögen war beeinträchtigt und ich benötigte sehr viel Schlaf, der mir aber nicht immer gelang.

Ich hatte starke Stimmungsschwankungen und war oft deprimiert. Meine Familie und Freunde sprachen mich darauf an. Ich war beruflich und auch privat sehr angespannt und führte es darauf zurück. Es gelang mir aber nicht, aus dieser Situation herauszukommen. Obwohl ich aus einem Medizinerhaushalt stamme, waren mir Arztbesuche immer zuwider. Dennoch versprach ich meiner Frau, nach unseren Herbstferien, wir hatten einen Sardinien- Urlaub geplant, einen Arzt aufzusuchen. Heute weiß ich, dass ich es eher hätte machen sollen. 3 Tage vor den Herbstferien überkam uns das Ereignis.

Ich brach in der Schule im Klassenraum zusammen, nachdem ich noch einen Lauftag organisiert hatte. Zurück vom Sportplatz sackte ich auf einem Stuhl zusammen. Ein Rettungswagen brachte mich in die nächstliegende Klinik. Meine Frau und mein ältester Sohn waren kurze Zeit später da. Ich nahm meine Frau wahr, als ich nach den Untersuchungen in die UNI-Klinik nach Kiel verlegt werden sollte. Ich spürte ihre Hand und hörte ihre leise Stimme, war aber nicht in der Lage, meine Augen zu öffnen. Ich versuchte aber, meinen Kopf in ihre Richtung zu drehen. Wie sie mir später erzählte, nahm sie ein ganz kleines Zucken wahr. An der Kieler Uniklinik sprachen meine Frau und mein ältester Sohn an meinem Bett mit den Ärzten. Ich war ganz weit weg. Nach dem Austausch meiner Frau mit unseren weiteren Kindern und meinen Eltern, die wiederum mit den Professoren des Neurozentrums sprachen, wurde ich am Abend operiert. Ohne die OP hätte ich den nächsten Tag nicht erlebt.

Nach der OP lag ich 14 Tage im künstlichen Koma auf der neurologischen Intensivstation. Ende Oktober wurde ich in die Segeberger Kliniken verlegt. 5 Monate auf der dortigen Intensivstation schlossen sich an. Irgendwann wurde mir klar, was passiert ist. Meine Frau war täglich bei mir, meine Kinder besuchten mich abwechselnd, mein Vater, meine Schwiegermutter und meine vielen Musikerfreunde und Freundinnen. Sie waren immer am Wochenende da und spielten auf den unterschiedlichsten Instrumenten Lieder für mich und sangen.

Ich selbst war nicht in der Lage, mit ihnen zu sprechen. Aber ich verstand sehr viel, was die behandelnden Ärzte nicht für möglich hielten. Ich fand es schlimm, wenn sie an meinem Krankenbett gesprochen haben, als würde ich nichts verstehen, nur weil ich nicht antworten konnte. Ich hätte so gerne Zeichen gegeben, aber alles, was ich mir vornahm, setzte ich anders um. Es wirkte auf die anderen so, als würde ich gar nichts mehr können.

Meine Frau versuchte, meine Situation zu enträtseln. Sie gab mir Alltagsgegenstände in die Hand. Eine Haarbürste führte ich zum Mund. Sie war zutiefst betroffen, brachte aber täglich neue Dinge mit. In mir wuselte es. Das Einzige, was mir wirklich guttat, waren Musik und Fotos.

Zu Weihnachten brachten mir meine Kinder einen digitalen Bilderrahmen. Sie hatten Familien- und Urlaubsfotos für mich zusammengestellt und erzählten dazu. Immer wieder versuchte meine Frau, etwas mehr herauszubekommen. Sie legte Fotos meiner Kinder nebeneinander und fragte mich nach den Namen. Das Zuordnen gelang mir nicht. Dennoch wollte ich meiner Frau ein Zeichen geben, dass ich alles verstehe. Meine einzige Chance sah ich darin, immer zur Uhr zu sehen, wenn sie nachmittags kam. Ganz deutlich. Kündigte sie abends an, dass sie nun gleich nach Hause müsse, schaute ich auch demonstrativ zur Uhr. Sie verstand es und war neben ganz wenigen Therapeuten und meiner Familie und meinen Freunden die Einzige, die daran glaubte, dass ich mehr mitbekam, als man mir ansah.

Schlimm war die Trachealkanüle, da ich extreme Schluckbeschwerden hatte. Halbstündig musste ich abgesaugt werden. Meine Frau ging dann auf den Flur. Sie konnte es nur schwer ertragen und ich hätte mir die Kanüle am liebsten rausgezogen. 5 Monate wurde ich künstlich ernährt- Immer wieder bat meine Frau die Logopädin darum, erste Schluckübungen durchzuführen. Als ich nach Monaten zum ersten Mal eine Minimenge Joghurt mit einem Farbstoff bekam, deutete sich an, dass es langsam gewagt werden könne, mit pürierter Nahrung zu beginnen. Nach 5,5 Monaten auf der Intensivstation folgte die Verlegung auf eine Zwischenstation. Ich war erleichtert und zeigte immer wieder, dass ich selber essen möchte. Es klappte dann sehr schnell.

Nach 7,5 Monaten wurde ich aus der Klinik entlassen. Die Ärzte empfahlen meiner Familie, eine Einrichtung der Stufe F für mich zu suchen. Meine Familie war entsetzt – es war überhaupt keine Option für sie. Ich war froh, dass sie an mich glaubten und setzte nun mit meinen sehr bescheidenen Mitteln alles daran, bei meinem weiteren Genesungsprozess mitzuwirken.

Zunächst einmal erhielt ich, als ich im Mai 2015 nach Hause zurückkehrte, 7 Therapien pro Woche: Zwei Ergotherapien, zwei Physiotherapien und 3 Logopädien. In der Ergotherapie machte ich trotz einer allgemeinen Apraxie große Fortschritte. Ich fing an, Gesellschaftsspiele zu spielen und meine Frau entdeckte, dass ich mit Zahlen weiterhin sehr gut operieren konnte. Auch in der Physiotherapie ging es voran. Ich übte das Gehen am

Handlauf. Einzig in der Logopädie schien es zu stagnieren. Es gelang mir nicht, Buchstaben zu produzieren.

Der Schwerpunkt in der Logopädie lag auf Schluckübungen, der Speichelfluss sollte verringert werden und wir sangen viel, da ich sehr gut melodisch mitsummen konnte. Außerdem arbeitete die damalige Logopädin mit Bildern, Fotos, Lautgebärden und Mundbildern. Das alles half mir, meine Gedanken, die ich nicht in Worte fassen konnte, immerhin nach und nach gezielter durch richtiges Zuordnen mitzuteilen. Meine Frau und meine Kinder waren weiterhin überzeugt davon, dass ich alles verstand. Im Januar 2017 hatte ich einen weiteren Termin bei meiner Neurologin, die bis zu dem Zeitpunkt auch nicht an den Schilderungen meiner Frau Glauben fand. Meine Frau verstärkte in dem Gespräch ein weiteres Mal, dass ich in meinem Körper sprachlich gefangen bin und sie ratlos ist, wie es weiter vorangehen kann. Daraufhin wandte sich die Neurologin noch einmal zu mir und forderte mich zu einigen Dingen auf. Diese Aufforderungen waren mir schon in der Klinik durch Ärzte zuwider. Ich fühlte mich immer wie ein Kleinkind. Meine Frau wusste es und bat mich im Auto eindringlich, einmal zu reagieren und zu zeigen, dass es mir möglich ist. Die Neurologin sagte: „Herr Simon, schauen Sie mich bitte einmal an" (zu dem Zeitpunkt saß ich oft mit einem niedergesenkten Kopf im Rollstuhl). Ich sah sie an und lächelte. „Herr Simon, heben Sie bitte einmal den linken Arm" (ich hasste diese Aufforderungen). Ich lächelte weiter und hob den linken Arm. Sie sah meine Frau an und sagte: „Vielleicht habe ich Ihren Mann doch unterschätzt. Okay, er ist halbseitig gelähmt, aber es ist nicht das Schlimmste, im Rollstuhl zu sitzen. Sprachlich müsste es aber weitergehen. Suchen Sie eine Reha- Klinik, ich werde Ihnen eine entsprechende Verordnung bereitstellen".

Dann suchte meine Frau nach Rehaeinrichtungen, die sich auf Aphasie spezialisiert hatten. Es gab nur wenige Adressen und bei Nachfragen wurde meiner Frau deutlich, dass diese Kliniken auch nur 1 logopädische Einheit pro Tag anboten. Sie konnte sich nicht vorstellen, dass das ausreichend sein würde. Bei weiteren Recherchen stieß meine Frau dann auf 2 Adressen: Die Aachener Uniklinik und das Logozentrum in Lindlar. Kliniken konnten wir nicht mehr sehen. So war das Logozentrum Lindlar ein reines Bauchgefühl.

Im Sommer 2017 trat ich meinen ersten 5-wöchigen Intensivaufenthalt gemeinsam mit meiner Frau an, die allen Therapien beiwohnte, um auch

Anregungen für zuhause zu bekommen. In Lindlar fühlte ich mich sofort wohl. Bis heute, im Herbst 2021, folgten 8 weitere Aufenthalte, 2 x pro Jahr. Folgende Therapieansätze haben mir geholfen, mich sprachlich auszudrücken:

Zu sehen, dass es viele Betroffene gibt, hat mich äußerst berührt aber mir auch sehr viel Kraft gegeben. In Gruppen miteinander zu sprechen, ohne sprechen zu können, war bemerkenswert. Beim 1. Aufenthalt richtete meine damalige Bezugstherapeutin ein Tablet mit einer App ein (LET ME TALK). Wenn ich mich vorstellen musste, in jeder Gruppentherapie wieder, klickte ich die entsprechenden Bilder an. Alle lauschten der Computerstimme und antworteten dann. Das hat mich glücklich gemacht. Wichtig war und ist bis heute, dass der Umgang mit der App weiterhin regelmäßig mit meinen Angehörigen und Therapeuten, auch in der Ergotherapie, geübt wird. Denn meine Apraxie besteht weiterhin.

Das ÜBEN ist eine der wichtigsten Ansätze überhaupt. Nichts kehrt von allein zurück. Wichtig ist, dass das Üben regelmäßig, täglich in kleinen Sequenzen, durchgeführt wird. Da wir vielfältige Möglichkeiten in Lindlar an die Hand bekommen haben, macht es mir sehr viel Spaß. Ich bin motiviert da ich erkenne, dass meine Mitmenschen Erfolge sehen, wenn auch überschaubare.

Das Wichtigste sind für mich einfache Bildkarten und Wörter. Das Zuordnen macht mir Spaß. Es gelingt auch mit kurzen Sätzen, die ich selbstständig erlesen kann.

Wichtig ist auch, dass mein Gegenüber mich ernst nimmt und mich immer in Entscheidungsprozesse mit einbezieht. Wenn wir am Wochenende Ausflüge machen wollen oder einen Urlaub planen, legt meine Frau mir Landkarten oder Reisebücher hin. Dann suche ich die Ziele aus und zeige darauf. Anschließend üben wir dann auch das Sprechen, einzelne Wörter oder ganz kurze Sätze.

Erfolge verspüre ich dann, wenn mir ein kleines Ziel gesetzt und solange verfolgt wird, bis es klappt. 3 Wochen habe ich benötigt, um das Wort JA wieder zu sprechen. Am NEIN übe ich immer noch. Es gelingt mir aber fast immer, JA und NEIN durch Nicken und Schütteln des Kopfes der Situation entsprechend anzuwenden. Für mich persönlich ist es gut, wenn nicht zu viel durcheinander geübt wird. Es muss für mich überschaubar bleiben und immer wieder wiederholt werden.

Singen ist für mich die beste Therapie. Ich erinnere mich an viele Lieder, die ich richtig mitsummen kann. Oft benutzte ich die Melodien, um mit meinem Gegenüber zu kommunizieren. Wenn ich ans Meer fahren möchte, summe ich: „Jetzt fahren wir übers Meer, übers Meer". Das mag für einige merkwürdig erscheinen. Für mich ist es aber eine sehr gute Möglichkeit, mich an einer aktiven Kommunikation zu beteiligen. Nach dem Singen übt meine Frau dann mit mir, isolierte Wörter aus dem Text, z. B. MEER, zu sprechen. Ich versuche, aus dem Singen ins Sprechen zu kommen.

Manchmal übe ich auch allein für mich am PC. Mir wird dann ein Sprachprogramm eingestellt und ich übe das HÖREN und ordne Bilder einzelnen Wörtern oder Sätzen zu. Das aktive Hören ist eine wichtige Übung. Sie klappt immer besser. Auch mit Videos übe ich am Bildschirm. Zuerst habe ich Buchstaben geübt und nachgesprochen, dann kurze Wörter, nun kurze Sätze. Letzteres gelingt noch nicht so richtig gut. Es macht mir auch mehr Freude, in der Gemeinschaft zu üben, wobei ich mit den ersten Videos durchaus Erfolge verspürt habe.

Das Allerwichtigste sind die Mundbilder meines Gegenübers für mich. Dann gelingt mir das Nachsprechen zunehmend. Auch das Schreiben wird wieder trainiert. Es fällt mir nicht ganz leicht. Meinen Namen schreibe ich aber wieder und ich finde es super, wenn ich selber unterschreiben kann. Das Schreiben mit der Tastatur am PC ist noch sehr schwer. Es gelingen aber schon Abschreibübungen.

Zusammenfassend möchte ich sagen, dass es immer weiter vorangeht, wenn man daran glaubt und übt! Dinge, die vielleicht beim ersten Mal nicht möglich waren, sollten regelmäßig wieder erprobt und geübt werden. Eine Haarbürste an den Mund führen? – das liegt hinter mir. Und so werde ich aktiv weiter üben, um das Sprechen wieder ansatzweise zu erlernen. Es wird sicher kaum möglich sein, in Unterhaltungen spontan mit adäquaten Sätzen aktiv mitzuwirken. Aber geübte kurze Sätze passend mit einzubauen, wäre eine wunderbare Vorstellung.

PS: Und was mein Mann für sehr wichtig empfindet, ist Teilhabe auf ganzer Linie. Kino-, Theater-, Konzertbeuche – so wie vor der Erkrankung, Treffen mit Freundinnen und Freunden, auch einmal allein, ohne mich, mit

Menschen zusammen sein, gezwungen sein, sich austauschen zu müssen – auch das kann ein Weg aus dem Schweigen sein

Ralph und Sabine Simon

Im Dezember 2021

10.7 Bericht Beate Blöchl-Traxler

Mein Name ist Beate Blöchl-Traxler, ich bin 32 Jahre alt, komme aus Österreich und lebe seit mittlerweile 12 Jahren mit Aphasie. Ich lebe seit ca. 7 Jahren selbstständig in meiner eigenen Wohnung und führe seit 6 Jahren eine feste Beziehung. Kinder habe ich bisher keine. Vor meiner Gehirnblutung, durch welche die Aphasie Teil meines neuen Lebens wurde, war ich als Friseurin tätig. Im Logozentrum Lindlar war ich in den Jahren 2014, 2018 und 2019.

Ich habe das Gefühl, dass ich bisher sehr gut aus dem Schweigen herausgekommen bin, zumindest was meine Einstellung zum Sprechen anbelangt. Um aus dem Schweigen heraus zu kommen haben mir am meisten meine Freunde und Familie geholfen, aber auch meine persönliche Lebensfreude und -einstellung war dabei wichtig. Mit Aphasie ist es oft schwer sich aus eigener Initiative heraus aus dem Schweigen zu befreien und wieder mehr Sprache zur Verfügung zu haben. Im Sinne dessen habe ich sehr viele Anträge für mehr Logopädie-Therapien beantragt. Manche erfolgreich, manche nicht.

Um meinen Sprachverlust abzubauen bzw. um mir neue Wörter einfacher merken zu können, verwende ich oft Eselbrücken und muss das Wort oder die Wörter oft laut wiederholend vorsagen. Bisher am hilfreichsten, mich sprachlich zu verbessern waren vor allem Logopädie-Therapien (in diversen Intensitäten), Gespräche bzw. das Üben mit Freunden und Familie, aber auch die Musiktherapie und das damit verbundene Singen.

Aphasie belastet das tägliche Leben. Das Wichtigste, um trotz Aphasie im Alltag zurecht zu kommen, ist für mich die Unterstützung und Hilfe (sowohl emotional, als auch physisch) der Menschen um mich. Aber auch die Hilfe von sozialen Vereinen und von Ärzten sind in meinem neuen Alltag bedeutsam. Dieser Alltag hat neue Grundsätze und Regeln mit sich gebracht. Beim Lernen etwa helfen mir Eselsbrücken sehr. Die so sprachlich gespeicherten Phrasen versuche ich dann im Alltag wieder anzuwenden. Auch die Kommunikation mit anderen Menschen hat sich entsprechend angepasst. Ich gehe meist fröhlich auf mein Gegenüber zu und erkläre Ihnen was mit mir los ist (Aphasie).

Das bisher schlimmste Erlebnis in der Zeit mit Aphasie war gleich zu Beginn: das erste Aufwachen. Ich lag wochenlang im künstlichen Koma und wachte daraus ohne Sprache wieder auf. Das schönste Erlebnis in der Zeit mit Aphasie folgte nicht allzu lange darauf, nämlich der erste Laut im Zuge der Logopädie-Therapie. Da wusste ich, dass ich es doch noch kann und mit diesem ersten Laut das Sprechen wieder in greifbare Nähe gerückt wurde.

Kurz nach dem Aufwachen aus dem künstlichen Koma und dem Verlust der Sprache habe ich viel geweint, war lustlos. Ich habe überlegt wie es weitergehen würde. Mir war klar, dass ich nicht aufgeben kann, wusste jedoch, dass ich es schaffen kann das Sprechen wiederzuerlangen. Deshalb war der erste eigene Laut umso schöner für mich. Nach Wochen und Monaten, als ich den sprachlosen Zustand mehr oder weniger kennengelernt hatte, war mir klar, dass das Wiedererlangen der Sprache wohl lange dauern würde, es aber mit jeder Therapie, jedem Satz - ja jedem selbstgesprochenem Wort - besser wird.

Aber wie ist es jetzt mit Aphasie, ohne die früheren Sprachfähigkeiten? Es geht auch mit weniger Sprachfähigkeiten ganz gut, man kann viel mit Augenkontakt und seinen Händen, also quasi pantomimisch, kommunizieren. Andererseits fühle ich mich manchmal nicht auf gleicher Augenhöhe mit den anderen, da sich manche Menschen nicht darauf einlassen können oder wollen wie ich heutzutage spreche. Ich kämpfe jeden Tag mit mir und meinem Gehirn, um meine Gedanken klar und verständlich auszudrücken. Morgens gelingt mir das meist besser als abends, vor allem nach einem langen und oft anstrengenden Tag. Es tut mir immer wieder weh, dass ich in gewissen Belangen auf andere Menschen angewiesen bin, bspw. wenn es um das Vereinbaren von Terminen geht.

Nach mittlerweile 12 Jahren mit Aphasie, drängt sich die eine oder andere schwerwiegende Frage auf: Beispielsweise warum Aphasie in der breiten Bevölkerung recht unbekannt ist, oder warum es nicht mehr Therapiemöglichkeiten dazu gibt?

Wie wir alle, erlebe ich positive, freudige, aber auch negative Gefühle. Freude erlebe ich in ganz alltäglichen Dingen, wie jeder andere Mensch auch. Sei es ein Spaziergang in der Natur oder Spaß mit Freunden. Erfolgsgefühle empfinde ich insbesondere bei Therapiefortschritten, das Gefühl wieder einen Schritt weiter vorwärts gekommen zu sein. Und Glücksgefühle empfinde ich meist, wenn ich etwas Neues geschafft habe, bei dem ich vorab nicht sicher war, ob ich es schaffen kann.

Gefühle wie Trauer, Wut, Verzweiflung, Frust oder Zukunftsängste kommen dann in mir auf, wenn ich beispielsweise selbstständig etwas bestimmtes machen muss oder in Situationen auf mich selbst gestellt bin. Wenn mir also der Rückhalt eines anderen – sozusagen mein Rettungsseil, falls ich es selbst nicht schaffe – fehlt. Frust erlebe ich beinahe täglich und zwar in jener Form, dass für mich das Wiedererlernen der Sprache gefühlt zu lange dauert oder wenn ich von meinem Gegenüber nicht richtig verstanden werde. Oft kann oder will sich mein Gegenüber nicht auf meine Sprechweise einlassen, das kann sehr frustrierend sein. Darauf folgen zumeist Wut und Frust, aus dem Grund, dass ich nicht richtig verstanden werde. Trauer empfinde ich dann, wenn ich an die früheren Zeiten denke, als ich noch „normal" war, aber ich denke, das geht allen Betroffenen ähnlich. Oft habe ich Zukunftsängste davor auf mich alleine gestellt zu sein, vor allem bei dem Gedanken, dass meine Eltern irgendwann nicht mehr für mich da sein können. Die Gefühle bedrücken mich an guten Tagen weniger, an schlechten Tagen mehr. Jeder Tag ist eben anders. Derartige negativen Gefühle verlieren sich im Normalfall dann, wenn ich im Kreis meiner Freunde und Familie bin.

Ich habe in den letzten 12 Jahren viele Sprachtherapien in Anspruch genommen. Ich schätze die Bedeutung solcher Therapien sehr hoch ein, aber es gibt doch kleine Dinge, die man aus meiner Sicht verbessern könnte. Beispielsweise möchte ich persönlich mehr Lesen, da mir das Lesen hilft selbstständiger zu sein und am öffentlichen Leben besser teilzunehmen. Weiter würde mir gefallen, wenn man mehr Konjugation üben würde. Ich weiß, dass die Ich-Form für Aphasie-Betroffene wohl am wichtigsten ist, aber ich möchte Sätze richtig konjugiert aussprechen können. Über die

Wirkung von Sprachtherapien kann ich sagen, dass ich bisher gute Erfahrungen gemacht habe und ich mit meinen Sprachtherapien grundsätzlich sehr zufrieden bin. Für mich zeigt sich der Therapieerfolg dann, wenn ich Sätze deutlich besser sprechen kann. Daher ist, aus meiner Sicht, die Intensität der Sprachtherapie eine entscheidende Größe. Ich habe in der Regel weniger als 1x pro Woche eine Sprachtherapiesitzung, was für mich viel zu wenig ist. Meine Therapiestunden sind meist geblockt und nach einem dieser Blöcke kann eine Therapiepause über mehrere Wochen sein.

Wenn die Sprachtherapie 5-10 mal pro Woche über mehrere Wochen oder Monate stattfinden würde, würde ich das grundsätzlich begrüßen. In diesem Fall wäre es aber nicht einfach jeden Tag um die Sprachtherapie herum zu planen. Im Allgemeinen bin ich der Meinung, dass Übung den Meister macht. Privates Üben ist für mich jedoch schwierig, da ich nur schlecht laut oder auch leise lesen kann. Besonders das sinnerfassende Lesen bereitet mir Probleme. Somit ist privates Üben ohne Unterstützung beinahe unmöglich. Ich halte Eigenübungen für mich, in meiner Situation und ohne Unterstützung, eher nicht für sinnvoll, da ich die Anleitungen nicht sinnerfassend lesen kann. Grundsätzlich halte ich Eigenübungen jedoch für notwendig, da ich ansonsten vieles – vor allem neue Worte – wieder vergesse.

Daher führe ich Sprach- und Sprechübungen meist mit meinen Angehörigen oder mit Freunden durch. Im privaten Bereich übe ich vor allem das Lesen, da dies für mich in meinen Sprachtherapien zu wenig behandelt wird. Wenn möglich, dann übe ich jeden Tag lautes Lesen. Üben macht Sinn, denn ich spüre, dass es mir weiterhilft. Mir fällt es aber oft schwer, da ich das Gelernte meist schlecht behalte und schnell wieder vergesse. Spaß macht das Üben, wenn ich weiß, dass ich in jeder Übung gleichzeitig Sätze hören, lesen und verstehen kann.

Hinsichtlich Sprach-Programmen – also Software – habe ich mit dem Programm „PABLO“ von der Firma LIFETOOL über ca. 14 Monate geübt. Inhaltlich geht es dabei um Farben, Zahlen oder Uhrzeit. Diesem Programm würde ich die Schulnote „Gut“ geben. Ein anderes empfehlenswerte Programm ist „SHOW ME“ von der Firma LIFETOOL, damit habe ich gelernt Dinge (Gegenstände, Tiere, etc.) zu erkennen und benennen zu können. Auch diesem Programm würde ich die Schulnote „Gut" geben. Für weitere Fragen stehe ich gerne zur Verfügung.

Mit freundlichen Grüßen,

Beate Blöchl-Traxler

10.8 Erzählung von Selina S.: „Ich wollte doch nur Baden gehen"

10. August 2010 - Das Datum werde ich nie wieder vergessen! Das 11. Schuljahr ging zu Ende und die Sommerferien haben angefangen. Da schönes Wetter war, wollte ich mit meiner besten Freundin zum Baden gehen.

Leider war ich mal wieder viel zu spät dran, denn wir wollten uns um 14 Uhr treffen, was bald soweit war. Deswegen musste ich mit dem Motorroller fahren. Eigentlich wollte ich laufen, da es nur 20 Minuten zu Fuß waren.

An der Kreuzung, 400 m von meinem Zuhause entfernt, hat der kleine LKW mir die Vorfahrt genommen. Ich bin mit dem Kopf an den Transporter geknallt und der Helm hat mir die linke Halsschlagader angerissen. An diesem Tag hatte ich zum Glück meinen Helm auf, der gut auf meinem Kopf saß. Zuhause hatte ich noch einen, der lockerer gewesen wäre. Die Ärzte meinten mit diesem wäre ich gleich tot gewesen. Ein Zeuge hat den Unfall gesehen und den Notarzt gerufen. Später habe ich durch Zufall erfahren, dass der Zeuge mein erster Freund aus der 2. Klasse war. Die Sanitäter kamen relativ schnell, kontaktierten jedoch direkt den Rettungshubschrauber. Das hat ein wenig gedauert, weil er nicht landen konnte. Als er es doch geschafft hatte, kam ich ins Krankenhaus.

Währenddessen hat ein Nachbar bei Mama geklingelt. Zuerst dachte sie, es sei ein Kunde, da meine Mama zuhause ein Nagelstudio hat. Es war aber kein Kunde. Unser Nachbar schilderte, was er bis dahin wusste und meine Mama eilte zum Unfallort. Sie wollte unbedingt direkt im Hubschrauber, der mittlerweile vor Ort war, mitfliegen, musste aber noch meine

Versichertenkarte und ein paar Unterlagen zuhause holen. Sie hat sofort von zuhause aus meine Oma angerufen und ist mit ihr ins Krankenhaus gefahren.

Als sie ankamen sagte der Arzt: „Im Kopf ist alles OK. Nur zwei Zähne sind verschoben, beide Knie sind verletzt und der linke Knöchel gebrochen." Er meinte, sie sollten jetzt wieder nach Hause fahren, die Ärzte würden die Schleimbeutel operieren. Der Arzt meinte auch, dass ich Ruhe bräuchte, da ich eine Gehirnerschütterung hätte, sonst nichts. Zum Glück hatte ich einen Retainer, sonst wären die zwei Zähne jetzt weg!

Leider war mein Unfall im August. Die Station war nur mit einer Notbesetzung im Dienst. Deswegen hatten sie kein MRT gemacht. Meine Freundin ist auch gleich ins Elisabethen-Krankenhaus (EK) gefahren, als sie es hörte.

Oma, Mama und Judith waren natürlich erleichtert und tranken zuhause zusammen einen Kaffee.

Mein Bruder, damals 9 Jahre alt, war solange im Zeltlager und hat am Straßengraben genau an diesem Tag einen Rosenkranz gefunden! Er hat ihn einfach mitgenommen, aber sich nichts dabei gedacht.

Mein Papa war in der Zeit mit seiner Familie im Urlaub. Mama hatte von Papas Bruder die Adresse vom Hotel herausgefunden. Sie rief im Hotel an. Im Hotelzimmer war dann ein Zettel, darauf stand: „Bitte dringend zurückrufen" und die Telefonnummer von Mama. Als Papa sie anrief, erzählte Mama alles von dem Unfall. Er holte sofort die Familie und sie flogen auf direktem Weg nach Deutschland.

Nach der Schleimbeutel - OP bin ich nicht mehr aufgewacht. Die Ärzte haben den Kopf noch einmal mittels eines viel zu späten MRTs diesmal „richtig" untersucht und festgestellt, dass die Zellen im Gehirn links abstarben. Die linke Seite erschien auf dem MRT nur noch als ein schwarzes Loch. Daraufhin klingelte um 3 Uhr nachts das Telefon zuhause bei meiner Mutter. Der Arzt meinte, meine Mama solle sofort kommen, um sich von ihrer Tochter zu verabschieden.

Es hatte in diesem Moment keinen Sinn gemacht zu operieren, denn wenn man den Schädel aufgemacht hätte, um den Druck rauszulassen, wäre er explodiert. „Selina wird es sowieso nicht überleben. Sie sollten sich von ihr lieber verabschieden. Sie hätte sowieso kein Leben mehr. Sie wird schwerstbehindert sein und könne nur noch die Augen bewegen", sagte der Arzt. Mama müsste ein schwerst-behindertes Kind pflegen. Und es wäre besser für uns alle, wenn sie mich gehen lassen würde.

Mama konnte und wollte es nicht akzeptieren! - Vielen Dank Mama :) Sie sagte zum Arzt, dass sie bitte jetzt den Kopf aufmachen sollen, um den Druck zu lösen - egal wie es ausgeht! „Ich kann mir vorstellen ein behindertes Kind zu pflegen, aber ich kann mich jetzt nicht von meiner Selina verabschieden!" Die Ärzte haben versucht es ihr auszureden. Keiner von den Ärzten war bereit die OP durchzuführen. Mama hat zum Glück nicht locker gelassen. Sie hat in der Schlaganfallstation herumgeschrien, sie sollen jetzt verdammt noch mal den Schädel öffnen! Sie waren bereit, aber haben dazu einen Facharzt aus dem Urlaub geholt, um mich zu operieren. Als der Arzt erst nach mehreren Stunden endlich kam, wollte dieser Facharzt es meiner Mama auch ausreden. Er sagte: „Sie müssen sich bewusst sein, dass Sie ein schwerstbehindertes Kind zu pflegen haben." Mama und ihr Partner Bui haben trotzdem nicht lockergelassen. Er war endlich bereit den Schädel zu öffnen. Bis dahin sind jedoch wieder einige Stunden ins Land gegangen und meine Zellen im Kopf sind solange immer weiter abgestorben.

Die OP selbst ging dann einige Stunden. Mama saß solange in der Kapelle und zündete alle Kerzen an die sie finden konnte. Sie betete, dass ich überlebe und nicht schwerstbehindert bin, auch, dass sich die Ärzte irren.

Als die OP fertig war, holten die Ärzte meine Mama aus der Kapelle. Sie sagten ihr, dass ich nicht mehr sprechen könne und sie beim Anblick von mir nicht erschrecken solle. Sie sagten auch, dass ich nur noch die Augen bewegen könne. Dann sind sie zusammen ins Aufwachzimmer gegangen. Ich lag mit einem Verband um den Kopf da, habe Mama beim Hereinlaufen angeschaut und sagte zu ihr: „Hallo Mama". Mama war überglücklich und sagt bis heute, dass sie in diesem Moment dachte: „Sie erkennt mich und reden tut sie auch." Das war aber tatsächlich das Einzige was ich sagen konnte.

Zum Glück war ich nur zwei Wochen im Krankenhaus, da das Essen richtig ekelhaft war. Mama kam jeden Tag und brachte was vom McDonald's mit. Ich habe direkt im Krankenhaus Physiotherapie bekom-

men, da meine rechte Körperseite gelähmt war. Auch mein ganzes Wissen aus der Schule war wie weggeblasen. Weder Sprechen, noch Schreiben und Lesen hat funktioniert. Mir ist das Lernen früher nie schwergefallen. Ich habe Neues schnell begriffen und konnte mein neues Wissen nach kürzester Zeit verknüpfen. Und dann konnte ich nur noch mit dem Kopf wackeln, wenn ich „ja" oder „nein" sagen wollte.

Die erste Nachricht über WhatsApp habe ich an Ostern hinbekommen, nach einem dreiviertel Jahr ungefähr. Die Grammatik und der Satzbau waren natürlich katastrophal! Verschiedene Buchstaben und Zahlen waren alle das Gleiche für mich. Allein über die Sprache wusste ich nicht, ob ein gesprochener Buchstabe, z.B. ein „A" oder ein „D" ist und konnte ihn auch nicht schreiben. Erst, wenn ich ihn gesehen habe, wusste ich, dass es ein „A" ist. Ich selber konnte es aber nicht wiedergeben. Genauso war es mit Wörtern. Ich hatte keine Ahnung, wie man z.B. „Baum" schreibt.

Mit Zahlen ging es mir genauso. Ich wusste zum Beispiel nicht, dass das eine „5" ist, wenn einer es sagte. Sie mussten es immer aufschreiben. Ein halbes Jahr später in der Reha war ich so stolz, dass ich schon auf Hundert zählen konnte! Ab dem Zahlenraum 1.000 habe ich heute noch Probleme. Genauso wie bei Terminvereinbarungen. Ich verstehe am Telefon oft nicht z.B. 14.30 Uhr. Ich wiederhole dann immer - „meinen Sie halb 3?".

Jedenfalls kam ich dann in das Jugendwerk am Bodensee. Da war ich drei Jahre: ein Jahr ganz ohne Unterbrechung und später hatte ich dann immer Ferien. Reha finde ich ziemlich anstrengend. Viele Menschen denken das nicht, denn sie haben es noch nicht gehabt. Was ja auch gut ist. :)

Als ich in der Reha war, sagte damals die Ärztin zu meiner Mama, dass ich niemals wieder laufen könne und sie sich deswegen auf ein Leben im Rollstuhl vorbereiten solle. Ich müsse jetzt lernen damit umzugehen.

Nachdem die Ärzte im Krankenhaus erst dachten, ich würde nicht überleben, ich es aber tat und sie daraufhin sagten, ich könne nicht mehr sprechen und ich aber kämpfte und es neu erlernte, hatten Mama und ich die Hoffnung und Motivation nicht mehr aufgegeben. Wir waren zusammen stark und voller Tatendrang. Ich gab jeden Tag in der Therapie alles und machte viele Fortschritte.

Die Nachricht in der Reha, dass ich nie mehr Laufen könne, verpasste uns dann aber einen Rückschlag. Aus „wir schaffen alles", wurde „schaffen wir wirklich alles?". Mama war natürlich am Boden zerstört, für mich wiederum eine Motivation - ich wollte beweisen, dass es auch anders geht! Für Mama war es damals ein Schock - für mich ein Ansporn! Nicht auf andere Menschen hören, sondern selber etwas arbeiten!

Ich habe mich erst an die ganze Situation gewöhnen müssen, deshalb haben meine Eltern auf dem Gelände der Rehaklinik eine Ferienwohnung gemietet. Somit war immer jemand aus meiner Verwandtschaft oder Freunde bei mir! Bui hat sogar all seinen Urlaub für mich geopfert! Das war sehr wertvoll! Vielen Dank dafür!!!

Als die Schule wieder begonnen hatte, ist Papa und Bui abwechselnd mit bis zu drei Schulfreunden zweimal die Woche abends zu mir gefahren und haben mich ca. 3 Stunden besucht. Mama hatte nämlich in der Schule am schwarzen Brett einen Zettel ausgehangen. Meine Mitschüler konnten sich dann eintragen. Das war schön! Mein Rektor hat am Anfang immer die Blätter kopiert und einer von meinen Mitschülern hat sie Mama gebracht. Er konnte nicht glauben, dass ich nicht mehr lesen konnte und wollte schon die Schule für mich rollstuhlgerecht umbauen.

Die Therapeuten und die Pfleger waren alle super nett und hilfsbereit. Eine meiner Ergotherapeutinnen sagte, dass man jetzt ein Jahr Vollgas geben muss und es danach so bleibt. Das finde ich nicht nett und es stimmt auch nicht. Ich mache bis heute immer noch Fortschritte. Zwar nicht so viel wie am Anfang, aber immerhin ein wenig!

Da ich auf Reha war und ich wieder gesund werden wollte, habe ich viele Therapien gemacht. Wenn ich frei hatte, bin ich auf das Laufband oder habe selbstständig Übungen gemacht. Ich habe auch den Psychologen gegen den Mathelehrer getauscht - das fand ich sinnvoller, weil ich ja wusste, was mit mir los war. Ich wollte nämlich unbedingt wieder Mathematik lernen. Nach einem Jahr hatte ich dann auch wieder Englischkurse. Das war aber auch ein Kampf sie zu bekommen. Die Therapeuten haben nämlich gesagt, ich muss erst wieder Deutsch lernen. Sie hatten schon Recht, aber Englisch fand ich schon auch wichtig.

Dass ich in die Reha musste, war keine Frage. Aber es war so weit weg von zuhause! Deswegen hat Mama eine andere Reha ausfindig gemacht. Aber in der neuen Rehaklinik hätte ich nur 60 Minuten Therapie pro Tag erhalten. In der Rehaklinik, in der ich zu dieser Zeit war (Gailingen), bekam ich 360 Minuten Therapie pro Tag! Mama hat es mir schonend beigebracht, dass ich da am besten aufgehoben bin und es für mich das Beste wäre, dort zu bleiben, auch wenn ich starkes Heimweh hatte. Von da an war es gar keine Frage mehr. Jetzt musste ich einfach gesund werden.

Nach den ersten zwei Monaten durfte ich jedes Wochenende nach Hause. Es war wunderschön wieder zuhause zu sein bei meinen Freunden und meiner Familie! Als ich zum ersten Mal nach Hause durfte, war der 18. Geburtstag meiner besten Freundin. Für mich war das ein ganz besonderes Erlebnis dabei zu sein. Auch wenn ich im Rollstuhl war, einen Helm trug und nicht sprechen konnte.

Immer wenn ich am Wochenende zuhause war, sind viele gekommen und sind mit mir spazieren gegangen oder wir haben andere tolle Sachen unternommen!

Es war wirklich eine super Abwechslung und ich habe es daheim sehr genossen. Ein ganzes Jahr lang hat jemand von meiner Familie oder von meinen Freunden mich jeden Freitag in der 90 Minuten entfernten Reha-Klinik abgeholt und am Sonntag wieder zurückgebracht. Danach konnte ich mit dem Zug fahren - Zugfahren mag ich sehr :)

Im November habe ich wieder meinen Schädelknochen bekommen, welcher solange im EK eingefroren war, da mein Kopfumfang und mein Gehirn wieder eine normale Größe hatten.

Endlich durfte ich nach dieser OP den Helm weglassen. Das war für mich ein sehr schönes Gefühl.

Ich habe mich so sehr gefreut, als ich zum ersten Mal allein auf die Toilette oder allein duschen konnte. Das war ein Erfolgserlebnis - ein großes sogar :) Genauso war es mit dem Laufen. In den ersten sechs Monaten konnte ich gar nicht Laufen und war auf den Rollstuhl angewiesen. Nach diesem halben Jahr habe ich einen Wanderstock bekommen. Das war lustig, aber ich war so froh, dass es überhaupt wieder möglich war.

Ähnlich war es mit der Hand und meinem Arm. Am Anfang hing der rechte Arm einfach so nach unten und ich freute mich jedes Mal, wenn ich wieder was Neues gelernt habe. Zuerst war es viel, dann immer weniger. Aber man darf die Hoffnung niemals aufgeben. Jetzt ist mein Unfall mehr als elf Jahre her und ich mache immer noch Fortschritte.

Meine Logopädin aus Gailingen hatte sehr viel Geduld mit mir. Sie hat mir geholfen, mein eigenes Alphabet zu erstellen, z.B. „A" wie Amsel, „M" wie Mama, „T" wie Tomate, „J" wie Judith. Weil Judith auf dieser Liste war, habe ich zu ihr „Hallo Judith" sagen können, zu den anderen habe ich „Hallo Judith äh Tine äh Leena äh Ines äh Krissi" gesagt. Wenn ich z.B. „Telefon" sagen wollte, habe ich ganz viele andere Sachen mit „T" gesagt, bis ich es hatte. Manchmal kam ich auch nicht darauf, dann musste ich es anders machen, wie z.B. mit Zeigen oder Zeichnen.

Was für mich auch schlimm war, wenn ich „Butter" sagen wollte, aber „Brot" aus meinem Mund kam. Die Verbindung von meinem Gehirn zum Mund war gestört. Ich hatte es im Kopf, konnte es aber nicht aussprechen. Manchmal bin ich fast durchgedreht, als ich etwas im Kopf hatte, es aber nicht rausbekommen habe, weil der Mund nicht mitgespielt hatte. Also typische Aphasie!

Für mich war das eine ganz schlimme Zeit, da ich immer gerne geredet habe. Ich wollte erzählen und viel sprechen, sagte aber was Falsches. Dazu kommt noch, dass ich fast nur Hauptwörter gesagt habe. Das musste sich dringend ändern! Deswegen habe ich viel geübt. Zum Glück habe ich die Lust am Sprechen nicht verloren. Ich rede immer noch gerne, halt langsamer und bedachter.

Bis ich einen grammatikalisch richtigen Satz rausbekommen habe, hatte es zwei Jahre gebraucht. Es war ein super Gefühl - wie Weihnachten und Geburtstag zusammen! Wenn ich irgendwo hingelaufen bin, habe ich immer das Autoschild am Wegrand gelesen. So habe ich langsam die Buchstaben und Zahlen aufgesagt - erst einzeln und später dann am Stück z.B. „6","4" und „7", später „647". Farben waren sehr schwierig, deswegen hat meine Familie mit mir viel „UNO" gespielt. Manchmal vertausche ich sie immer noch oder sage die Zahl falsch herum wie z.B. 23 statt 32. Ich konnte auch bestimmt drei Jahre kein „Sie". Das heißt ich habe, obwohl ich die Person noch nicht gekannt habe, immer „Du" gesagt. Die Leute haben dann immer ganz komisch geschaut.

Artikel, Präpositionen und Pronomen waren am Anfang katastrophal, jetzt ist es deutlich besser. Jedoch auf jeden Fall verbesserungsfähig! Auch vertausche ich öfter mal die Gegenteile, z.B. „Mir ist kalt", obwohl es 30°C hat oder

„Das ist Frau Müller", obwohl es ein "Herr" war. Dieses Problem ist heute noch da. Wird aber immer weniger! Und ich habe immer die Wahrheit gesagt. In manchen Situationen war das auch nicht so passend.

Die Namen der Monate fallen mir auch noch schwer, wenn ich sie aussprechen muss. Ich wollte z. B. vor ein paar Wochen sagen, dass ich im Oktober, November oder Dezember meinen Urlaubsplan bekomme. Ich habe aber ganz andere Monate meiner Freundin erzählt. Auch Namen sind bis heute schwierig. Wenn ich mir viele Namen merken muss, frage ich auch manchmal, ob sie ein Namensschild für mich basteln können.

Ich habe bestimmt fünfmal am Tag gesabbert. Das kommt zum Glück nur noch selten vor. Auch das rechte Ohr und die Augen sind betroffen. Ich sehe rechts unten nichts mehr und bin schon öfter gegen einen Stuhl gelaufen. Deswegen habe ich auch Schiss Auto zu fahren. Denn ich habe nach dem Unfall den Führerschein noch einmal gemacht. Aber in Stuttgart brauche ich eh kein Auto :).

Bestimmt 10 Jahre lang habe ich nicht mehr geträumt, zumindest nicht bewusst. Später habe ich dann ca. einmal im Monat geträumt und jetzt bestimmt einmal in einer Woche :). Auch spüre ich auf der rechten Seite immer noch nicht so viel. Ist aber schon deutlich besser geworden! Wenn meine Gotti (Patentante) mich besucht hat, hab ich immer eine Fußreflexzonenmassage von ihr bekommen. Das war schön und es war total interessant, wie meine Füße da reagiert haben!

Im dritten Jahr in Gailingen hatte ich noch 9 Monate Berufstherapie. Da schauten wir, was ich beruflich machen könnte. Gymnasiallehrerin, mein Traumberuf, klappte ja definitiv nicht mehr. Jeder meinte aufgrund der Tests, ich müsste Bauzeichner werden. „Das ist das Einzige, was man in deiner Situation machen kann.", sagten sie. Das hat mir nicht so gut gefallen, aber ich hatte erst einmal keine andere Chance.

Nach meiner Reha bin ich ein halbes Jahr nach Nürnberg gegangen. Da habe ich Einhandschreiben am PC gelernt und habe den Entschluss gefasst, dass ich die Ausbildung zur Bauzeichnerin nicht machen möchte, da ich keine Lust hatte, diesen Beruf ein Leben lang auszuüben. Deswegen habe ich im Anschluss ein halbes Jahr viele Praktika ausprobiert, um herauszufinden, was mir Spaß macht. Diese Praktika absolvierte ich u.a. im Altenheim, in der Gastronomie, an der Hotelrezeption, in der Pharma, in der Betreuung behinderter Kinder und Erwachsener…

Meine Englischlehrerin im Jugendwerk, der ich noch ab und zu geschrieben hatte, hat mir ein Praktikum im Bioladen besorgt. Das war toll und da habe ich gemerkt, dass es gleichzeitig für mich Therapie ist z.B. bei den Tätigkeiten mit der Hand, Laufen für die Beine und mit Kunden reden, was gut für meine Sprache ist. Mein einziges Kriterium war, dass ich in eine Stadt mit Studenten komme. Somit bin ich nach Stuttgart gegangen und habe da einen Abschluss als Einzelhandelskauffrau gemacht. Es war nicht ohne, aber ich habe es geschafft. Meine Logopädie in Stuttgart hat, was ich in der Berufsschule gelernt hatte, umformuliert in Übungen! Das war genial. So hatte ich zwei Fliegen mit einer Klatsche gefangen!

Da habe ich in einer 7er-WG gelebt. Das war auch eine gute Übung für meine Sprache. Wir haben sehr viele lustige Momente gehabt, da ich öfter mal das falsche Worte gesagt habe.

Eine Mitbewohnerin erinnerte sich noch, dass ich nicht „Wunderkerze" sondern „Kunderwerze" gesagt habe oder aus „Basilikum" wurde „Brasilien". Ich konnte es immer wieder wiederholen, es kam immer das Falsche raus! Vor meiner Ausbildung bin ich noch nach Aachen in die Reha gegangen. Das war gut! Deswegen wollte ich nach meiner Ausbildung auch noch einmal dort hingehen. Leider haben sie mir die Rückmeldung gegeben, dass ich jetzt zu gut wäre und sonst die Studien von ihnen zu ungenau wären. Das fand ich erst ziemlich blöd, war aber im Nachhinein gar nicht schlecht, denn somit wäre ich niemals auf Lindlar gestoßen. Diese Rehabilitation war auch sehr erfolgreich. Hoffentlich darf ich da noch einmal hin! Denn ich hatte da 15 Mal in der Woche Logopädie und einmal am Tag Ergo- und Physiotherapie, was mir sehr geholfen hat. Bei der Logopädie hab ich zum ersten Mal ein Buch gelesen. Zwar mit vereinfachter Schrift, aber immerhin. Außerdem habe ich die Wörter „drücken" und „ziehen" geübt, da ich es immer andersrum gesagt habe und natürlich viele andere tolle Dinge.

Im Moment lebe ich in Stuttgart in einer großen WG, arbeite im Einzelhandel und habe mehrmals in der Woche Logopädie, Ergotherapie und Physiotherapie. Ich bin immer noch motiviert an mir zu arbeiten und genieße mein Leben sehr!

Mein Motto: Genieße jeden Augenblick! :)

Vielen herzlichen Dank nochmal an die Familien, Freunden, Bekannten und Therapeuten, die mich begleitet und unterstützt haben am Anfang, in der Mitte und jetzt! :)

Das habe ich nicht alles selber formuliert, da es für mich immer noch eine Herausforderung ist. Hier ist noch ein Video, das Ende der Rehazeit in Gailingen gedreht wurde:

https://youtu.be/KIER4Vjclj4

Hier meine Antworten zu den Interview-Fragen:

1) Was Ihnen bisher am meisten geholfen hat, aus dem „Schweigen" heraus zu kommen?

- viel Reden ohne Angst davor Fehler zu machen!

- Selbstvertrauen, keine Angst unter die Leute zu gehen!

2) Was Sie aus eigener Initiative selbst getan haben, um aus dem Schweigen heraus zu kommen?

- Logopädie!

- Berufswahl -> motorisch + sprachlich anspruchsvoll und sich nicht schonen.

- WG - Leben! Viele Menschen um mich haben

3) Was oder wer Ihnen behilflich war, die Zeit der Schwierigkeit ohne Sprache besser zu ertragen?

- Meine Familie und Freunde! Sie haben mir wirklich sehr geholfen und mich unterstützt!

Auch natürlich die Therapeuten.

4) Was Sie bei dem ganzen Bemühen im Leben ohne Sprache als das Wichtigste ansehen?

- Familie und Freunde!!!

5) Welches schlimmste Erlebnis Sie in der Zeit mit Aphasie hatten?

- Als sie in Gailingen und in Nürnberg gesagt haben, dass ich Bauzeichnerin werden soll.

Ich wollte nicht die ganze Zeit vor dem PC verbringen!

6) Welches schönste Erlebnis Sie in der Zeit mit Aphasie hatten?

- Ich habe viele neue Freunde aus der Reha kennengelernt und tolle Erlebnisse gehabt!

7) Was Sie kurz nach dem Erlebnis empfunden und gedacht haben, wie es weitergehen würde?

- Ausmaß war nicht ganz bewusst. Dachte in einem halben Jahr ist alles wieder vorbei.

8) Wie für Sie die depressiven Momente aussehen bzw. aussahen, was Sie gefühlt, gedacht und erlitten haben?

- Wollte mein altes Leben wieder zurück!

Selina S.

10.9 Bericht Stefan Raab

Darstellungen mit Hilfe der Sprachtherapeutin. Der Textleitfaden sind die 30 Interview-Fragen

Frage 1: *Mein Name ist Stefan Raab. Ich bin 56 Jahre alt und in Erlenbach a. Main geboren, habe aber viele Jahre in Bad Wiessee am Tegernsee gelebt. Dort habe ich mit meiner vor ein paar Jahren leider verstorbenen Frau gewohnt. Wir haben keine Kinder. Gearbeitet habe ich als Papiertechniker am Starnberger See.*

Am 19.04.2014 habe ich einen Schlaganfall erlitten. Mein Hausarzt hielt meine starken Kopfschmerzen für Grippesymptome. Ich war anschließend 4 Stunden mit dem Auto nach Bad Wiessee unterwegs, kam von der Autobahn ab und hielt am Seitenstreifen. Ich wollte mit dem Handy meine Frau anrufen, aber ich konnte überhaupt nicht mehr sprechen. Sie hat mich dann über die Polizei orten lassen; das hat aber 4 Stunden gedauert, bis sie kamen. Ich war mit meiner Frau glücklich verheiratet. Sie hat wie ich immer sehr viel gearbeitet. Wir haben keine Kinder. Sie ist leider plötzlich vor ein paar Jahren an Bauchspeichel-Drüsenkrebs verstorben. Die Zeit und einige Jahre danach waren für mich sehr schlimm. Im LogoZentrum Lindlar war ich vom 11.11.20 -09.12.20.

Frage 2: *Ich habe inzwischen zu sprechen gelernt, auch wenn es immer noch mühsam ist. Ich würde sagen, ich bin bisher gut aus dem Schweigen herausgekommen.*

Frage 3: *Am meisten hat mir die Sprachtherapie geholfen. Ich bin bei einer sehr guten Sprachtherapeutin, die sich immer mit großem Engagement um meine Sprache und mich gekümmert hat.*

Frage 4: *Aus eigener Initiative bin ich vor einigen Jahren zu einer Selbsthilfegruppe in Aschaffenburg gegangen. Auch wenn wir in der Gruppe oft spielen und nicht so viel sprechen, freue ich mich immer, die anderen Aphasiker zu treffen und mich mit ihnen zu verständigen. Wir kennen uns ja inzwischen schon gut. Ansonsten habe ich immer fleißig die Hausaufgaben meiner Sprachtherapeutin gemacht. Allerdings konnte ich lange nicht alleine üben, sondern es musste mir jemand helfen, der mein Sprechen korrigiert hat und bei dem ich von den Lippen ablesen konnte. Meine Schwiegermutter hat mir da viel geholfen.*

Frage 5: *Meine Frau hat mir einen kleinen Hund geschenkt. Ich bin auch Jäger und habe Hunde gern. Sie dachte, dann bin ich nicht so allein. Aber es war schwierig, ihn richtig zu erziehen, weil er meine Befehle nicht gut verstehen konnte.*

Frage 6: *Regelmäßiges Üben; das Erlernen einzelner Laute und Silben, bis ich Worte und jetzt Sätze sprechen konnte. Meine Therapeutin hat mir auch die „DVDs Artikulation" aus Lindlar gegeben und wir haben in der Therapie auch damit zusammen geübt. Meine Therapeutin hat mit mir immer wieder Übungen für die Sprechapraxie von der EKN-Entwicklungsgruppe von Wolfram Ziegler aus München gemacht, mit vielen Wiederholungen. Später musste ich Grammatik wieder neu lernen, auch das Schreiben und auch die Wortfindung. Ich konnte zwar schon besser sprechen, aber es fielen mir keine Worte ein, wenn ich etwas sagen wollte. Es war wie ein schwarzes Loch in meinen Kopf. Auch musste ich lernen, mich nicht mehr so aufzuregen, wenn ich etwas nicht gleich sagen konnte. Manchmal hat meine Therapeutin Gruppentherapie mit 2-4 Personen durchgeführt. Das fand ich gut und hat mir auch sehr geholfen. Auch der Aufenthalt in Lindlar war sehr gut.*

Frage 7: *Wichtig für mich ist der Kontakt zu anderen Menschen und meiner Familie. Auch die Kommunikation mit WhatsApp ist für mich wichtig. Auch das habe ich mit meiner Therapeutin geübt.*

Frage 8: *Ich habe immer versucht, ein relativ normales Leben zu führen. Bin spazieren gegangen, habe mich mit anderen Menschen getroffen, mache regelmäßig Ergotherapie und Physiotherapie und seit einiger Zeit übe ich im Fitnessstudio. Die Übungen meiner Sprachtherapeutin habe ich immer regelmäßig gemacht. Sie hat immer gesagt, dass das wichtig ist. Auch habe ich manchmal gelesen. Lesen/hören und verstehen konnte ich von Anfang an ganz gut.*

Frage 9: *Das bisher schlimmste Erlebnis war die Zeit als meine Frau so schwer krank war und dann gestorben ist und ich nicht mit ihr darüber sprechen konnte. Ich war da einfach nur traurig und hilflos.*

Frage 10: *Mein bisher schönstes Erlebnis nach dem Schlaganfall ist die Zeit mit Gabi, meiner neuen Partnerin. Wir unternehmen viel, kochen gemeinsam, gehen mit dem Hund spazieren und verstehen uns gut, auch wenn es manchmal anstrengend ist, weil sie mich immer auffordert, mit ihr zu sprechen.*

Frage 11: *Ich habe nach dem Schlaganfall gedacht, dass ich in 1-3 Monaten wieder sprechen kann. Als das nicht so war, war ich erst einmal ziemlich verzweifelt.*

Frage 12: *Ich dachte „Scheiße".*

Frage 13: *Ich komme inzwischen ganz gut zurecht. Aber das Sprechen und auch das Schreiben sind immer noch anstrengend. Einfach so spontan sprechen geht nicht.*

Frage 14: *Ich frage mich manchmal, ob ich noch viel besser werden kann und wie lange das wohl dauert.*

Frage 15: *Glück und Freude erlebe ich mit meinem Hund Bazi und mit meiner neuen Partnerin Gabi.*

Frage 16: *Trauer, Wut, Verzweiflung oder Zukunftsängste empfinde ich nicht.*

Frage 17: *Negative Gefühle habe ich, wenn ich an die letzte Zeit mit meiner Frau denke, als sie so krank war, ständig Schmerzen hatte und ich ihr nicht helfen konnte. Ich konnte nicht einmal mit ihr reden.*

Frage 18: *Manchmal macht es mich auch noch wütend, dass ich nun schon sechs Jahre an meiner Sprache arbeite, aber ich immer noch nicht einfach ohne Anstrengung sprechen kann. Im Alltag hat mich die viele Bürokratie mit Ärzten, der Krankenkasse oder den Verordnungen für die Therapie oft genervt. Meine Sprachtherapeutin hat da viel für mich erledigt.*

Negative Gefühle wie Wut habe ich, weil ich nicht richtig sprechen kann. Trauer, wenn ich an meine Frau denke. Zukunftsangst habe ich nicht.

Frage 19: *Weniger stark sind diese negativen Gefühle, wenn ich mit meiner neuen Partnerin Gabi zusammen bin; auch in der Sprachtherapie oder in der Selbsthilfegruppe habe ich diese negativen Gefühle nicht.*

Frage 20: *Ich bin mit meiner Sprachtherapie sehr zufrieden. Gewünscht hätte ich mir, dass es häufiger kleine Gruppensitzungen gibt.*

Frage 21: *Ich schätze die Sprachtherapie sehr. Ich bin insgesamt mit der Sprachtherapie sehr zufrieden. Meine Therapeutin hat die Übungen immer wieder angepasst und geht auf meine Probleme ein.*

Frage 22: *Den Erfolg der Sprachtherapie merke ich daran, dass ich wenigstens ein wenig sprechen kann, zum Glück alles verstehe und auch das Schreiben besser geworden ist.*

Frage 23: Hätte die Sprachtherapie öfter stattfinden sollen? *Ja. Ich habe in der Regel 2x in der Woche 60 Min. Therapie.*

Frage 24: Würden sie 10 Stunden Sprachtherapie in der Woche, also 2x täglich durchhalten? *Nein, das wäre mir zu viel, weil ich auch noch andere Dinge tue. 5x in der Woche würde ich schaffen.*

Frage 25: Viele Therapeuten empfehlen täglich das eigene Üben. Was ist ihre Erfahrung?

Bei der Ergo- und Physiotherapie ist das nicht der Fall. Meine Sprachtherapeutin gibt mir fast immer Übungen mit und sagt, dass ich regelmäßig üben muss.

Frage 26: Halten sie eigene Sprachübungen (ohne Hilfe) für sinnvoll?

Eigene Übungen wie Sprechen sind für mich schwierig, weil ich eine Kontrolle brauche. Lesetexte mit Fragen oder Schreibübungen (z.B. Grammatik) mache ich alleine. Anderen Aphasikern sage ich nicht meine Meinung. Das macht kein Aphasiker, den ich kenne.

Frage 27: Führen sie selbst regelmäßig eigene Sprech-/Sprachübungen durch?

Ja, siehe oben.

Frage 28: Wenn Sie üben, dann sagen Sie bitte was Sie üben und wie Sie üben und welche Erfahrungen Sie damit machen?

Ich lese Texte und beantworte Fragen, ergänze Sätze, mache schriftliche Grammatikübungen, übe WhatsAPP Fragen schriftlich zu beantworten, mache Wortfindungsübungen etc. Das geht alleine. In der Therapie bespreche ich dann die Hausaufgaben.

Frage 29: Welche Erfahrungen haben sie mit Sprachprogrammen im Internet gemacht? Welches Programm finden sie gut?

Ich habe anfangs mit den Logovid Artikulationsübungen geübt. Das hat mir gut geholfen. Später habe ich auch mit neolexon geübt; nach einer Zeit fand ich es aber langweilig. Die Logo Medien ‚Selber besser sprechen' haben bei mir bis jetzt leider nicht funktioniert. Das habe ich in Lindlar gemacht und das fand ich gut.

Frage 30: Welche Übungsinhalte können sie anderen Aphasikern empfehlen? Nennen sie 3 Beispiele.

Logovid Artikulation; Gruppentherapie (PACE oder CIAT); gute Sprachtherapie, die genau mein Problem behandelt und mir erklärt, warum ich bestimmte Übungen brauche, um besser zu werden.

Stefan Raab

10.10 Bericht von Prof. Dr. Wilhelm Schä.,

Kombination aus der Beantwortung der 30 Interview-Fragen und eigener, selbstgeschriebener Erzählung.

Ich heiße Wilhelm Schä., bin 67 Jahre alt, habe seit 5 Jahren eine Aphasie. Ich bin verheiratet, habe zwei erwachsene Kinder.

Meine berufliche Tätigkeit war Informatiker und Hochschullehrer an der Universität Paderborn. Ich hatte einen Schlaganfall. Ich konnte auch den rechten Arm und das Bein nicht fühlen. Heute habe ich den Rollstuhl nur noch für Strecken ab 500m dabei. Mein Arm macht eher nicht viel, meine Hand einige wenige Bewegungen. Ich bin Rechtshänder mit gelähmter rechter Hand.

Frage 2: Wie ist Ihr Gefühl: Wie sind Sie bisher aus dem Schweigen herausgekommen ?

Ich habe das Gefühl, sehr gut aus dem Schweigen herausgekommen zu sein. Ich kann wieder lesen, sprechen und schreiben. Dabei hat mir am meisten geholfen, dass ich Worte gesprochen und gelesen habe, dann Sätze, Absätze und dann mal einen ganzen Artikel. Immer habe ich selbst erst gesprochen und gelesen – allein und laut. Dann auch mit meiner Frau, meinen zwei Töchtern und später Krankenschwestern, Nachbarn und Freunden.

Frage 4: Was haben Sie selbst aus eigener Initiative getan, um sich aus dem Schweigen zu befreien und wieder mehr Sprache zur Verfügung zu haben ?

Aus eigener Initiative habe ich immer erst selbst gesprochen und gelesen und erst seit 1 ½ Jahren wieder geschrieben. Zurechtkommen heißt für mich: wieder Leute treffen, Fußball im Stadion gucken, zum Stammtisch gehen, in ein Restaurant gehen, usw. Das tue ich wieder.

Frage 8: Gibt es bei Ihnen so etwas wie Grundsätze, die Sie einzuhalten pflegen ?

Grundsätze gibt es nicht, in der Kommunikation mit anderen Menschen aber auch nicht beim Tagesablauf oder beim Lernen.

Frage 11: Welche Gedanken kamen, als Sie den sprachlosen Zustand kennengelernt hatten ?

Ich glaube es gab keinen Zustand vollständiger Sprachlosigkeit. Ich war aber circa 1 Jahr nur mit ca. 30 Worten da. Dann ist es immer mehr geworden. Anfangs habe ich auch nur wenig Worte gelesen.

Frage 13: Wie ist es jetzt mit Aphasie, ohne die früheren Sprachfähigkeiten, wie lebt es sich ohne sie ?

Aktuell kämpfe ich jeden Tag mit mir und meinem Gehirn, um meine Gedanken klar und verständlich auszudrücken. Es werden immer noch Fortschritte gemacht.

Frage 14: Welche Fragen drängen sich heute auf, nachdem Sie bereits einige Zeit mit der Aphasie und ihren sozialen Folgen haben leben müssen ?

Joggen, Ski fahren oder andere Sportarten gehen nicht mehr. Aber beim Lesen, Sprechen und Schreiben sind noch viele Fortschritte möglich. Mal sehen, was noch kommt.

Frage 15: Was erzeugt bei Ihnen positive, freudige Gefühle ?

Ich habe wieder positive Gefühle. Diese kommen auf beim Spielen, beim Fußball, bei Gesprächen. Erfolgsgefühle habe ich, wenn ich merke, dass ich wieder gewinnen kann. Ausschließlich Glücksgefühle sind nicht mehr da.

Frage 16: Wann und bei welchen Gelegenheiten kommen negative Gefühle auf ?

Trauer kommt auf, wenn sich falsche Freunde nicht mehr mit mir treffen wollen. Wut und Verzweiflung spüre ich oft in den Therapien. Zukunftsangst verspüre ich manchmal aber so gut wie gar nicht. Frust habe ich immer dann, wenn eine Sache nicht klappt.

Frage 20: Sie schätzen die Bedeutung der Sprachtherapie wahr scheinlich hoch ein. Gibt es etwas in der Sprachthera pie, was dringend verbessert werden müsste ?

Sprachtherapie ist weniger und weniger geworden. Trotzdem ist es immer noch gut hinzugehen. Es waren mal vier oder fünf Einheiten die Woche, heute ist es nur noch eine Einheit. Hausaufgaben sind kurze Artikel, Frage / Antwortbögen ausfüllen, laut sprechen, lesen oder schreiben oder auch eine Unterhaltung führen.

Frage 21: Wie lautet Ihr bisheriges Gesamturteil über die Wirkung Ihrer bisherigen Sprachtherapie ?

Vier Therapeuten waren wirklich sehr gut – der allererste, Frau Müller, Sie und die Therapeutin, bei der ich jetzt noch bin. Alle anderen, zehn Therapeuten oder mehr, waren nicht gut. Dabei hat es auch Therapeuten gegeben, die wirklich schlecht waren.

Frage 22: Woran machen Sie den Erfolg Ihrer Sprachtherapie fest?

Den Erfolg der Therapie spüre ich deutlich, dadurch, dass ich ja nur zwei oder drei Worte sprechen konnte. Jetzt kann ich schonmal fünf Minuten normal sprechen. Das Gelernte behalten und wiedergeben ist bei mir sehr gut. Es ist jedoch immer noch langsam. Ich kann Handschrift und Computerschrift beide wieder schreiben.

Frage 23: Hätte die Sprachtherapie bei Ihrer örtlichen Logopädin öfter stattfinden sollen ?

Intensive Sprachtherapie brauche ich nicht mehr wirklich.

Frage 27: Führen Sie selbst regelmäßig eigene Sprach- und Sprechübungen durch ?

Ich übe jeden oder jeden zweiten Tag Sprechen und lautes Lesen. Ich bin unglücklich darüber, dass ich immer mal wieder etwas nicht schaffe, weil ich faul war.

Frage 29: Welche Erfahrungen haben Sie bisher gesammelt im Umgang mit Sprachprogrammen im Internet für aphasisch Betroffene ?

Ich habe mal mit dem einen und dem anderen Programm für aphasisch Betroffene rumgespielt, aber es hat nichts gebracht. Ich habe immer mal wieder mit anderen Personen gesprochen aber nicht mit anderen Aphasikern.

Ich habe diesen Text selbst geschrieben bis auf einige Ergänzungen. Das war eine gute Erfahrung und hat Spaß, da viele Sätze auf Anhieb stimmten. Ich habe den Text erst in Handschrift geschrieben. Das war nur ich selbst. Dann haben wir (meine Tochter und ich) ihn übersetzt.

Dr. Wilhelm Schä.

10.11 Noemi Fink:

„Wie ich so weit kam, wo ich heute stehe !"

Ich bin heute eine Frau von 26 Jahren und wohne mittlerweile wieder in einer eigenen Wohnung, allerdings in der Nähe meiner Eltern.

Ich war Studentin an der Wiener FH für soziale Arbeit, als ich plötzlich – nach einem Langzeitpraktikum in einem SOS-Kinderdorf auf Mauritius – einen schweren Schlaganfall erlitt. Wie aus heiterem Himmel hatte sich mein ganzes bisheriges Leben auf den Kopf gestellt!

Nach fast dreiwöchigem Koma, Entfernung der Hälfte meiner Schädeldecke, musste ich mit dem Erwachen feststellen, dass ich meine rechte

Körperhälfte nicht mehr spürte. Das war das erste, dessen ich mir mit Schrecken und großen Ängsten bewusstwurde. Erst allmählich fiel mir auf, dass ich wenig verstand von dem, was mir die Menschen um mich sagten, geschweige denn ich ihnen antworten konnte. Meine Mutter war täglich bei mir, viele Stunden, um mir zu erzählen, mir vorzulesen, mit mir zu essen bzw. mich zu füttern und zu waschen und anzukleiden. Das war für mich damals viel schlimmer als die Sprachlosigkeit. Diese hatte ich erst nach und nach realisiert. Die Angst, mein Leben lang im Rollstuhl zu sitzen, war wesentlich größer.

Mit viel Ehrgeiz begann ich alles zu tun, um wieder selbstständiger zu werden. Zu Weihnachten konnte ich bereits – mit Stütze – gehen und auch mich selbst waschen und ankleiden. Mit der Sprache sollte es nicht so schnell funktionieren! Nach einem 7-wöchigen Aufenthalt auf der Stroke-Station im allgemeinen KH, bekam ich die Möglichkeit, auf Rehabilitation ins Neurologische LKH Hochzirl zu kommen.

Das hatte meine Mutter bewirkt, die mit vielen Verwandten, Freunden und Ärzten gesprochen hatte und das als die beste Klinik in Österreich für meine Situation genannt bekommen hatte. So war es auch – ich kann Hochzirl nur jedem empfehlen!

Ich wurde von vielen liebevollen und auch humorvollen PflegerInnen und ÄrztInnen betreut, bekam täglich Logo-, Physio- und Ergotherapie, und meine Mutter konnte im Gästehaus nebenan ein Zimmer mieten. Sie war somit jeden Tag mit mir und ich durfte sie auch in ihrem Zimmer besuchen, wo wir Musik hörten, Puzzle legten, Kekse buken, malten oder sie mir vorlas. Sie war also irgendwie ebenfalls eine Therapeutin für mich.

Langsam begann ich, Wörter aufzuschreiben, die ich nicht sagen konnte. Ich übte das Schreiben in Form von Gruß- und Geburtstagskarten, die mir Mama vorschrieb. Schon sehr bald kamen wir drauf, dass ich singen konnte. All die Lieder, deren Texte ich auswendig kannte, konnte ich singen! So fuhren wir durch den Krankenhauspark und ich sang Schlaflieder und andere Kinderlieder. Wir lachten viel, was mir guttat – und mir heute noch so wichtig ist! Wir gingen viel spazieren (vorerst noch mit Rollstuhl), mein Vater kam jedes Wochenende, meine Geschwister und Verwandten, meine Freundinnen und mein damaliger Freund kamen auf Besuch, sogar Kinobesuche oder mal Essen gehen, in den Zoo gehen, … waren möglich.

Vieles verstand ich sprachlich nicht oder nur Teile, aber ich war nach wie vor ein Teil meiner Familie und meiner Freunde. Das Gefühl war und ist mir ganz wichtig! Meine Sprachlosigkeit wurde mir immer bewusster, aber durch die Anwesenheit all der anderen Aphasiker und die meiner Mutter konnte ich die Zeit nützen, um mich mit diesem neuen Leben zu arrangieren und mir ein Ziel zu stecken. Irgendwann wollte ich mein Studium wieder aufnehmen können – daran halte ich bis heute fest. Und wenn es noch 10 Jahre dauern sollte, ich will das erreichen!

Nach vier Monaten wurde ich nach Hause entlassen. Was für eine Freude! Allerdings begann der Alltag, der mich merklich mehr belastete, da ich oft an Grenzen stieß. Ich wollte einerseits niemandem zur Last fallen, anderseits wusste ich, dass ich auf andere angewiesen war, was mir sehr unangenehm war. Ich musste lernen hinzunehmen, dass mein Umfeld nicht immer alles so verstand, wie ich es wollte. Ich musste hinnehmen, dass meine Eltern jede Aktivität, jede Nachricht meines Freundes oder meiner Freundinnen mitbekamen bzw. mir vorlesen und erklären mussten. Ich musste akzeptieren, dass ich selbst nicht einkaufen gehen konnte, mich auch nicht getraute, alleine wo hinzugehen. Das hätte mich vielleicht in schwierige Situationen gebracht, die ich vermeiden wollte.

Bald aber lernte ich meine Mankos zu kompensieren und Strategien zu entwickeln, die es mir ermöglichten, auch Kontakt mit anderen aufzunehmen, ohne dass mein Nicht-sprechen-können nicht sofort auffiel oder ich mich in eine peinliche Situation brachte. Ich lernte Allgemeinfloskeln wie „Hallo", meinen Namen, „Wie geht es dir?", „Ja" und „nein" (wobei ich anfangs den Unterschied nicht kannte!), … und ich begann, Mimik und Gestik verstärkt einzusetzen, um mich verständlich zu machen. Ich lachte viel und nickte oft, auch wenn ich nicht alles verstand, was mein Vis-a-vis sagte.

Bald schon versuchte ich mich mit meinem Handy. Ich lernte die „Vorlesefunktion" kennen und nutzte diese. Ich begann, von anderen Nachrichten Teile abzuschreiben, von denen ich den Inhalt verstand. Ich sah mir Bilder im Internet an und suchte das Wort dafür oder umgekehrt gab ich Wörter ein, die ich hörte oder las, um mir ein Bild dazu zu suchen und das Wort somit zu verstehen. Ich versuchte bei Gesprächen dabei zu sein und wenigstens Teile daraus zu verstehen – auch wenn ich manchmal lieber gegangen wäre. Auch körperlich wurde ich zunehmend selbstständiger und brauchte meine Mutter immer weniger. In Hochzirl hatte ich eine Schuhbinde-Technik gelernt, die mit einer Hand funktioniert. Das mach ich heute noch so. Auch verwende ich statt eines Gürtels ein Schuhband, wobei ich die gleiche Technik anwende. Ich kann mir heute selber eine Frisur machen, den BH schließen, ….

Ich brauche für alles viel länger als früher, und es ermüdet mich schneller, da alles hohe Konzentration abverlangt. So hab ich gelernt, mir den Tag anders zeitlich einzuteilen. Ich weiß zum Beispiel, dass ich morgens Zeit brauche, um mich anzukleiden, in Ruhe mein Müsli herzurichten und Kaffee zu kochen. Hektik oder Stress kann ich dabei nicht brauchen und hielte ich nicht aus. Mittags lege ich mich nieder – diese oftmals nur halbe Stunde brauche ich, um mich zu erholen und wieder konzentrieren zu können auf Bewegung, Verstehen und Sprechen.

Einige Monate, nachdem ich zuhause war, durfte ich abermals auf Reha fahren, diesmal nur 30 km von meinem Heimatort entfernt. Von nun an fuhr ich ca. zweimal jährlich auf Therapie. Glücklicherweise erfuhren wir über eine Professorin meines Bruders vom Logozentrum Lindlar.

Da möchte ich gleich einen heißen Tipp abgeben. Schämt euch nicht, wenn eure Angehörigen mit anderen über euch – natürlich immer wohlwollend – sprechen. Ich habe verstanden, dass dadurch meine Eltern sehr viele Informationen, die zur Verbesserung meiner Aphasie und der Hemiparese führten, bekamen, die wir sonst nicht hätten!

Jedenfalls war ich seither bereits vier Mal in Lindlar und werde hoffentlich bald wieder hinfahren dürfen. Ich freue mich immer sehr darauf, weil ich weiß, wenn ich nach vier Wochen nachhause zurückkehre, habe ich wieder viel gelernt. Die viele Logopädie – ob in der Gruppe, zu zweit oder alleine – macht es aus. Die ständige Wiederholung des Gehörten bzw. Gelernten, die Anstrengung und hohe Konzentration, die von uns gefordert wird, machen aus, dass wir uns doch einiges merken und zuhause anwenden können. (Das bietet mir in Österreich leider keine Einrichtung!) Allerdings muss ich dann wirklich auch zuhause das festigen, was ich gelernt habe. Das heißt, dass ich es anwenden muss und mich selbst fordern muss. Meine Familie und mein Freund wissen das und fordern mich insofern, als sie oft wissen, was ich sagen möchte, aber warten, bis ich es formuliert habe. Das ist auch sehr wichtig! Nicht nur ich, sondern auch mein Umfeld braucht also viel Geduld, die ich von ihnen erwarte, vor allem wenn es mir gut geht und ich nicht zu müde bin. Eigentlich ist das meine Art von Therapie, die ich im Alltag anwende. Ich versuche mich in all dem, wo ich merke, dass ich es kann, wenn ich mich anstrenge. Im Moment ist es zum Beispiel die Uhrzeit oder Zahlen. Ich kann sie schon ganz gut, muss mich aber bemühen. „Gebt mir die Zeit, dann sag ich es euch."

Der schönste Moment in den letzten Jahren war der, als ich eine eigene kleine Wohnung mieten durfte. Meine Eltern wussten, wie wichtig das für mich war und ermöglichten mir das. Sie wohnen in meiner Nähe und sind immer da, wenn ich sie brauche. Dessen bin ich mir stets sicher. Aber ich konnte ab diesem Zeitpunkt Freunde einladen, ohne dass meine Eltern davon etwas mitbekommen mussten. Ich musste mich allerdings auch bemühen, einiges selbst zu tun, was ich bis dahin ihnen überlassen durfte (kochen, zusammenräumen, einkaufen, ...).

Seit eineinhalb Jahren darf ich im örtlichen Kindergarten mithelfen. Ich bin also jeden Vormittag 3-4 Stunden mit den Kindern und den KollegInnen, leiste meinen Beitrag, muss kommunizieren und komme dadurch unter die Leute. Das heißt auch, dass, wenn ich durch die Stadt gehe, ich gegrüßt werde von Bekannten. Es bedeutet aber auch, dass ich bei Festen eingeladen werde oder abends mit KollegInnen fortgehe oder sie mich besuchen. Ich habe damit nicht nur eine klare Tagesstruktur, sondern eine Aufgabe und Kommunikationstraining, und auch Kontakte! Das kann ich nur jedem raten! Was habe ich noch gemacht, dass es mir heute so gut geht, wie es mir geht?

Ich habe Trompete gelernt, da man für das Trompete spielen nur eine Hand braucht. Es macht mir Freude, ich habe eine Aufgabe, und es trainiert mein Gehirn.

Ich habe bereits 20 Stunden Neurofeedback konsumiert, das auch die Aktivitäten in meinem Gehirn verstärkt hat.

Ich habe einen Freund, den ich liebe und der mit mir auf Urlaub fährt, was ich unglaublich genieße. Wir Aphasiker haben ja normalerweise keinen Urlaub, da wir eigentlich immer trainieren und uns konzentrieren müssen, also immer gefordert sind. Aber aus dem Alltag rauszutreten und mit einer vertrauten Person in Urlaub zu fahren, Neues kennenzulernen, … das ist für mich sehr schön und wichtig.

Gesellschaftsspiele mit Freunden und Familie spielen. Ich spiele sehr gerne Kartenspiele, immer schon. Dabei ist es stets lustig, gute Stimmung und ich kann meine Intelligenz und mein Können unter Beweis stellen. Manchmal fühle ich mich ja doch unterlegen meinen Freundinnen und Brüdern gegenüber!

Viel lachen und nach vorne schauen, ein Ziel vor Augen haben!

Seit zwei Monaten habe ich ein Elektro-Dreirad und kann nun auch etwas weitere Strecken alleine zurücklegen und einkaufen fahren. Das genieße ich auch sehr. Außerdem war ich vor dem Schlaganfall Mountainbikerin, was ich sehr vermisse. Ich brauche zumindest die Bewegung. Ich habe viel Unterstützung erfahren durch Charity-Clubs oder auch den Fanclub des FC Sturm Graz. Sie haben mir PABLO geschenkt! Das ist ein wunderbares Therapiegerät, das am PC angeschlossen ist und mich selbstständig sowohl körperlich als auch sprachlich üben und trainieren lässt. Ich hatte dieses Gerät bereits in Hochzirl kennengelernt, nun habe ich ein eigenes Gerät zuhause!

Ich gehe wöchentlich in Logopädie, Ergo- und Hypotherapie. Auch das gibt mir nicht nur die Sicherheit, weiterzukommen, sondern auch Tagesstruktur.

Mir ist doch manchmal langweilig und da empfinde ich auch Einsamkeit. Meine Freunde sind mittlerweile alle berufstätig und haben wenig Zeit. Trotz meiner Aktivitäten habe ich mehr Zeit als sie. Dann wird mir bewusst, dass mein Leben anders ist, als ich mir das vorgestellt habe, dass ich gehandicapt bin.

Zirka einmal pro Woche falle ich dann in ein Loch, bin traurig und fühle mich einsam. Ich werde mir meiner „aufgezwungenen“ Lage bewusst und hadere mit meinem neuen Leben.

Doch gelingt es mir ansonsten, durch meine Fröhlichkeit und mein vorschauendes Denken und Nicht-Stagnieren meistens dem Leben zugewandt und zuversichtlich zu sein.

Noemi Fink

11.0 Der Buchinhalt in 43 Thesen

Die komplexe Übungsthematik fasse ich hier am Ende des Buches thesenartig zusammen.

11.1

Der größte Wunsch aphasischer Menschen ist, wieder sprechen und verstehen zu können. Der jetzige Aphasie-Status lässt sie leiden.

11.2

Die ***Tatsache, dass nach dem Schlaganfall mit Sprachverlust eine physiologisch-hirnorganische ‚Gesundung' ausbleibt, müssen wir leider akzeptieren. Aphasisch betroffene Menschen können ausschließlich durch sprachtherapeutische Maßnahmen hirnorganische und sprachliche Funktionsveränderung erwarten.***

11.3

Trotz der erschütternden Situation und düsteren Aussicht gibt es eine gewisse Hoffnung auf Verbesserung der sprachlich-sprecherischen Lage.

11.4

Zeit, Fleiß und Geduld sind für die Annäherung an die Therapie-Ziel-Erwartung gefragt. Der Weg aus dem aphasischen Status heraus ist ein längerer Prozess, für den die aphasisch Betroffenen einen langen Atem mitbringen sollten.

11.5

Das Lernen mit Aphasie ist ein „Schritt-für-Schritt-Lernen". Umfang und Dauer des ‚Lernens mit Aphasie' ist von der neuronalen Verarbeitungskapazität und von dem Lern-Motivationsgrad der aphasisch betroffenen Person abhängig.

11.6

In nicht wenigen Fällen zieht sich der ‚Therapieprozess' in unerwünscht endlose Länge hin.

11.7

Nach Erreichen der ersten positiven Übungs-Ergebnisse führen Sie bitte ein gesondertes, mutmachendes und aufklärenden Beratungsgespräch mit der aphasisch betroffenen Person durch mit dem Inhalt: „Du hast vom Anfang bis heute sprachliche Fähigkeiten entwickelt. Du bist besser geworden. Gratulation !"

11.8

Ergebnisreiche Lernerfahrungen lassen die aphasisch betroffene Person ‚kleine' Schritte in Richtung ‚Wieder-Sprechen-Können' spüren.

11.9

Viele aphasisch Betroffene erleiden Stress, wenn sie in Situationen geraten, in denen sie sich sprechsprachlich gefordert fühlen. Stress-Minimierung erreichen wir durch mehr Aktivitäten ohne sprachliche Anforderungen, z.B. durch Beschäf-

tigung im Garten, Reisen, Nutzen kultureller Angebote, Erlernen eines neuen Hobbys usw.

11.10

Trigger deine Sprach- und Sprechkompetenzen täglich.

So weit es dir mittlerweile möglich ist, sprich täglich einen kurzen kompletten Satz (SPO) über einen Gegenstand / über einen Menschen / über eine Gegebenheit in deiner Umgebung fehlerfrei.

Wenn dir das fehlerfreie Mitsprechen und dann das Nachsprechen Sprechen dieses Satzes sicher gelingt, dann wiederhole diesen Satz so oft, bis du dir das fehlerfreie Sprech-Handeln dieses einen Satzes „eingeprägt" hast und den Satz ‚auswendig' fehlerfrei sprechen kannst.

11.11

Finde das, was Dir am besten hilft. Probiere verschiedene Übungs-/ Hilfsmittel aus und versuche herauszubekommen, was Dir spürbar am meisten hilft, bestmöglich fehlerfrei zu sprechen / zu artikulieren / zu verstehen.

11.12

Nutze deine Laut-Lesekompetenz zum Üben deiner Sprechhandlungen. Mit deinem lauten Lesen übst Du klug zwei Funktionen gleichzeitig: Das ‚verstehende' Lesen und das kontrollierte (Aus-) ‚Sprechen der Schrift'. Lies jeden Tag 2 mal 5 Minuten laut und sprich dabei deutlich.

11.13

Mach aus Deiner Viertel-Stunden-Übung eine vollwertige ‚Übungstherapie'. Wenn du deine geordnete Viertel-Stunden-Übungssitzung mit Struktur (siehe Kapitel 8.3.4) konsequent durchführst, dann bekommst Du in der Übungssitzung mindestens nahezu die Lernwirkung einer logopädischen Therapiesitzung.

11.14

Verschaffe Dir täglich ein ‚fehlerfreies Sprecherlebnis' dadurch, dass du das „Vorspiel für fehlerfreies Sprechhandeln" (siehe unter PmL-S-Lernen Kapitel 7.4 und 7.5) nutzt. Dazu schaust du dir auf einem Foto eine Handlung / ein Geschehnis / eine Gegebenheit an und hörst dir dazu immer wieder einen und denselben kurzen Satz zigmal aufmerksam an und merkst dir den Sprachklang des Satzes so oft, bis du diesen Satz 5mal fehlerfrei und (über-) deutlich mitsprechen kannst.

11.15

Alt gegen Neu: Bau neben das „kranke" aphasische Sprechen ein „neues, gesundes Sprechhandeln" auf, was du dann als „Ersatz" für das verlorene, „alte" Sprechen immer häufiger anwenden wirst.

11.16

Lerne für dich wichtige Sätze auswendig und dann fehlerfrei sprechen. Denk dir jeden Monat 5 Sätze aus, schreib diese auf und trainiere das „fehlerfreie" Sprechen dieser 5 Sätze so oft, bis du dir diese Sätze fehlerfrei „eingeprägt" und neuronal verankert hast. Sprich diese Sätze dann immer öfter, bis du sie auswendig sprechen kannst.

11.17

Zum Sprache-Üben bevorzuge bimodale Medien mit Abbildungen von Objekten mit schriftlicher Kennzeichnung und / oder schriftliche Texte, die vorgelesen werden (z.B. in Google oder in Hörbüchern) oder Apps (z.B. Neolexon®), die das Benennen hörbar machen. In Übungen stellt zur Zeit das PmL-S-Lernen mit seinen polimodalen Sprachpräsentationen das wirkungsvollste neuropädagogische Vorgehen zur Memorierung gesprochener Sätze dar.

11.18

Trainiere für eine gewisse Zeit täglich Deine Lesefähigkeiten, indem Du Dir einen Satz / Schriftsatz deutlich vorlesen lässt und Du ihn Wort für Wort mitliest. Du stimulierst dabei die für das Lesen unerlässliche Konversions-Fähigkeit (siehe dazu Kap. 8.5.2).

11.19

Übe oft und noch öfter das, was du schon kannst. Wiederhole es auch nach 4 Wochen so oft, bis es dir in Fleisch und Blut übergeht. Was hälst du von „Drill & Practice“ ? (siehe dazu Kapitel 8.5.6.6)

11.20

Übe stets „geordnet", d.h. nach einem Plan, mit einem Sprach- bzw. Sprechhandlungs-Ziel innerhalb einer bestimmten Zeit. Bau dir in Deine Tagesstruktur eine feste Übungs-Phase ein. (siehe Kapitel 8.4.4 ff).

11.21

Übe immer mal wieder (z.B. alle 3 Tage) das Nachsprechen so, dass Du Dir ein kurzes / längeres Wort / einen kurzen Satz / einen längeren Satz usw. Dir fünfmal anhörst und dann das Gehörte modellgetreu und fehlerfrei nachsprichst.

Eine Leistungssteigerung schaffst Du, wenn Du jedes Mal unmittelbar nach dem Wort- bzw. Satz-Hören für 1-3 Sekunden inne hälst und erst nach dieser Pause das gehörte Wort / den gehörten Satz sprichst. (siehe z.B. Kapitel 8.3.3)

11.22

Sprich viel, auch wenn es noch nicht fehlerfrei ist.

Mach dir jeden Tag klar, welches sprecherisches Ziel du im Moment verfolgst. Hol Deine Sprache aus dem „Schlummer-Modus" heraus. Sprich so viel wie möglich, auch wenn es noch schwerfällt und noch nicht fehlerfrei ist.

11.23

Welches Übungsziel hast Du für diese Woche festgelegt? Deine Übungen sind aus neuropädischer Sicht dann wirkungsvoll, wenn Du das vorher gedachte / geplante Zielhandeln in deiner konkreten Übungs-Handlung realisierst.

11.24

Schritte zum autodidaktischen Sprache-Lernen machst Du, wenn Du Dich z.B. mit dem PmL-S-Lernen näher befasst. Dabei kannst Du „autodidaktisch“, also „selbst“ Sprache lernen. Üben / Trainieren / Einprägen von Sprache wirken gut, wenn Du es konsequent, konstant und zielorientiert durchführst (siehe Kapitel 7.4).

11.25

LogoMedien® sind „klinisch“ erprobt und gut geeignet für selbstständiges Sprache-Lernen nach PmL-S.

11.26

Lerne Sätze sprechen mit Hilfe des PmL-S-Lern-Prinzips !

11.27

Häufiges Hören, Speichern und Wiedergeben des Gehörten ist für den nachhaltigen Aufbau des Sprechhandelns mit neu gelernten Sprachklangfolgen unerlässlich. Der deutsche Sprech- und Sprachklang ist jedem Muttersprachler von Kind auf bekannt. Der Sprachklang ist das Gesamt aus Stimmproduktion, Dynamik und artikulatorischer Geräuschbildung, das den spezifischen Klang des Gesprochenen ausmacht.

11.28

Polimodale, videobewegte Sprachinhalte sind monomodalen Medien in der Aphasie-Therapie überlegen. Seit längerem ist das bekannt (siehe dazu Lutz, L., (2010); (Mohr E. (2014); (Schweiger, Lea, Sollereder S. (2018).

11.29

Aktiviert Euch selbst lernwirksam. Warum ? Weil Ihr von der professionellen Sprachtherapie nicht so viel Wirkung erwarten könnt wie Ihr erhofft. (Middeldorf, V. (2017) Leserbrief); Grötzbach, H. (2015); Schneider, B., Wehmeyer, M. & Grötzbach, H. (2012). Unsere Erfahrung lehrt, dass das in der ambulanten, nicht-intensiven Therapiepraxis mit ein bis zwei Therapiestunden pro Woche kaum erreicht wird (z.B. Heck, N. (2017).

Deshalb empfehle ich jedem aphasisch betroffenen und lernmotivierten Menschen, sich mit dem geordneten, wirksamkeits-optimierten Üben (Durchführungs-Empfehlungen in Kapitel 8.4 ff.) zu beschäftigen.

11.30

Das für uns ‚stupide' wirkenden Drill&Practice wird ein Freude bereitendes Sprechhandeln, wenn du die in den letzten 4 Wochen neu gelernten Wörter, Sätze, Zahlen immer wieder wiederholst, z.B. Floskel- und Alltags-Sätze, die du i.a. in Zwiegesprächen gut gebrauchen kannst wie „Es geht so", „Ist ja toll", „Du hast recht", „Ich wünsch dir alles Gute" „Wie geht es dir ?", „Grüß schön", „Mach`s gut" usw.

11.31

Das intermittierende Wiederholen ist ein Überlernen (‚overlearning') dessen, was Du bereits einmal gelernt hast. Das ehemals gelernte Sprach- und Sprechhandeln prägt sich durch ‚over-learning' neuropädisch tiefer ein. Und es verhindert das schnelle Vergessen.

11.32

Nutze zum Aufbau Deines ‚neuen Sprechens' den Sprachklang, auf dem das Sprechhandeln aufbaut.

Wir erinnern uns an die Sprachklänge. Zwar nicht in Kleinkindmanier, aber auf Basis der natürlichen Sprachlern-Prinzipien, die wir aus den Anfängen des Sprache-Lernens kennen:

- *Die Sprachklänge der Sprachgemeinschaft wahrnehmen,*
- *diese speichern und verinnerlichen,*
- *die Bedeutung der gesprochenen Spracheinheiten wieder kennenlernen,*
- *die gelernten Sprachklanggebilde (Wörter, Sätze, Redewendungen usw.) sprechen (reproduzieren) lernen und*
- *mit der gelernten Sprache eigene Gedanken formulieren können.*

11.33

Zur Erinnerung: ***Durch ‚geordnetes Üben' machen wir die ‚nicht-intensive' ambulante Aphasie-Therapie effektiver und effizienter.***

Ich empfehle jedem aphasisch betroffenen und lernmotivierten Menschen, sich lernwirksam zu aktivieren. Und für ein geordnetes, wirksamkeits-optimiertes Üben rate ich folgende Durchführungs-Empfehlungen zu beachten:

- Geordnetes Üben hat Ziele und unterliegt bestimmten Durchführungsregeln,

- Nennen Sie das Übungs-Ziel für die nächsten Übungssitzungen in den kommenden 2 Wochen.

- Halten Sie über eine lange Zeit die Übungsfrequenz von einmal täglich 15 Minuten durch.

- Wiederholen Sie regelmäßig bereits gekonntes ebenso wie noch nicht so gut gekonntes Sprach- und Sprechhandeln (regelmäßiges Wiederholen, over-learning, intermittierendes Überlernen).

- Steigern Sie nur langsam (Schritt für Schritt) die Anforderungen an Ihre sprachlichen Fähigkeiten in der Übung („shaping") peu a peu.

- Wählen Sie Aufgabenstellungen, die animierend-emotionalen Bezug zu Ihnen haben (Kontext-Sensitivität sensu Grötzbach)

*- Reduzieren Sie nach und nach dosiert die Assistenz-Hilfsmaßnahmen der Übungspartner*innen (z.B. Lautierungs- oder Anlauthilfen geben) und entwickeln Sie in den folgenden Übungen einen höheren Grad an Übungs-Selbstständigkeit.*

- Verwenden Sie idealerweise Übungsmaterial oder Übungsmethoden, die von Ihnen weitgehend ohne Schwierigkeit selbst-ständig benutzt werden können.

11.34

Zum selbstständigen Üben des Lesens lohnen sich grundsätzlich mehrmodale und hochfrequente Präsentationen des zu lesenden Textes (Häufig wiederholtes Vorgesprochen- / Vorgelesen-Bekommen eines Wortes/eines Satzes/eines Textabschnittes.)

Damit triggern Sie Ihre Lese-Kompetenz und rufen Ihre Konversions-Prozesse zwischen Schrift und Lautsprache in Erinnerung.

11.35

Operatorische Frage-Antwort-Dialoge zwischendurch

*Wenn Sie gelernt haben, einen SPO-Satz als Aussage zu einem Geschehen fehlerfrei zu sprechen, dann stellen Sie selbst oder lassen Sie von Ihrer/Ihrem Übungspartner*in die* ***Frage nach dem Subjekt stellen****: **Wer** hat das und das gemacht ? oder: **Wer** ist diese Person ? Später fragen Sie weiter nach dem **Verb** oder auch nach der Objektergänzung und machen Sie sich die Struktur des Frage-Antwort-Dialogs bewusst. (Siehe weitere Details in Kapitel 8.4.6.2.1.1)*

Zahlreiche Studien zeigen, dass wir dem aphasischen, aber plastischen Gehirn sehr viel mehr Arbeit zumuten können als die staatlich verordnete Therapiemenge es zulässt.

11.36

Das ‚Vergessen des neu Gelernten' wird den gesamten Therapie-Prozess nicht mehr stören, wenn Du das ‚geordnete Üben' eine Zeit lang durchführst. So können sich Deine logopädisch-geordneten Übungen zu ‚kleinen, eigenen Spezialgebieten' am Rande Deiner Sprachtherapie entwickeln.

11.37

Um neben oder außerhalb der Sprachtherapie zu Hause erfolgreich weiter zu kommen, brauchst Du natürlich das Ziel

und den Willen, ein neues, fehlerfreies Sprach- und Sprechhandeln zu erlernen und dazu viel unermüdliche Mühe aufzuwenden.

11.38

Ein neuropädischer Übungs-Plan ist sehr sinnvoll. Denke immer wieder daran, dass das Sprache-Lernen mit Aphasie nicht mehr wie früher so gewohnt einfach geschieht.

11.39

Ruf Dir immer wieder das neu hinzugekommene, neu erlernte Sprach- bzw. Sprechhandeln auf, um Deine Sprach- bzw. Sprechkompetenz zu triggern und die neu gelernten Sprach- und Sprechhandlungsmuster neuropädisch zu verankern und abrufbar zu machen.

11.40

Fallt nicht auf die Fallstricke herein, die unser voraphasisches Erfahrungskonzept ungewollt spannt

Wir Menschen sind es gewohnt, dasjenige Handeln zielstrebig zu üben und zu verfeinern, durch das wir Situationsverbesserungen erwarten können oder diese erreichen müssen. Erinnern wir uns z.B. an die Phase der Vorbereitung auf eine Prüfung. „Das, was wir früher gepaukt haben, hat dann auch gesessen".

Das Üben bei und mit Aphasie' birgt „psychische Fallstricke" dergestalt, dass den aphasisch Betroffenen die früher (prämorbid) gewohnten Erwartungen an ein Geschehen geläufig waren und dass die erwarteten Umstände meist tatsächlich so eintrafen wie erwartet. Heute sieht das völlig anders aus. Heute werden die Sprache-Lernenden beim Lesen und Üben des neuen Sprachhandelns regelmäßig enttäuscht, weil sie eine baldige Sprach-Lern-Wirkung erwarten und doch immer wieder erkennen müssen, dass sie ihre Erwartung der momentanen Lerngeschwindigkeit noch nicht angepasst haben.

Die erwartete Wirkung einer Therapiemaßnahme in der Praxis wird nur nach längerer, intensiver Lernarbeit erkennbar.

Eine weitere „fallstrickähnliche Erkenntnis" ist, dass sich schnell die Erfahrung breit macht, dass ein ‚aphasisches Üben' unendlich dauert, bis erste ‚kleine Erfolgserlebnisse' hör- und sichtbar werden, wenn überhaupt.

Dieser zweite Fallstrick, die gehörig strapazierte Geduld der aphasisch betroffenen Person, lässt die anfängliche Geduld oft in Ungeduld umschlagen, wenn trotz eingebrachter Anstrengungen kein Vorwärtskommen zu spüren ist.

Die Negativwirkungen der Fallstricke lassen nach, wenn wir uns Gedanken machen über **effektiveres Üben mit spürbarer und nachhaltig-sprachlicher Wirkungsverbesserung.**

Wir kommen dabei nicht umhin zu fragen, welches Übungs-Handeln bei der einen aphasisch betroffenen Person erkennbar positiv wirkt und welche Maßnahme positiven Einfluss hat auf die andere aphasisch betroffene Person.

Um all das herauszubekommen, können wir den Übenden unterschiedliche Übungs-Formate zur Auswahl vorstellen,

z.B. das kooperative Üben mit Begleitperson, das Eigen-Üben ohne Übungs-Partner*in, das „Drill and Practice"-mäßige Power-Training, das bedächtige, auf Dialog-Basis ablaufende Üben, das wiederholte Basis-Training zur

Festigung neu erlernter Sprach- bzw. Sprechhandlungsmuster (z.B. lautes Lesen) usw.

11.41

Wir sollten unsere Übungssitzungen gemäß einem unverrückbaren Grundsatz gestalten: Jede Übungssitzung sollte <u>konstant positive</u> Lern-Effekte hervorbringen.

Mit positiven Lern-Effekten wecken wir bei der aphasischen Person positive Empfindungen.

Wir können positive Lernerfahrungen in Übungssitzungen generieren, wenn wir neues Sprach- bzw. Sprechhandeln über das ‚Schritt-für-Schritt-Vorgehen' erarbeiten.

„Je kleinschrittiger wir vorwärts gehen, desto schneller kommen wir voran". Je kleinschrittiger die aphasisch betroffene Person etwas tut, desto ‚näher' ist ihr die Sprachhandlung.

Die Auswahl der Übungsinhalte und deren Darbietung / Verwendung sollte einerseits dem Bedürfnis der aphasischen Person einerseits und andererseits der Eingeschränktheit ihres kognitiven Vermögens angemessen sein.

11.42

Nutzt die Euch zur Verfügung stehende Zeit ! Wenn ich mir überlege, dass die aphasisch betroffenen Personen über viel „therapiefreie Zeit" zwischen den Therapie-Sitzungen verfügen, dann ist es höchst traurig, dass in dieser Zeit des „Wartens auf die nächste Sitzung" bei vielen Betroffenen die ‚schlummernden' Ressourcen brachliegen und ungenutzt bleiben.

Ich würde mir wünschen, dass die aphasisch betroffenen Patient*innen während ihrer Warte-Freizeit idealerweise modellgebende, sprachaktivierende Stimulations-Angebote bekommen und diese nutzen können.

Aber das soll nicht zu Lasten ihrer Mitmenschen passieren – beispielsweise in der Form, dass die Partner*innen neben ihnen sitzen müssen und ihnen vorlesen oder mit ihnen beim Schreiben gemachte Fehler besprechen.

Ich meine, dass wir den aphasisch betroffenen Personen - die meisten sind ja lebenserfahren - über die von der Therapeutin aufgegebenen Übungen hinaus noch weitere sprach-stimulierende Aufgaben zur übungsmäßigen Bearbeitung anbieten sollten.

Das sind m.E. solche attraktiven Medien die sie befähigen, selbstständig etwas zu tun. Dazu gehören PC-basierte Aphasie-Programme wie z.B. Neolexon (siehe auch weitere Empfehlungen der Co-Autoren).

In diesem Zusammenhang möchte ich Ihnen empfehlen, sich einer Aphasiker-Selbsthilfegruppe anzuschließen. Dort werden Sie freundlich aufgenommen und verstanden. Dort kann man sich austauschen und man sieht, dass man nicht allein ist. Fortschritte der anderen Aphasiker können stark motivieren.

11.43

Das intensive Üben des PmL-S-Verfahrens nutzt auch aphasisch Betroffenen mit Sprechapraxie: Mit Hilfe hochfrequent wiederholter Speicherungen des Satz-Sprachklangs können auch sprechapraktische Patient*innen ein ‚sprachklangbasiertes' Satz-Sprechen erreichen.

Ich vermute, dass aphasisch-sprechapraktische Personen mit jedem gehörten Satz ihr vorhandenes Sprachklanginventar triggern und dabei in der Lage sind, die klangspezifischen Unterschiede bei den Vokalen besonders gut zu identifizieren und zu speichern.

Das oftmalige hörende Wahrnehmen und das Speichern der Wort- und Satzklangbilder wird darüber hinaus auch das sprechmotorische Inventar triggern, was bei der sich anschließenden Wiedergabe des Satzes das sprechmotorische System innerviert.

Schluss

Wir meinen sagen zu können, dass es mindestens einen von vielen Wegen aus dem Schweigen gibt.

Welcher Weg einzuschlagen gilt, das entscheidet jede aphasisch betroffene Person für sich.

Eine Bedingung jedoch gilt für alle aphasisch Betroffenen: Zum Erwerb von Sprache bei Aphasie gehört das übende Neu-Lernen.

Wir, die Autor*innen hoffen, dass Ihnen die Lektüre dieses Buches genügend Informationen, Hinweise, Tipps und Anregungen zur Übung bei Aphasie gibt, um nun einen Weg aus dem Schweigen zu finden und bald die ersten eigenen Schritte zu unternehmen.

Dabei wünschen wir Ihnen von Herzen durchschlagende Ergebnisse.

Lindlar, im Februar 2024

Ihr Autor*innen-Team

Literatur

Barthel, G. (2005): Modellorientierte Sprachtherapie und Aachener Sprachanalyse: Evaluation bei Patienten mit chronischer Aphasie; Dissertation Uni Konstanz

Breitenstein, C. u. Baumgärtner, A. (2003): Intensives repetitives Benenntraining bei Patienten mit Anomie; unveröffentlichtes Therapiemanual, aus: M. Schomacher, A. Baumgärtner, B. Winter, Ch. Dobel, S. Knecht, C. Breitenstein (2005): 5. Jahrestagung der GAB, 3.-5.11.2005 /Basel (Handout Beiträge)

Breitenstein, C. u. Baumgärtner, A.: (2016) Wie wirksam ist intensive integrative Sprachtherapie nach einem Schlaganfall ? Zum Studienprojekt FCET2EC (Uni Münster; 2016) Sprachtherapie aktuell: Forschung – Wissen -Transfer

Breunig,V., Kaiser,M., Krüger, St., Müller, M., Schramm, A; Werner, R.(2007); Wie wirksam ist die „CIAT" im klinischen Alltag ? – Eine vergleichende Therapiestudie; Posterausstellung auf der 7. Jahrestagung der Gesellschaft für Aphasieforschung und Behandlung, (2007 in Idstein)

Breunig,V., Krüger, St., Werner, R. , (2009) CIAT im klinischen Alltag - Ergebnisse und Erfahrungen. Forum Logopädie (6): 20-25

Deutsche Schlaganfall Hilfe (2022) Broschüre zu „Sprach-, Sprech- und Schluckstörungen nach Schlaganfall", S.4

Grötzbach, H. (2004): Zur Effektivität von Aphasietherapie. Neurologie und Rehabilitation 10 (1): 1-5

Grötzbach, H. (2015) Evidenzbasierte Aphasietherapie. Sprachtherapie aktuell: Schwerpunktthema: Aus der Praxis für die Praxis.

Heck, N. (2017). Interaktion des sprachlichen und des motorischen Systems. Forum Logopädie 31 (4), 18-23).

Jaecks P., Hielscher-Fastabend, M. (2010) Sprache, Stimme, Gehör 34 (02): 58-62. Zeitschriftenaufsatz

Lutz, Luise (2010) Das Schweigen verstehen. Heidelberg, Springer

LogoMedien® von VMS Gesellschaft für therapeutische Medien GmbH, Lindlar; www.logomedien.de

Meinzer, M. (2004): Neuropsychologische und Neurophysiologische Aspekte intensiver Sprachtherapie bei chronischer Aphasie. Dissertation, Universität Konstanz, Fachbereich Psychologie.

Middeldorf, V. (1987) Die Dynamische Stimmtherapie, Dissertation; Heilpädagogisch-Erziehungswissenschaftliche Fakultät der Universität zu Köln

Middeldorf, V. (1999): Komm doch aus dem Schweigen, Ullstein, Verlag Gesundheit, Berlin

Middeldorf, V., Müller, M., Teuber, M.: (2006) Therapie-Studie im LogoZentrum Lindlar, www.logozentrumlindlar.de

Middeldorf, V. (2014) Das PmL-S-Lernen, www.logozentrumlindlar.de.

Middeldorf, V. (2016) Wohin steuerst Du, Aphasietherapie ?, Kolumne in Forum LOGOPÄDIE 11/2016

Middeldorf, V. (2018) Die 5 Säulen des übenden Sprache-Lernens; www.logozentrumlindlar/Neues

Mohr E. (2014) Farbige Bilder verbessern den Wortabruf bei Aphasiepatienten, Forum Logopädie 28 (6) 6-13.

Pulvermüller, F., Neininger, B., Elbert,T., Mohr, B., Rockstroh, B., Koebbel, P., Taub, E. (2001): Constraint-induced therapy of chronic aphasia after stroke. Stroke, 32, 1621-1626

Schneider, B., Wehmeyer, M. & Grötzbach, H. (2012). Aphasie. Wege aus dem Sprachdschungel. Heidelberg: Springer

Schweiger, Lea, Sollereder S., Eine Studie zum Einsatz für den lexikalischen Abruf von Verben, Forum Logopädie Heft 2 (32), S.14-18,

Storch, G. & Weng, I. (2010a). Der situative Ansatz in der Aphasietherapie, Teil 1: Theoretische Konzepte, Kognitive Lernpsychologie und therapeutische Praxis. Forum Logopädie 24 (3) 14-20.

Taub, E., Uswatte, G., Pidikiti, R. (1999): Constraint-induced movement therapy: a new family of techniques with broad application to physical rehabilitation - a clinical review. J. Rehabil. Res. Dev., 36, 237-251.

Tesak, J. (2006, 2. Aufl.): Einführung in die Aphasiologie; Thieme Stuttgart

Anhang A: Die 30 Interview-Fragen an die Co-Autor*innen

1. Wie sind Ihre Kontakt-Daten und einige biografische Daten

    1.1 Mein Name:

    1.2 Ich habe die Aphasie seit …… Monaten / seit …..Jahren

    1.3 Mein Alter in Jahren:

    1.4 Mein Familienstatus: Single / verpartnert / verheiratet / habe … erwachsene Kinder habe …. schulpflichtige Kinder

    1.5 Meine berufliche Tätigkeit bis zu dem Ereignis: .

    1.6 Im LogoZentrum Lindlar war ich im Jahr ……… / war ich in den Jahren ……./ ….. / …...

2. Haben Sie das Gefühl, das Sie bisher *sehr gut / gut / ein wenig / noch nicht* aus dem Schweigen heraus gekommen sind ? (X)

2.1 sehr gut	( ),
2.2 ein wenig	( ),
2.3 noch nicht	( )
2.4 ………………………………………	( )

3 Was hat Ihnen am meisten geholfen oder hilft Ihnen am meisten, aus dem „Schweigen“ heraus zu kommen ?

4 Was haben Sie selbst aus eigener Initiative getan, um sich aus dem Schweigen zu befreien und wieder mehr Sprache zur Verfügung zu haben ?

5 Wie haben Sie Ihren Sprachverlust kompensiert, was haben Sie begonnen zu tun, um den Sprachverlust unauffällig werden zu lassen bzw. ihn abzubauen ?
5.1 Um den Sprachverlust ihn ……………………..

6 Was war für Sie bisher am hilfreichsten bei Ihrem Bemühen, den Sprachverlust zu überwinden und sprachlich besser zu werden ? (z.B. eine Therapiemethode, Internet, u.a.)

7 Aphasie belastet das tägliche Leben. Was war bzw. ist für Sie das Wichtigste, um trotz Aphasie im Leben zurecht zu kommen ? .

8 Gibt es bei Ihnen so etwas wie Grundsätze, die Sie einzuhalten pflegen ? z.B.

8.1 Grundsätze beim Lernen ? Ja, und zwar…………………………………………………

8.2 Grundsätzliches Einhalten von Regeln oder Routinen im Tagesablauf ? In Ja, und zwar ……………..
……………………………………..

8.3 Grundsätze in der Art und Weise der Kommunikation mit anderen Menschen ? Ja, und zwar
…………………………………………………………………
…

9 Was war bisher Ihr schlimmstes Erlebnis in der Zeit mit Aphasie ?
………………………

10 Welches schönstes Erlebnis hatten Sie bisher in der Zeit mit Aphasie ? ………………..

11 Was haben Sie kurz nach dem schrecklichen Ereignis empfunden und gedacht, wie es weitergehen würde ?
…………………………………………………………………………

12 Welche Gedanken kamen danach, einige Wochen / einige Monate später, als Sie nun den sprachlosen Zustand kennengelernt hatten ? ……………………………………………

13 Wie ist es jetzt mit Aphasie, ohne die früheren Sprachfähigkeiten, wie lebt es sich ohne sie ?

13.1 Es geht auch mit weniger Sprachfähigkeiten ganz gut, weil

....

...

13.2 Ich fühle mich nicht mehr auf gleicher Augenhöhe mit den anderen, weil ....

13.3 Ich „kämpfe" jeden Tag mit mir und meinem Gehirn, um meine Gedanken klar und verständlich auszudrücken;

....

13.4 Es tut mir immer wieder weh, dass ich

....

13.5

....

...

14 Welche Fragen drängen sich Ihnen heute auf, nachdem Sie bereits einige Zeit mit der Aphasie und ihren sozialen Folgen haben leben müssen ?

15 Sie erleben wie alle Menschen positive wie negative Gefühle, wie Freude und Leid, die in ganz bestimmten Situationen auftreten.

15.1 Was erzeugt bei Ihnen positive, freudige Gefühle ?

15.2 Wann und bei welchen Gegebenheiten / Erlebnissen kommen diese schönen Gefühle auf ?

- Freude dann, wenn

....

..

- Erfolgsgefühle dann, wenn

....

- Glücksgefühle dann, wenn

....

16 Hatten Sie oder haben Sie auch heute noch negative Gefühle wie Trauer, Wut, Verzweiflung, Zukunftsängste, Frust ?

16.1 Ja, wenn

....

...

16.2 Nein, weil

....

....

16.3 Teils, teils, dann,

wenn...

...

17 Was erzeugt bei Ihnen heute negative Gefühle wie Trauer, Wut, Verzweiflung, Zukunfts-ängste, Frust oder Ähnliches ?

....

18 Wann und bei welchen Gegebenheiten kommen diese negativen Gefühle auf ?

- Trauer dann, wenn . ...
- Wut dann, wenn ...
- Verzweiflung dann, wenn ...

- Zukunftsangst, wenn...
- Frust immer dann, wenn ...

19 Wann bedrücken diese negativen Gefühle Sie weniger stark und bei welchen Gelegenheiten verlieren sich sogar die negativen Gefühle ?

19.1 Weniger stark, wenn ....

19.2 Negative Gefühle verlieren sich, wenn ...

19.3 ......

20 Sie haben Sprachtherapie in Anspruch genommen oder nehmen Sie heute noch wahr. Wahrscheinlich schätzen Sie die Bedeutung der Sprachtherapie hoch ein. Gibt es etwas in der Sprachtherapie, was dringend verbessert werden müsste ?

21 Wie lautet Ihr bisheriges Gesamturteil über die Wirkung Ihrer bisherigen Sprachtherapie ?

22 Was meinen Sie, woran wird für Sie der Erfolg Ihrer Sprachtherapie deutlich ? Woran machen Sie den Erfolg Ihrer Sprachtherapie fest ?

23. Es heißt in der Wissenschaft, die Intensität der Sprachtherapie (die Sitzungshäufigkeit pro Woche) sei mitentscheidend dafür, ob Therapie wirkt oder nicht. Hätte nach Ihrer Meinung die Sprachtherapie bei Ihrer örtlichen Logopädin öfter stattfinden sollen ?

24 Viele TherapeutINNen empfehlen zusätzlich zur Therapie tägliches privates Üben über eine Stunde. Wie ist generell Ihre Meinung zum Üben ?

24.1 Üben, üben, üben ! Üben ist notwendig, ich mach das regelmäßig

24.2 Ich bin der Meinung, dass Übung den Meister macht. Aber wie soll ich das Üben durchführen ? Ich kann z.B. nicht laut und auch nicht leise lesen ! ( )

24.3 Ich finde, ich sollte gezeigt bekommen, wie ich allein ohne die Hilfe meiner Partnerin / meines Partners das wirkungsvoll üben kann, was ich üben soll. Meine Therapeutin sollte mir Tipps und Anleitungen zum Selbstüben geben.

26 Halten Sie eigene Sprach- und Sprechübungen (ohne Hilfe) für sinnvoll ? Sagen Sie den anderen aphasisch Betroffenen Ihre Meinung und begründen Sie bitte Ihre Aussagen !

Ich halte Eigenübungen für

26 sehr sinnvoll, weil .....
26.2 sehr notwendig, weil ......
26.3 im Grunde überflüssig, weil
26.4 ....
Führen Sie selbst regelmäßig eigene Sprach- und Sprechübungen durch ?

27.1 täglich/ jeden .... Tag / ..... mal in der Woche

27.2 sporadisch, wenn ich Lust habe

27.3 würde ich gern, weiß aber nicht so recht wie

27.4 allein ist schwierig, aber ab und zu mit Angehörigen / Freund*in)

27 Wenn Sie üben, dann sagen Sie uns bitte, *was* Sie üben und *wie* Sie üben und welche Erfahrungen Sie mit Ihren Übungen machen.

28.1 Ich übe das, was mir meine Logopädin aufgibt

28.1.1 zusammen mit meinen Angehörigen
28.1.2 Was sie mir aufgibt übe ich immer / meist allein
28.2 Wenn ich lesen kann, dann übe ich jeden Tag lautes Lesen
28.3 Üben macht Sinn, ich spüre, dass mir das weiterhilft.
28.4 Ich bin unglücklich darüber, dass ich das, was ich üben soll,

28.4.1 schlecht behalte und schnell wieder vergesse
28.4.2 das allein und ohne Hilfe selbst nicht schaffe, weil...
28.5 Ich finde das Üben gut, wenn ich weiß, dass .....

28.5.1 ich es allein schaffen kann,
28.5.2 ich nach 10, 20 Übungen einen Lerngewinn spüre,
28.5.3 das Üben meine Sprachkompetenz triggert (stimuliert, aktiviert) ( )
28.5.4 ich in jeder Übung gleichzeitig Sätze höre, lese und verstehe
28.5.5

28 Welche Erfahrungen haben Sie bisher gesammelt im Umgang mit Sprach-Programmen im Internet für aphasisch Betroffene ? Und welches Programm finden Sie gut ?

29.1 Ich habe noch kein Programm aus dem Internet herunterge laden.

29.2 Ich habe mal mit dem einen und dem anderen Programm „ herumgespielt“
29.3 Ich habe mit dem Programm „….“ von der Firma …über ca. …… Wochen / Monate geübt.
29.4 Damit habe ich folgendes gelernt:
29.5 Dieses Programm benote ich mit …. (Schulnoten von 1 bis 5)
29.6 Ein anderes empfehlenswertes Programm ist: ……..
Damit habe ich folgendes gelernt: ….
29.5 Dieses Programm benote ich mit … (Schulnoten von 1 bis 5)

29 Welche Übungsinhalte können Sie aus Ihrer Erfahrung anderen aphasisch Betroffenen im Zusammenhang mit Üben empfehlen ? Wenn möglich, dann notieren Sie bitte 3 Beispiele.

30.1 Übungszeit: …….. Minuten täglich ……………..

30.1.1: Mein 1. Übungsvorschlag:
30.1.2: Mein 2. Übungsvorschlag:

30.1.3: Mein 3. Übungsvorschlag:

30.2 2 Vorschläge von Middeldorf:

A) Lautes *Sprechen: Sprechen* kann mit *lautem Lesen* geübt werden
B) Lautes *Sprechen:* (Wenn Lesen nicht möglich, dann HÖREN und EINPRÄGEN eines kurzen Satzes und diesen dann fehlerfrei wiedergeben. Das konsequent mit 10 Sätzen täglich (Mi.)

Anhang B: Namen und E-Mail-Adressen folgender Autor*innen

Noemi Fink, noemifink@yahoo.de, 26 Jahre alt, Aphasie seit 3 Jahren

Prof. Dr. Ronald Hitzler, ronald@hitzler-soziologie.de, 71 Jahre alt, Aphasie seit 3 Jahren

Thomas Jera, t.jera@yahoo.de, 55 Jahre alt, Aphasie seit 10 Jahren;

Karin Ot., oskarin1952@web.de, 69 Jahre alt, Aphasie seit 9 Jahren;

Stefan Raab, raab.s@icloud.com, 56 Jahre alt, Aphasie seit 7 Jahren;

Adelbert Schlü., doradel@gmx.net, 72 Jahre alt, Aphasie seit 14 Jahren;

Christina Schümann, holgerpaplowske@freenet.de, 46 Jahre alt, Aphasie seit 6 Jahren;

Eric Sellier, aktive-aphasiker-rhein-main@mail.de, 53 Jahre alt, Aphasie seit 14 Jahren;

Ralph Simon, email@sabinesimon.net: 64 Jahre alt, Aphasie seit 7,5 Jahren;

N.S., norbert.s.upo@t-online.de, 64 Jahre alt, Aphasie seit 3 Jahren;

Selina S., selina81292@web.de, 30 Jahre alt, Aphasie seit 11 Jahren;

Walter Stahl, waltermuckys@gmail.com, 69 Jahre alt, Aphasie seit 27 Jahren;

Thomas Stützle, stuetzle@ulb.ac.be, 52 Jahre alt, Aphasie seit 3,5 Jahren;

Joachim Thoß, annethoss@aol.com, 61 Jahre alt, Aphasie seit 8 Jahren; **und**

Anne Thoß, **annethoss@aol.com** (Bericht in Kapitel 4.2.1)

Sven Walther, ruediger.walther@gmx.de, 30 Jahre alt, Aphasie seit 11 Jahren;

Ausblick

Aufgrund wiederholter Anfragen nach einem Kompendium praktischer Übungen mit detaillierten Vorgehens-Vorschlägen haben wir uns entschieden, nach Veröffentlichung dieses Buches „Wege aus dem Schweigen" ein weiteres Sach- und Übungsbuch zu erstellen mit dem Titel:

„Schritte aus dem Schweigen".

Der voraussichtliche Veröffentlichungs-Zeitpunkt ist für Herbst 2024 geplant.